ORIENT - OCCIDENT

Supplément 18
2022

Ouvrage édité par

la Société des Amis de la Bibliothèque Salomon Reinach
et l'École française d'Athènes

Maison de l'Orient et de la Méditerranée — Jean Pouilloux
5/7 rue Raulin, F-69365 Lyon Cedex 07, France
marie-francoise.boussac@mom.fr

https://www.mom.fr/recherche-et-formation/collections-topoi
https://www.efa.gr/fr/publications/catalogue-des-publications

ISSN : 1764-0733
ISBN : 978-2-86958-570-6

Illustration de couverture : Tête en ivoire provenant d'Ougarit (Syrie), Musée national de Damas. Photo M. Yon.

Illustration du dos : Éléphant sur l'autel de M. Consius Cerdo (voir p. 94).

Topoi Supplément 18

EX ORIENTE LUXURIA : L'IVOIRE D'ÉLÉPHANT

Actes de la quatrième rencontre, Lille, 15-16 septembre 2020

Sommaire

Topoi Suppl. 18 (2022)
p. 3-4

L'horizon portugais

INTRODUCTION

Ce dossier rassemble la presque totalité des communications données lors de la quatrième rencontre *Ex Oriente luxuria*. Cette réunion était la troisième consacrée à un produit – ou à un matériau – « exotique », c'est-à-dire produit en dehors du monde méditerranéen antique, qui en était demandeur et consommateur. En prenant pour sujet l'ivoire d'éléphant, cette nouvelle édition de la série marquait le retour aux produits d'origine animale, en s'inscrivant évidemment dans la continuité des précédentes. En effet, elle partageait avec celles-ci, *mutatis mutandis*, les mêmes questionnements et les mêmes perspectives fondamentales. En premier lieu, c'est une enquête sur les connexions reliant les mondes extra-méditerranéens et l'Occident, prenant pour point de départ – comme pour la perle, l'écaille de tortue et le poivre – l'objet, à partir duquel sont déroulées les autres problématiques : culturelles, sociales, économiques, etc. En deuxième lieu, cette enquête s'appuyait sur la comparaison transpériodique, avec la conviction que les recherches de chacun en tireraient profit, car les différents aspects de la question n'ont pas été traités avec la même intensité suivant les périodes, compte tenu notamment de la disparité des sources documentaires disponibles. S'y ajoutait, concernant plus particulièrement l'Antiquité méditerranéenne, la conviction que cette approche permettrait de dégager des questionnements restés à l'état latent, de combler des lacunes documentaires et d'étayer des hypothèses étiologiques en attente de preuves. Enfin, comme veut le dire l'intitulé de cette série de rencontres, on continuait à explorer les notions de luxe et d'objet de luxe, qui doivent trouver la place qui leur convient dans l'histoire sociale et économique de l'Antiquité.

Si, dans l'histoire de la *luxuria* antique, l'écaille de tortue, les perles et le poivre ont suivi des trajectoires partiellement analogues, l'ivoire a des particularités qui le placent dans une position assez différente. On peut brièvement en rappeler quelques-unes. Tout d'abord, l'ivoire se distingue des produits précités par l'extrême ancienneté de son utilisation. Alors que l'on peut dire avec certitude que la perle et l'écaille n'entrent pas dans le monde méditerranéen avant l'époque hellénistique, et que c'est Rome qui donne les

Topoi Suppl. 18 (2022)
p. 5-19

impulsions fondamentales de la consommation – ce dernier point vaut aussi pour le poivre –, l'histoire de l'ivoire est celle d'un long continuum. Ainsi les Grecs percevaient-ils clairement que ce matériau était le plus ancien des produits venus des marges du monde, puisqu'il était nommé dans les poèmes homériques[1]. C'est la déduction que l'on tire de cette remarque de Pausanias au sujet des éléphants : « Mais les animaux eux-mêmes (sc. les éléphants), avant la traversée des Macédoniens en Asie, personne n'en avait vu, à part les seuls Indiens, les Libyens et les peuples qui étaient leurs voisins. Homère en fournit la preuve lui qui, dans ses vers, décrit les lits des rois et les maisons des plus riches d'entre eux comme garnis d'ivoire, mais qui n'a fait nulle part mention de l'éléphant en tant qu'animal »[2]. Et il convient d'ajouter immédiatement que la Méditerranée antique ne fut qu'une partie du très vaste espace où l'ivoire prélevé sur différentes espèces animales était utilisé depuis des siècles et des millénaires. Si la situation dans certaines régions est convenablement connue (par exemple, le Proche-Orient ancien), ailleurs (l'Afrique subsaharienne, par exemple) elle l'est beaucoup moins. Quoi qu'il en soit, l'ivoire est partout, l'ivoire est de tous temps.

Comme on vient de le signaler, derrière l'ivoire, il y a différentes espèces animales. Si l'intitulé de cette rencontre indique que l'ivoire d'éléphant est privilégié, il est impossible d'ignorer celui fourni par d'autres espèces : hippopotame, phacochère et autres suidés, certains mammifères marins (par exemple le cachalot ou exceptionnellement le dugong de l'océan Indien) ; et plus tard le morse. Cette diversité des espèces pourvoyeuses, à laquelle s'ajoute la grande aire de distribution des espèces d'éléphants dans les temps anciens (Afrique subsaharienne et Afrique du Nord, Syrie et Cappadoce pendant une certaine période, Asie orientale de l'Inde jusqu'à la Chine)[3], rend particulièrement épineuse la question de la circulation de l'ivoire. Le contraste est grand avec les produits étudiés précédemment. Prenons l'exemple du poivre noir. Celui-ci offre à l'historien l'avantage d'avoir été, pendant longtemps, collecté dans une région bien délimitée, celle des Ghâts occidentaux. Quant à la perle et à l'écaille, elles étaient elles aussi obtenues dans des secteurs maritimes bien définis, sans compter que le prélèvement en mer imposait de fortes contraintes aux mouvements des hommes. Avec l'ivoire, d'éléphant en particulier, les choses sont évidemment très différentes. Même pour la période romaine, pour laquelle nous disposons de sources textuelles assez nombreuses, la configuration des circuits d'approvisionnement en

1. En particulier *Od.* 4, 73 ; 8, 404 ; 18, 196 ; 19, 56 ; 19, 563-564 ; 21,7 ; 23, 200.

2. Paus. 1, 12, 4. Voir aussi Strab. 1, 2, 32 : la seule chose que Ménélas pouvait trouver chez les Éthiopiens riverains de l'Océan, c'était l'ivoire.

3. Sur sa présence en Syrie et en Cappadoce, voir la contribution d'A. Caubet.

ivoire est loin d'être claire, et nous sommes loin de toujours bien comprendre la part respective des différentes régions productrices; nous ne pouvons pas davantage établir avec certitude l'éventuelle spécialisation de certains *emporia*, tel Adoulis, dans le commerce de l'ivoire.

Cette ubiquité de l'ivoire se retrouve aussi dans les usages que les hommes en font. L'inventaire établi par A. Caubet pour la Méditerranée orientale et le Proche-Orient est révélateur : peignes, manches de couteaux et autres petits instruments (sceaux, amulettes...), statuettes et figurines, éléments de mobilier, appliques, pyxides etc. Certains objets sont décorés, d'autres non; les pièces de facture exceptionnelle voisinent avec des objets «de série». Les pièces des dépôts du musée de Naples et du site de Pompéi, recensées par A. Cormier, montrent de leur côté une grande diversité d'usages domestiques. En effet, à l'époque où la *luxuria* se développe à Rome et en Italie, l'ivoire est très présent dans la sphère du luxe privé. Il sert à confectionner ou à orner une foule d'objets de dimensions variées, destinés aux hommes comme aux femmes. Quant aux réalisations spectaculaires, on trouvera quelques exemples dans le livre d'É. Dubois-Pelerin. Citons-en deux : la *Domus Aurea* – qui possédait «des salles à manger aux plafonds lambrissés de plaques d'ivoire pivotantes (*cenationes laqueatae tabulis eburneis uersatilibus*) et percées de tuyaux (*fistulatis*), pour faire pleuvoir sur les invités des fleurs et des parfums»[4]; à un niveau plus réduit, on pense aux tables à pieds d'ivoire et plateaux de *citrus*, extrêmement prisées[5]. De même, l'ivoire contribuait à la *magnificentia publica*, en ornant édifices publics et statues de culte[6]. Cicéron, par exemple, parle des battants de portes du temple de Minerve à Syracuse, ornés d'or et d'ivoire[7]. Pausanias, de son côté, rappelle que les Grecs ne ménageaient pas leurs ressources pour faire venir de l'Inde et de l'Éthiopie de l'ivoire d'éléphant afin d'honorer les dieux en leur offrant des statues[8]. Bref, de toutes les matières et produits auxquels s'intéresse ce cycle de conférences, aucun n'a eu un tel «gradient»

---

4. Suet. *Ner.* 31, 2, et Dubois-Pelerin 2008, p. 225.

5. Pline l'Ancien donne quelques exemples de tables exceptionnelles (Plin. *NH* 13, 91-95); voir Dubois-Pelerin 2008, p. 226; Mastrorosa 2008.

6. L'idée que l'ivoire a d'abord été utilisé pour la *magnificentia publica* avant d'atteindre la sphère privée est un lieu commun des sources latines, dont la réalité est douteuse.

7. Cic. *Verr.* 2, 4, 56, 124 (*ualuas magnificentiores, ex auro atque ebore perfectiores, nullas umquam templo fuisse*).

8. Paus. 5, 12, 3 (Φιλότιμοι δὲ ἐς τὰ μάλιστά μοι καὶ ἐς θεῶν τιμὴν οὐ φειδωλοὶ χρημάτων γενέσθαι δοκοῦσιν οἱ Ἕλληνες, οἷς γε παρὰ Ἰνδῶν ἤγετο καὶ ἐξ Αἰθιοπίας ἐλέφας ἐς ποίησιν ἀγαλμάτων).

de diffusion. Par conséquent, cette situation pose de nouveau la question qui avait été soulevée au sujet du poivre – mais qui n'a pas été abordée lors de cette rencontre – : faut-il parler de «luxe populaire» pour l'ivoire ?

L'ivoire occupe donc, dans l'histoire des connexions Occident-Orient qui nous intéresse, une place particulière. Pour autant, il ne constitue pas un sujet neuf et il a donné lieu, quelle que soit la période, à de très nombreuses études. La bibliographie devient même proliférante pour ce qui est de l'époque des grands empires coloniaux européens, qui sera ici laissée de côté. C'est pourquoi cette rencontre s'est limitée à faire un état de la question. Plus précisément, il nous a semblé opportun de faire un bilan (assurément encore bien partiel) des recherches, de dresser un état de la bibliographie, et de mettre en avant de nouvelles approches ainsi que de nouveaux questionnements. C'est l'objet de ce dossier, composé de sept contributions, les unes à orientation archéologique, les autres mettant en œuvre les sources écrites.

Avant de poursuivre, il convient d'évoquer rapidement les nouvelles approches scientifiques qui permettent de «faire parler» l'ivoire d'une façon dont on n'aurait même pas rêvé il y a une ou deux décennies. Qu'il s'agisse de l'examen de la structure de la dentine, des analyses isotopiques ou encore des analyses paléogénomiques, de nouvelles perspectives s'offrent pour retracer l'origine de l'ivoire. Si les perspectives sont séduisantes, la situation actuelle est encore frustrante, tant les difficultés à surmonter restent nombreuses. Nombre de ces méthodes exigent une bonne conservation du collagène, ce qui est loin d'être toujours le cas. Pour ce qui est des analyses génétiques, les banques de données actuelles, qui sont remarquablement efficaces pour retracer l'origine de l'ivoire braconné, n'utilisent pas la totalité du génome, mais des séquences précises, qui sont malheureusement celles qui sont le plus mal conservées dans les ivoires anciens. Enfin et surtout, certaines de ces méthodes sont destructives, ce qui pose le problème épineux d'accès aux échantillons ; il est extrêmement difficile de mener des études dans le cadre transnational qui seul permettrait d'accumuler des données pour comprendre dans toute leur complexité les circuits du commerce de l'ivoire. C'est dans un cadre principalement national que des avancées ont pu être faites pour l'instant (on pense ici aux travaux de L. Horwitz sur les ivoires israéliens de l'Âge du Bronze et sur la présence de populations d'éléphants d'Asie dans la zone Tigre-Euphrate et en Syrie). Il convient ici de mentionner le projet interdisciplinaire INCENTIVS – International Centre of Ivory Studies, lié à l'Institut des géosciences de la Johannes Gutenberg-Universität Mainz, qui a réussi à dépasser le cadre national et a abouti à des publications importantes, échelonnées de 2012 à 2016, sur l'identification, l'origine et la diffusion des ivoires datant des IIIe et IIe millénaires avant notre ère de la péninsule ibérique et du Maroc. Qu'il s'agisse de l'Occident ou du Proche-Orient ancien, c'est peut-être paradoxalement sur l'époque la plus ancienne, le IIe millénaire *a.C.*, que nous avons le plus de renseignements grâce à ces nouvelles méthodes scientifiques d'investigation.

Parmi les huit contributions de ce dossier, trois ont une orientation archéologique. A. Caubet retrace de façon synthétique l'évolution des objets, des matériaux, des usages et des motifs artistiques au Levant, en Égypte, en mer Égée et au Proche-Orient, sur une période de cinq millénaires. Elle fait en particulier apparaître les temps forts de l'emploi de l'ivoire d'hippopotame, les moments où l'ivoire est concurrencé par d'autres matériaux (coquille d'œuf d'autruche, nacre). Elle souligne également les relations possibles entre l'Asie centrale et le Proche-Orient, qui pourraient avoir facilité l'importation de défenses venues de l'Inde. H. Gwyther s'intéresse à l'importante collection des ivoires de Nimrud conservée au British Museum. Ces objets ont principalement fait l'objet d'études stylistiques visant à classer les pièces selon leur origine. En revanche, on sait très peu sur les aspects techniques du travail de l'ivoire, exception faite de quelques observations sur l'outillage possiblement utilisé. Elle montre qu'il faut connaître précisément les techniques de travail pour mieux identifier l'outillage de l'ivoirier, et qu'il faut associer l'archéologie expérimentale à cette enquête. A. Cormier examine un lot de pièces d'ivoire et d'os de Pompéi, conservées dans les réserves du Musée archéologique de Naples et dans les dépôts du site. Ces objets datent de l'époque de la colonie romaine (du temps de Sylla à 79 *p.C.*). Il donne le catalogue analytique d'un éventail d'artefacts allant des petits objets (*instrumentum*, objets de la toilette, parures ...) jusqu'aux éléments décoratifs d'ameublement et de lits. Il revient à la fin sur la question des montants de sièges en ivoire découverts en 1769 (et perdus depuis).

Deux contributions explorent la documentation portugaise du XVIe siècle. D. Couto décrit les caractéristiques principales des circuits de l'ivoire, dans un contexte où, au Portugal et en Europe, se manifeste un engouement pour cette matière. Il existait deux circuits : l'un drainait l'ivoire des régions productrices du Golfe de Guinée vers le Portugal. L'autre, qui préexistait à l'arrivée des Portugais, allait dans le sens Afrique orientale-Inde. Elle décrit l'insertion progressive des Portugais dans ces circuits, à partir des forteresses de Sofala et Mozambique, en concurrence avec les marchands «maures» et en association avec divers monarques des régions de l'intérieur. L'article d'A. Roque se concentre sur l'insertion des Portugais dans ce même circuit de l'ivoire Afrique orientale-Inde de façon plus rapprochée, en prenant pour objet la seule forteresse de Sofala et en se limitant aux deux premières décennies du XVIe siècle. L'examen de l'abondante documentation portugaise montre l'ancienneté de cette route, l'excellence des artisans de l'ivoire dans les régions africaines parcourues par les Portugais et la prise de conscience progressive de l'intérêt de participer à ce flux, aussi intéressant que l'or et les épices. Elle décrit les contraintes de l'échange pour les Portugais, qui n'obtiennent de l'ivoire qu'à condition de livrer aux producteurs les biens qu'ils recherchent (textiles ou perles de verre, selon les secteurs).

Trois contributions, enfin, ont pour sujet l'ivoire dans l'Antiquité méditerranéenne. G. Di Giacomo offre une enquête minutieuse sur le milieu des artisans de l'ivoire à Rome (*eborarii*), en étudiant de façon exhaustive la documentation épigraphique (Ier siècle *a.C* – VIe siècle *p.C.*). Elle examine les différentes dénominations données par les inscriptions, et tente de décrire au mieux la position sociale des *eborarii*, leur métier et les métiers avec lesquels ils entretenaient des liens particuliers (les *citrarii*, notamment, fabriquant les tables de *citrus* qui pouvaient être munies de pieds d'ivoire, ou encore les *glutinarii*, c'est-à-dire les fabricants de colle pour plaques d'ivoire[9]). Elle étudie également la géographie des *eborarii* à Rome et termine par des observations sur la transmission du métier et des boutiques. F. De Romanis livre une enquête sur les prix de l'ivoire dans le monde romain à la haute époque impériale, enquête nécessaire pour mieux appréhender les effets sur l'économie romaine de la consommation des produits dits « de luxe ». En combinant les données issues du papyrus « de Mouziris », de la tablette *TPSulp.* 101 et de Pline l'Ancien, il essaie d'établir les valeurs de l'ivoire brut et de l'ivoire travaillé. Il tente également d'expliquer pourquoi les valeurs relatives de l'ivoire et du poivre noir s'inversent entre l'époque julio-claudienne et l'époque de l'Édit de Dioclétien. M. Cobb, de son côté, cherche à évaluer la pertinence de différents modèles historiques – qui sont plus ou moins en relation avec le courant de l'histoire globale – en les confrontant au cas de l'ivoire. Des trois modèles choisis (les systèmes-mondes, la globalisation et la « glocalisation »), il apparaît que les deux derniers sont les plus aptes à donner du sens aux données documentaires relatives à la circulation de l'ivoire et à sa consommation dans l'Occident méditerranéen.

L'apport de cet ensemble de contributions à la connaissance de l'ivoire dans la période antique comprend quelques points forts que nous voudrions mettre en avant. En premier lieu, ce dossier livre différentes séries de données quantitatives. Certes, il n'est guère possible de les relier entre elles, mais elles n'en ont pas moins une valeur intrinsèque. Tout d'abord, A. Cormier signale que sur les 2600 pièces en dépôt au Musée archéologique de Naples, toutes sont en os, sauf 137 qui sont en ivoire (soit un peu plus de 5 %). On trouve le même ratio pour le dépôt de Pompéi. Il apparaît donc que l'os concurrence et domine l'ivoire dans tous les usages. Quant aux pièces d'ivoire, la presque totalité sont confectionnées avec de l'ivoire d'éléphant. Certes, cet aperçu statistique porte sur un échantillon. Cette

9. Une colle fournie par l'esturgeon de la Caspienne était utilisée par les ivoiriers (Ael. *NA* 17, 32).

opposition devrait donc être, par précaution, relativisée. Néanmoins, elle n'est pas dénuée d'intérêt quand on songe que ces objets sont contemporains de l'essor de la *luxuria* à Rome et en Italie. Sans signifier quoi que ce soit de certain relativement au marché de l'ivoire entre la première moitié du Ier siècle *a.C.* et 79 *p.C.* (disponibilité, raréfaction...), ces données indiquent à tout le moins le recours important à un succédané acceptable, abondant et meilleur marché. On se gardera toutefois de généraliser ce constat et de le transposer à d'autres objets (par exemple, aux pierres précieuses de l'Inde, que l'on pouvait imiter avec du verre[10]), l'ivoire étant un matériau bien particulier. On se gardera également d'établir trop hâtivement un lien avec l'étude de F. De Romanis, où la lecture renouvelée de la tablette *TPSulp.* 101 (datée de 49 *p.C.*) révèle un prix extraordinairement élevé pour des pièces d'ivoire travaillé – il faudrait d'autres documents pour aller plus loin. Une autre série de données quantitatives, d'époque moderne, provient des enquêtes d'A. Roque et de D. Couto. Leur intérêt est différent. En effet, les archives de la forteresse de Sofala montrent, en dépit de quelques lacunes, la très rapide croissance des quantités d'ivoire exportées par les Portugais en direction de l'Inde. Il apparaît donc qu'après avoir identifié les flux et les agents, les Portugais avaient su prendre en très peu de temps une place remarquable dans cet espace d'échanges, même si le contrôle de la part de la Couronne semble avoir connu de graves faiblesses.

Parmi les contributions de ce dossier, les unes embrassent un temps long (cinq millénaires pour A. Caubet; plusieurs siècles pour G. Di Giacomo et F. De Romanis), les autres des périodes plus réduites (un siècle et demi environ pour A. Cormier). Les perspectives les plus longues permettent de percevoir les grandes mutations. Au Proche-Orient, par exemple, l'époque du Bronze Moyen est une période florissante pour l'ivoire : les artisans montrent une grande virtuosité, les objets fabriqués «en série» (pyxides, peignes, manches et autres sortes de petits instruments personnels) sont produits parallèlement à des objets plus grands et plus ornementés (ronde bosse, coffrets historiés, instruments de musique); l'époque qui suit les «âges obscurs» voit la disparition de l'ivoire d'hippopotame sauf en Égypte; les VIe et Ve siècles sont une renaissance de l'ivoire dans le monde achéménide etc. Cet aperçu couvrant cinq millénaires donne l'impression de mutations lentes, d'une forme d'inertie qui rappelle certains propos de F. Braudel[11].

10. Voir Plin. *NH* 37,29 (*crystallum*, ou cristal de roche); 37,83 (*opalus*, ou opale); 37,98 (*carbunculus*, ou rubis et grenats); 37,112 (*callaina*, ou turquoise verte); 37,119 (*jaspis*, ou jaspe mais le terme latin désigne d'autres pierres fines [Eichholz 1961, p. ix]).

11. Voir Braudel 1967, p. 9-12. Du fait de son ancienneté et de la multiplicité de ses usages, l'ivoire semble être moins concerné par les impulsions et accélérations qu'impose la mode.

Sans doute ce constat est-il applicable à l'Antiquité méditerranéenne, ce qui ne saurait surprendre pour un «vieux» matériau tel que celui-ci. Les évolutions qui se dessinent sur cet arrière-plan de continuités fondamentales ne prennent pas la forme d'innovations radicales. De fait, il n'y a pas eu, à lire nos sources, de «révolution» des usages de l'ivoire comme il a pu en exister pour le poivre, par exemple[12].

Si les modifications sont graduelles dans le domaine des utilisations, il n'en va pas de même dans la mise en place des réseaux, comme le montrent A. Roque et D. Couto. En moins de trois décennies, et immédiatement après le deuxième voyage de Vasco de Gama, les Portugais prennent connaissance de l'intérêt des Indiens pour l'ivoire africain et nouent des relations avec les souverains des régions productrices, comprenant qu'ils ne rencontreront pas l'obstacle des concurrents italiens sur les marchés locaux et régionaux. Certes la complexité du système des échanges n'a pas été complètement comprise par eux, comme le souligne A. Roque. Il n'en reste pas moins vrai que l'insertion des individus dans le système des échanges marchands et leur capacité à faire société ont été étonnamment rapides : dès 1530 environ, il existait des avant-postes luso-africains en amont de la vallée du Zambèze (régions de Sena et Tete), à environ 600 km de la mer. Cet exemple amène à s'interroger, *mutatis mutandis*, sur l'insertion des Méditerranéens dans les circuits des échanges de l'océan Indien et sur leur coopération avec les sociétés de l'amont, c'est-à-dire celles des producteurs. D'un côté, les graffitis ptolémaïques du *Paneion* d'El-Kanaïs où les voyageurs remercient Pan d'être revenus sains et saufs du pays des Trôgodytes, laissent l'impression que ces derniers étaient des hommes féroces, et que chaque voyage était un exploit[13]. D'un autre côté, l'essor continu de l'activité marchande des Grecs semble prouver inversement leur capacité à se mettre en relation avec les sociétés locales, en dépit des barrières culturelles et linguistiques.

Certes, comme on l'a dit précédemment, il est difficile de suivre les routes de l'ivoire. Néanmoins ce dossier permet de mettre en avant deux aspects particuliers et non négligeables de la circulation de l'ivoire d'éléphant. En ce qui concerne tout d'abord l'âge du Bronze au Proche-Orient, A. Caubet évoque la possibilité qu'au IIIe millénaire, des défenses de l'Inde aient pris la route de l'Occident et de la Syrie (c'est-à-dire Mari), avant que temporairement l'éléphant syrien ne constitue une source d'approvisionnement au Bronze récent. D'autre part, ce que la documentation portugaise du XVIe siècle montre, c'est l'importance des exportations d'ivoire d'Afrique orientale en direction de l'Inde occidentale. Dans un regard rétrospectif, on en vient à se demander si ce flux Afrique orientale-Inde existait déjà au temps où les

12. Voir De Romanis, Trinquier et Schneider 2020, p. 299-308.

13. Par exemple, *I.Pan.* 18; 78; 159.

Méditerranéens participaient au système des échanges de l'océan Indien. Le *Périple de la mer Érythrée* ne donne pas de preuves décisives, mais permet des suppositions plausibles. Il décrit Adoulis comme un grand *emporion* pour l'ivoire, ravitaillé par un autre *emporion* situé à trois jours de voyage dans l'hinterland, *Auê*. Or, Adoulis est directement ou indirectement relié à l'Inde du nord-ouest, puisqu'y arrivent, en provenance de l'intérieur de l'*Ariakê* (ἀπὸ τῶν ἔσω τόπων τῆς Ἀριακῆς) du fer indien et d'autres produits indiens[14]. De l'ivoire (mais en moindre quantité) est également disponible à *Aualitês* et à *Mossylon* (littoral nord-somalien). Or, des navires en provenance de l'*Ariakê* et de *Barygaza* se rendent dans les *emporia* de la Corne, apportant des denrées alimentaires (blé, riz, beurre, huile de sésame, canne à sucre) et des tissus, échangés contre les produits locaux. Certains faisaient l'aller-retour, d'autres faisaient du cabotage de port en port[15]. Il est donc possible que ces navires aient embarqué de l'ivoire. Si les preuves manquent pour l'époque du *Périple*, cette possibilité devient certitude pour l'époque tardo-antique. Cosmas Indicopleustês décrit les destinations de l'ivoire au départ d'Axoum-Adoulis : « Ce pays (*sc.* l'Éthiopie) en (*sc.* des éléphants) a une multitude et ce sont des éléphants ayant de grandes défenses. De l'Éthiopie on expédie ces défenses par bateau dans l'Inde, en Perse, au pays des Himyarites et en Romanie. J'ai décrit ces choses par ouï-dire »[16]. On peut donc admettre que, tout en exportant de l'ivoire vers l'Occident grec et romain, l'Inde ait été aussi importatrice d'ivoire africain, soit en voie directe, soit en voie indirecte à partir d'*emporia* d'Arabie du Sud (*Rhapta*, source importante d'ivoire à l'époque du *Périple de la mer Érythrée*, avait des liens privilégiés avec les marchands de *Mouza*)[17].

On peut donc raisonnablement supposer que dès l'Antiquité la circulation de l'ivoire dans l'aire de l'océan Indien était multidirectionnelle, afin de répondre à une demande généralisée. Reste à comprendre pourquoi, au moins à partir de l'époque tardive, l'Inde, région productrice, importait de l'ivoire africain. Bien que Cosmas Indicopleustês ne soit pas explicite, on peut présumer que l'exportation d'ivoire d'Adoulis vers l'Inde était due moins à une pénurie ou à un déséquilibre entre l'offre et la demande qu'à la recherche de grandes défenses que seule l'Afrique orientale pouvait

---

14. *Per. Mar. Rubr.* 6. Une région approximativement située entre le Sind et *Barygaza*.

15. *Per. Mar. Rubr.* 14.

16. Cosmas Indic.11, 23 (ἔχει γὰρ ἡ χώρα αὐτῶν πλῆθος καὶ μεγάλους ὀδόντας ἔχοντας· ἐκ τῆς γὰρ Αἰθιοπίας καὶ εἰς Ἰνδίαν πλωΐζονται ὀδόντες καὶ ἐν Περσίδι καὶ ἐν τῷ Ὁμηρίτῃ καὶ ἐν τῇ Ῥωμανίᾳ. Καὶ ταῦτα παρειληφὼς ἔγραψα).

17. *Per. Mar. Rubr.* 16.

fournir. La moindre disponibilité indienne en grandes défenses peut résulter de deux facteurs : d'abord les conditions naturelles, puisque les incisives d'*Elephas maximus* n'atteignent pas les dimensions de celles de *Loxodonta africana*[18] et ne forment des défenses apparentes que chez les mâles, mais sans doute aussi certains paramètres culturels et sociaux. T.R.Trautmann a en effet montré que les royaumes indiens utilisaient de préférence, pour la guerre et l'apparat, des éléphants mâles qui étaient prélevés à l'âge adulte au sein des populations sauvages; dès lors, les précieux éléphants mâles sauvages faisaient souvent l'objet d'une protection attentive, qui réduisait d'autant la possibilité de se procurer des défenses de grande dimension[19]. À cela s'ajoute le fait que les défenses des éléphants capturés, puis dressés étaient régulièrement rognées, comme l'a rappelé F. De Romanis à propos du terme *skhidai* qui apparaît dans le papyrus dit «de Mouziris». Ce point est d'ailleurs confirmé par Cosmas Indicopleustês : «Les éléphants indiens n'ont pas de grandes défenses, et même s'ils en ont, on les scie, à cause de leur poids, afin qu'elles ne les gênent pas à la guerre»[20]. Tel pourrait être le faisceau de raisons expliquant l'exportation d'ivoire africain vers l'Inde au temps de Cosmas. Cette idée nous ramène à ce propos de Pline l'Ancien déplorant la rareté des grandes défenses sur les marchés méditerranéens, celles-ci n'étant désormais fournies que par l'Inde : «Et encore, dans les défenses, la partie recouverte par les chairs n'est qu'un os sans valeur. Cependant, faute d'ivoire, on s'est mis récemment à couper en lamelles les os eux-mêmes. En effet, il est rare de trouver aujourd'hui de grandes défenses, excepté dans l'Inde. Dans notre partie du monde, tout l'ivoire qui s'y trouvait a disparu, absorbé par le luxe»[21]. En supposant que la chasse

18. De Romanis 2014, n. 49.

19. Trautmann 2015, p. 183-215.

20 Cosmas Indic. 11, 23 (ὀδόντας δὲ μεγάλους οἱ Ἰνδικοὶ οὐκ ἔχουσιν, ἀλλὰ καὶ ἐὰν σχῶσι, πρίζουσιν αὐτοὺς διὰ τὸ βάρος, ἵνα μὴ βαρῇ αὐτοὺς ἐν τῷ πολέμῳ). Un passage de Denys le Périégète pourrait évoquer le même procédé. Dans sa description de l'Inde, il parle des Indiens qui «polissent les dents d'éléphant après les avoir sciées» (Den. Périeg. 1116-1117) : οἱ δ' ἐλεφάντων / ἀργυφέους πρισθέντας ἀποξύουσιν ὀδόντας.

21. Plin. *NH.* 8, 7 (*Cetero et in his [sc. dentibus] quoque qua corpus intexit vilitas ossea. Quamquam nuper ossa etiam in lamnas secari coepere paenuria. Etenim rara amplitudo jam dentium praeterquam ex India reperitur. Cetera in nostro orbe cessere luxuriae*). Il faut noter qu'une certaine quantité de grandes défenses, étant thésaurisées dans les sanctuaires, étaient indisponibles pour le marché du luxe (Plin. *NH* 8, 31 : «C'est dans les temples que l'on voit les plus grandes défenses [*magnitudo dentium videtur quidem in templis praecipua*])». Néanmoins, les défenses en question pouvaient être des pièces

aux éléphants de Maurétanie ait fortement diminué la quantité de grandes défenses, il restait néanmoins celles de l'Afrique orientale, où, d'après le *Périple de la mer Érythrée*, pratiquement contemporain de Pline l'Ancien, l'ivoire ne semble pas manquer. Pourquoi alors Pline ne cite-t-il que l'Inde comme région exportatrice ? Où allaient les grandes défenses africaines ? Les besoins indiens étaient-ils servis les premiers ? La question reste posée.

Quoi qu'il en soit de ce problème que la documentation disponible ne règle pas, il n'en reste pas moins vrai que, comme le montre M. Cobb, décrire la circulation de l'ivoire sur le modèle «core-periphery» est insuffisant. L'un des principes de ce modèle est l'idée que les «cœurs» obtiennent des produits bruts auprès des «périphéries», en échange de produits transformés ou manufacturés. Les sources d'époque portugaise contredisent pour l'époque moderne cette affirmation, révélant, comme l'indique A. Roque, l'excellence des artisans de l'Afrique orientale, notamment dans le travail des très grandes défenses (*bozinas*). Un autre principe est que les «cœurs» exercent une domination sur les «périphéries». Or les documents montrent que ces dernières ne se pliaient pas nécessairement aux injonctions venues des premiers. Il existe, pour l'Antiquité, au moins un exemple bien connu, celui des Éléphantophages de Trôgodytique. Certes, il ne s'agit pas d'ivoire mais d'éléphants vivants; le cas n'en reste pas moins intéressant. Cette société, qu'il faut situer quelque part dans l'hinterland en arrière du littoral africain de la mer Rouge, vivait principalement de la viande d'éléphant. Ptolémée II avait bien compris l'intérêt qu'il aurait à faire capturer des éléphants vivants par ces experts de la traque des pachydermes : le coût de revient était largement inférieur à celui d'une expédition où il fallait rémunérer quelques centaines d'hommes, sans compter nombre d'autres dépenses considérables. Mais les Éléphantophages ne l'entendaient visiblement pas ainsi; l'échec de Ptolémée indique qu'ils ne trouvaient aucun intérêt à se placer dans une situation de dépendance par l'échange où l'éléphant vivant serait troqué contre autre chose (de la nourriture ?). La domination exercée sur la «périphérie» s'était heurtée à une barrière culturelle infranchissable. Le *Périple de la mer Érythrée* révèle un autre exemple intéressant, concernant cette fois-ci ces fournisseurs d'ivoire qu'étaient les habitants de *Rhapta*. La domination du «cœur» arabe (*i.e.*, le souverain [τύραννος] de la *Mapharitis*, à l'extrémité sud-ouest de la péninsule Arabique[22]) sur cette «périphérie» ne se faisait pas sans négociations : outre les produits finis qui étaient apportés pour solder

---

anciennes consacrées depuis longtemps. Dans ce cas, elles ne constituaient pas une ponction sur le marché de l'ivoire au temps de la *luxuria*.

22. L'auteur du *Périple* explique que cette partie de l'Afrique orientale (Azanie) est sous la tutelle de ce royaume arabe et que les marchands de *Mouza* ont un privilège de commerce avec cette région, organisée en «chefferies» (en grec : τυράννοις; voir *Per. Mar. Rubr.* 16; 22).

l'ivoire (haches, couteaux, *hualê*...), il fallait aussi apporter du blé et du vin localement (c'est-à-dire à certains chefs), non pour l'échange, mais à titre de dons destinés à gagner la bienveillance des Barbares[23]. Sans aucun doute, comme le souligne M. Cobb, le concept de *glocalization*, dans la mesure où il prend en compte les impacts locaux des multiples interconnexions d'un espace en réseau, est-il plus approprié.

Placées en vis-à-vis, les sources archéologiques et les sources écrites de ce dossier offrent un contraste saisissant. Alors qu'il est possible d'apprécier la nature et la qualité de l'ivoire des artefacts antiques conservés, ainsi que le degré de virtuosité des artisans, les sources écrites ont tendance à rester discrètes sur ces points. A. Roque, par exemple, souligne le caractère vague des inventaires établis à Sofala et Mozambique. Parfois on fait la distinction entre les morceaux d'ivoire et les défenses ; le plus souvent, on parle d'ivoire sans aucune distinction ; exceptionnellement, les très grandes défenses déjà ouvragées sont nommées à part (*bozinas*), mais ce n'est plus de l'ivoire brut. Par ailleurs, on n'indique pas, en général, de quel animal provient l'ivoire, alors qu'il est très probable que l'hippopotame et le phacochère en fournissaient; parfois seulement il est fait mention de l'éléphant. Il semble donc que la matière ivoire n'était pas perçue comme différente selon qu'elle provenait de l'éléphant ou d'une autre espèce animale[24]. On se contentait en général de distinguer morceaux et défenses entières, sans décrire par exemple la couleur de la matière, ou son degré d'usure. Ce constat est dans l'ensemble transposable à l'Antiquité. Le *Périple de la mer Érythrée*, par exemple, n'a guère de mots sur les qualités sinon pour dire que l'ivoire d'Adoulis est supérieur à celui de *Rhapta*, sans autre précision[25]. Le papyrus de Mouziris distingue les *skhidai* et les défenses. Pline l'Ancien est également muet sur les qualités, indiquant seulement la très faible valeur de la partie interne de la dent – celle qui se trouve à la base et qui, d'ailleurs, est essentiellement de l'os (voir *supra*, n. 21). Il faut faire une exception pour Philostrate qui semble bien informé sur les qualités de l'ivoire indien :

> Quand on ouvre celle-ci (*sc.* la défense), on constate qu'elle est entièrement traversée par un canal très mince, comme les dents[26]. Les défenses des éléphants de marais sont foncées, poreuses et difficiles à travailler, car elles présentent partout des nœuds qui ne se prêtent pas au travail. Les défenses

23. *Per. Mar. Rubr.* 17 (Εἰς δέ τινας τόπους οἶνος τε καὶ σῖτος οὐκ ὀλίγος οὐ πρὸς ἐργασίαν ἀλλὰ δαπάνης χάριν εἰς φιλανθρωπίαν τῶν Βαρβάρων).

24. Une autre possibilité est que l'on échangeait seulement de l'ivoire d'éléphant.

25. Voir *Per. Mar. Rubr.* 17 (l'ivoire de *Rhapta* est inférieur [ἧσσων] à l'ivoire adoulitique).

26. Une section de la partie pleine de la défense est traversée par le canal du nerf.

des éléphants de montagne sont, sans doute, plus petites que les premières, mais suffisamment blanches et ne présentent aucune difficulté au travail. Mais les meilleures sont les défenses des éléphants de plaine, car elles sont très grandes et très blanches, agréables à sculpter, et prennent la forme que la main désire[27].

Par ailleurs, les sources antiques sont analogues aux documents portugais en ce qu'elles ne précisent pas l'origine animale. L'ivoire d'hippopotame est inexistant, sauf dans de très rares textes. Dans une digression sur la défense de l'éléphant, qu'il juge être une corne, Pausanias écrit : « En tout cas, la mâchoire inférieure des hippopotames et des sangliers porte des dents saillantes.[28] » Toutefois il peut s'agir d'une observation d'histoire naturelle, et rien ne certifie l'usage d'ivoire d'hippopotame. Un peu plus explicite est cette remarque du même Pausanias, à propos de la statue de *Mêtêr Dindymênê* prise par les gens de Cyzique à ceux de Proconnèse : « Cette statue est en or, avec un visage fait non d'ivoire [d'éléphant] mais de dents d'hippopotame[29]. » Une autre mention sûre provient de Cosmas Indicopleustês[30] : « Je n'ai pas vu l'hippopotame, mais j'ai eu de ses grosses dents pesant environ treize livres (environ 4,2 kg) que j'ai vendues ici[31] ; j'en ai vu beaucoup d'autres tant en Éthiopie qu'en Égypte ». Toutefois, cet ivoire d'hippopotame était peut-être destiné au marché local. On peut donc probablement déduire de ces silences que l'ivoire d'éléphant dominait les autres[32].

27. Philostr. *V.A.* 2, 13. Il conviendrait évidemment de soumettre ces remarques à l'expertise des ivoiriers pour en apprécier la véracité. On trouve une distinction entre éléphants de montagne et éléphants des lieux humides dans les sources sanscrites (voir De Romanis 2014, p. 6-7). Une inscription latine d'Afrique parle de *solidum ebur* (*CIL* 8, 8234).

28. Paus. 5, 12, 2 (Ποταμίοις γε μὴν ἵπποις καὶ ὑσὶν ἡ κάτωθεν γένυς τοὺς χαυλιόδοντας φέρει).

29. Paus. 8, 46, 4 (Τὸ δὲ ἄγαλμά ἐστι χρυσοῦ, καὶ αὐτοῦ τὸ πρόσωπον ἀντὶ ἐλέφαντος ἵππων τῶν ποταμίων ὀδόντες εἰσὶν εἰργασμένοι). Proconnèse fut annexée par Cyzique peu après 362 *a.C.* Noter que le travail de l'ivoire d'hippopotame est extrêmement difficile et demande des compétences bien particulières, qui ne semblent pas avoir avoir été maîtrisées, dans le monde méditerranéen, avant le IIe millénaire *a.C.* Voir Poplin 1992, p. 189.

30. Cosmas Indic. 11, 9 (Τὸν δὲ ἱπποπόταμον οὐκ εἶδον μέν, ἔσχον δὲ ὀδόντας ἐξ αὐτοῦ μεγάλους ὡς ἀπὸ λιτρῶν δεκατριῶν, οὓς καὶ πέπρακα ἐνταῦθα· πολλοὺς δὲ εἶδον καὶ ἐν τῇ Αἰθιοπίᾳ καὶ ἐν τῇ Αἰγύπτῳ).

31. La note de l'édition de W. Wolska indique qu'il s'agit d'Alexandrie.

32. Plin. *NH* 37, 204, dans sa liste des biens les plus précieux que la Nature fournit aux hommes, ne parle que de l'ivoire d'éléphant (*dentibus elephantorum*).

Ce sont sans doute les artisans de l'ivoire qui étaient les plus à même de connaître les qualités et les défauts de la matière qu'ils travaillaient, tout comme son origine. Les contributions d'A. Caubet et H. Gwyther montrent l'importance du regard des archéologues et le potentiel de l'archéologie expérimentale sur ce volet de l'histoire de l'ivoire, au sujet duquel les sources écrites grecques et latines sont lacunaires : les renseignements se comptent sur les doigts d'une main. H. Gwyther signale un passage de Plutarque dans lequel il est question de «ceux qui amollissent l'or et l'ivoire»[33]. Sénèque attribue à Démocrite un procédé d'amollissement de l'ivoire, qu'il ne décrit pas[34]. Cet amollissement était effectué par chauffage, si l'on en croit Pausanias : «Assurément des dents ne peuvent pas par nature plier sous l'action du feu, tandis que les cornes des bœufs et des éléphants, recourbées au début, tendent sous l'action du feu à devenir droites et prennent d'autres formes»[35]. Philostrate, de son côté, fait allusion à la légèreté de l'outillage des ivoiriers : «Les faiseurs de statues, autrefois, n'agissaient pas ainsi; ils n'allaient pas de ville en ville en vendant leurs statues, ils y apportaient seulement leurs mains, leurs instruments pour travailler la pierre et l'ivoire; on leur fournissait la matière brute et ils procédaient à leur travail dans le sanctuaire lui-même.» Ce passage fait allusion à une époque où l'artisan pouvait être itinérant. Cette situation ne semble plus être de mise à Rome, devenue à l'époque de la *luxuria* privée un immense centre urbain de consommation et de production, comme le montre G. Di Giacomo. Les artisans de l'ivoire ne sont plus des nomades, mais œuvrent dans des ateliers fixes à Rome. Les métiers sont organisés en collèges au sein desquels se transmet le savoir-faire. La matière première est fournie par le marché, et il semble que certains *eborarii* se soient spécialisés dans la vente. Surtout, dans ce moment exceptionnel de l'histoire du luxe, l'ivoire n'est plus qu'un membre du grand cortège des biens précieux exotiques et, sans déchoir de sa position prestigieuse[36], il lui

33. Plut. *Pericl.* 12, 6 (χρυσοῦ μαλακτῆρες καὶ ἐλέφαντος). Dans ce passage, Plutarque explique que Périclès avait voulu consacrer une partie des richesses de la cité à la construction d'édifices splendides, ce qui permettait aussi de redistribuer des ressources publiques vers la foule des artisans (βάναυσον ὄχλον).

34. Sen. *Luc.* 90, 33 (*Democritum invenisse quemadmodum ebur molliretur*).

35. Paus. 5, 12, 2 (Οὐ μὴν οὐδὲ εἴκειν πυρὶ ἔχουσιν ὀδόντες φύσιν· κέρατα δὲ καὶ βοῶν καὶ ἐλεφάντων ἐς ὁμαλές τε ἐκ περιφεροῦς καὶ ἐς ἄλλα ὑπὸ πυρὸς ἄγεται σχήματα). Ce témoignage n'est pas totalement fiable : Pausanias, persuadé que la défense d'éléphant est une corne, pourrait bien affirmer *a priori* que l'ivoire était déformable à la chaleur. On trouve chez Dioscoride d'obscures allusions à un amollissement de l'ivoire par humidification (Diosc. *De mat. med.* 2, 87; 4, 75).

36. Plin. *NH* 37, 204.

faut à présent la partager avec d'autres merveilles de la nature, telles l'écaille et la nacre.

Pierre SCHNEIDER
Univ. Artois, UR 4027, Centre de Recherche et d'Etudes Histoire et Sociétés (CREHS), F-62000 Arras, France
pierre.schneider@univ-artois.fr

Jean TRINQUIER
École Normale Supérieure
jean.trinquier@ens.fr

Bibliographie

BRAUDEL F. 1967, *Civilisation matérielle et capitalisme (XVe-XVIIIe siècle)*, vol. 1, Paris.

DE ROMANIS F. 2014, «Ivory from Muziris», *ISAW Papers* 8, https://isaw.nyu.edu/publications/isaw-papers.

DE ROMANIS F., J. TRINQUIER et P. SCHNEIDER 2020, «La circulation du poivre noir de l'Inde méridionale jusqu'en Méditerranée : quels changements ?», dans Fr. LEROUXEL et J. ZURBACH (éds), *Le changement dans les économies antiques*, Bordeaux, p. 279-318.

DUBOIS-PELERIN É. 2008, *Le luxe privé à Rome et en Italie au Ier siècle après J.-C.*, Naples.

EICHHOLZ D.E. (éd. et trad.) 1961, Pliny, *Natural History* (vol. 10, books xxxvi-xxxvii), Londres.

MASTROROSA I. G. 2008, «La *citrus* dei Mauri e l'*insania mensarum* dei Romani : ricchezze africane e paradigmi suntuari», dans J. GONZÁLEZ (éd.), *L'Africa romana : le ricchezze dell'Africa : risorse, produzioni, scambi (atti del XVII Convegno di studio, Siviglia, 14-17 dicembre 2006)*, Rome, p. 365-377.

POPLIN Fr. 1992, «L'ivoire et la pierre à feu : le couteau prédynastique en hippopotame de Shiqmim et le lion d'Aristote», dans M. MENU et Ph. WALTER (éds), *La pierre préhistorique*, Paris, p. 187-194.

TRAUTMANN T.R. 2015, *Elephants & Kings: An Environmental History*, Chicago-Londres.

IVOIRE D'ÉLÉPHANT ET D'HIPPOPOTAME DANS LE PROCHE-ORIENT DE L'ÂGE DU BRONZE

L'ivoire fut un des supports privilégiés de l'art du Proche-Orient antique. Mais quel ivoire ? Les manuels d'identification existent depuis longtemps[1], mais ne traitent pas des objets culturels. Richard Barnett (1982) embrasse, dans son irremplaçable synthèse, toute l'ivoirerie antique de l'Égypte à l'Inde; il eut le grand mérite de mentionner les diverses espèces animales pourvues de défenses, mais il ne disposait pas d'identification pour les produits finis. La voie s'est ouverte à partir de l'Égypte. Jean-Louis Hellouin de Cénival (1927-2003), conservateur au Département des Antiquités Égyptiennes du Louvre, venu au Musée des Antiquités Nationales de Saint-Germain-en-Laye pour y étudier les pièces égyptiennes de la collection d'archéologie comparée, y rencontra François Poplin, chercheur au Muséum National d'Histoire Naturelle, qui examinait des pièces paléolithiques. Cénival lui proposa de regarder du côté des rives du Nil : les extraordinaires possibilités de l'ivoire d'hippopotame furent ainsi révélées au public dans l'exposition *L'Égypte avant les Pyramides*, dans un catalogue anonyme[2]. Invité à se tourner vers l'est, Fr. Poplin entama, à partir de 1978, une enquête sur les collections d'ivoire du Proche-Orient, au Louvre puis en Syrie, sur le corpus d'Ougarit[3], puis à Chypre, en Jordanie, en Israël et dans divers musées d'Europe et des États-Unis, il utilisait les moyens les plus simples, binoculaire et lumière solaire de préférence. D'autres méthodes de laboratoire (ADN, spectrométrie Raman etc.), ne sont pas applicables sur le terrain, où il n'y a

NB : Toutes les photos sont de l'auteur; les dessins sont mis au net par Caroline Florimont (Musée du Louvre) d'après les croquis de l'auteur.

1. Penniman 1952; Espinoza et Mann 1992; Espinoza et Mann 1993.

2. Cénival 1973.

3. Caubet et Poplin 1987.

Topoi Suppl. 18 (2022)
p. 21-53

pas toujours d'électricité, sans parler de téléphone ou d'internet. L'enquête, qui a débouché sur une exposition au musée du Louvre[4], a fait apparaître une fréquente utilisation de l'ivoire d'hippopotame au Proche-Orient, à côté de celui d'éléphant, durant tout l'âge du Bronze. L'ivoire d'hippopotame semble disparaître au Ier millénaire. La même constatation était faite parallèlement pour le monde égéen.

Le trafic et la thésaurisation des défenses soulèvent de nombreuses questions relatives à l'habitat, l'environnement, l'action anthropique dans le temps, les fins économiques et politiques de l'intervention humaine etc. Le bilan présenté ici s'appuie d'abord sur la synthèse de Barnett (1982), qui croisait les données des sources textuelles, des représentations figurées et d'un large échantillon d'artefacts. Depuis, l'identification par autopsie du matériau constitutif d'un large corpus d'œuvres, confrontée aux trouvailles de vestiges ostéologiques, ouvre de nouvelles perspectives. Aussi ce bilan est-il présenté par ordre chronologique, pour mieux mettre en évidence les mutations intervenues.

Ve-IVe millénaires

L'Égypte, du Néolithique aux premières dynasties

L'Égypte est précurseur pour l'ivoirerie, avec des objets majoritairement taillés dans des canines et incisives d'hippopotame. Dès le Néolithique, des figures féminines nues paraissent dans les cultures de Merimdé (Ve millénaire), puis de Badari (vers 4400-4000)[5] : l'ivoire sert ici de support à l'expression de concepts métaphysiques universels relatifs à la fécondité. La culture chalcolithique de Nagada (IVe millénaire) donne un développement spectaculaire à la représentation du monde, peuplé des plantes et de créatures de la steppe et du Nil[6], sculptées en relief sur les peignes, petits instruments, manches de couteau. À la figure féminine nue se joint la lourde silhouette de l'hippopotame ; bruyant et redoutable, l'animal proliférait dans le Nil, au point d'incarner pour les habitants la puissance débridée du fleuve. Les nombreuses statuettes et amulettes de diverses matières en forme d'hippopotame répondent à la volonté des Égyptiens d'imposer l'ordre au chaos ; il est possible que l'usage de l'ivoire d'hippopotame ait été une autre façon d'exercer un contrôle magique sur la bête.

L'éléphant (en l'occurrence *Loxodonta africana)* ne se trouvait que bien en amont sur le fleuve. La silhouette massive de l'animal hante cependant

4. Caubet et Gaborit-Chopin 2004.

5. Midant-Reynes 2003 ; Morkot et Krzyszkowska 2000.

6. Cénival 1973 ; Craig-Patch 2011.

l'imagination des hommes de Nagada qui en décorent de nombreux objets. L'obtention de défenses demandait des expéditions lointaines, comme celle dont rend compte un peu plus tard un certain Harkhuf, gouverneur d'Éléphantine sous Merenré (v^{e}-vi^{e} dynasties, vers 2240)[7]. L'ivoire d'éléphant n'est utilisé que de manière exceptionnelle durant la période prédynastique. Ainsi, le manche de couteau dit de Gebel el-Arak[8] relève d'un type prédynastique bien connu en ivoire d'hippopotame, mais il est en ivoire d'éléphant : l'objet témoignerait par sa matière même de la volonté égyptienne de contrôler la route de l'Afrique. Ses deux faces portent un décor figuré à caractère politique et symbolique, maître des animaux d'un côté, affrontement entre deux groupes humains sur terre et sur l'eau de l'autre. L'esthétique et l'imagerie du couteau de Gebel el-Arak offrent des parallèles avec la culture d'Uruk en Mésopotamie méridionale, qui soulèvent la question d'éventuels contacts[9].

Négev

Les Égyptiens s'investissent dans l'exploitation des mines de cuivre et de turquoise du Sinaï et du Négev dès la période chalcolithique et c'est probablement sous leur impulsion que se développe dans le Négev une industrie métallurgique œuvrant dans des ateliers spécialisés[10], et qu'un artisanat sur ivoire se met en place : les objets d'ivoire mis au jour dans la région de Beersheba viendraient d'un espace spécialement affecté[11] ; la cache de Nahal Mishmar, une grotte du désert de Judée, a livré un ensemble d'objets à caractère symbolique en cuivre et en ivoire (Bar-Adon 1980), qui étaient probablement issus d'un sanctuaire voisin. Cette production repose principalement sur l'ivoire d'hippopotame, importé d'Égypte ou des petits deltas du littoral palestinien. Il sert à la fabrication de statuettes féminines et masculines au corps allongé, dont l'esthétique rappelle celles des statues schématiques de Nagada. La statuette du Louvre en est un bon exemple, tirée d'une incisive d'hippopotame[12] (*Fig. 1*). Un type d'objet courbe est tiré longitudinalement de grandes canines d'hippopotame « ouvertes » en deux et percées de perforations alignées qui donnent à l'ensemble un aspect de grille. La fonction et la signification de ces objets restent obscures. L'ivoire

7. Barnett 1982, note III. 30.

8. Barnett 1982 pl. 4 ; Delange 2009.

9. Butterlin 2003 ; Lafont *et al.* 2017, p. 100.

10. Sebbane *et al.* 2014.

11. Perrot 1959 ; Perrot 1964 ; Perrot 2006.

12. https://collections.louvre.fr/ark:/53355/cl010146119.

Fig. 1 – Figure masculine. Incisive d'hippopotame. Negev, vers 3500. Musée du Louvre, AO 21406.

d'éléphant, comme en Égypte, n'est utilisé qu'exceptionnellement : citons une statuette féminine nue (sans provenance), un grand étui cylindrique de Nahal Mishmar, qui utilise au mieux la cavité de la défense. Les défenses d'éléphant arrivaient probablement de Nubie via l'Égypte, à la faveur de la présence égyptienne dans le Sinaï.

Anatolie orientale

Mis à part l'Égypte et le Levant sud, le travail de l'ivoire est pratiquement inconnu à cette période dans le reste du Proche-Orient. Une possible exception en Anatolie orientale resterait à confirmer : un sceau en forme d'oiseau trouvé à Arslan Tepe, dans un niveau daté vers 4000 [13], n'a pu être examiné en main, mais les caractéristiques de l'ivoire d'hippopotame apparaissent nettement sur la photographie de la pièce [14]. L'enquête ferait peut-être entrevoir des contacts avec l'Égypte via le Levant, selon le modèle de la diffusion de la culture Kura-Araxe [15].

Le IIIe millénaire

L'âge du Bronze ancien voit la naissance des premières villes et de l'écriture, ainsi que l'épanouissement d'une véritable « économie globale », qui rapprochait les hommes de sociétés lointaines. Pourtant, l'ivoire n'a qu'une faible place, sauf en Égypte.

Égypte

Les souverains des premières dynasties donnent à l'ivoire un rôle nouveau dans

13. Frangipane 2004.

14. Disparue depuis la publication : Frangipane, comm. perso.

15. Palombi et Chataignier 2014.

l'affirmation du pouvoir. Les fouilles d'Abydos[16] et de Hiérakonpolis, avec les centaines de statuettes et objets d'ivoire du «Main Deposit»[17], en témoignent. L'ivoire sert de support à l'image du pharaon, dans une mise en scène réglée dès cette époque et qui survivra jusqu'à la fin de la civilisation pharaonique : le motif dynamique du roi vainqueur, maîtrisant des ennemis africains ou asiatiques prostrés, est gravé sur un cylindre en ivoire du roi Narmer (vers 3100)[18] et sur une étiquette de sandale du roi Den (vers 3000)[19]. Les premières figurations en trois dimensions de la personne royale sont créées en ivoire aussi bien qu'en pierre : la plus ancienne, anonyme[20], le représente vêtu d'un manteau; les suivantes le montrent vêtu du court pagne qui met en valeur un torse nu héroïque : celle de Khéops (IIIe dynastie, 2589-2566) venant d'Abydos[21], celle de Menkaouré (Mykerinos, IVe dynastie, 2490-2472) venant de son temple funéraire à Gizeh[22] sont les prototypes de toutes les statues royales à venir. L'ivoire de ces différentes pièces n'a pas été formellement identifié, mais d'après les photographies, il semble s'agir d'ivoire d'hippopotame, comme l'enfant nu de la collection Clot Bey au Louvre, attribué à la VIe dynastie[23].

Avec l'Ancien Empire apparaissent les chevets faits de trois pièces assemblées, produits en albâtre, ou en ivoire d'éléphant, chevets qui sont une pièce essentielle du mobilier royal, comme l'indique l'exemplaire de Pépi II Neferkaré au Louvre[24].

Levant sud

L'ivoire perdure au Levant mais discrètement durant le Bronze ancien, dans des centres de pouvoir établis au cœur de villes fortifiées, Jéricho, Beth Yerah, Ay, Arad, Tel Yarmouth : le répertoire est limité à des têtes de taureau en ivoire d'hippopotame, au frontal orné d'un triangle incrusté[25],

---

16. O'CONNOR 2011.

17. WHITEHOUSE 1992.

18. BARNETT 1982, note III.13.

19. https://www.britishmuseum.org/collection/object/Y_EA55586.

20. BARNETT 1982, pl. 5 c, d.

21. BARNETT 1982, note III. 25.

22. https://collections.mfa.org/objects/137972/statuette-of-king-menkaura-mycerinus?ctx=83086e1d-bc19-4555-a2d1-6007ef75231b&idx=0.

23. https://collections.louvre.fr/ark:/53355/cl010007633.

24. https://collections.louvre.fr/ark:/53355/cl010007452.

25. BARNETT 1982, pl. 16 a-b; MIROSCHEDJI 1993.

qui les a fait comparer à des pièces trouvées à Ebla, en Mésopotamie et jusqu'en Élam[26]. Du site de Ay viennent un peigne et un poignard à manche d'ivoire décoré d'un motif en tourniquet (*whirliwig*) d'inspiration égyptienne[27].

Crète et îles de l'Égée

En Crète, l'ivoirerie apparaît timidement au milieu du IIIe millénaire et se développe durant la période prépalatiale et le premier âge des palais. Une petite production sur os, défenses de sanglier et ivoire[28], laisse apparaître un usage important de l'ivoire d'hippopotame[29]. Les œuvres consistent en sceaux, premiers témoins des débuts d'une administration palatiale appelée à se développer, et en figurines féminines nues inspirées du type cycladique de la femme aux bras croisés. Une figurine de Platanos serait un premier exemple de la jupe crétoise à volants[30]. L'emploi de l'ivoire, qu'il soit d'hippopotame ou d'éléphant, met en jeu un ou plusieurs circuits d'approvisionnement, probablement depuis l'Égypte[31], peut-être la Libye[32] ou indirectement *via* l'Anatolie, dont le rôle dans le développement des Cyclades semble déterminant, à la lumière des découvertes récentes en Turquie[33].

Syro-Mésopotamie

L'ivoirerie est peu présente dans la Syro-Mésopotamie du IIIe millénaire. Cependant, plusieurs objets d'usage indéterminé ont été identifiés à Umm al-Marra, à l'est d'Alep. Ils avaient été déposés dans une nécropole aménagée pour l'élite fondatrice au cœur même de la cité vers 2500. C'est, à notre connaissance, l'occurrence la plus orientale de l'ivoire d'hippopotame, un indice d'éventuels contacts avec le littoral ou avec l'Égypte, qui ne sont pas clairement attestés dans la documentation égyptienne de l'époque[34].

---

26. Mallowan 1971 ; Collon 1977, p. 221 ; Matthiae 2013, p. 451.

27. Kantor 1956, p. 157.

28. Hemingway 2000,fig. 9.

29. Kryszkowzka 1990.

30. Hemingway 2000,fig. 9 e.

31. Ferrence 2007.

32. Hayward 1990.

33. Ölcer *et al.* 2011.

34. Schwartz *et al.* 2003, p. 616; Schwartz *et al.* 2012, p. 170.

Quant à l'ivoire d'éléphant, son utilisation semble restreinte à un très petit nombre de figurines féminines nues mises au jour à Assur[35] et Mari[36]. Se pose ici la question de l'« éléphant syrien », dont la présence en Syrie n'est attestée par les sources textuelles et les vestiges ostéologiques qu'à partir de la période suivante[37]. Sur ce point, le silence des archives cunéiformes concernant l'éléphant à Ebla et Mari est d'autant plus assourdissant qu'il est question par ailleurs de capture de lions pour les envoyer au roi[38] dans ce qui paraît être l'embryon de réserves de chasses royales. Les figurines féminines de Mari ont été trouvées dans une jarre au « trésor » qui contenait des objets en matières importées d'Asie, lapis lazuli et cornaline. L'hypothèse que les rares objets mésopotamiens en ivoire du IIIe millénaire aient pu être taillés dans des défenses importées de l'Inde, formulée depuis longtemps[39], prend plus de consistance avec l'exploration récente de la route de l'ivoire par l'Asie Centrale[40].

À l'ivoire vrai, les artisans mésopotamiens de cette période préfèrent la coquille marine[41], pour une abondante production en mosaïque où la coquille et la nacre se mêlent au lapis, à la cornaline et au bitume. Cette spécialité artisanale, originaire de Mésopotamie méridionale, a été diffusée le long de l'Euphrate jusqu'au cœur du pays syrien, à Mari[42] ou Ebla : là, ces éléments d'applique ont été imités en marbre et en calcaire pour orner des meubles du palais royal, à iconographie guerrière[43].

La coquille d'œuf d'autruche fournit également aux Mésopotamiens une matière flatteuse dont la blancheur et la douceur sont comparables à celles de l'ivoire, ses grandes dimensions contribuant à la valeur symbolique de l'objet : des coquilles non transformées ou montées en vase ont été

35. Wicke 2010.

36. Parrot 1968. Une figure féminine nue de Tell Brak publiée comme ivoire (Oates 2001, fig. 315-316, p. 295) s'est révélée à l'examen comme sculptée en albâtre gypseux.

37. Caubet et Poplin 2010.

38. Durand 1997, p. 344-352.

39. Mallowan 1971, p. 295 ; Collon 1977, p. 221.

40. Frenez 2017.

41. Durante *et al.* 1981.

42. Couturaud 2019.

43. Matthiae *et al.* 1995, nos 20-35.

déposées dans des tombes[44], celles de la nécropole royale d'Our[45] préfigurent étrangement les exemples mycéniens[46]. L'autruche, oiseau rapide qui hantait encore la steppe syro-arabique jusqu'à une époque récente, était considérée comme une chasse noble, et à ce titre figurait dans l'iconographie du roi chasseur, en Égypte comme en Assyrie[47].

Pour terminer avec l'ivoire «vrai» en Mésopotamie, il faut citer le cas, resté unique jusqu'à présent, d'utilisation de défense de dugong[48] (*Fig. 2*). Ce sirénien, cousin du lamantin de l'Atlantique, possède deux petites défenses. Il faisait l'objet d'une chasse valorisée dans l'océan Indien et le golfe Persique depuis le IVe millénaire[49] par des populations en contact avec les Mésopotamiens. Pour ces derniers, les défenses de dugong étaient des *exotica* maritimes, comme les coquilles marines, venant de la «Mer Inférieure», par laquelle transitaient aussi des défenses d'éléphant envoyées de l'Inde.

Fig. 2 – Personnage en costume sumérien. Défense de dugong. Mésopotamie, vers 2500-2300. Musée du Louvre, AO 31576.

Le Bronze moyen

La phase finale du Bronze moyen (vers 1700-1600) voit s'intensifier les circulations à longue distance mises en place auparavant. Des ateliers d'ivoirerie se développent dans la plupart des grands centres d'Asie occidentale. Leur préférence va à l'ivoire d'hippopotame, mais celui d'éléphant est parfois requis pour les pièces de grande dimension. Des défenses d'éléphant sont thésaurisées dans

44. Caubet 1983.

45. Woolley 1934, pl. 156.

46. Sakellarakis 1990.

47. Collon 1998; Lafont *et al.* 2017, p. 565.

48. Caubet et Poplin 2003.

49. Merry *et al.* 2009.

les palais, en Syrie, à Alalakh[50], comme en Crète, à Zakro[51], peut-être autant pour des raisons de prestige que d'utilisation artisanale. Sur le plan stylistique, on observe des affinités entre les ateliers actifs dans des régions éloignées, où se mêlent des éléments syriens et minoens, sur un fond général de motifs égyptisants.

Asie Centrale

Les liens établis entre la civilisation de l'Oxus[52] et le Proche-Orient facilitent l'importation de défenses brutes venues de l'Inde. Dans le matériel de Gonur (Turkménistan), un sceau d'origine harappéenne porte une des très rares images connues d'éléphant pour l'âge du Bronze; le corpus des ivoires du site[53] comprend des objets de style de la civilisation de l'Indus, dés en bâton, peigne, d'un type exporté jusqu'en Oman[54], à côté de créations locales, panneaux de mosaïque ou cuiller décorée du serpent-dragon, le monstre emblématique de la mythologie centrasiatique.

Anatolie

Dans l'Anatolie des comptoirs assyriens de Cappadoce et du premier empire hittite, émerge vers 2000-1900 une production diversifiée de statuettes et petits objets mobiliers en ivoire[55] : une figure féminine nue de Kültepe témoigne du rapport intime entre cette imagerie symbolique et l'ivoire, déjà constaté dans d'autres cultures; des sphinx aux grandes boucles enroulées (peut-être des pieds de trône) (*Fig. 3*), une figure de singe d'Acemhüyük, trahissent des contacts avec l'Égypte et le monde minoen[56]; les figures de jeune homme agenouillé vêtu d'un pagne, provenant d'Acemhüyuk et d'Alaça Hüyük, sont assez comparables pour suggérer des liens entre ateliers; une statuette de dieu-montagne découverte à Hattusha annonce tous les caractères de l'iconographie hittite impériale. La cité d'Alalakh, au débouché de l'Oronte, se rattache davantage sur le plan culturel et géographique aux grands centres de Syrie-Mésopotamie : outre les défenses

50. Woolley 1955, pl. XVI; Yener 2007, fig. 1.

51. Barnett 1982, note VI.2.

52. Lyonnet et Dubova (éds) 2021.

53. Frenez 2017.

54. Potts D.T. 2011.

55. Barnett 1982, pl. 25-27; Caubet 1991; Özgüç 2002; Simpson 2013.

56. Aruz à paraître.

Fig. 3 – Schéma d'inscription d'une figure de sphinx dans une incisive d'hippopotame. Provenance probable Acemhoyük (Cappadoce), vers 1800-1700. Metropolitan Museum of Art, New York.

entreposées dans le palais du niveau VII (*supra*), des vestiges de décor de trône en ivoire d'éléphant témoignent du statut privilégié du matériau[57]. On observe à Alalakh une continuité entre le Bronze moyen et le Bronze récent dans les productions artisanales d'ivoirerie, faïence et verre, etc., continuité qui caractérise aussi les centres syriens (*infra*).

Syrie occidentale – Levant

Des ateliers d'ivoirerie s'établissent dans les centres politiques et culturels de Syrie occidentale dans les premiers siècles du IIe millénaire ; leur activité se poursuivra à l'époque suivante. Dans l'ensemble, ils montrent une préférence pour l'ivoire d'hippopotame, utilisé pour faire des statuettes et des éléments d'applique. L'iconographie, d'inspiration égyptienne, met en scène le pouvoir royal, sur des types d'objets distincts

57. Yener 2013.

des productions égyptiennes. À Qatna, une tombe de l'élite (Gruft VII) creusée sous le palais royal a livré une figurine féminine nue, une statuette d'homme vêtu d'un pagne et des éléments d'incrustation, le tout en ivoire d'hippopotame[58]. Les statuettes et les appliques du palais nord d'Ebla, elles aussi en hippopotame, appartenaient probablement à un lit ou un trône. Le répertoire est d'inspiration syrienne : statuette d'homme vêtu d'un pagne, silhouette masculine portant le manteau galonné et la tiare ovoïde caractéristiques du costume royal syrien bien attestés dans la glyptique. D'inspiration égyptienne sont les éléments d'applique figurant des têtes à couronne double, des silhouettes d'homme-crocodile, d'homme-faucon, de tête hathorique etc.[59] (*Fig. 4*).

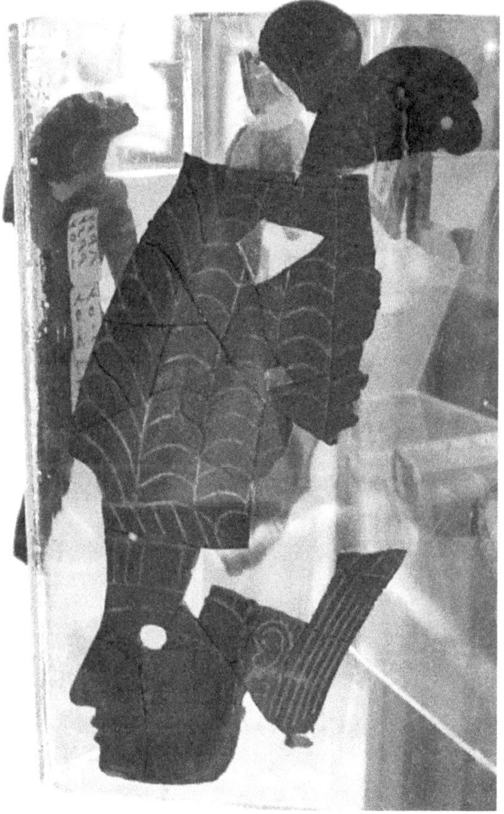

Fig. 4 – Tête avec couronne égyptisante. Ivoire d'hippopotame. Ebla (Syrie), vers 1800-1700. Musée d'Idlib.

58. Dohmann-Pfälzner et Pfälzner 2011.

59. Scandone-Matthiae 2002 ; Matthiae 2013, p. 507 et suiv., pl. 168-171.

Les éléments d'applique à motifs égyptisants sont aussi une caractéristique du mobilier du Levant sud[60] : la silhouette de la déesse égyptienne Tawret est stylisée d'une façon comparable à celle du « génie minoen », indice de contacts entre la Crète, le Levant et l'Égypte à l'époque des pharaons du Moyen Empire[61]. Ces appliques égyptisantes, faites pour décorer des coffrets ou des boîtes à jeu, sont en ivoire d'hippopotame, quand elles ne sont pas en os, comme le coffret de Hazor[62]. À Pella, dans la vallée du Jourdain, une exceptionnelle boîte découverte dans une tombe porte des motifs décoratifs classiques de l'art égyptien, œil *oudjat*, pilier *djed*[63]. Sur le couvercle, un motif de lions dressés symétriques, dans un style puissant et dynamique, fait penser à la porte des lions de Mycènes. L'artiste a habilement caché dans les yeux des lions et dans les replis des motifs enlacés, les rivets destinés à fixer les plaques (toujours en ivoire d'hippopotame) sur le bois du coffret.

Crète

La Crète se situe à une phase intermédiaire dans le plan chronologique adopté ici. Après une grande destruction, probablement liée au tsunami de l'éruption volcanique de Santorin (vers 1600, voire plus tôt selon la chronologie adoptée), une renaissance de l'art minoen aboutit à une spectaculaire production de « grands ivoires », dont l'exécution représente une véritable prouesse technique : l'assemblage à pièces leur permet de dépasser le volume des défenses d'hippopotame, dans lesquelles la plupart de ces pièces sont taillées ; la technique composite d'éléments en divers matériaux, pierre ou métal, fait de ces premières statues chryséléphantines des créations en trois dimensions qui se jouent de la pesanteur et de l'espace[64]. Les types iconographiques sont très variés, représentant des figures masculines à différents âges, enfant nu, jeune athlète (acrobate au taureau), guerrier casqué ; les figures féminines sont plus rares[65].

---

60. Barnett 1982, pl. 15 a ; Caubet et Poplin 1995.

61. Weingarten 2013.

62. Ben Tor 2009 ; Ben Tor 2012-2013.

63. Fischer *et al.* 2015 ; Potts D.T. 1986, 1987.

64. MacGillivray *et al.* 2000 ; Hemingway 2000 ; Poursat 2001.

65. Les fameuses déesses aux serpents (Barnett 1982, pl. 28a) sont probablement des faux, cf. Hemingway 2000, d'après les mémoires de Leonard Woolley.

Le Bronze récent

Témoignage des textes et des vestiges osseux

L'âge du Bronze récent, apogée de la culture des palais en Méditerranée orientale, est celui des relations internationales entre cours, attestées notamment par la correspondance d'El Amarna échangée avec les pharaons Aménophis III (1411-1382) et Aménophis IV-Akhénaton (1382-1365)[66]. Ivoire et éléphant y occupent une place notable dans la propagande royale, au travers des récits de chasse ou de décomptes de tributs.

L'existence d'éléphants vivant en Syrie et en Cappadoce est désormais bien attestée par les vestiges ostéologiques, peu susceptibles de faire l'objet d'un trafic à distance[67]. Il faut ajouter la découverte récente d'une sorte de cimetière d'éléphants près du lac de Gavur (Cappadoce), qui a livré des vestiges de l'espèce indienne, *Elephas maximus*, datant des environs de 1500[68]. Des os d'éléphant et plus seulement les défenses, trouvent place jusqu'à l'intérieur des palais, comme à Alalakh[69], Qatna[70] et Ougarit, qui a livré, outre les exemplaires du palais[71], un fragment venant de l'habitat «au centre de la ville»[72] (*Fig. 5, 6* et *7*).

Dans la documentation égyptienne officielle relative aux conquêtes en pays étrangers, l'éléphant et ses défenses sont mis au service de la gloire de Pharaon. Le premier à mettre en scène ses prouesses, Thoutmôsis I (vers 1520), chasse des éléphants au pays de *Niyi*, dans la vallée de l'Oronte. Son petit-fils Thoutmôsis III (1504-1450) reprend à son compte l'exploit de son aïeul, dans les mêmes termes, et dans les mêmes lieux, peut-être lors de la bataille de *Megiddo* qui l'oppose à une coalition de dynastes cananéens (vers 1482). Le chiffre de 120 éléphants est à prendre avec précaution :

> Nouvelle occasion d'assister à une prouesse que le Seigneur du Double-Pays accomplit à Niyi. Il chassa 120 éléphants pour leurs trophées. Je me dressais pour m'emparer d'un grand éléphant qui était parmi eux et

66. Moran 1987; Rainey 2015; Lafont *et al.* 2017, chap. 12; Podany 2010.

67. Liste dans Becker 2005-2006 et Fischer E. 2007.

68. Alaura 2016; Girdland-Flink*et al.* 2018.

69. Çakırlar et Rossel 2010.

70. Pfälzner et Vila 2009.

71. Vila 2008.

72. M. Yon, comm. perso.

Fig. 5 – Sphinx. Ivoire d'hippopotame. Provenance probable Qatna (Syrie), vers 1400-1250. Musée du Louvre, AO 30256.

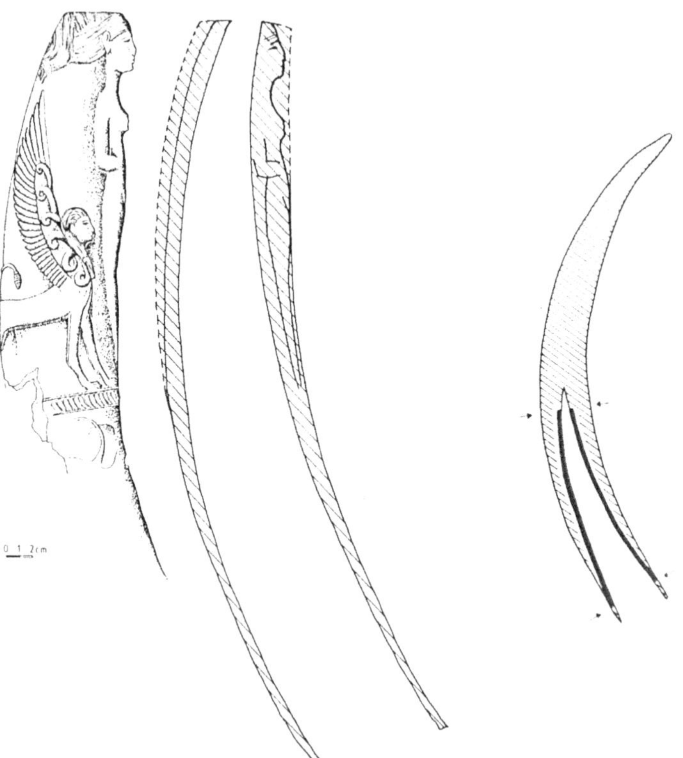

Fig. 6 – Schéma d'inscription d'un olifant dans une défense d'éléphant. Ougarit (Syrie), vers 1250. Musée national de Damas.

Fig. 7 – Détail de l'olifant (fig. 6).

qui s'était attaqué à Sa Majesté. C'est moi qui coupai sa trompe alors qu'il était encore vivant en présence de Sa Majesté alors que je me tenais dans l'eau entre deux rochers.

Tombe du général Amenemheb (Sethe 1907, 893)

Il n'est pas précisé s'il s'agit d'éléphants sauvages, comme le sous-entend le conquérant, ou d'animaux gardés dans une réserve appartenant au souverain asiatique vaincu, que pharaon humilie en détruisant une des manifestations tangibles de son statut et de son prestige[73] : la distinction est d'importance dans l'hypothèse de l'introduction de l'espèce par l'homme.

Dans les merveilles et les produits précieux apportés à pharaon, les défenses sont comptabilisées par le texte et l'image, ainsi dans la tombe de Rekhmiré[74], vizir sous Thoutmosis III. Parmi les peuples étrangers venus faire soumission, probablement à l'occasion de la fête Sed, des Asiatiques apportent des défenses, des éléphants vivants et des lingots de cuivre en forme de peau de bœuf; des Keftiou, reconnaissables à leur pagne minoen, portent des rhytons coniques et des défenses, qui ne laissent pas d'interroger sur la complexité des circuits qu'elles empruntent et sur leur utilisation : on

73. Gabolde 2000.

74. De Garis Davies 1943.

a vu (*supra*) que les « grands ivoires » minoens sont en hippopotame. Une inscription de la reine Hatshepsout (1500-1480) indique qu'elle reçoit des défenses d'origine libyenne :

> (...) Tous les pays étrangers sont (maintenant) sous mes sandales.
>
> (...) On m'apporte l'oliban de Pount, tout comme le blé, par bateau...
>
> Toutes les merveilles, toutes les choses précieuses de cette contrée sont successivement livrées à mon palais. Les Sémites ont fourni les turquoises de la région de Réshaout; ils m'apportent la meilleure part du pays de Démou, en cèdre et en bois mérou ... et tous les beaux bois du pays de Pount. J'ai rapporté les tributs des Libyens, 700 défenses d'ivoire, entre autres, et de nombreuses peaux de panthère dont le dos mesurait 6 coudées et le tour 4 coudées et des panthères du sud en plus de tous les tributs de ce pays étranger.

Base de l'obélisque de la Reine Hatshepsout, Karnak (Sethe 1907, p. 372-373)

L'origine libyenne des défenses mentionnées dans le texte d'Hatshepsout invite à rechercher un circuit direct entre l'Afrique du Nord et le monde égéen[75]. Un circuit indirect, plus complexe, passerait par l'Anatolie occidentale, dont les liens avec le monde grec mycénien se révèlent à travers le vocabulaire et la prosodie : le même terme désigne l'ivoire et l'éléphant en louvite : *lahpa* et en linéaire B : *e-re-pa*[76].

Puis, vers la fin du IIe millénaire, les souverains assyriens se font l'écho de la disparition progressive de l'éléphant en Syrie[77]. Faute de mieux peut-être, Tiglat-Phalasar Ier (1114-1076) fait mention de l'ivoire d'un animal marin des rives de la Méditerranée, le *naḫiru*, dont l'identification avec l'hippopotame a été proposée[78].

Caractères généraux de la production

Pour la période des XIVe-XIIe siècles, d'importants lots d'ivoires ont été mis au jour sur le vaste espace qui s'étend de la Mésopotamie au monde mycénien : pour n'en citer que quelques-uns, Mycènes[79], Alalakh[80], Assur[81],

75. Hayward 1990.

76. Chantraine 1957 ; Beckman *et al.* 2012 ; Metcalf 2015.

77. Grayson 1991 ; Fischer (E.) 2007.

78. Bordreuil et Briquel-Chatonnet 2000.

79. Krzyszkowska 2008.

80. Woolley 1955.

81. Wicke 2010.

Ougarit[82], Qatna[83], Kamid el Loz[84], Lachish[85], Megiddo[86]. Ces ivoires montrent les caractéristiques générales communes, qui sont propres à l'ensemble de la culture matérielle de cette période[87]. Le contexte, quand il est connu, indique à l'évidence un statut élevé de la clientèle : contexte palatial à Alalakh, Ougarit, ou Megiddo; tombes royales à Kamid el-Loz et Qatna; tombes de l'élite à Irbid et Pella; contexte cultuel à Lachish, Beth Shean[88], Ougarit dans le «sanctuaire aux rhytons». À Chypre et dans le monde mycénien, les ivoires viennent de tombes à chambre et de sanctuaires[89]. Le genre des possesseurs demanderait une enquête plus approfondie : bien des objets que l'on croirait «produced with an eye for the ladies of the court»[90], ont fini en Grèce dans des tombes de guerriers.

Par la qualité et l'abondance des œuvres, le Bronze récent peut être qualifié d'«Âge d'or» de l'art de l'ivoire. Le caractère international de ces produits débordant des cadres géographiques, un aperçu transversal mettra mieux en évidence leurs points communs, en examinant le partage des techniques, des types d'œuvres et de l'iconographie, sans qu'il soit nécessaire ici de faire intervenir les questions plus subtiles de *koiné* stylistique.

Technique

La virtuosité des artisans se manifeste par la parfaite connaissance de leur matériau, de ses possibilités et de ses contraintes, un savoir-faire qui s'observe particulièrement bien dans le corpus d'Ougarit[91] ou celui de Mycènes[92]. Les boîtes en forme de canard se jouent des défauts de

82. Gachet-Bizollon 2007 et 2008.

83. Luciani 2006; Turri 2009.

84. Hachmann 1983.

85. Tufnell *et al.* 1940.

86. Loud 1939.

87. Cline 2009.

88. Mazar et Mullins 2007.

89. Poursat 1977.

90. Barnett 1982, p. 36.

91. Caubet et Poplin 1985.

92. Krzyszkowska 2008.

la canine d'hippopotame[93], les coffrets et le dossier de lit[94] exploitent au mieux la partie pleine de la défense d'éléphant, en économisant la matière par une découpe savante des planches; le plateau de table circulaire d'Ougarit[95] donne un parfait exemple de cette maîtrise, le diamètre de l'objet étant déterminé par la courbure des défenses. Bouteilles et oliphants tirent le meilleur parti de la partie creuse de la défense d'éléphant[96] (*Fig. 6-7*), ce qui est également possible pour l'incisive d'hippopotame[97].

La proportion entre ivoire d'éléphant et ivoire d'hippopotame reste sensiblement la même qu'à la période précédente, ce que reflète la cargaison de l'épave de bateau coulée au large d'Uluburun (vers 1300)[98] : un seul tronçon de défense d'éléphant contre plusieurs dents d'hippopotame, canines et incisives. Les objets de série, pyxides, peignes, éléments d'applique, sont le plus souvent en hippopotame, tandis que l'éléphant sert aux «grands ivoires», au double sens de la dimension et du caractère exceptionnel. Le prestige qui s'attache à l'éléphant et ses défenses dans les textes et l'image outrepasse son utilisation dans l'artisanat.

Types d'objets

Comme pour le matériau, on distinguera les produits de série, diffusés sur toute l'étendue du domaine considéré, des objets exceptionnels. Dans les premiers, une grande place revient aux pyxides[99]. La forme lenticulaire pourvue d'un couvercle pivotant peut être «déclinée» aussi en faïence ou en albâtre. Fréquent à Ougarit[100], le type est diffusé jusque dans l'intérieur syrien et la Transjordanie[101], région d'où provient un exemple rare en forme de poisson tilapia, d'inspiration égyptienne sinon une importation[102]. De nombreux disques leur servant de fond ou de couvercle étaient décorés de

93. Gachet-Bizollon 2007, n°s 19 à 51.

94. *Ibid.* n° 269.

95. *Ibid.* n° 272.

96. *Ibid.* n° 386; Barnett 1982, pl. 17c : Megiddo; pl. 31d : Mycènes.

97. Gachet-Bizollon 2007, n° 388; Pulak 2008 : Uluburun.

98. Pulak 1997.

99. Wicke 2008.

100. Gachet-Bizollon 2007, n°s 61-67.

101. Fischer *et al.* 2015.

102. Tubb 1988.

rosette, plus rarement d'un motif figuré gravé, choix qui semble spécifique des ateliers de Chypre[103]. La boîte en forme de canard[104] (*Fig. 11-12*), emblématique de l'ivoirerie du Bronze récent, est le triomphe du travail de la canine d'hippopotame. Si le motif est d'inspiration égyptisante, la cuve en nacelle qui prend la place du corps d'oiseau troussé est un trait original, peut-être une invention des ateliers du Levant Nord. La pyxide cylindrique, omniprésente, persiste jusqu'à la fin de l'Antiquité : elle est en effet facile à tirer de la partie basse de la défense avec un minimum de transformation. Celles en ivoire d'éléphant offrent un diamètre plus large que celui de l'incisive d'hippopotame, utilisée pour des étuis étroits[105]. Le masque d'applique[106] se décline aussi en faïence[107]; de même, les divers petits instruments personnels, fuseaux, fusaïoles, peignes, qui devaient normalement être en bois. Les manches de miroir ont une partie élargie creusée d'une mortaise pour tenir le disque de métal, qui peut accueillir un décor figuré, souvent d'inspiration minoenne. Ce type d'objet semble plus spécialement propre à Chypre et au monde égéen[108].

Les objets exceptionnels se distinguent des produits de série, mais n'en présentent pas moins entre eux un «air de famille», qui tient aux caractéristiques de style. On comparera diverses figures humaines en ronde bosse : femme assise de Kamid el Loz[109], femme voilée d'Ougarit[110], têtes de sphinx de Hazor[111] et de Miqné[112]. Une grande tête divine d'Ougarit[113], incrustée de métal, est peut-être un rare vestige de statue de culte. Une tête de bovin récemment découverte à Bassetki (près de Mossoul) annonce les productions du Ier millénaire[114]. Tout aussi exceptionnels sont les coffrets

---

103. BARNETT 1982, pl. 33, c : Palaipaphos.

104. BARNETT 1982, pl. 23, c; ADLER 1996; DI PAOLO 1997.

105. GACHET-BIZOLLON 2007, n° 82.

106. *Ibid.* n° 404.

107. PELTENBURG 1977.

108. YON 1979; BARNETT 1982, pl. 30a-c.

109. BARNETT 1982, pl. 23, a.

110. GACHET-BIZOLLON 2007, n° 405.

111. BEN TOR 2017.

112. DOTHAN et BEN SCHLOMO 2016.

113. GACHET-BIZOLLON 2007, n° 408.

114. PFÄLZNER et QASIM 2021.

à scène narrative : la boîte à jeu d'Enkomi avec une scène de chasse [115]; la plaque de Megiddo figure un dynaste en char conduisant des prisonniers et un banquet en musique [116]. L'étui à pinceau de Megiddo est certainement une importation égyptienne [117]. Les instruments de musique – lyre de Ménidi, oliphants d'Ougarit (*Fig. 6-7*), de Megiddo et de l'épave d'Uluburun, claquoirs en forme de main – témoignent de la place de la musique dans la vie sociale [118]. Les pièces de mobilier, lits, tables, sièges, sont rares, quelle que soit leur matière, dans un Orient où l'on mange et dort sur des tapis et des coussins [119]. Les sources littéraires font allusion à ces meubles, qui sont exclusivement destinés au palais ou aux dieux. C'est ainsi que Kothar Khasis, le dieu orfèvre et architecte originaire de Caphtor (Crète), construit le palais de Baal et le remplit de meubles merveilleux :

Hayin monte à la forge
Khasis tient en main les tenailles
Il fond l'argent
Fait couler l'or
Il fond l'argent par milliers de sicles
Il fond l'or par dizaines de milliers
Il fond un baldaquin et un lit de repos
Un socle divin de vingt mille sicles
Un socle divin rutilant d'argent
Plaqué d'une coulée d'or
Un siège divin muni d'un dossier
Un marchepied divin
Qu'il a recouvert de métal brillant
Des sandales divines à lanières
Sur lesquelles il a mis de l'or
Une table divine qu'il a chargée
Des espèces rampantes des profondeurs de la terre
Un vase divin dont l'anse ressemble à un agneau [120]

115. Barnett 1982, pl 30, d-e; https://www.britishmuseum.org/collection/object/G_1897-0401-996.

116. Barnett 1982, pl. 19a.

117. Fischer 2007.

118. Caubet 2018.

119. Herrmann 1996.

120. Caquot *et al.* 1974, p. 195.

Ougarit est un des rares sites à compter un ensemble varié d'ivoires – lit, plateau de table et pieds de meubles – venant du palais [121] : le dossier de lit [122] est constitué de plusieurs planches juxtaposées dont chacune porte sur chaque face un motif lié à l'idéologie royale, chasse, guerre, mariage, avec au centre un sujet rare, l'allaitement de deux princes par une déesse ailée. L'emplacement où ce lit a été retrouvé dans le palais ainsi que l'imagerie, inviteraient à y voir un des premiers lits de banquets [123].

Iconographie

Les ivoires portent une iconographie doublement partagée : partage géographique, car les thèmes récurrents sont communs à l'ensemble de la zone considérée; partage avec les autres supports d'images, car peintures murales, vaisselle, bijoux, armes décorées, sceaux, puisent dans un même répertoire : pour ne prendre que deux exemples, la chasse du coffret d'Enkomi (British Museum, *supra*) et la coupe d'or d'Ougarit [124] montrent une même fuite d'animaux au «galop volant» derrière un taureau chargeant tête baissée, cadrée dans une frise horizontale pour Enkomi, recourbée pour tenir dans un cercle pour Ougarit [125]. Un même banquet à valeur funéraire orne la plaque de Megiddo [126] et le monumental sarcophage en pierre d'Ahiram roi de Byblos (Musée national, Beyrouth).

Le monde imaginaire figuré dans l'iconographie comporte un côté masculin tourné vers la chasse et la guerre, et un côté féminin, deux aspects qui se côtoient dans un paysage fantastique où évoluent des animaux vrais, caprins, bovins, félins ou des hybrides, sphinx, griffons.

Du côté masculin, chasseurs et guerriers utilisent le char à deux roues [127], grande innovation technique du Bronze récent [128], indissociable des héros homériques. Les guerriers portent le casque en dents de sanglier [129] (*Fig. 8*); une coiffure en crête (coffret d'Enkomi : *supra*) rappelle celle des Philistins.

---

121. Caubet et Yon 1996; Gachet-Bizollon 2007 n°s 269-344.

122. *Ibid.* n° 269.

123. Caubet 2015.

124. https://collections.louvre.fr/ark:/53355/cl010141976

125. Caubet 2009.

126. Barnett 1982, pl. 19a.

127. Plaque de Megiddo : Barnett 1982, pl. 19a; coffret d'Enkomi : *supra*.

128. Raulwing *et al.* 2019.

129. Barnett 1982, pl. 31e : guerrier de Délos; pl. 32b : tête de Spata.

Fig. 8 – Tête de guerrier portant un casque blindé en dents de sanglier. Ivoire d'hippopotame. Enkomi (Chypre). British Museum, GR 1897.4.1.1340.

Le banquet montre le convive assis sur un trône flanqué de sphinx (Megiddo : *supra*), buvant dans une coupe remplie par des serviteurs qui puisent le vin dans un cratère à la grecque. Joueurs de lyre, aèdes, accompagnent le cérémonial. Parfois, rarement, c'est une dame qui est assise sur le trône [130]. L'identité du protagoniste, roi défunt, divinité, est aussi ambigüe que celle des héros terrassant félins ou griffons sur les manches de miroir [131] en un combat singulier.

Une même ambiguïté caractérise les figures féminines : « Trio » et Dame assise de Mycènes [132], pyxide de Minet el Beida/ Ougarit [133] (*Fig. 9*), manche de miroir de Kition Bamboula [134] (*Fig. 10*), montrent une déesse, une reine, ou une prêtresse, dont les pouvoirs s'exercent sur le monde des vivants et/ou celui des morts. Les hybrides et les monstres, sphinx, griffons, sont des créatures liminaires qui veillent sur la frontière avec l'au-delà et le monde surnaturel. Les sphinx et griffons, pacifiques ou affrontés à des bovins, des lions ou des héros anthropomorphes, sont un thème récurrent en Grèce, dans les îles, au Levant, en Syrie-Mésopotamie [135] : seule l'analyse des détails stylistiques, de la schématisation des ailes, des boucles, de la musculature, permettraient de distinguer des ateliers et d'en suivre la diffusion. La figure de Bès [136] revêt probablement une signification protectrice et funéraire.

130. Kamid el-Loz : Barnett 1982, pl. 23, a.

131. Barnett 1982, pl. 30.

132. Barnett 1982, pl. 28 c et 32, a.

133. Barnett 1982, pl. 24 b; https://collections.louvre.fr/ark:/53355/cl010136316.

134. Yon 1979.

135. Barnett 1982, pl. 29 à 33.

136. Barnett 1982, pl. 18d : Megiddo; pl. 33b : Kition.

Fig. 9 – Couvercle de pyxide ornée d'une maîtresse des animaux. Ivoire d'éléphant. Ougarit (Syrie), vers 1250. Musée du Louvre, AO 11601.

Fig. 10 – Manche de miroir orné d'une femme se mirant. Ivoire d'hippopotame. Kition-Bamboula (Chypre), vers 1250. Musée de Larnaca.

Toutes ces figures évoluent dans un cadre naturel, généralement en plein air, discrètement indiqué par des rochers, des flots, des végétaux, des coquilles marines, ou par des motifs abstraits, tresse, spirale, tourniquet..., tout un vocabulaire décoratif commun, aux origines multiples, minoennes, égyptiennes, mitanniennes...En Syro-Mésopotamie, une pyxide d'Assur, reprenant l'imagerie très nouvelle de la glyptique médio-assyrienne, montre un paysage arboré, un jardin bien aligné, creusé de canaux et peuplé d'animaux exotiques, dont un coq[137], gallinacé récemment introduit de l'Asie et qui aura dans la monde grec la valeur symbolique que l'on sait.

137. Barnett 1982, pl. 26, a.

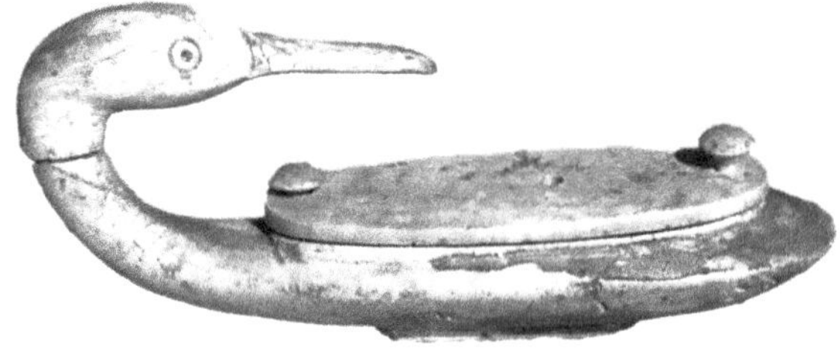

Fig. 11 – Pyxide en forme de canard. Canine d'hippopotame. Ougarit (Syrie), vers 1250. Musée du Louvre, AO 14778.

Fig. 12 – Pyxide en forme de canard. Canine d'hippopotame. Yalisos (Rhodes), vers 1250. British Museum, GR 1872.3.15.84.

Fig. 13 – Pyxide cubique ornée de lions et de sphinx en haut relief. Ivoire d'éléphant. Megiddo, vers 1250. Jérusalem, Musée Rockfeller.

Épilogue

La disparition de la civilisation des palais à la fin du Bronze récent entraîne une éclipse de l'ivoirerie, durant une période, dite des âges noirs, dont la longueur diminue au fur et à mesure que des découvertes nouvelles voient le jour. Peut-être dès la fin du XIe siècle ou au Xe siècle, l'artisanat de l'ivoire revit en même temps que se rétablissent des entités politiques avec leur clientèle de cour. Il connaît aux IXe-VIIe siècles une magnifique renaissance, caractérisée par une certaine continuité dans les types d'objets, la nature de la clientèle recrutée dans l'élite, et dans l'iconographie. La principale rupture est la disparition de l'ivoire d'hippopotame (sauf en

Égypte) remplacé par la défense d'éléphant, alors que l'espèce a disparu de Syrie. Se pose ainsi la question des circuits d'approvisionnement qui soutiennent l'abondante production épanouie dans les cours phéniciennes, araméennes et assyriennes.

Puis, lorsque la production levantine assyrienne décline après le VIIe siècle, un passage de relais s'opère vers l'Occident[138]. L'art dédalique est riche en ivoires, de même que le style orientalisant, dont la diffusion s'étend à l'Italie et l'Espagne, peut-être sur la trace « d'antiquités » asiatiques déposées dans les sanctuaires méditerranéens : les objets inscrits au nom de Hazaël (roi de Damas au IXe siècle) trouvés dans les sanctuaires archaïques de Samos ou d'Érétrie[139] en sont un bon exemple. Vers l'est, une spectaculaire renaissance de l'ivoirerie s'épanouit avec l'empire achéménide, puis dans les royaumes qui se partagent l'espace, de l'Égypte à l'Inde, conquis par Alexandre. Cette renaissance coïncide avec le rétablissement de troupeaux d'éléphants royaux, désormais bien attestés par les textes, dans une organisation à plus grande échelle qui renoue, à notre avis, avec des pratiques de l'âge du Bronze.

À l'issue de ce tour d'horizon sur l'âge du Bronze, l'éléphant apparaît comme un animal culturel, dont l'existence et l'exploitation sont contrôlées et manipulées par l'homme. La chasse et les trophées de peaux, les tributs consistant en défenses sont des prérogatives royales minutieusement consignées dans l'imagerie et les textes officiels. Au Proche-Orient, la possession de parcs royaux, réserves zoologiques d'animaux exotiques et notamment d'éléphants, bien connue par les « Paradis » des rois perses, remonte au IIe millénaire. Animal à usage politique, il fournit une matière qui sert de support à l'idéologie du pouvoir, tant par les types d'œuvres que par leur décor. À l'inverse, l'hippopotame est à peu près absent de l'imaginaire et de la propagande, sauf en Égypte, même en tenant compte du cas douteux du *naḫiru*, alors que la part de ses défenses dans la production d'objets finis est majeure. Ce n'est qu'un des nombreux paradoxes qui restent à investiguer[140].

Annie Caubet
Conservateur général honoraire, Musée du Louvre
annief.caubet@gmail.com

138. Fitton 1992 ; Di Battista 2021 pour les périodes archaïque et classique.

139. Amadasi Guzzo 2018.

140. Toutes les photos sont de l'auteur sauf autre mention, les dessins sont mis au net par Caroline Florimont (Musée du Louvre) d'après les croquis de l'auteur.

Bibliographie

ADLER W. 1996, «Die spätbronzezeitlichen Pyxiden in Gestalt von Wasservögeln», dans R. HACHMANN (éd.), *Kamid el-Loz 16. Schatzhaus Studien*, Saarbrucker Beiträge zur Altertumskunde, Bonn, p. 27-117.

ALAURA S. 2016, «Significance of the Gavur Lake Elephant for the History of Bronze and Iron Age Anatolia», *Origini* 39, p. 264-274.

AMADASI GUZZO M.G. 2018, «Ancora "per il nostro signore Hazael" : Genere e cronologia relative delle cosiddette "booty inscriptions"», dans A. VACCA, S. PIZZIMENTI et M.G. MICAME (éds), *A Oriente del Delta. Scritti sull'Egitto ed il Vicino Oriente antico in onore di Gabriella Scandone Matthiae*, Rome, Contributi e Materiali di Archeologia Orientale XVIII.

ARUZ J. à paraître, «Central Anatolia and the Mediterranean art and the materials of interaction», dans B. HENSELLEK et J. LERNER (éds), *Inner and Central Asian Art and Archaeology in honor of P.H.*, Turnhout.

BAR ADON P. 1980, *The Cave of Treasure. The Finds from the Cave in Nahal Mishmar*, Jérusalem.

BARNETT R.D. 1982, *Ancient Ivories in the Middle East and adjacent countries*, *Qedem* 14, Jérusalem.

BECKER C. 2005-2006, «Small numbers, large potential. New prehistoric finds of elephant and beaver from the Khabur river/Syria», *Munibe* (Antropologia-Arkeologia) 57/1, Homenaje a Jesus Altuna, San Sebastian, p. 445-456.

BECKMAN G.M., T.R. BRYCE et E.H. CLINE (éds) 2012, *The Ahhiyawa Texts*, Boston.

BEN TOR A. 2009, «A Decorated Jewellery Box from Hazor», *Tel Aviv. Journal of the Institute of Archaeology of Tel Aviv University* 36, p. 5-67.

BEN TOR A. 2012-2013, «A decorated box in the collection of the Bible Lands Museum», *Egypt and the Levant* 22-23, p. 317-338.

BEN TOR A., L. NAEH et D. SANDHAUS 2017, «Decorated bone and ivory objects», dans A. BEN TOR, S. ZUKERMAN, S. BECHAR et D. SANDHAUS, *Hazor VII. The 1990-2012 Excavations. The Bronze Age*, Jérusalem.

BORDREUIL P. et Fr. BRIQUEL-CHATONNET 2000, «Tiglat-Phalasar I a-t-il pêché ou chassé le naḫiru», dans *Les animaux et les hommes dans le monde syro-mésopotamien aux époques historiques*, *Topoi*, Supplément 2, p. 117-124.

BUTTERLIN P. 2003, *Les temps proto-urbains de Mésopotamie. Contacts et acculturation à l'époque d'Uruk au Moyen-Orient*, Paris.

ÇAKIRLAR C. et S. ROSSEL 2010, «Faunal Remains from 2003-2004 Excavations at Tell Atchana», dans A. YENER (éd.), *Tell Atchana, Ancient Alalakh. A Bronze Age Capital in the Amuq Valley, Turkey. The 2003-4 Excavation Seasons*, Istanbul, p. 142-146.

CAUBET A. 1983, «Les œufs d'autruche au Proche-Orient Ancien», *RDAC*, p. 193-198.

CAUBET A. 1991, «Ivoires de Cappadoce», dans D. CHARPIN et F. JOANNÈS (éds), *Marchands, diplomates et empereurs. Études sur la civilisation mésopotamienne offertes à Paul Garelli*, Paris, p. 223-225.

CAUBET A. 2009, «A tale of two cities. Le coffre en ivoire d'Enkomi et la coupe d'or d'Ougarit», dans Th. KIELY (éd.), *Ancient Cyprus in the British Museum. Essays in honour of Veronica Tatton-Brown*, Londres, The British Museum Research Publication n° 180, p. 56-62.

CAUBET A. 2015, «Réflexion sur le lit d'ivoire du palais royal d'Ougarit», dans P. CIAFARDONI et D. GIANNESSI (éds), *From the Treasures of Syria. Essays on Art and Archaeology in Honour of Stefania Mazzoni*, Leyde, PIHANS 126, p. 175-181.

CAUBET A. 2018, «Music and Dance in the World of the Bible», dans J. GREER, J.W. HILBER et J. WALTON (éds), *Behind the Scenes of the Old Testament, Cultural, Social and Historical Contexts,* Grand Rapids, MI, p. 468-472.

CAUBET A. et D. GABORIT-CHOPIN (avec la collaboration de Fr. Poplin) 2004, *Ivoires, de l'Orient ancien aux Temps modernes*, Paris.

CAUBET A. et Fr. POPLIN 1987, «Matières dures animales : étude du matériau», dans M. YON (éd.), *Ras Shamra-Ougarit III. Le centre de la ville,* Paris, p. 273-306.

CAUBET A. et Fr. POPLIN 2003, «Une statuette sumérienne en ivoire de dugong», *CRAI*, 147/1, p. 361-373.

CAUBET A. et Fr. POPLIN 2010 «Réflexions sur la question de l'éléphant syrien», dans H. KÜHNE (éd.), *Dur-Katlimmu 2008 and Beyond*, Wiesbaden, Studia Chaburensia I, p. 1-9.

CAUBET A. et M. YON 1996, «Le mobilier d'Ougarit (d'après les travaux récents)», dans G. HERRMANN (éd.), *The Furniture of Western Asia. Ancient and Traditional*, Mayence, p. 62-72.

CÉNIVAL J.-L. de 1973, *L'Égypte avant les Pyramides. 4e millénaire*, Paris.

CÉNIVAL J.-L. de 1992, «Une statuette d'homme en ivoire de la civilisation de Nagada», *La Revue du Louvre* 1, p. 7-9.

CEVIZOĞLU H. 2014, «Bemerkungen zu einem Elfenbeingriff in Form schwimmenden Mädchens aus Klazomenai (Remarks on an Ivory Spoon in the Form of Swimming Girl from Klazomenai)», *Archäologischer Anzeiger* 2, p. 1-18.

CHANTRAINE P. 1957, «Termes mycéniens relatifs au travail de l'ivoire», *CRAI* 101/3, p. 241-242.

CLINE E.H. 2009, Sailing the Wine-Dark Sea: *International Trade and the Late Bronze Age Aegean*, Oxford (2e éd.).

COLLON D. 1977, «Ivory», *Iraq* 39, p. 219-222.

COLLON D. 1998, «First catch your ostrich», *Iranica Antiqua* 33, p. 25-42.

COUTURAUD B. 2019, *Les incrustations en coquille de Mari*, Turnhout, Subartu 40.

CRAIG-PATCH D. (éd.) 2011, *Dawn of Egyptian Art*, New York.

DE GARIS DAVIES N. 1943, *The Tomb of Rekh-mi-Rēʿat Thebes*, New York, The Metropolitan Museum of Art Egyptian Expedition 11.

DELANGE E. 2009, *Le poignard égyptien dit du «Gebel el-Arak»*, Paris, collection Solo.

DI BATTISTA A. 2021, *Transformations of Animal Materials in Early Greece*, Dissertation University of California, Los Angeles (manuscrit).

DI PAOLO S. 1997, « Sulla tipologia e l'origine degli unguentari *à canard* nella Siria-Palestina del Bronzo Tardo », *RSO* 71/1-4, p. 25-53.

DOHMANN-PFÄLZNER H. et P. PFÄLZNER 2011, « Die Gruft VII. Eine neuentdeckte Grabanlage unter dem Königspalast von Qaṭna », *MDOG* 143, p. 63-139.

DOTHAN T. et D. BEN SHLOMO 2016 « The Iron Age I Ivory Objects », dans T. DOTHAN, Y. GARFINKEL, S. GYTIN (éds), *Tel Miqne-Ekron Field IV Lower-The Elite Zone, The Iron Age I and IIC, The Early and Late Philistine Cities,* University Park, PA.

DURAND J.-M. 1997, *Documents épistolaires du palais de Mari*, vol. I, Paris, Littératures anciennes du Proche-Orient 16.

DURANTE S., M. TOSI et R. BISCIONE 1981, *Conchiglie. Il commercio e la lavorazione delle conchiglie marine nel Medio Oriente dal IV al II millennio a. C.*, Rome.

ESPINOZA E.O. et M.-J. MANN 1992, *Identification Guide for Ivory and Ivory Substitutes*, Baltimore (2e éd.).

ESPINOZA E.O. et M.-J. MANN 1993, « The History and Significance of the Schreger Pattern in Proboscidean Ivory Characterization », *Journal of the American Institute for Conservation* 32, p. 241-248.

FERRENCE S. 2007, « Hippopotamus Ivory in EM-MM Lasithi and the Implications for Eastern Mediterranean Trade: New Evidence from Hagios Charalambos », dans M. NELSON et H. WILLIAMS (éds), *Krinoi kai limenes. Studies in Honor of Joseph and Maria Shaw,* Philadelphie, p. 167-175.

FISCHER E. 2007, *Ägyptische und ägyptisierende Elfenbeine aus Megiddo und Lachisch: Inschriftenfunde, Flaschen, Löffel*, Münster, Alter Orient und Altes Testament 47.

FISCHER P.M., T. BÜRGE et M.A. AL-SHALABI 2015, « The "Ivory Tomb" at Tell Irbid, Jordan: Intercultural Relations at the End of the Late Bronze Age and the Beginning of the Iron Age », *BASOR* 374, p. 209-232.

FITTON L. (éd.) 1992, *Ivory in Greece and the Eastern Mediterranean from the Bronze Age to the Hellenistic Period*, Londres, British Museum Occasional Paper 85.

FRANGIPANE M. (éd.) 2004, *Alle Origini del Potere. Arslantepe, la Collina dei Leoni*, Milan.

FRENEZ D. 2017, « Manufacturing and Trade of Asian Elephant Ivory in Bronze Age Middle Asia. Evidence from Gonur Depe (Margiana, Turkmenistan) », *Archaeological Research in Asia* 15, p. 13-33.

GABOLDE M. 2000, « Les éléphants de Niyi d'après les sources égyptiennes », dans J.-Cl. BÉAL et J.-Cl. GOYON (éds), *Des ivoires et des cornes dans les mondes anciens*, Lyon, p. 194-123.

GACHET-BIZOLLON J. 2007, *Les ivoires d'Ougarit et l'art des ivoiriers du Levant au Bronze Récent*, Paris, Ras Shamra-Ougarit XVI.

GACHET-BIZOLLON J. 2008, « Les ivoires du Palais royal d'Ougarit : bilan de la recherche », dans V. MATOÏAN (éd.), *Le Mobilier du Palais Royal d'Ougarit*, Paris, Ras Shamra-Ougarit XVII, p. 85-100.

GIRDLAND-FLINK L., B. ALBAYRAK et A.M. LISTER 2018, « Genetic Insight into an Extinct Population of Asian Elephants (*Elephas maximus*) in the Near East », *Open Quaternary* 4/1, p. 1-9.

GRAYSON A.K. 1991, *Assyrian Rulers of the Early First Millennium BC. I. 1114-859 BC*, Toronto.

HACHMANN R. (éd.) 1983, *Frühe Phöniker im Libanon. 20 Jahre deutsche Ausgrabungen in Kamid-el-Loz*, Mayence.

HAYWARD L.G. 1990, « The Origin of the Raw Elephant Ivory Used in Greece and the Aegean during the Late Bronze Age », *Antiquity* 64, p. 103-109.

HEMINGWAY S. 2000, « The place of the Palaikastro Kouros in Minoan bone and ivory sculpture », dans A. MACGILLIVRAY, J.M. DRIESSEN et L.H. SACKETT (éds), *The Palaikastro Kouros. A Minoan Chryselephantine Statuette and its Aegean Bronze Age Context*, Athènes, British School at Athens Studies 6.

HERRMANN G. (éd.) 1996, *The Furniture of Western Asia. Ancient and Traditional*, Mayence.

KANTOR H.J. 1956, « Syro-Palestinian Ivories », *Journal of Near Eastern Studies* 15, p. 153-174.

KRZYSZKOWSKA O. 1984, « Ivory from hippopotamus tusks in the Aegean Bronze Age », *Antiquity* 58, p. 123-125.

KRZYSZKOWSKA O. 1988, « Ivory in the Aegean Bronze Age: Elephant Tusk or Hippopotamus Ivory? », *Annual of the British School of Athens* 83, p. 209-234.

KRZYSZKOWSKA O. 1990, *Ivory and Related Materials. An illustrated Guide*, Londres, BICS Suppl. 59.

KRZYSZKOWSKA O. 2008, *Well Built Mycenae*, 24: *The Ivories and Objects of Bone and Antler and Boar's Tusk*, Londres, Oxbow Books 86.

LAFONT B., A. TENU, F. JOANNÈS et P. CLANCIER 2017, *La Mésopotamie. De Gilgamesh à Artaban 3300-120 av. J.-C.*, Paris.

LOUD G. 1939, *The Megiddo Ivories*, Chicago, Oriental Institute Publications 52.

LUCIANI M. 2006, « Ivory at Qatna », dans E. CZERNY, I. HEIN, H. HUNGER, D. MALMAN et A. SCHWAB (éds), *Timelines. Studies in Honor of Manfred Bietak* III, Louvain-Paris-Dudley, Orientalia Lovaniensia Analecta 149, p. 17-38.

LYONNET B. et N.A. DUBOVA 2021, *The World of the Oxus Civilization*, Londres-New-York.

MACGILLIVRAY A. 2009, « Thera, Hatshepsut, and the Keftiu: Crisis and response in Egypt and the Aegean in the mid-second millennium BC », dans D.A. WARBURTON (éd.), *Time's Up, Dating the Minoan Eruption at Santorini*, Athènes, p. 155-170.

MACGILLIVRAY A., J.M. DRIESSEN et L.H. SACKETT 2000, *The Palaikastro Kouros. A Minoan Chryselephantine Statuette and its Aegean Bronze Age Context*, Athènes, British School at Athens Studies 6.

MALLOWAN M.E.L. 1971, « The Early Dynastic Period in Mesopotamia », *Cambridge Ancient History* I/2, XVI, p. 238-314.

MATTHIAE P., F. PINNOCK et G. SCANDONE-MATTHIAE 1995, *Ebla. Alle origini della civiltà urbana. Trent'anni di scavi dell'Università di Roma "La Sapienza"*, Milan.

MATTHIAE P. 2013, *Studies on the Archaeology of Ebla 1980-2010*, éd. F. PINNOCK, Wiesbaden.

MAZAR A. et R. MULLINS 2007, *Excavations at Tel Beth-Shean 1989-1996. II. The Middle and Late Bronze Age Strata in Area R*, Jérusalem.

MÉRY S., V. CHARPENTIER, G. AUXIETTE et E. PELLE 2009, «A dugong bone mound: The Neolithic ritual site on Akab in Umm al-Quwain, United Arab Emirates», *Antiquity* 83/321, p. 696-708.

METCALF C. 2015, *The Gods Rich in Praise. Early Greek and Mesopotamian Religious Poetry,* Oxford.

MIDANT-REYNES B. 2003, *Aux origines de l'Égypte : Du Néolithique à l'émergence de l'État*, Paris.

MIROSCHEDJI P. 993, «Notes sur les têtes de taureau en os, ivoire et en pierre du Bronze Ancien de Palestine», dans M. HELTZER, A. SEGAL et D. KAPLAN (éds), *Studies in Archaeology and History of Ancient Israel in Honour of Moshe Dothan*, Haifa, p. 29-40.

MORAN W.L. 1987, *Les lettres d'El Amarna*, Paris, LAPO 13.

MORKOT R. et O.H. KRZYSZKOWSKA 2000, «Ivory and related materials», dans P. NICHOLSON et I. SHAW (éds), *Ancient Egyptian materials und technology,* Cambridge, p. 320-331.

OATES J. 2001, «Organic materials», dans D. OATES, J. OATES et H. MCDONALD, *Excavations at Tell Brak. 2. Nagar in the Third Millennium BC,* Cambridge, p. 295-299.

O'CONNOR D. 2011, *Abydos: Egypt's First Pharaohs and the cult of Osiris*, Londres.

ÖLCER N. et N. STAMPOLIDIS (éds) 2011, *Across the Cyclades and Western Anatolia during the 3rd Millennium BC*, Istanbul.

ÖZGÜÇ N. 2002, «Erlesene Werke der Kleinkunst. Anatolische Elfenbein schnitzereien», in *Die Hethiter und Ihr Reich. Das Volk der 1000 Götter*, Bonn, p. 244-247.

PALOMBI G. et Chr. CHATAIGNER 2014, «The Kura-Araxes Culture from the Caucasus to Iran, Anatolia and the Levant: Between unity and diversity. A synthesis», *Paléorient* 40/2, p. 247-260.

PARROT A. 1968, *Mission Archéologique de Mari* IV, *Le "trésor" d'Ur*, BAH 87, Paris.

PELTENBURG E.J. 1977, «A Faience from Hala Sultan Tekke and Second Millennium B.C. Western Asiatic Pendants Depicting Females», dans P. ÅSTRÖM, G. HULT et M. STRANDBERG-OLOFFSSON, *Hala Sultan Tekke* 3, *Studies in Mediterranean Archaeology* XVL/3, Göteborg, p. 177-200.

PENNIMAN T.K. 1952, *Pictures of Ivory and Other Animal Teeth, Bone and Antler*, Oxford.

PERROT J. 1959, «Statuettes en ivoire et autres objets en ivoire et en os provenant des gisements préhistoriques de la région de Beersheba», *Syria* 36/1-2, p. 8-19.

PERROT J. 1964, «Les ivoires de la première campagne de fouilles à Safadi, près de Beersheva», *Eretz Israel* 7, p. 92-93.

PERROT J. 2006, «Autour des ivoires de Beersheba», *Syria* 83, p. 159-166.

PFÄLZNER P. 2016, «The elephants of the Orontes», dans D. PARAYRE (éd.), *Le fleuve rebelle. Géographie historique du moyen Oronte d'Ebla à l'époque médiévale*, Beyrouth, Syria, Supplément IV, p. 159-182.

PFÄLZNER P. et H.A. QASIM (avec des contributions par H. Arnhold, B. Faist, O. Hense, S. Herdt et P. Sconzo) 2021, «From Akkadian Maridaban to Middle-Assyrian Mardama. Excavations at Bassetki in 2018 and 2019», *Zeitschrift für Orient-Archäologie* 13 (sous presse).

PFÄLZNER P. et E. VILA 2009, «Ein Elefant im Königspalast von Qaṭna», *Alter Orient aktuell* 9, p. 26-29.

PODANY A.H. 2010, *Brotherhood of Kings: How International Relations Shaped the Ancient Near East*, New York.

POTTS D.T. 2011, «Indianesque Ivories in Southeastern Arabia», dans C. LIPPOLIS et S. DE MARTINO (éds), *Un impaziente desiderio di scorrere il mondo. Studi in onore di Antonio Invernizzi*, Florence, Monografie di Mesopotamia XIV, p. 335-344.

POTTS T.M. 1986, «An Ivory-decorated Box from Pella (Jordan)», *Antiquity* 40, p. 217-219.

POTTS T.M. 1987, «A Bronze Age Ivory-Decorated Box from Pella (Pahel) and its Foreign Relations», dans A. HADIDI (éd.), *Studies in the History and Archaeology of Jordan* III, Amman, p. 59-71.

POURSAT J.-Cl. 1977, *Les Ivoires mycéniens. Essai sur la formation d'un art mycénien*, Athènes-Paris, Bibliothèque des Écoles françaises d'Athènes et de Rome 230.

POURSAT J.-Cl. 2001, Compte-rendu de S. Hemingway, *The place of the Palaikastro Kouros in Minoan bone and ivory sculpture*, *Topoi* 11-2, p. 707-710.

PULAK C. 1997, «The Ulu Burun Shipwreck», dans S. SWINY, H.W. SWINY et R.L. HOHLFELDER (éds), Res Maritimae *1994, Cyprus and Eastern Mediterranean Prehistory through the Roman Period*, Atlanta, p. 233-262.

PULAK C. 2008, «Horn», dans J. ARUZ, K. BENZEL, J. EVANS et M. EVANS (éds), *Beyond Babylon. Art, Trade, and Diplomacy in the Second Millennium B.C.*, New York, p. 339-340.

RAINEY A.F. (éd. et trad.) 2015, *The Amarna Letters*, Leyde-Boston.

RAULWING P., K.M. LINDUFF et J.H. CROUWEL 2019, *Equids and Wheeled Vehicles in the Ancient World. Essays in Memory of Mary A. Littauer*, Oxford, Bar-IS 2923.

SAKELLARAKIS J.A. 1990, «The Fashioning of Ostrich-Egg Rhyta in the Creto-Mycenaean Aegean», dans D.A. HARDY (éd.), *Thera and the Aegean World.* III, Londres, p. 285-307.

SCANDONE-MATTHIAE M. 2002, *Gli Avori Egitizzanti dal Palazzo Settentrionale*, Roma, Missione archeologica italiana in Siria, Materiali e Studi Archeologici di Ebla III.

SCHWARTZ G.M., H.H. CURVERS, S. DUNHAM et B. STUART 2003, «A Third-Millennium B.C. "Elite" Tomb and Other New Evidence from Tell Umm el-Marra, Syria», *AJA* 107, p. 325-361.

SCHWARTZ G.M., H.H. CURVERS, S. DUNHAM, B. STUART et J.A. WEBER 2006, «A Third Millennium B.C. Elite Mortuary Complex at Umm el-Marra, Syria, 2002 and 2004 Excavations», *AJA* 110, p. 603-641.

SCHWARTZ G.M., H.H. CURVERS, S. DUNHAM, B. STUART et J.A. WEBER 2012, «From Urban Origins to Imperial Integration in Western Syria: Umm el-Marra 2006», *AJA* 116, p. 157-193.

SEBBANE M., O. MISCH-BRANDL et D.M. MASTER (éds) 2014, *Master of Fire: Copper Age Art from Israel*, New York-Princeton.

SETHE K. 1905, *Urkunden des Aegyptischen Altertums 3. Urkunden der 18. Dynastie* 1, Leipzig.

SETHE K. 1907, *Urkunden des Aegyptischen Altertums 4. Urkunden der 18. Dynastie* 3, Leipzig.

SIMPSON E. 2013, «An Early Anatolian Ivory Chair: The Pratt Ivories in the Metropolitan Museum of Art», dans R.B. KOEHL (éd.), *AMILLA. The Quest for Excellence. Studies Presented to Guenter Kopcke in Celebration of his 75th Birthday*, Philadelphie, p. 221-261.

TUBB J. 1988, «Tell es-Sa'idiyeh 1987: Third Season Interim Report», *ADAJ* 32, p. 41-58.

TUFNELL O., C.H. INGE et L. HARDING 1940, *Lachish II (Tell ed Duweir), The Fosse Temple*, Londres-New York-Toronto.

TURRI L. 2009, «Elfenbein. Prestige Objekte der Elite», dans M. AL-MAQDISSI, D. MORANDI-BONACOSSI et P. PFÄLZNER (éds), *Schätze des Alten Syrien. Die Entdeckung des Königreichs Qatna*, Stuttgart, p. 188-191.

VILA E. 2008, «Les vestiges de faune du Palais royal d'Ougarit conservés au Musée national de Damas», dans V. MATOÏAN (éd.), *Le mobilier du Palais royal d'Ougarit*. Ras Shamra-Ougarit XVII, Lyon, p. 73-84.

WEINGARTEN J. 2013, «The Arrival of Egyptian Taweret and Bes[et] on Minoan Crete: Contact and Choice», dans L. BOMBARDIERI, A. D'AGOSTINO, G. GUARDUCCI, V. ORSI et S. VALENTINI (éds), *SOMA 2012. Identity and Connectivity*, Oxford, BAR IS 2581 (I), p. 371-378.

WHITEHOUSE H. 1992, «The Hierakonpolis Ivories in Oxford. A Progress Report», dans R. FRIEDMAN et B. ADAMS (éds), *The Followers of Horus,* Oxford, p. 77-82.

WICKE D. 2008, *Vorderasiatische Pyxiden der Spätbronzezeit und der Früheisenzeit*, AOAT 45, Münster.

WICKE D. 2010, *Die Kleinfunde aus Elfenbein und Knochen aus Assur*, Wiesbaden, WVDOG 131.

WOOLLEY L.C. 1934, *Ur Excavations. Volume II. The Royal Cemetery. A Report on the Predynastic and Sargonid Graves Excavated between 1926 and 1931*, Londres.

WOOLLEY L.C. 1955, *Alalakh: An Account of the Excavations at Tell Atchana in the Hatay, 1937-1949*, Oxford.

YENER K.A. 2007, «The Anatolian Middle Bronze Age kingdoms and Alalakh: Mukish, Kanesh and trade», *Anatolian Studies* 57, p. 151-160.

YENER K.A. 2013, «Recent Excavations at Alalakh: Throne Embellishments in Middle Bronze Age Level VII», dans J. ARUZ, S.B. GRAFF et Y. RAKIC (éds), *Cultures in Contact: From Mesopotamia to the Mediterranean in the Second Millennium B.C.*, New York-New Haven-Londres, p. 142-153.

YON M. 1979, «La dame au miroir», dans V. KARAGEORGHIS (éd.), *Studies P. Dikaios*, Nicosie, p. 63-75.

TUSKS, TECHNIQUES, AND TRADITIONS: IVORY CRAFTING DURING THE IRON AGE IN THE ANCIENT NEAR EAST

A major aim of studies on Near Eastern Iron Age ivories has been on understanding the style and iconography of the designs and locating these in time and space.[1] This task continues to challenge art historians and dominate the scholarship. My research relates to this art historical course but using the Nimrud ivories in the British Museum as a case study, I focus on how ivory was worked, and the methods employed for this purpose. This paper broadly outlines the methods and outcomes of previous studies on the Nimrud ivories, highlights the gaps in our knowledge of ivory crafting, and outlines the benefits of a material-based approach to the study of ancient ivories.

The ivories from Nimrud

Known to the ancient Assyrians as Kalḫu, Nimrud was a Neo-Assyrian site in northern Iraq, situated 30 km south of the modern city of Mosul on the river Tigris. Thousands of ivories have been discovered within the site of Nimrud,[2] dating from approximately the ninth to the seventh centuries BCE. During this period, the Assyrians pursued a ruthless policy of territorial expansion, with these campaigns frequently documented in texts and inscriptions. Within these, ivory is often listed as a category of spoil, taken as loot after military victory or paid as tribute by conquered or vassal states. The following is an inscription from the reign of Tiglath-pileser III (744-727 BCE), which lists items paid as tribute to the Assyrians

1. See studies by: Herrmann 2017; Suter and Uehlinger (eds.) 2005; Winter 1989.

2. Herrmann et al. 2013, p. xvii.

by numerous surrounding regions and kingdoms, including those of the Levantine coast: Samaria, Tyre, Byblos, and Carchemish.

> ...[I received] the payment of ...[gold, silver, tin, iron, elephant hides, ivory, multi-colored garments, linen garments, blue purple (and) red-purple wool, ebony, boxwood], all kinds of precious things from the [royal] tr[easure...[3]

Accruing luxury items in this manner enabled the Assyrians to diminish the treasuries of kingdoms they defeated, while adding to the wealth and prestige of their own empire.[4] The Nimrud ivories are, therefore, probably of a foreign origin, brought into the city as loot.[5] By matching the style of the ivories with other regional artforms, art historians have confirmed that most of the Nimrud ivories were indeed imported, with many associated with the regions along the Levantine coast.[6] Pinpointing the origin of the artefacts and their styles has, however, proved a challenging task.[7]

The Nimrud ivories were excavated in a series of campaigns running from the mid nineteenth century onwards. Many of these were British led, with others undertaken by Swiss, Polish, Italian, and Iraqi teams.[8] The Nimrud ivories at the British Museum were mostly excavated by Layard and Loftus in the nineteenth century and Mallowan and Oates in the twentieth century. Ivories were found in all major complexes on the citadel of Nimrud, including the North-West Palace, the South-East or Burnt Palace, and the Nabu Temple. The majority, however, were found in the military arsenal of Fort Shalmaneser, also known today as the Neo-Assyrian Review Palace.

The ivories function primarily as inlays for wooden furniture, such as chairs, couches, or beds, as seen in *Fig. 1*. Others form handles for fans or fly whisks, and some are in the form of decorative pyxides or other dishes. As inlays, or as parts of other objects, the ivories were constructed with attachment mechanisms, including mortices, tenons, dowels, and roughing to aid an adhesive. They were carved into ornate designs and used as decorative elements to adorn other objects.

---

3. "Tiglath-pileser III 27, 2b" *in* Tadmor et al. 2011.

4. Suter 2011, p. 224; Aruz et al. 2014, p. 122.

5. Herrmann et al. 2008, p. 5. See also discussion in Herrmann 2017; Aruz et al. 2014; Winter 1981; Kantor 1956.

6. See discussions in Feldman 2019, p. 375; Herrmann 2017; Suter 2015; Aruz et al. 2014.

7. See discussion in Suter 2015, p. 31-45.

8. See papers in Curtis et al. (eds.) 2008.

Fig. 1 – Example of an ivory "chair back", where carved ivory panels were found inset into what might have been the wooden back-supports of chairs, couches, or bedheads. British Museum no. 132691. Image © The Trustees of the British Museum.

The ivories were carved and incised with scenes featuring mythical creatures, such as sphinxes, griffins, and winged heroes. The designs also include lions, monkeys, ostriches, a variety of bovines and equids, and human and/or royal figures. While most designs are figurative (human/animal and plant), others display geometric patterns, and a smaller number have no decoration at all. In addition to the carved designs, some ivories were inset with coloured stones and glass, and some were gilded. Many of these valuable additions were removed from the ivories before deposition, likely by their Assyrian captors. Scholars have revealed that ivories in styles foreign to Assyria were found stripped of their gold overlays and stacked in storerooms, perhaps as they had been deposited after successful military campaigns.[9] Many ivories were also found at the bottom of the palace wells, where they were found to be well-preserved by the anaerobic conditions. It is likely that these ivories were thrown down the wells when the palace was sacked in 612 BCE.[10]

---

9. See discussion in: Herrmann et al. 2013, p. 114, 352; Herrmann et al. 2008, p. 5.

10. Safer and Iraqi 1987. See also Oates and Oates 2001, p. 90-104.

Over 6000 of the ivories have been published to date, resulting in an impressive seven volumes comprising the *Ivories from Nimrud* series, championed by Georgina Herrmann.[11] Despite the years of dedicated work—resulting in a very large corpus—countless ivories await study. Many of these unpublished ivories remain in Iraq, where the political situation has problematised work by local and international scholars. Notwithstanding these problems, the known/accessible corpus is substantive in both quantity and variability—in terms of the number of ivories, where they were found across Nimrud, what kind of objects are represented, and the style of the designs.

The art-historical approach

The debate over the origin of the ivories began soon after they were excavated, with Layard stating:

> The forms, and the style of art, have an Egyptian character; although there are certain peculiarities in the execution, and mode of treatment, that would seem to mark the work of a foreign, perhaps a Phoenician or Assyrian, artist.[12]

Layard connected the designs on the ivories with the Phoenicians, by way of their Egyptianised features.[13] It was, however, later scholars—notably Poulsen,[14] Barnett,[15] Mallowan,[16] Winter,[17] and Herrmann[18]—who delved further into the task of defining the style traditions and situating these in time and space. Along with those of a Phoenician origin, ivories were identified with the arts of North Syria, and a smaller number with the local Assyrian

11. The *Ivories from Nimrud* series is composed of the following seven publications: Herrmann et al. 2013; 2008; 1992; Herrmann 1986; Mallowan and Herrmann 1974; Mallowan and Davies 1970; Orchard 1967. The author is grateful to Georgina Herrmann for her encouragement and enlightening discussions on the ivories and site of Nimrud.

12. Layard 1867.

13. Ibid. For a history of the Phoenicians and their Egyptian connections, see Quinn 2018; Markoe 1990.

14. Poulsen 1912.

15. Barnett 1935; 1957; 1975.

16. Mallowan and Herrmann 1974; Mallowan and Davies 1970.

17. Winter 1981; 1976a; 1976b.

18. Herrmann et al. 2013; 2008; 1992; Herrmann 1986.

style.[19] These style traditions—Phoenician, North Syrian, and Assyrian—were used, thenceforth, as the pillars of the classificatory system for Iron Age ivories until the early 1980s.[20]

Within this framework, Phoenician ivories are characterised by their Egyptian appearance (as seen in *Figs. 2 and 3*), the artistic connection resulting from Egypt's control of the southern Levant during the preceding Bronze Age.[21] Phoenician ivories appear predominantly as panels for inlay, with some forming sets with matching figures, which may have adorned the same piece of furniture.[22] Other objects, such as horse blinkers[23] and figures

Fig. 2 – An ivory carved in the Phoenician tradition, showing a lioness mauling a boy. Traces of gilding and pigments remain, along with inlaid stones and gems. British Museum no. 127412. Image © The Trustees of the British Museum.

Fig. 3 – A ivory associated with the Phoenician tradition, showing evidence of being gilded and inlaid. The pharaoh-style wig, stance of the figure, and ankh place this ivory firmly within the Egyptianising style group. British Museum no. 118164. Image © The Trustees of the British Museum.

19. For an overview of the Assyrian Palace Style, see Mallowan and Davies 1970.

20. See discussion in Suter 2015, p. 33.

21. Markoe 1990.

22. Herrmann 2017, p. 76.

23. Orchard 1967.

carved in the round, have also been identified within this tradition, with most utilising mortices and tenons as attachment mechanisms. Phoenician ivories are carved in low or high relief and are often gilded and inlaid.

Ivories in the North Syrian tradition are often in the form of furniture panels, pyxides with lids, or fan and fly whisk handles. Tusks carved in the round and depictions of human heads are also associated with this tradition, as seen in *Fig 4*. Like Phoenician ivories, they are carved in low and high relief and are frequently gilded and sometimes inlaid. The design of figures, especially those within panels, are of heavier proportions than Phoenician figures and they generally fill the available space.[24] Though the subject matter is often like that of Phoenician ivories, there are differences in the manner of their depiction: the inclusion of winged discs; the features and dress of humans; the musculature of animals; the use of cross hatching; along with scenes featuring banquets and processions of musicians.[25]

Fig. 4 – A carved ivory head. The large eyes and small mouth are in keeping with the North Syrian tradition. British Museum no. 118232. Image © The Trustees of the British Museum.

Barnett identified North Syrian ivories by the figures displaying large eyes, a prominent nose, and pinched mouth, which he saw as reflective of Hurrian art from north-east Syria.[26] Animals from this tradition often feature style conventions, including flame-like patterns on the hind quarters, defined ribs, a notched line along the back, and a strip of patterning on the lower belly, visible in *Fig. 5*. These distinctive markings, described as the "flame and frond" style group by Herrmann, have parallels with the arts of the earlier Hittites in northern Syria and peoples of the Aegean Bronze Age.[27] For example, the flame-like

24. Herrmann et al. 2008, p. 91.

25. Ibid.

26. Barnett 1975, p. 40-43.

27. Herrmann 1989; Winter 1989; Kantor 1960; 1956.

Fig. 5 – Part of a restored ivory pyxis carved in the North Syrian tradition. The human figures are depicted with the large eyes, prominent nose, and small mouth. The flame markings on the hind legs of the lion, along with the depicted ribs, the notched lines along the upper back, and patterning on the lower belly, situate this ivory within the "flame and frond" group of this tradition. British Museum no. N.1014. Image © The Trustees of the British Museum.

patterns can be seen on animals from stone orthostats in Tel Halaf, a gaming board from Enkomi in Cyprus, and on ivories from Delos.[28] The similarities with these designs have contributed to the ivories from this northern tradition being considered the earliest.[29]

Assyrian ivories are often cut in thin strips or panels—between 2 and 5 mm deep—and are decorated with either incised designs or low relief carving. As with the imported ivories, those in the local style were also made for the decoration of wooden furniture; however, unlike the foreign traditions neither gilding nor inlay appear to have been used.[30] Some Assyrian ivories have perforations, indicating they were attached by way of dowels or nails, while others have roughing on the reverse, and were likely adhered with glue. Some of the dowel holes have recessed hollows for the head of a nail,

28. See discussion in Kantor 1956.

29. See: Herrmann 2017, p. 127; Suter 2015, p. 42; Feldman 2014, p. 77; Winter 1976b.

30. Mallowan and Davies 1970.

and in the earlier examples the perforations seem haphazardly situated, being cut through the decoration, as seen on the ostriches in *Fig. 6*.[31]

Fig. 6 – A ivory strip incised in the Assyrian style, depicting a line of ostriches. Holes have been drilled for its attachment in a haphazard manner, sometimes through the decoration. British Museum no. 118111. Image © The Trustees of the British Museum.

In 1981 Winter recognised that these three style traditions and their associated regions—Phoenicia, North Syria, and Assyria—omitted significant portions of central and southern Syria, namely, the powerful Aramean centre of Damascus and the capital of Israel at Samaria. This revelation led to the development of the "South Syrian" style tradition, which Winter believed to originate in Damascus.[32] Ivories from this tradition became categorised by displaying elements of both the Phoenician and North Syrian traditions. More specifically, they display Phoenician iconography styled in the slightly squatter proportions of the North Syrian tradition,[33] as seen in *Fig. 7*. Herrmann described how in this tradition, sphinxes, deities, pharaoh figures, the hero fighting a griffin, the woman at the window, bovids, and stags, "have proved to

Fig. 7 – An ivory panel carved in the slightly squatter proportions of the South Syrian tradition. This ivory has large tenons for attachment mechanisms. Museum no. 118147. Image © The Trustees of the British Museum.

31. Herrmann 2017, p. 45, 48.

32. Winter 1981, p. 101-130

33. Winter 1981.

be Syrian versions of Phoenician originals".[34] Along with sharing both Phoenician iconography and North Syrian proportions, these ivories come in similar forms as the other Levantine ivories, i.e., they are found in panels for furniture and equestrian accoutrements. They also rely on the same attachment mechanisms—predominantly tenons and mortices—and are found to be gilded and inlaid. While this style tradition has become entrenched in the literature, the name has been highly contested: at times called "Intermediate",[35] "Syrian-Intermediate",[36] "local South Syrian",[37] and "Syro-Phoenician".[38] The difficulty with nomenclature arises from its association with, and restriction to, a defined geographic region—whereas peoples and styles were perhaps more fluid. Despite the inherent difficulties, Herrmann and her colleagues have attempted to assign the Nimrud ivories to one of the four outlined traditions—Phoenician, North Syrian, South Syrian, and Assyrian—based on similar design features and attachment mechanisms. Herrmann developed "sets" and "style groups" of ivories within each tradition, based on the presence of similar features;[39] however, as the corpus has increased, so too has the variation in features, and subsequent discrepancies in the methodological outcomes.[40]

For art historians classifying these ivories, the low variability in both the function and iconographic subject range, combined with the higher variability in stylistic details, has made for a challenging task. As Herrmann outlined in 2008, ivories from across each of the three imported groupings include panels showing sphinxes and griffins, women at the window, men with plants, bulls, cows with calves, and contest scenes between both animals and humans; therefore, neither object type nor subject matter can be used to definitively determine the style tradition.[41] Furthermore, some ivories are plain (without decoration), meaning they elude classification on stylistic grounds and become lost within the scholarship.

Art historians have created parameters for studying this large and complex group of artefacts, and a means of grouping them into somewhat

---

34. Herrmann 2017, p. 105.

35. Herrmann 1986.

36. Herrmann 2017; Herrmann, et al. 2013, p. 87; Scigliuzzo 2009; Wicke 2009.

37. Uehlinger 2000, p. xxiv.

38. Herrmann 2017, p. 105-117.

39. Herrmann, et al. 2008, p. 53-68.

40. See discussion of these methodological problems in Suter 2015.

41. Herrmann et al. 2008, p. 75.

meaningful clusters. Despite these admirable achievements, neither secure dates nor places of production have been identified for any of the identified traditions.

What is known of ivory crafting?

Research has been undertaken on the identification of different types of ivory used for crafting—especially within Bronze Age collections[42]—and the source of the ivory in the Near East.[43] Furthermore, recent work undertaken on the ivories from Arslan Tash address the ways elephant tusks might have been apportioned and worked by craftspeople.[44] Despite this headway, research that builds knowledge on the crafting of ivories remains underrepresented within the broader scholarship, especially for those from Nimrud. While Herrmann made some comments on their construction—discussing marks left by tools[45]—her focus has been on publishing the assemblage and grouping the ivories according to style tradition. It is now timely to extend the scope of our understanding by examining what we know about the intricacies of the craft, where we might look for information, and thus, how we can gain ground in this area of research.

Identifying tools and techniques used in ivory crafting in the Iron Age is problematic due to the lack of evidence. Ivory workshops have been neither excavated nor even identified within the wider region of the Near East.[46] This absence may reflect the difficulty of excavating regions along the Levant that are presently densely populated, along with problems arising from accessing politically unstable regions. Moreover, as ivory craftspeople were likely moving around the region for commissions,[47] any workshops or working areas may have been temporary and are thus inconspicuous within the archaeological landscape. Without this information, it is difficult to establish either the kind of crafting paraphernalia that might have been used or develop a firm understanding of the techniques and processes that evolved around the production of ivories.

---

42. Krzyszkowska 1990; 1984; Caubet and Poplin 1987.

43. Caubet and Poplin 2010; Krzyszkowska 1990.

44. Affanni et al. 2018; Fontan 2014; Fontan and Reiche 2011. For a similar consideration for Bronze Age ivories from Greece, see: Krzyszkowska 1988.

45. Herrmann 1986, p. 55-60.

46. As discussed in Feldman 2014, p. 27-29.

47. Wicke 2005, p. 71.

Moorey amassed and synthesised much of the scholarship on this subject; however, the section on ivory crafting in the Iron Age highlights the gaps in knowledge rather than filling them in.[48] The lack of direct evidence for ivory crafting prompted a comparison of supposedly parallel crafting industries of woodworking and stone masonry, as all three materials exhibit some comparable qualities.[49] An assemblage of horse bridle frontlets from Nimrud,[50] found to be carved in both gypsum and ivory, supports the theory of a relationship between the crafting of these two materials.[51]

Associations can also be made between ivory and wood as they share similar properties (e.g., density and grain) and techniques of joinery (e.g., mortices, tenons, and dowels).[52] Both materials might accordingly have been worked with comparable tools and techniques, and therefore, it is conceivable that a relationship existed between the crafting and crafters of both. By extension, a knowledge of woodworking techniques and tools can be used to inform on ivory crafting more broadly. A selection of woodworking tools found in a tomb in New Kingdom Thebes (c. 1550 – 1077 BCE)—comprising axes, handsaws, bow-drills, chisels, mallets, and awls (see *Fig. 8*)—thus holds significance for studies on ivory crafting.[53]

Similarly informative are Egyptian paintings from the Fifth Dynasty tomb at Saqqara, which illustrate the use of a bow-drill and craftsmen sanding lengths of wood, suggesting some tasks could be undertaken by one craftsperson and others in pairs.[54] These depictions are of enormous value to studies of early crafting technologies, revealing the kind of tools in a workshop, and importantly, how the craftspeople used them.

In addition to evidence from Egypt, Evely has published detailed accounts of the tools used in the craft industries of Minoan Crete.[55] By assessing crafting tools and debitage found at Bronze Age Knossos and other Minoan sites, Evely proposed that the Bronze Age ivory worker's kit would have included drills and saws along with chisels, knives, points,

48. Moorey 1994.

49. Moorey 1994, p. 126; see also Muscarella 1980.

50. Orchard 1967.

51. Moorey 1994, p. 126.

52. See discussions in: Killen 1994, p. 15-17; and Moorey 1994, p. 126-127.

53. For a discussion on these tools within a workshop context see: Killen p. 43-44.

54. Ibid., figs. 40, 41.

55. Evely 1992; 1993.

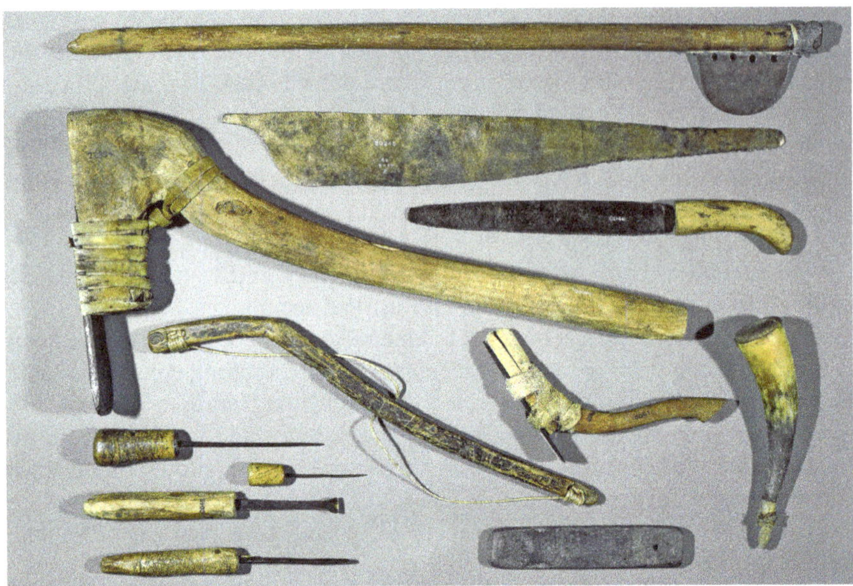

Fig. 8 – A selection of tools found in the New Kingdom Tomb of Ani (Thebes) in Egypt. The tools are made from wood, leather, bronze, and horn. Museum no. EA22834. Image © The Trustees of the British Museum.

burins, a workbench, and a vice.[56] These tools were likely used alongside an abrasive substance to facilitate the cutting and carving process.[57] Based on the evidence from Minoan Crete, Evely created replica tools for ivory crafting and experimented with the traces they left in the material.[58] Moreover, he developed examples of a workshop set-up, illustrating the tools and processes used for specific tasks (see *Fig. 9*). For example, a tusk would likely be held in place with a vice and then cut into segments with a saw—the marks left in the ivory depending on the nature of the blade (i.e., notched, or smooth). While speculative, the experimental work lends credence to his hypotheses. Evely provided insights into toolkits and ivory working practices and, importantly, he revealed the kind of traces associated with certain tools. Until more evidence is unearthed, it remains unclear whether similar tools or practices were used across the Levant or

56. For an additional source on Bronze Age tools, see: Deshayes 1960.

57. Evely 1992, p. 9.

58. Evely 1993; 1992.

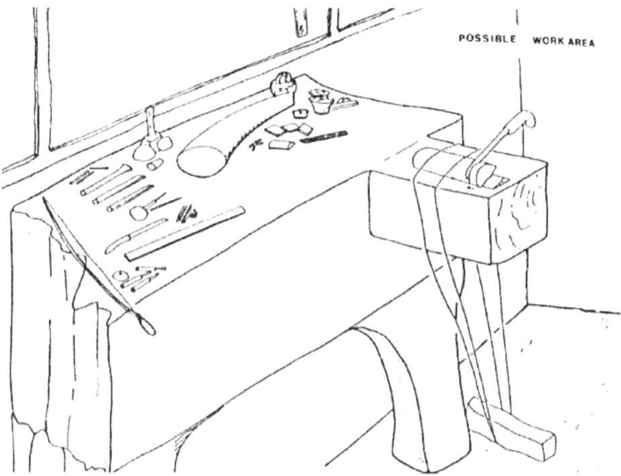

Fig. 9 – Detail from Evely's illustration of a possible ivory working area, showing tools, a workbench, and a stabilising vice. Image used with permission from Evely 1992, Fig. 3a.

Mesopotamia in the Iron Age.[59] As style conventions continued from earlier periods, it is, however, probable that technologies were also similar—likely spreading through networks of interaction.[60]

A consideration of the comparative industries (stone and woodworking) and regions (Egypt and the Aegean) hold significance beyond simply informing on tools. Given the degree of Egyptian influence seen in the style of the Phoenician ivories,[61] and the continuity in iconographic themes and idiosyncrasies from the Aegean Bronze Age (e.g., in the "flame and frond" style[62]), it is reasonable to assume that ivory workers from the Levant and Syria were familiar not only with the designs of their crafting neighbours and ancestors, but also with their technical processes. This does not imply that a specific group of peoples were advanced regarding technical innovation. Rather, an appreciation of the tools and techniques used across the wider region facilitates an understanding of the kind of crafting traditions that might have been shared across materials, objects, cultures, and periods.

59. For the most recent discussions on ivory working in the Iron Age, see: Affanni et al. 2018; Fontan 2014; Fontan and Reiche 2011.

60. Tehrani and Riede 2008.

61. Herrmann 2017.

62. Feldman 2014; Herrmann 1989; Kantor 1956.

What is known of the crafting of the Nimrud ivories?

Few studies have been undertaken on the ivories from Nimrud, comparable to that by Evely. This is largely due to the absence of tools in the archaeological record and the focus on stylistic analyses. As a result, little is known of the crafting processes that contributed to their production. Despite the scholarly skew towards art historical methodologies, Barnett and Herrmann did give some consideration to technical details.[63] From an assessment of primarily the reverse or underside of ivories (as the fronts are heavily polished, removing tooling traces), Barnett suggested that saws, drills, picks, files, gravers, gouges, compasses, and chisels were the most common ivory working tools.[64] When matching these tools with traces in the ivory, Herrmann suggested that chisels left marks of a flattish plane, gouges a U-shaped profile, and knives a V-shaped profile. The example in *Fig. 10* is from the back of a heavily burnt ivory that, according to Herrmann, depicts the marks of a "broad chisel".[65]

Fig. 10 – Digital microscope image of the reverse work marks from a burnt ivory, at x40 magnification. Hermann describes these marks as from a "broad chisel" (see Herrmann 1986, p. 55-56). British Museum no. 12341. Image © Hannah Gwyther 2019. Taken courtesy of the Trustees of the British Museum.

The most obvious toolmarks are the striations seen on the reverse of ivories, which were likely used for aiding an adhesive.[66] These marks have predominantly been identified as from a knife or a chisel, with the sharpness of the mark dependent on the wearing of the tool.[67] Herrmann includes details of the reverse markings in the *Ivories from Nimrud* catalogues, as a reflection of their possible significance, but they have attracted little other scholarly attention.[68]

63. Herrmann 1989; 1986; Barnett 1975; 1957.

64. Barnett 1975; 1957. See Affanni et al. 2018 for a similar summary for the ivories from Arslan Tash.

65. Herrmann 1986, p. 55-56.

66. Ibid., p. 55.

67. Ibid. (for an overview).

68 For a consideration of the reverse of the ivories from Arslan Tash, see Affanni et al. 2018.

While there is no evidence that the reverse striations were created by the same hands and/or tools that crafted the designs, they are nonetheless informative regarding the *chaîne opératoire*—in terms of the production and attachment processes—which can then be correlated against materials, style, and object function.

Barnett and Herrmann also noted that small pin-head sized depressions could sometimes be seen within dowel holes and cells excised for inlay, as seen in *Fig. 11*.[69] These features are found exclusively within ivories from the "flame and frond" and "round-cheeked and ringleted" style groups of the North Syrian tradition. Barnett believed these holes would "hold the gum" for the adhesion of an inlay or dowel.[70] Herrmann instead proposed that they were for supporting small pegs, thus becoming termed "pegged inlays" and "pegged dowels".[71] She suggested a bow-drill with a centred-bit was used, thereby creating a hole with a point at the bottom.[72] To date, the presence of these small inner holes within another excised area has been used primarily to reinforce divisions between style traditions and groups. Less emphasis has been placed on understanding the design, creation, function, or rationale for the feature.

Fig. 11 – Fragment of a pyxis in the North Syrian "flame and frond" group, showing small holes at the bottom of the cells excised for inlay, which may have been created with a centred-bit. British Museum no. 126529. Image © Hannah Gwyther 2019. Taken courtesy of the Trustees of the British Museum.

What are the gaps in our knowledge of crafting for the Nimrud ivories?

Despite the work of Barnett and Herrmann, questions remain regarding the process of ivory crafting and the identification of tools used for the Nimrud ivories. Features have been recognised and assigned to a tool by the marks left in the

69. Herrmann 1986; Barnett 1975.

70. See Barnett 1975, p. 156-157.

71. Herrmann 1986, p. 56.

72. Ibid.

ivory, such as cut marks from knives and scraping sections from chisels.[73] The association of a mark with a tool is, however, somewhat unclear. Tool identifications appear to largely be based on broad assumptions and theoretical knowledge, rather than empirically derived conclusions. While the observations are credible, no experimental work has been undertaken to verify the connection between a mark and a tool, such as that completed by Evely for the Minoan ivories. [74] Saws, drills, knives, and chisels, etc., are all mentioned in the scholarship for the Nimrud ivories—as these are the kinds of tools associated with such a craft—however, there is little to support such identifications. A basic cut line could be created by any of these tools placed at the correct angle. While the shapes of marks are mentioned,[75] consideration is not given to how these traces might have been affected by the angle of the tool, the pressure applied, or the condition of the ivory itself.[76] This leads to an important question: what do we know about the application of tools and how might the material condition affect this?

To identify a tool and understand how it was used by the trace it left requires an understanding of not only the tool and application (i.e., angle and pressure), but also on the condition of the material it moves through. *Fig. 12* highlights how these vectors contribute to the form of a tool mark—factors not often discussed in the scholarship to date. Other than the contributions of Lapatin,[77] references to the practice of softening ivory to assist with carving and discourse on how the material might respond to being worked, are rarely included in ivory studies.

The absence of dialogue on the condition of ivory at the time of carving is a recent omission. Literature from the nineteenth and early twentieth centuries discusses the softening of ivory prior to carving, which is corroborated by references in both classical texts and modern ivory blogs. Within an entry from an encyclopaedia from 1895 on the flexibility of ivory, Hopkins suggested softening elephant ivory prior to carving, stating:

> Immerse the ivory in a solution of pure phosphoric acid, sp. gr. 1:13, until it partially loses its opacity, then wash in cold soft water and dry. This renders

73. Ibid.

74. Experimental work has been undertaken on ostrich eggshell, which though a different medium, also provides relevant insights into ivory working, see: Hodos et al. 2020.

75. Herrmann 1986, p. 55, pl. 421.

76. The challenges of identifying tool marks on ostrich eggshell are discussed in Hodos et al. 2020

77. Lapatin 2001; 1997.

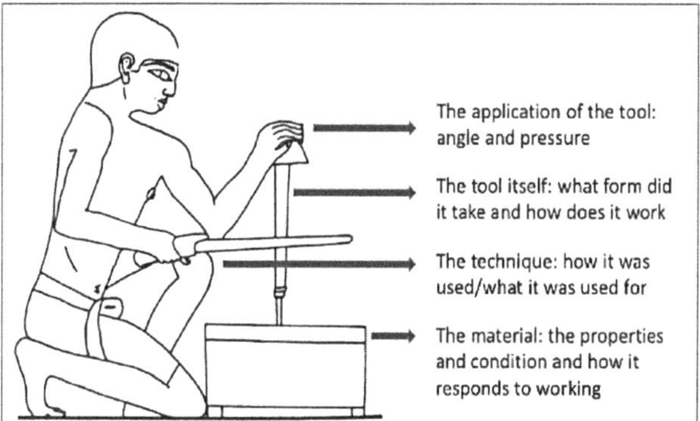

Fig. 12 – Diagram showing the main vectors for understanding the crafting process. Diagram created by author, based on an original drawing from the Fifth Dynasty Tomb of Ti, Saqqara, redrawn after Wild 1996, pl. CLXXIV: see Killen 1994, fig. 41.

> ivory very flexible, but it regains its hardness if long exposed to dry air. Its pliability may, however, be restored by immersion in hot water.[78]

The following entry for re-hardening ivory states:

> To harden ivory after it has been softened, wrap in a sheet of white paper, cover with dry decrepitated salt, let it remain for 24 hours, when it will be restored to its original hardness.[79]

Another version of this process is provided by an ethnographic account of the ivory industry in India, written in 1902:

> In order to effect this [softening], the ivory is wrapped in damp clothes, in which it is allowed to remain for several days, the cloths being continually re-damped. When this period is passed the ivory will be in the desired condition for carving, and will be found to cut with a consistency more like the softness of cheese or wax than the brittleness of bone.[80]

It can be assumed that such descriptions relate to the surface of ivory, as these treatments would be confined to softening the exposed areas of material, rather than in modifying an entire tusk. Nonetheless, the technique described here by Burns is both straightforward—using water and cloth—

---

78. Hopkins 1895, p. 220.

79. Ibid.

80. Burns 1902, p. 54.

and apparently effective for carving. Moreover, if ivory workers from the Iron Age were also softening ivory to the consistency of "cheese", then our current understanding of the tools, techniques, and overall *chaîne opératoire* must adjust accordingly.

This knowledge impacts the interpretation of tool marks, as these have previously been considered against the assumption that the material was both hard and brittle throughout. In her work on Bronze Age ivories, Krzyszkowska noted that the dentine from elephant and hippopotamus ivories are between 2.5-3 on the Mohs scale of mineral hardness[81]—equivalent to gypsum or calcite[82]—and Evely's experimental work was undertaken on non-treated samples. [83] Carving intricate designs, including fretwork, in a substance the density of gypsum would (seemingly) require different skills and techniques to carving in "wax" or "cheese". Furthermore, the traces tools leave as they move through the ivory would also differ depending on the density of the surface ivory.

The practice of softening ivory, as described by Hopkins and Burns, is corroborated by recent online guides and blogs written for (and by) ivory working enthusiasts.[84] Large sections are dedicated to discussions of how to cut a tusk for optimal yield, along with advice for preventing cracks from forming when softening and re-hardening the ivory. Cracking is understood to be a significant problem facing modern ivory workers, becoming increasingly prevalent as the material dries and ages. Ivory workers recommend working the material in the more humid months of the year, ideally at 40 percent humidity. [85] While environmental control was not likely available in the Ancient Near East, there is higher humidity in the winter months along the Levant[86], thus, becoming a more suitable season for working with ivory.

There is no anecdotal evidence suggesting Iron Age ivory workers softened ivory; nevertheless, the practice is attested in Greek sources from the first century CE. Plutarch and Dioskourides mention beer as a softening agent, and medieval sources recommend boiling ivory in wine, anointing

81. Krzyszkowska 1990, p. 38.

82. See Pellant 2010, p. 25.

83. Evely 1993; 1992.

84. Warther 2009; 2020.

85. Warther 2009; 2020.

86. Burgh 2020.

it with oil, wrapping in skin, heating by fire, or immersing in vinegar.[87] Plutarch (*Pericles*,12.6) provides further proof that ivory might have been softened prior to carving, by describing ivory workers by a term *malaktires elephantos,* which Barnett translated as "ivory moulders".[88] The term *malakos* is, however, generally considered to mean "soft" in Ancient Greek,[89] and therefore, *malaktires* could imply "softener". The term *malaktires elephantos* might thus describe "ivory softeners", rather than "ivory moulders". If so, the terminology identifies a softening stage in the ivory crafting process, and furthermore, that there were set workers for the task.

Returning to the question posed above: what do we know about the application of tools and how might the material condition affect this? While little is known of the tools and how they were used, the revelation that ivory might have been softened—at least at the surface level—impacts our current understanding. The aim here is not to discredit existing scholarship, instead, to suggest that this new information about the preparation of ivory could guide future studies—building upon the foundation of knowledge laid by scholars such as Evely. The presence of a softening phase adds another stage to the *chaîne opératoire,* diversifying and expanding the skillset required by ivory workers, and impacting how we interpret the material condition and traces of the tools. More research and experimentation are thus required on possible chemical processes used to facilitate the cutting of ivory before this question can be answered with any certainty.

How might we improve our knowledge of ivory crafting in the Iron Age?

There is a great deal more to learn of the intricacies and processes of ivory working. Notwithstanding recent work on the ivories from Arslan Tash,[90] there is scope to improve our understanding on the form of tools, how they were applied, and how the material properties of ivory might impact the crafting process more broadly. Expanding our knowledge in this area requires an experimental methodology, for example, in softening the surface of ivory, modifying it with various tools and techniques, and then investigating the results through microscopy.[91]

---

87. These techniques are discussed in Lapatin 1997, p. 674-676.

88. Discussed in Barnett 1957, p. 2.

89. Woodhouse 1910, p. 791.

90. Affanni et al. 2018; Fontan 2014; Fontan and Reiche 2011.

91. The value of this experimental approach can be seen in the work of Hodos *et al.* 2020.

To test the value of this approach, experimental work has recently been undertaken.[92] On soaking strips of elephant ivory in water,[93] the ivory became increasingly translucent and malleable. This surface malleability was faster to achieve in an acidic solution of two parts water to one part vinegar. *Fig. 13* shows two images (from different angles) of a bronze chisel excising a strip of vinegar-softened ivory, which was near impossible to achieve on the hard, unsoaked control strips.[94] Moreover, tools were shown to leave different traces depending on their technique of application. Upon drying, the ivory proved prone to cracking, but this could be lessened by polishing the surface when still damp, for example, with a medium fine limestone pebble.

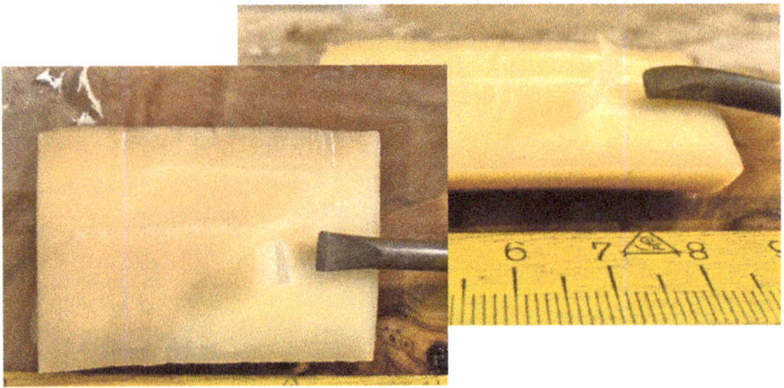

Fig. 13 – Images of experimental archaeology showing a segment of elephant ivory being carved with a bronze tool. Ivory segments soaked in a vinegar and water solution for seven days. Author's own image.

These experiments emphasised the importance of stabilising the ivory throughout the process of modification. Holding a tusk firm for cutting or a small piece for carving proved incredibly challenging. The force required for these tasks is significant, and without the ivory held firm, the risk of injury from the tool increased and the accuracy in carving was compromised.

---

92. Experimental work is being undertaken as a part of my PhD. The results will be published in due course, with some preliminary results outlined here.

93. The ivory used for the experimental work was legally obtained for research and education purposes and the study was passed by the Ethics board of my university – The University of Bristol.

94. The author is grateful to Doniert Evely for the loan of his replica Bronze Age tools.

These preliminary results reveal the value of experimental archaeology, drawing awareness to aspects of the ivories that are often overlooked within the literature. As so little is known of the *chaîne opératoire* of the ivory crafting industry, there is great scope to undertake additional experimental work and develop new studies centred on investigating the materials, techniques, and technologies involved.

Conclusion: what can be gained by this approach?

Until more is known about the ancient methods of working with ivory, and how to recognise these processes, it is difficult to identify the kinds of tools that were used and how they were used.[95] An aim of my research is to generate information to inform on both the smaller-scale specifics of ivory crafting—such as how particular features might have been made—and more broadly, on wider issues of craft production, skill specialisation, and the diffusion of crafting knowledge.[96] Finding correlations between existing data on the style of the Nimrud ivories, and newly acquired knowledge on working practices, produces comparisons between what is already known of the style traditions, and how these may, or may not, be reflected in the technical details. Furthermore, a methodology combining investigations into the materials and techniques, supplemented with experimental archaeology, generates new data capable of informing on whether crafting techniques developed in isolation or through networks. This approach is beneficial to understanding the origin, development, and diffusion of ivory crafting.

Hannah GWYTHER
The University of Bristol and the British Museum
hg17712@bristol.ac.uk

95. As the present study develops, the author looks forward to comparing her results more closely with those obtained by AFFANNI et al. (2018) on the ivories from Arslan Tash.

96. This PhD research is being funded by the Arts and Humanities Research Council of the United Kingdom.

Bibliography

Affanni G., A. Caubet and F. Poplin 2018, "Étude technique", in E. Fontan, G. Affanni, F. Poplin, A. Caubet, S.M. Cecchini, M.G. Amadasi and F. Venturi (eds), *Les ivoires d'Arslan Tash: décor de mobilier syrien (IXe-VIIIe siècles avant J.-C.)* Paris, p. 35-51.

Aruz J., J.B. Graff and Y. Rakic (eds) 2014, *Assyria to Iberia at the Dawn of the Classical Age*, New York.

Barnett R.D. 1935, "The Nimrud Ivories and the Art of the Phoenicians", *Iraq* 2/2, p. 179-210.

Barnett R.D. 1957, *A Catalogue of the Nimrud Ivories: With Other Examples of Ancient Near Eastern Ivories in the British Museum*, London.

Barnett R.D. 1975, *A Catalogue of the Nimrud ivories: With Other Examples of Ancient Near Eastern Ivories in the British Museum*, L.G. Davies (ed.), London, 2nd ed. revised and enlarged.

Burgh G.R. 2020, "Lebanon", *Encyclopædia Britannica, 5 October 2020*, (accessed January 2021), https://www.britannica.com/place/Lebanon.

Burns C.L. 1902, "A Monograph on Ivory Carving", *The Journal of Indian Art, 1886-1916*, 9/70-80, p. 45-56.

Caubet A. and F. Poplin 1987, "Les objets de matière dure animale : étude du matériau", in M. Yon (ed.), *Ras Shamra-Ougarit III, le centre de la ville, 33e-44e, campagnes (1978-1984)*, Paris, p. 273-306.

Caubet A. and F. Poplin 2010, "Réflexions sur la question de l'éléphant syrien", in H. Kühne (ed.), *Dūr-Katlimmu 2008 and beyond*, vol. 1, Wiesbaden, p. 1-10.

Curtis J., H. McCall, D. Collon and L. al-Gailani Werr 2008, *New Light on Nimrud: proceedings of the Nimrud Conference 11th-13th March 2002*, London.

Deshayes J. 1960, *Les outils de bronze, de l'Indus au Danube (IVe au IIe Millénaire)*, Paris, Bibliothèque archéologique et historique 71.

Evely D. 1992, "Towards an Elucidation of the Ivory-Worker's Tool Kit in Neo-Palatial Crete", in L.J. Fitton (ed.), *Ivory in Greece and the Eastern Mediterranean from the Bronze Age to the Hellenistic Period*, London, British Museum Occasional Paper 85, p. 7-16.

Evely D. 1993, *Minoan Crafts: Tools and Techniques; an Introduction*, Göteborg, Studies in Mediterranean Archaeology 92/1.

Feldman M.H. 2014, *Communities of Style: Portable Luxury Arts, Identity, and Collective Memory in the Iron Age Levant*, Chicago.

Feldman M.H. 2019, "Levantine Art in the "Orientalizing" Period" in B. Doak and C. López-Ruiz (eds), *The Oxford Handbook of the Phoenician and Punic Mediterranean,* Oxford, p. 371-384.

Fontan E. 2014, "Ivories of Arslan Tash" in L. Aruz. *et al.* (eds), *Assyria to Iberia at the Dawn of the Classical Age*, New York, p. 152-156.

Fontan E. and I. Reiche 2011, "Les ivoires d'Arslan Tash (Syrie) d'après une étude de la collection du Musée du Louvre : mise en œuvre du matériau, traces de polychromie et de dorure, état de conservation", *ArcheoSciences. Revue d'archéométrie*, 35, p. 283-295.

FONTAN E., G. AFFANNI, F. POPLIN, A. CAUBET, S.M. CECCHINI, M.G. AMADASI and F. VENTURI (eds) 2018, *Les ivoires d'Arslan Tash : décor de mobilier syrien (IXe-VIIIe siècles avant J.-C.)*, Paris.

HERRMANN G. 1986, *Ivories from Room SW 37, Fort Shalmaneser, Ivories from Nimrud (1949-1963)*, Fasc. IV, Part 1, London.

HERRMANN G. 1989, "The Nimrud Ivories, 1: The Flame and Frond School", *Iraq* 51, p. 85-109.

HERRMANN G. 2017, *Ancient Ivory*, New York.

HERRMANN G., M.E. MALLOWAN and D.J. WISEMAN 2013, *Ivories from Room SW11/12 and T10, Fort Shalmaneser, Ivories from Nimrud (1949-1963)*, Fasc. VII, Parts 1-2, London.

HERRMANN G., S. LAIDLOW and H. COFFEY 2008, *Ivories from the North West Palace* (1845-1992), *Ivories from Nimrud (1949-1963)*, Fasc. VI, London.

HERRMANN G., M.E. MALLOWAN and D.J. WISEMAN 1992, *The Small Collections from Fort Shalmaneser, Ivories from Nimrud (1949-1963)*, Fasc. V, London.

HODOS T., C.R. CARTWRIGHT, J. MONTGOMERY, G. NOWELL, K. CROWDER, A.C. FLETCHER and Y. GÖNSTER 2020, "The origins of decorated ostrich eggs in the ancient Mediterranean and Middle East", *Antiquity*, 94/374, p. 381-400

HOPKINS A.A. (ed.) 1895, *The Scientific American Cyclopedia of Receipts, Notes and Queries*, New York.

KANTOR H.J. 1956, "Syro-Palestinian Ivories", *Journal of Near Eastern Studies* 15/3, p. 153-74.

KANTOR H.J. 1960, "Ivory Carving in the Mycenean Period", *Archaeology* 13/1, p. 14-25.

KILLEN G. 1994, *Egyptian Woodworking and Furniture*, 1st. ed., Princes Risborough, Buckinghamshire.

KRZYSZKOWSKA O.H. 1984, "Ivory from Hippopotamus Tusk in the Aegean Bronze Age", *Antiquity* LVIII/223, p. 123-25.

KRZYSZKOWSKA O.H. 1988, "Ivory in the Aegean Bronze Age: Elephant Tusk or Hippopotamus Ivory?", *The Annual of the British School at Athens* 83, p. 209-34.

KRZYSZKOWSKA O.H. 1990, *Ivory and Related Materials. An Illustrated Guide*, London, Classical Handbook 3, Bulletin Supplement 59.

LAPATIN K.D. 1997, "Pheidias Ἐλεφαντουργός", *American Journal of Archaeology*, 101 (4), p. 663-682.

LAPATIN K.D. 2001, *Chryselephantine statuary in the ancient Mediterranean world*, Oxford, Oxford Monographs on Classical Archaeology.

LAYARD A.H. 1867, *Nineveh and Its Remains: A Narrative of an Expedition to Assyria during the Years 1845, 1846, & 1847*, London.

MALLOWAN M.E. and L.G. DAVIES 1970, *Ivories in Assyrian Style: Commentary, Catalogue and Plates, Ivories from Nimrud (1949-1963)*, Fasc. II, London.

MALLOWAN M.E. and G. HERRMANN 1974, *Furniture from SW.7 Fort Shalmaneser: Commentary, Catalogue and Plates, Ivories from Nimrud (1949-1963)*, Fasc. III, London.

MARKOE G. 1990, "The Emergence of Phoenician Art", *Bulletin of the American Schools of Oriental Research* 279, p. 13-26.

MOOREY P.R. 1994, *Ancient Mesopotamian Materials and Industries: The Archaeological Evidence*, Oxford.

MUSCARELLA O.W. 1980, *The Catalogue of Ivories from Hasanlu (Iran)*, vol. 2, Philadelphia, Hasanlu Special Studies.

OATES J. and D. OATES 2001, *Nimrud: An Assyrian Imperial City Revealed*, London.

ORCHARD J.J. 1967, *Equestrian Bridle-Harness Ornaments: Catalogue and Plates, Ivories from Nimrud (1949-1963)*, Fasc. I, London.

PELLANT C. 2010, *Rocks and Minerals*, London.

POULSEN F. 1912, *Der Orient und die frühgriechische Kunst*, Leipzig.

QUINN J. 2018, *In Search of the Phoenicians*, Princeton.

SAFER F. and M.S. IRAQI 1987, *Ivories from Nimrud*, Baghdad.

SCIGLIUZZO E. 2009, "A Group of Ivory Fan-Handles from the Burnt Palace of Nimrud and the 'Wig and Wing Workshop'", in S.M. CECCHINI, S. MAZZONI and E. SCIGLIUZZO (eds), *Syrian and Phoenician Ivories of the Early First Millennium BCE: Chronology, Regional Styles and Iconographic Repertories, Patterns of Inter-Regional Distribution Acts of the International Workshop*, Pisa.

SUTER C.E. 2011, "Images, Tradition, and Meaning. The Samaria and Other Levantine Ivories of the Iron Age", in G. FRAME and B.L. EICHLER (eds), *A Common Cultural Heritage: Studies on Mesopotamia and the Biblical World in Honor of Barry l. Eichler*, Bethesda, p. 219-241.

SUTER C.E. 2015, "Classifying Iron Age Levantine Ivories: Impracticalities and a New Approach", *Altorientalische Forschungen* 42/1, p. 31-45.

SUTER C.E. and C. UEHLINGER (eds) 2005, *Crafts and Images in Contact: Studies on Eastern Mediterranean Art of the First Millennium BCE*, Fribourg.

TADMOR H., S. YAMADEA and J. NOVOTNY (trans.) 2011, "Royal Inscriptions of the Neo-Assyrian Period : Tiglath Pileser III", *RINAP: Royal Inscriptions of the Neo-Assyrian Period,* (accessed January 2021), http://oracc.museum.upenn.edu/rinap/corpus/.

TEHRANI J.J. and F. RIEDE 2008, "Towards an Archaeology of Pedagogy: Learning, Teaching and the Generation of Material Culture Traditions", *World Archaeology* 40/3, p. 316-31.

UEHLINGER C. (ed.) 2000, *Images as Media: Sources for the Cultural History of the Near East and the Eastern Mediterranean: 1st Millennium BCE*, Fribourg, Orbis Biblicus et Orientalis 175.

WARTHER D. 2020, "Bone and Ivory Working Tips", *Guitar Parts and More, 2020,* (accessed January 2021) https://guitarpartsandmore.com/GuitarPartsInformation.php?Bone-and-Ivory-Working-Tips-9.

WARTHER D. 2009, "Working with Ivory", *Society of American Silversmiths* (accessed January 2021), http://www.silversmithing.com/1ivory.htm.

WICKE D. 2005, "'Roundcheeked and Ringletted': gibt es einen Nordwestsyrischen Regionalstil in Der Altorientalischen Elfen- Beinschnitzerei ?", in C.E. SUTER and C. UEHLINGER (eds), *Crafts and Images in Contact: Studies on Eastern Mediterranean Art of the First Millennium BCE*, Fribourg, p. 67-106.

WICKE D. 2009, "'Intermediate Tradition" – Dreifach Problematisch", in S.M. CECCHINI, S. MAZZONI and E. SCIGLIUZZO (eds), *Syrian and Phoenician Ivories of the Early First Millennium BCE: Chronology, Regional Styles and Iconographic Repertories, Patterns of Inter-Regional Distribution*, Acts of the International Workshop Pisa, December 9th-11th 2004, Pisa, Ricerche di archeologia del Vicino Oriente 3, p. 239-284.

WINTER I.J. 1976a, "Carved Ivory Furniture Panels from Nimrud: A Coherent Subgroup of the North Syrian Style", *Metropolitan Museum Journal* 11, p. 25-54.

WINTER I.J. 1976b, "Phoenician and North Syrian Ivory Carving in Historical Context: Questions of Style and Distribution", *Iraq* 38/1, p. 1-22.

WINTER I.J. 1981, "Is There a South Syrian Style of Ivory Carving in the Early First Millennium B.C.?", *Iraq* 43/2, p. 101-30.

WINTER I.J. 1989, "North Syrian Ivories and Tell Halaf Reliefs: The Impact of Luxury Goods upon 'Major' Arts", in WINTER, I.J. (ed.), *On Art in the Ancient Near East, Volume 1, Of the First Millennium BCE,* Leiden, p. 381-404.

WOODHOUSE S.C. 1910, *English-Greek Dictionary: A Vocabulary of the Attic Language*, London.

L'*ARS EBORARIA* IN ROMA
IL CONTRIBUTO DELL'EPIGRAFIA

Fonti papirologiche, letterarie e archeologiche offrono molteplici informazioni sui luoghi di approvvigionamento e sulle principali vie terrestri e marittime battute dall'avorio (*ebor* o *ebur*) per arrivare dall'Africa orientale e settentrionale (soprattutto dalla Mauritania) e dall'India nei centri di consumo[1]. Sempre queste fonti, in particolare quelle letterarie e archeologiche, restituiscono anche un ampio campionario di mobili, statuette, vasi e altre suppellettili intagliati, intarsiati o rivestiti con questo pregiato materiale[2] che era annoverato tra le *res pretiosae* con l'*aurum*, l'*argentum* e le *gemmae*[3] e ritenuto quello più sontuoso per le statue degli dei[4].

Proprio grazie a questo campionario desumiamo che gli *eborarii* o *eburarii*[5] (da *ebor*/*ebur*), gli artigiani specializzati nell'*ars eboraria*[6], l'arte

---

1. Sui luoghi di approvvigionamento e sulle vie dell'avorio in generale: Chrzanovski 2007, p. 195-218; sul commercio con l'India: De Romanis 2020.

2. Si veda al riguardo il contributo di Anselme Cormier in questo volume.

3. *Rhet. Her.* 4, 32, 43: … *si quis aurum aut argentum aut ebur nominet, cum divitias velit nominare*; Hor. *epist.* 2, 2, 180-182: *Gemmas, marmor, ebur, Tyrrhena sigilla, tabellas, / argentum, vestes Gaetulo murice tinctas / sunt qui non habeant, est qui non curat habere.*

4. Plin. *NH* 8, 31: *Dentibus ingens pretium et deorum simulacris lautissima ex his materia.*

5. Sugli *eborarii*/*eburarii* in generale si vedano Blümner 1879, p. 361- 375; *DE* II, 1900, p. 2081, s.v. «eborarii» (E. De Ruggiero); *ThLL* V, 2, 1931, coll. 6-7, s.v. «eborarius» (W. Bannier); *EEA* III, 1960, p. 203-204, s.v. «eborarius» (I. Calabi Limentani); von Petrikovits 1981, p. 95, s.v. «*eborarius*»; Tassini 1994, p. 689-690; Bianchi 2007, p. 352-356; Lang 2007, p. 47-55; Bianchi 2019, p. 24-26.

6. Ov. *met.* 10, 248: *Interea niveum mira feliciter arte / sculpsit ebur formamque dedit …*

Topoi Suppl. 18 (2022)
p. 81-130

del taglio, della lavorazione, della *scalptura* e della politura finale dell'avorio[7], spesso operavano all'interno di diversi cicli produttivi, producendo e vendendo al dettaglio "semilavorati" quali, ad esempio, lamine di rivestimento[8], *appliques* decorative, impugnature e complementi di arredi (principalmente *mensarum pedes*), destinati a nobilitare mobili e altri manufatti compositi che erano realizzati con il concorso di altri artigiani (tavoli e tavolini[9], letti[10], selle curuli[11], selle gestatorie[12], carrozze[13], coltelli[14], spade[15], ecc.).

Il sigillo della loro arte poteva impreziosire anche le porte[16], i soffitti e le pareti di edifici pubblici o di residenze private[17], fino a generare quei

---

7. Sulla *scalptura*: Ov. *met.* 10, 248 (vedi nota 6); Plin. *NH* 1, 7, 39: *Pictura, scalptura aeraria, eboraria, caelatura*; Quint. *inst.* 2, 21, 8: *Caelatura, quae auro, argento, aere, ferro, opera efficit. Nam scalptura etiam lignum, ebur, marmor, vitrum, gemmas, praeter ea quae supra dixi, complectitur*; sulla *politura*: Plin. *NH* 9, 40 (vedi nota 84); 19, 87 (vedi nota 85); Mart. 5, 37, 5 (vedi nota 83).

8. Cfr. Plin. *NH* 8, 7: *Quamquam nuper ossa etiam in laminas secari coepere paenuria* ...; 16, 232-233: ... *dentes secari lignumque ebore distingui, mox operiri.*

9. Cfr. Plin. *NH* 12, 5: ... *eodem ebore numinum ora spectarentur et mensarum pedes*; Ulp. *dig.* 33, 7, 43: *Idem respondit domo instructa legata mensas eboreas ... non contineri.*

10. Cfr. Varro *ling.* 9, 47, 1: ... *cur malimus habere lectos alios ex ebore, alios ex testudine* ...; Hor. *sat.* 2, 6, 103 (vedi nota 51); SHA v. *quatt. tyr.* 3, 5: ... *sed eosdem dentes postea Carinus mulieri cuidam dono dedit, quae lectum ex iis fecisse narratur.*

11. Cfr. Hor. *epist.* 1, 6, 53-54: *Hic ... eripiet curule / cui volet ... ebur*; Ov. *Pont.* 4, 5, 18: (scil. *consul*) *conspicuum signis cum premet altus ebur* ...

12. Cfr. SHA *v. Heliog.* 4, 4: ... *quae sella veheretur, et utrum pellicia an ossea an eborata an argentata* ...

13. Cfr. SHA *v. Heliog.* 29, 1: *Habuit gemmata vehicula et aurata contemptis argentatis et eboratis et aeratis*; SHA *v. Aurel.* 46, 3: ... *cum antea aerata et eburata vehicula fuissent.*

14. Cfr. Iuv. 11, 131-134: *Adeo nulla uncia nobis / est eboris, nec tessellae nec calculus ex hac / materia, quin ipsa manubria cultellorum / ossea.*

15. Cfr. Plin. *NH* 33, 152: ... *cum capuli militum, ebore etiam fastidito, caelentur argento* ...

16. Cfr. Prop. 2, 31, 12 (a proposito del tempio di Apollo sul Palatino): ... *et valvae, Libyci nobile dentis opus* ...

17. Cfr. Hor. *carm.* 2, 18, 1-2: *Non ebur neque aureum / mea renidet in domo lacunar* ...; Apul. *met.* 5, 1: ... *summa laquearia citro et ebore curiose cavata* ...

preziosi apparati decorativi di cui serbano memoria le sale da pranzo dell'*Aurea domus* di Nerone nelle pagine di Svetonio[18]: i soffitti erano rivestiti di *tabulae eburneae*, cassettoni in avorio mobili e perforati, che permettevano di spargere fiori e profumi sui convitati.

Non mancavano infine gli *eborarii* che, operando anche nell'ultima fase della filiera tecnologico-produttiva, lavoravano e commerciavano prodotti finiti, come piccole sculture, bracciali[19], suppellettili[20], tavolette scrittorie ripiegate[21], bamboline snodabili, cofanetti[22] e cassette[23], pettini e aghi crinali[24], tessere e dadi da gioco[25]. Ma non solo. A detta di Svetonio[26], l'imperatore Caligola aveva commissionato persino una mangiatoia in avorio per il suo cavallo prediletto, *Incitatus*, quale prezioso arredo di una stalla interamente rivestita in marmo.

---

18. Suet. *Nero* 31: *In ceteris partibus cuncta auro lita, distincta gemmis unionumque conchis erant; cenationes laqueatae tabulis eburneis versatilibus, ut flores, fistulatis, ut unguenta desuper spargerentur.*

19. Cfr. Petron. 32,4: ... *dextrum nudavit lacertum armilla aurea cultum et eboreo circulo lamina splendente conexo.*

20. Cfr. SHA *v. Pert.* 8, 4: *vasa ... auro, ebore, argento vitroque ... composita*; Cels. *dig.* 33, 10, 7, 1: ... *nam fictili aut lignea aut vitrea aut aerea denique supellectili utebantur, nunc ex ebore atque testudine et argento* ...

21. Cfr. Mart. 14, 5: «*Pugillares eborei*». / *Languida ne tristes obscurent lumina cerae, / nigra tibi niveum littera pingat ebur*; SHA *v. Tac.* 8, 1-2: ... *habet in bibliotheca Ulpia in armario sexto librum elephantinum, quo in hoc senatum consultum perscriptum est, cui Tacitus ipse manu sua subscripsit. Nam diu haec senatus consulta, quae ad principem pertinebant, in libris elephantinis scribebantur* (i.e. composti di tavole d'avorio); Aug. *epist.* 15, 1: *Tabellas eburneas quas habeo, avunculo tuo cum litteris misi*; Cod. Theod. 15, 9, 1: ... *ut exceptis consulibus ordinariis nulli prorsus alteri auream sportulam, diptycha ex ebore dandi facultas sit* (con questo termine tecnico si designano i dittici consolari in avorio di età tardo-antica).

22. Cfr. Mart. 14, 78: «*Narthecium*». / *Artis ebur medicae narthecia cernis: habebis / munera, quae cuperet Paccius esse sua.*

23. Cfr. Mart. 14, 12: «*Loculi eborei*». / *Hos nisi de flava loculos implere moneta / non decet: argentum vilia ligna ferant.*

24. Cfr. Apul. *met.* 11, 9: *Mulieres ... quae pectines eburnos ferentes* ...

25. Cfr. Mart. 14, 14: «*Tali eborei*». / *Cum steterit nullus vultu tibi talus eodem, / munera me dices magna dedisse tibi*; Iuv. 11, 132 (vedi nota 14).

26. Suet. *Cal.* 55: *Incitato equo ... praeter equile marmoreum et praesaepe eburneum praeterque purpurea tegumenta ac monilia e gemmis domum etiam et familiam et supellectilem dedit ...*

Sono invece i documenti epigrafici a preservare la memoria, i nomi, le generalità, i rapporti personali e i luoghi dell'attività degli *eborarii* che avevano posto la loro arte al servizio del lusso delle *élites* ai vertici della società romana. Conosciamo in tutto tredici artefici che hanno lasciato testimonianza epigrafica di sé e della loro attività[27], ai quali si aggiunge la realtà collettiva di un collegio professionale[28] che associava i *negotiatores eborarii* ai *negotiatores citriarii*. Le loro iscrizioni, prevalentemente sepolcrali, si distribuiscono in un arco cronologico molto ampio, compreso tra la seconda metà del I sec. a.C. e gli inizi del VI sec. d.C., e provengono, con una sola eccezione[29], tutte da Roma: una concentrazione, dunque, che sembra qualificare la capitale come il principale terminale delle rotte commerciali su cui viaggiava l'avorio e, allo stesso tempo, come il luogo privilegiato per la lavorazione e la trasformazione dei preziosi *dentes* in semilavorati e manufatti da avviare alla vendita.

Tra gli *eborarii* la componente sociale maggiormente rappresentata è quella libertina, ora espressamente dichiarata attraverso le formule di patronato[30], ora suggerita dai cognomi grecanici e dalla mancanza del patronimico[31]. La realtà economica in cui costoro generalmente operavano era quella di un mondo di artigiani e rivenditori al dettaglio che esercitavano la propria attività in botteghe situate in determinati quartieri di Roma, connotati da specifiche vocazioni produttive e commerciali: i luoghi riservati all'*ars eboraria* – almeno a giudicare da un esame combinato delle fonti epigrafiche e letterarie – erano la *Sacra via* nel Foro Romano, l'area *ab Hercule Primigenio* presso la Porta Salaria e i *Saepta Iulia* in Campo Marzio (*Fig. 1.1-3*).

Dalla seconda metà del I sec. d.C., tuttavia, sono attestati nella nostra documentazione anche *negatiatores eborarii*[32] che, come suggerisce la stessa qualifica, avevano proiettato la loro attività in un circuito non limitato alla sola città di Roma, ma inserito in un ambito geografico di maggior respiro. L'ampliamento del raggio dei loro interessi imprenditoriali e commerciali,

---

27. Appendice nn. 1-10, 12-14.

28. Appendice n. 11. Un'altra associazione che riuniva gli *eborarii* potrebbe forse essere attestata dal donario dedicato alla *Fortuna Primigenia* a *Praeneste* intorno alla prima metà del I sec. a.C. (*CIL* XIV 2880 = *CIL* I² 1452 = *EDR*113699): la frammentarietà del manufatto, tuttavia, non permette di propendere per l'integrazione [- - - *eb*]<u>*oraris*</u> piuttosto che [- - - *marm*]<u>*oraris*</u>.

29. Appendice n. 10 (dall'*ager* di *Seperna*, oggi Nazzano).

30. Appendice nn. 1, 3, 5-6, 8-9.

31. Appendice nn. 2, 4, 7, 10, 12.

32. Appendice 10-11.

Fig. 1 – I luoghi della produzione e del commercio dell'avorio in Roma: 1. *De Sacra via*; 2. *Ab Hercule Primigenio*; 3. *Saepta Iulia*; 4. *Schola* del *collegium* dei *negotiatores eborarii* e dei *negotiatores citriarii*; 5. *Horrea Galbana* (rielaborazione grafica da *Lexicon Topographicum Urbis Romae*, IV, 1999, p. 518, tav. fuori testo).

che l'epigrafia contemporanea registra anche per altri operatori dell'industria del lusso, come ad esempio i *margaritarii* e i *vascularii* [33], trasforma Roma da

33. Si ricordano, in particolare, *L. Valerius Primus*, *negotiator margaritarius ab Roma* (vedi nota 96); i *vascularii L. Cassius Ambrosius* e *M. Ulpius Euphrates*, attivi tra l'ultimo quarto e la prima metà del II sec. d.C., che destinarono una parte dei *vascula* prodotti nelle loro botteghe *in Circo Flaminio* anche all'esportazione verso i mercati provinciali del Norico e della Dacia, come testimoniano i due *cola* emisferici in bronzo con le loro firme rinvenuti presso *Vindobona* (*AE* 1939, 277) e *Durostorum* (BUCOVALĂ 1972, p. 121-126); e, infine, i *negotiantes vascularii* che nel 213 d.C. dedicarono all'imperatore

centro di produzione e consumo di prodotti suntuari a centro deputato anche alla loro ridistribuzione, soprattutto verso i mercati delle città più vicine.

Sotto il profilo terminologico, la qualifica *eborarius* o *eburarius*, impiegata preferenzialmente nelle iscrizioni di cui gli stessi artefici furono committenti o dedicatari, è senza dubbio quella che si rivela più appropriata a definire questa arte perché è coniata sul sostantivo *ebor/ebur*[34] che, a seconda del contesto, può designare non solo l'avorio grezzo sotto forma di *dentes* (o di *schidai*[35]), ma anche l'avorio semilavorato[36] o trasformato in prodotto finito[37] e, pertanto, racchiude in sé tutte le fasi in cui poteva articolarsi il ciclo produttivo. Talvolta *eborarius/eburarius* è associato in funzione aggettivale ai vocaboli generici *faber*[38], *politor*[39] e *negotiator/negotians*[40] per individuare i principali stadi del processo di lavorazione dell'avorio (manifattura e politura finale) o per porre in rilievo il momento della sua commercializzazione anche su più ampia scala.

In questo panorama lessicale, che si mantiene uniforme dalla seconda metà del I sec. a.C. fino agli inizi del VI sec. d.C., si inserisce la qualifica *elephantarius*. Questo sostantivo, formato da *elephas/elephantus* e dal suffisso *–arius*, è un *hapax* nella lingua latina[41]. Occorre infatti un'unica volta su una lastra marmorea, databile intorno alla metà del IV sec. d.C., che nel cimitero di Commodilla sulla via Ostiense segnalava il loculo dell'*elephantarius Olympius*[42] (*Fig. 2*). Benché nella letteratura specialistica più recente sia prevalso l'orientamento

---

Caracalla una statua onoraria nell'area del *Velabrum* prossima alla basilica Giulia (*CIL* VI 1065 = *SupplIt Imagines*, *Roma* 1, n. 177 = *EDR*104192).

34. *ThLL* V, 2, 1931, coll. 19-22, s.v. «ebor» (W. Bannier).

35. Le σχίδαι, menzionate nel cosiddetto papiro Muziris (*Papyrus Vindobonensis* G 40822), erano i frammenti ottenuti dalle periodiche spuntature delle zanne degli elefanti in cattività: De Romanis 2014, p. 1-23; Id. 2020, p. 217-222.

36. Cfr. Mart. 9, 59, 8 (vedi nota 102): ... *expositumque alte pingue poposcit ebur* ...

37. Cfr. Iuv. 14, 306-308: ... *Licinus* ... *attonitus pro / electro signisque suis Phrygiaque columna / atque ebore et lata testudine.*

38. Appendice nn. 1, 7.

39. Appendice nn. 8-9.

40. Appendice nn. 10-11 (dove le espressioni *negotiatores eborarii* e *negotiantes eborarii* sono equivalenti).

41. *ThLL* V, 2, 1931, col. 352, 56-59, s.v. «elephantarius» (H. Rubenbauer).

42. *CIL* VI 37794 (= *ILCV* 680 = *ICUR* II 6111 = *EDB*18642): *Locus Olympi / elefantari* (!).

Fig. 2 – Roma, via Ostiense, Cimitero di Commodilla, galleria F. Lastra marmorea di arredo parietale che chiudeva il loculo di *Olympius*, *elephantarius*. IV sec. d.C., metà (da CARLETTI 2008, p. 188).

secondo cui *elephantarius* designerebbe il «domatore di elefanti»[43] e, in particolare, «colui che nei ludi circensi eseguiva esercizi funambolici servendosi anche di un elefante»[44], in questa sede sembra quanto mai calzante richiamare la

---

43. Interpretazione ventilata da BISCONTI 2000, p. 256, n. XXXc3.1 e MAZZOLENI 2015, p. 165-166, in combinazione con quella di «mercante di oggetti in avorio» o «commerciante di elefanti per i giochi del circo». Nella lingua latina, tuttavia, il «domatore» di elefanti è generalmente designato con vocaboli generici quali *domitor*, *doctor* o *magister*, associati o meno alla specificazione che individua la specie animale da addomesticare; sulle modalità di addomesticamento degli elefanti (*domitare/domare elephantos*) si veda, in particolare, Plin. *NH* 8, 24-27; sempre Plin. *NH* 6, 66 riferisce che in India era l'ultima classe sociale, composta di uomini semiselvaggi, ad assolvere al duro compito di catturare e domare gli elefanti; cfr., a tal riguardo, Sen. *epist.* 85, 41: *elephantum minimus Aethiops iubet subsidere in genua et ambulare per funem*, da cui desumiamo che l'ammaestramento di questi animali poteva essere perfezionato nei centri di importazione dal personale originario dei luoghi della loro esportazione che, evidentemente, era provvisto della necessaria esperienza.

44. CARLETTI 2008, p. 188, n. 73 sulla scorta di Suet. *Nero* 11, cfr. Cass. Dio 61, 17, 2: *Ludis*, *quos pro aeternitate imperii susceptos appellari Maximos voluit*, *ex utroque ordine et sexu plerique ludicras partes sustinuerunt*; *notissimus eques Romanus elephanto supersidens per catadromum decucurrit* ...; cfr., tuttavia, Suet. *Galb.* 6, 1: ... *praetor commissione ludorum Florae novum spectaculi genus elephantos funambulos edidit*: gli *elephanti funambuli*, introdotti da Galba durante la sua pretura in età tiberiana e altrimenti attestati nelle fonti (Sen. *epist.* 85, 41, vedi nota 43; Plin. *NH* 8, 5-6), suggeriscono che a eseguire

diversa lettura proposta dai primi editori dell'iscrizione[45], che avevano interpretato *elephantarius* quale sinonimo di *eborarius/eburarius*. Tenendo conto che, sul piano semantico-lessicale, il latino *elephas/elephantus* e il greco ἐλέφας possono indicare anche i *dentes* dell'elefante ovvero l'«avorio»[46], così come, con un percorso inverso, il latino *ebur* può raramente designare anche l'«elefante»[47], il sostantivo *elephantarius* potrebbe a ragione essere considerato un sinonimo tardo di *eborarius/eburarius*[48], originato da un processo morfologico analogo, ma formato sul termine *elephas/elephantus*/ἐλέφας inteso nel significato di «avorio» e pertanto corrispondente al latino *ebor/ebur* da cui invece deriva *eborarius/eburarius*. Una possibilità che forse meriterebbe di essere riconsiderata, anche alla luce dell'onomastica di origine greca del defunto.

Tempi, attori e luoghi dell'*ars eboraria* in Roma

A Roma, tra gli ultimi decenni dell'età repubblicana e la prima età augustea, il passaggio del lusso dalla sfera pubblica a quella privata[49] non si

---

gli esercizi funambolici sulle corde tese nei *ludi* neroniani era stato l'elefante piuttosto che il cavaliere seduto sul suo dorso, tanto più considerando che in questi *ludi* non si esibirono professionisti, di norma comunque detti *funambuli* (da *funis* e *ambulo*) o *catadromarii* (da κατάδρομος/*catadromus*: solo in *CIL* VI 10157 = *ILCV* 5316 = *ICUR* V 13698), bensì dilettanti, non solo di rango equestre, ma anche di rango senatorio, che Nerone – come riferiscono Tac. *ann.* 14 14, 3-4; 15, 1-2 e, soprattutto, Cass. Dio 61, 17, 2-5 – desiderava umiliare.

45. Marucchi 1904, p. 103, n. 53; *inde* E. Diehl in *ILCV* 680; M. Bang in *CIL* VI 37794; A. Silvagni in *ICUR* II 6111, che, tuttavia, distinguendo il momento della lavorazione dei manufatti in avorio da quello della loro distribuzione sulla piazza urbana, proponevano per *elephantarius* la duplice e alternativa accezione di «*faber eborarius*» o di «*negotiator artificiorum eburneorum*», i.e. *negotiator eborarius*.

46. Sul latino *elephas/elephantus* per «avorio»: Verg. *Aen.* 3, 464: ... *dona dehinc auro gravia sectoque elephanto* ...; Verg. *Georg.* 3, 26: *In foribus pugnam ex auro solidoque elephanto / Gangaridum faciam* ...; Mart. Cap. 3, 223: ... *ferculum, quod levi exterius elephanto praenitebat*; sul greco ἐλέφας per «avorio»: Pl. *R.* 2, 373A; Paus. 1. 3, 4; 12, 4; 18, 6; 20, 3; 24, 5-7; 40, 4; 42, 4; 43, 6; 4. 31, 6; 5. 11, 1-2, 10; 12, 3, 7; 17, 3-5; 20, 1-2, 8; 22, 7 (con numerose altre occorrenze relative soprattutto alle statue crisoelefantine); Plut. *Per.* 12, 6; Ath. *Deipnos.* 11, 468f (con ἐλέφας nel senso traslato di «coppa d'avorio»).

47. Iuv. 12, 111-112: *Nulla igitur mora per Novium, mora nulla per Histrum / Pacuvium, quin illud ebur ducatur ad aras / et cadat ante Lares* ...; cfr. anche Gloss. V, p. 452, 34: *ebur – elefantus*.

48. Cfr. anche Gloss. II, p. 295, 11: ἐλεφαντουργός – *eburarius*.

49. Plin. *NH* 36, 5: *Aut qua magis via inrepunt vitia quam publica? Quo enim alio modo in privatos usus venere ebora, aurum, gemmae? Aut quid omnino diis reliquimus?*

riflette solo nelle residenze descritte da Properzio[50] e Orazio[51], impreziosite con soffitti istoriati d'avorio tra travi dorate o arredate con letti eburnei ricoperti di stoffe scarlatte, ma anche negli astragali d'avorio risplendenti in mostra lungo la *Sacra via*[52] (*Fig. 1.1*), ai quali fanno da contrappunto le prime attestazioni epigrafiche di *eborarii* versati nella loro produzione e distribuzione sulla piazza urbana. Tra costoro, *M. Aelius M.l. Apollonius*[53] (*Fig. 3*) è noto grazie a un'iscrizione incisa su un *terminus* di travertino che un tempo era murato all'ingresso del sepolcro che lui stesso aveva fatto costruire per sé e per la propria liberta *Aelia Lepida* nel sepolcreto salario-pinciano[54] (*Figg. 1*; *4.1*), tra la *via Salaria*, le mura Aureliane e la *via Salaria vetus* (ora via Pinciana – via Giovanni Paisiello). Notiamo che nell'epitaffio, forse allo scopo di porre in rilievo la sua perizia nel taglio e nella manifattura dell'avorio, il liberto si definisce *faber eborarius*, ricorrendo a una qualifica che, nella stessa epoca, ritroviamo anche nella letteratura, per il resto priva di riferimenti a questa categoria artigianale[55].

VI
M · AELI · M · L
APOLLONI ·
FABRI · EBORARI
ET · LEPIDAE · LEIB ·
MEAE

Fig. 3 – Attualmente irreperibile. *Terminus* di travertino pertinente al sepolcro di *M. Aelius M.l. Apollonius*, *faber eborarius*. I sec. a.C., seconda metà (da GATTI 1899, p. 74, n. 52).

50. Prop. 3, 2, 10-11: *Quod non Taenariis domus est mihi fulta columnis, / nec camera auratas inter eburnea trabes* ...; cfr. Hor. *carm.* 2, 18, 1-2 (vedi nota 17).

51. Hor. *sat.* 2, 6, 101-103: ... *cum ponit uterque / in locuplete domo vestigia, rubro ubi cocco / tincta super lectos canderet vestis eburnos* ...

52. Prop. 2, 24, 11-14: ... *et modo pavonis caudae flabella superbae / et manibus dura frigus habere pila, / et cupit iratum talos me poscere eburnos, / quaeque nitent Sacra vilia dona via.*

53. Appendice n. 1 – *CIL* VI 33423 (= *ILS* 7705 = *EDR*183562), cfr. anche NONNIS 2015, p. 70-71: *Vi(vit). M(arci) Aeli M(arci) l(iberti) / Apolloni, / fabri eborari, / et Lepidae leib(ertae) / meae.*

54. Rinvenuto nell'isolato compreso tra via di Santa Teresa e via Aniene, ora occupato dalla chiesa di S. Teresa in Avila su Corso d'Italia 37: GATTI 1899, p. 63-64; CUPITÒ 2007, p. 69, tabella 19.

55. Se si eccettuano il Cod. Theod. 13, 4, 2, cfr. Cod. Iust. 10, 66, 1 (vedi nota 177) e le tarde glosse greco-latine con l'equivalenza ἐλεφαντουργός – *eburarius* (vedi nota 48).

Si tratta dell'epistola indirizzata da Orazio ad Augusto[56], in cui il poeta, tratteggiando il contesto sociale, economico e politico propizio alla fioritura delle arti, si sofferma a constatare, probabilmente non senza un velato intento laudativo per colui che aveva sbarrato le porte del tempio di Giano[57], come la passione per i *fabri marmoris aut eboris aut aeris* fosse il risultato di tempi di pace e benessere.

Un contemporaneo di *M. Aelius Apollonius* era *M. Consius Antiochus*[58] (*Fig. 5*), *eborarius* di probabile condizione libertina che aveva esercitato *ab Hercule Primogenio.* Il monumento sepolcrale di questo artigiano si trovava lungo la via Prenestina, nei pressi della villa dei Gordiani, ed era stato predisposto da uno dei suoi liberti, *M. Consius Eros Gallus*, che lo aveva destinato anche alla propria sepoltura e a quella dei membri della sua famiglia: la moglie, *Consia Prepusa*, liberta di due *Marci Consii*, in cui forse possiamo riconoscere lo stesso *M. Consius Eros Gallus* e il suo patrono *M. Consius Antiochus*; e i due figli, *M. Consius Gallus* e *M. Consius Lepidus*, liberi per nascita e iscritti alla tribù urbana *Collina*[59], cui i genitori, secondo una tendenza comune a molte famiglie libertine, avevano imposto due cognomi latini (*Gallus*, in particolare, è mutuato dal secondo cognome del padre).

La bottega in cui *M. Consius Antiochus* aveva praticato l'*ars eboraria* e nella quale forse aveva lavorato come apprendista anche il suo liberto *M. Consius Eros Gallus*, si trovava *ab Hercule Primogenio*, nei pressi di un luogo di culto in cui Ercole era venerato con la rara epiclesi di *Primigenius*. Questo luogo è stato localizzato sulla destra dell'antica via Salaria[60], in prossimità della Porta Salaria (*Fig. 1.2*), nell'area oggi corrispondente a piazza Fiume (*Fig. 4*), grazie

---

56. Hor. *epist.* 2, 1, 93-96, 102: *Ut primum positis nugari Graecia bellis / coepit et in vitium fortuna labier aequa, / nunc athletarum studiis, nunc arsit equorum, / marmoris aut eboris fabros aut aeris amavit, / ... Hoc paces habuere bonae ventique secundi.*

57. Hor. *epist.* 2, 1, 255.

58. Appendice n. 2 – *AE* 1990, 76 (= *EDR*081608), cfr. anche Granino Cecere 2005, p. 51; Nonnis 2015, p. 178-179; Velestino 2015, p. 94; Cossu, Plescia 2019, p. 333, n. 72: *M(arco) Consio Antiocho, `pa(trono)', / ab Hercule Prìmog(enio) eborario, / M(arcus) Consius M(arci) l(ibertus) Eros Gallus / fecit sibì et Consiae M.M.* (i.e. *Marcorum duorum*) *l(ibertae) / Prepusae, uxorì, / M(arco) Consio M(arci) f(ilio) Col(lina) Gallo, f(ilio), / M(arco) Consio M(arci) f(ilio) Col(lina) Lepido, f(ilio), `v(ixit) a(nnis) II, m(ensibus) IV', / `posterisqûe eorum'.*

59. Come si inferisce soprattutto dall'indicazione del patronimico che qui, per giunta, è anche reso superfluo dalla qualifica *filius* posta a corredo dell'onomastica di entrambi i fratelli.

60. Vergantini 1987, p. 93; Granino Cecere 2005, p. 51-52.

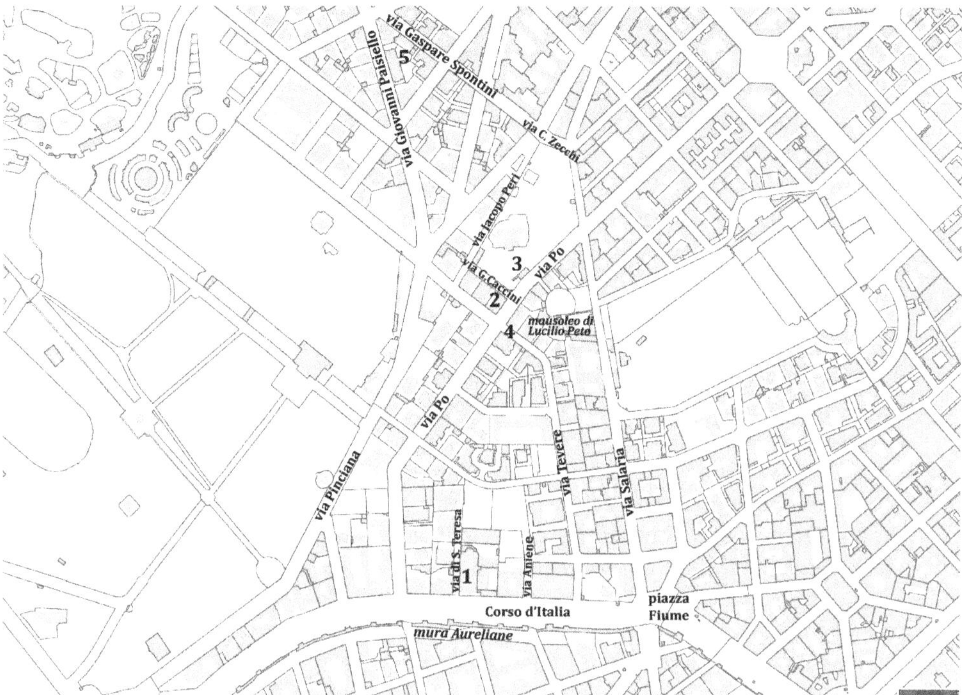

Fig. 4 – Pianta dell'area corrispondente nell'antichità al sepolcreto salario-pinciano, tra le odierne via Pinciana e via Salaria, con la localizzazione del luogo di ritrovamento dei monumenti sepolcrali degli *eborarii*: 1. *M. Aelius M.l. Apollonius*; 2. *M. Consius M.l. Dionysius*; 3. *P. Caesetius P.l. Sodalis*; 4. *M. Peperna M.l. Philaṇ*[*thus*?]; 5. *Aurelius Mucianus* (rielaborazione grafica da NIC - Nuova Infrastruttura Cartografica di Roma Capitale).

Fig. 5 – Roma, Musei Capitolini, Galleria Lapidaria. Lastra di arredo parietale esterno di travertino pertinente al sepolcro di *M. Consius Antiochus*, *eborarius ab Hercule Primogenio*. I sec. a.C., ultimi decenni (da Nonnis 2007, p. 396, fig. 3).

alla scoperta nel 1888 di un'ara marmorea consacrata da *C. Petronius C.f. Paetus* ad *Hercules Primigenius*[61] (*Fig. 6*): il piccolo monumento, rinvenuto ancora in opera su un ampio basamento, tra numerosi sepolcri di età più tarda, era forse collocato all'interno di un'area sacra o di un sacello dedicato ad Ercole, del quale, tuttavia, non sembra siano state rinvenute tracce.

Fig. 6 – Roma, Musei Capitolini. Ara marmorea con dedica ad *Hercules Primigenius*. I sec. d.C. (da *SupplIt Imagines*, *Roma* 1, n. 44).

Allo stesso ramo della *gens Consia*, caratterizzato dall'adozione del prenome *Marcus*, appartenevano altri due *eborarii* attivi a Roma nel medesimo ambito temporale, *M. Consius Dionysius* e *M. Consius Cerdo*, che, in ragione non solo delle coincidenze onomastiche e cronologiche, ma anche del comune coinvolgimento nell'*ars eboraria*, potrebbero essere legati a *M. Consius Antiochus* da rapporti di parentela, di patronato o di comune dipendenza da un altrimenti ignoto *M. Consius*.

Il primo *eborarius*, *M. Consius M.l. Dionysius*[62] (*Fig. 7*), è ricordato su un *terminus* di travertino proveniente dal sepolcreto salario-pinciano[63] (*Fig. 4.2*), dove delimitava, verosimilmente insieme ad altri *termini* gemelli, l'area che il liberto aveva acquistato e destinato al proprio monumento sepolcrale. L'arte

61. *CIL* VI 30907 (= *ILS* 3433 = *SupplIt Imagines*, Roma 1, n. 44 = *EDR*121241): *Herculi / Primigenio / sacrum. / C(aius) Petronius / C(ai) f(ilius) Vel(ina) / Paetus f(ecit).*

62. Appendice n. 3 – *CIL* VI 37793 (= *Imagines*, *Roma* 2, n. 2966 = *EDR*032482), cfr. anche Vergantini 1987, p. 94; Nonnis 2015, p. 179: *V(ivit). / M(arci) Consi M(arci) l(iberti) / Dionysi, / eburari. / In fr(onte) p(edes) XVI, / in ag(ro) p(edes) XII.*

63. Rinvenuto nell'area del villino Fossati, sulla sinistra dell'odierna via Po (già Corso di Porta Pinciana), all'angolo con via Giulio Caccini: Gatti 1906b, p. 336; Cupitò 2007, p. 127 (UC 10.461).

Fig. 7 – Roma, Antiquarium comunale del Celio. *Terminus* di travertino pertinente al sepolcro dell'*eborarius M. Consius M.l. Dionysius*. I sec. a.C., ultimi decenni (da *SupplIt Imagines, Roma* 2, n. 2966).

esercitata dal secondo, *M. Consius Cerdo*[64] (*Figg. 8-9*), presumibilmente un altro liberto, non è espressa nell'iscrizione sepolcrale, ma è suggerita dalle peculiari figurazioni scolpite sull'ara ossuario marmorea che ne custodiva le ceneri sulla via Appia antica e confermata dalla combinazione del defunto con gli altri due *Marci Consii eborarii*. Su ciascuno dei fianchi dell'ara (*Figg. 10-11*), infatti, è raffigurato un elefante che trasporta, entro un contenitore sistemato sul dorso e assicurato con cinghie sotto l'addome e la coda, sette lunghe zanne d'avorio ricurve. Il corpo è ricoperto da un motivo a rombi che riproduce, in modo schematico, il reticolo di minuscole rughe e profonde fessure che connota la pelle di questi mammiferi. Questa caratteristica e, soprattutto, le zanne sviluppate, le grandi orecchie che arrivano a coprire le spalle e il profilo liscio e convesso della fronte permettono di attribuire l'elefante alla specie africana: l'Africa, pertanto, sembrerebbe accreditarsi quale principale fornitrice di avorio grezzo della capitale nel periodo in cui i tre *Marci Consi eborarii* operarono sul mercato urbano[65].

La stabilità e la continuità nel tempo dell'arte praticata a Roma da questo gruppo familiare sembra trovare riscontro in un altro documento

64. Appendice n. 4 – *CIL* VI 16073 (= *EDR*183450), cfr. anche Sinn 1991, p. 75-76, n. 42, figg. 121-122, 129; Nonnis 2015, p. 179: *Ossa / M(arci) Consi / Cerdonis*.

65. Come conferma indirettamente Plin. *NH* 8, 7, quando riferisce che, ai suoi tempi, la domanda elevata di avorio superava le risorse disponibili nelle aree di approvvigionamento più vicine, quali appunto quelle del continente africano, e pertanto era divenuto necessario importarlo dall'India: *Quamquam nuper ossa etiam in laminas secari coepere paenuria: etenim rara amplitudo iam dentium praeterquam ex India reperitur; cetera in nostro orbe cessere luxuriae.*

Fig. 8 – Città del Vaticano, Musei Vaticani, Museo Gregoriano Profano ex Lateranense, settore VII. Ara ossuario marmorea con l'iscrizione sepolcrale di *M. Consius Cerdo*, *eborarius*; sui fianchi, la raffigurazione di un elefante. I sec. a.C., fine / I sec. d.C., inizi (da Nonnis 2007, p. 396, fig. 4).

Fig. 9 – Fronte dell'ara ossuario di *M. Consius Cerdo* (da Sinn 1991, fig. 121).

Fig. 10 – Fianco destro dell'ara ossuario di *M. Consius Cerdo*, con la raffigurazione di un elefante (da Sinn 1991, fig. 122).

Fig. 11 – Fianco sinistro, mutilo superiormente, dell'ara ossuario di *M. Consius Cerdo*: particolare con la raffigurazione di un elefante (da Sinn 1991, fig. 129).

epigrafico. Si tratta di una stele marmorea[66], databile per ragioni paleografiche e onomastiche intorno alla metà del II sec. d.C., nella quale figura, in veste di dedicante, *Consius Hermadio*[67] (*Fig. 12*), un altro *eborarius* di presumibile condizione libertina, che, alla pari di *M. Consius Antiochus*, aveva esercitato in una bottega *ab Hercule Primigenio*. Anche se l'onomastica dell'artigiano è priva del prenome, secondo un uso frequente a partire dalla metà del II sec. d.C., il gentilizio, la specializzazione artigianale e il luogo in cui aveva svolto l'attività rendono ragionevole riconoscerlo in un discendente di *Antiochus* e degli altri due *Marci Consii eborarii*.

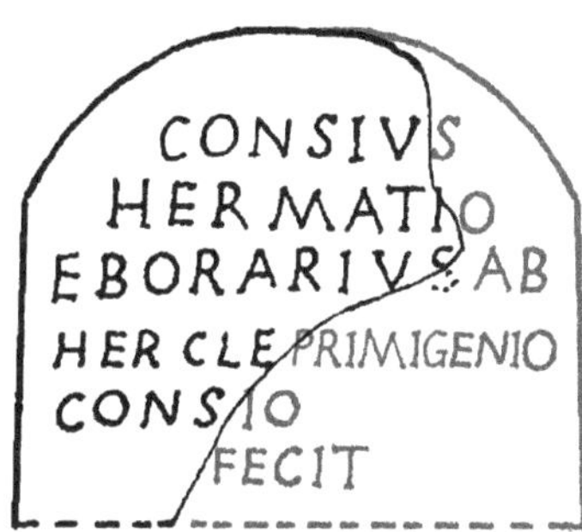

Fig. 12 – Roma, via Labico, proprietà privata. Stele centinata marmorea con l'iscrizione sepolcrale commissionata da *Consius Hermadio, eborarius ab Herc(u)le P̣[rimigenio]*. II sec. d.C., metà (rielaborazione grafica da Ferrua 1967, p. 83, fig. 6*d*).

Nel corso della prima metà del I sec. d.C., quando la *luxuria* voleva ormai adagiarsi su superfici d'avorio e vestirsi di porpora e oro[68], ai banchi di *M. Aelius Apollonius* e dei tre *Marci Consii* erano subentrati quelli di altri *eborarii*. Tra costoro incontriamo l'*eborarius P. Clodius Bromius*[69] (*Fig. 13*), liberto di un *A. Clodius* e di una *Clodia*, che era proprietario di un sepolcro (di ignota localizzazione) insieme alla concubina *Curiatia Ammia* e a una serie di personaggi, a lui legati da vincoli di dominato o di patronato, che forse lo affiancavano nella conduzione dell'attività: lo

66. La provenienza è ignota, ma conosciamo l'ultima collocazione di conservazione nel giardino di una residenza privata sita in via Labico (Ferrua 1967, p. 91-92, n. 124), quindi in un'area abbastanza prossima a quella da cui proviene la lastra pertinente al sepolcro dell'*eborarius M. Consius Antiochus* (vedi nota 58).

67. Appendice n. 12 – *AE* 1968, 37 (= *EDR*074738), cfr. anche Nonnis 2007, p. 397, nota 36; Id. 2015, p. 178-179: *Consiu*[*s*] / *Hermati*[*o*] (!), / *eborarius* [*ab*] / *Herc*(*u*)*le P̣*[*rimigenio*], / *Cons*[*io* - - -] / [*fecit*].

68. Sen. *dial.* 3, 21, 1: ... *luxuria ebure sustineri vult, purpura vestiri, auro tegi* ...

69. Appendice n. 5 – *CIL* VI 9375 (= *ILS* 7707 = *EDR*133792), cfr. anche van Buren, Stevens 1933, p. 77: *P*(*ublius*) *Clodius A*(*uli*) *et Clodiae l*(*ibertus*) *Bromius, eborarius*, / *Curiatia Ammia, concubina meì amantissima*, / *Hilario P*(*ubli*) *et Curiatiae deliciae*. // <columna I> *P*(*ublius*) *Clodius P*(*ubli*) *et Curiatiae l*(*ibertus*) / *Rufio*, / «*P*(*ubli*) *Clodì P*(*ubli*) *l*(*iberti*) *Heraclidae*». // <columna II> *P*(*ublius*) *Clodius P*(*ubli*) *et Curiatiae l*(*ibertus*) / *Anteros*, / *Suavis Curiatiae l*(*ibertus*).

Fig. 13 – Roma, via del Portico di Ottavia. Lastra marmorea di arredo parietale pertinente al sepolcro di *P. Clodius A. et Clodiae l. Bromius, eborarius*. I sec. d.C., primi decenni (foto autore).

schiavetto *Hilario*, ricordato per primo in quanto «*deliciae*» di *P. Clodius Bromius* e di *Curiatia Ammia*; *P. Clodius Rufio* e *P. Clodius Anteros*, liberti della coppia; e, infine, *P. Clodius Heraclida* e (*Curatius*) *Suavis*, che dovevano la libertà, rispettivamente, al nostro *eborarius* e alla sua concubina. Al nucleo familiare di *P. Clodius Bromius* o di uno dei suoi liberti potrebbero essere riconducibili altri due artefici attivi a Roma nella stessa epoca[70], *P. Clodius P.l. Diophanes*[71] e *P. Clodius P.l. Metrodorus*[72], che, in qualità di *glutinarii*, fabbricanti e venditori di colla, si trovavano a operare alla convergenza di diversi cicli produttivi, compreso quello dell'avorio[73]. Il *glutinum*, infatti, era

70. Jefferson Loane 1938, p. 98-99; Van Buren, Stevens 1933, p. 77; Lang 2007, p. 49, 55.

71. *AE* 1933, 146 (= *EDR*073205): *P*(*ublius*) *Clodius P*(*ubli*) *l*(*ibertus*) *Diophaṇ*[*es*], / *glutinarius*, *patroṇ*[*us*], / *Clodia P*(*ubli*) *l*(*iberta*) *Megiste*, / *v*(*ivit*) *P*(*ublius*) *Clodius Felicio lib*(*ertus*), / *v*(*ivit*) *P*(*ublius*) *Clodius Bossus lib*(*ertus*).

72. *CIL* VI 9443 (= *ILS* 7657 = *EDR*158463), cfr. anche van Buren, Stevens 1933, p. 76: <columna I> *P*(*ublius*) *Clodius P*(*ubli*) *l*(*ibertus*) / *Metrodorus*, / *glutinarius*. // <columna II> *Clodia P*(*ubli*) *l*(*iberta*) *Philargyris*, / *concubina*, / *Annia M*(*arci*) *l*(*iberta*) *Dionysia*. // <columna III> *P*(*ublius*) *Rutilius P*(*ubli*) *l*(*ibertus*) / *Amphio*.

73. La tendenza di alcune famiglie a operare sulla piazza urbana gestendo unità produttive versate in fasi interdipendenti dello stesso ciclo produttivo è altrimenti attestata per via epigrafica: Di Giacomo 2016b, p. 158-159. Esemplificativa è la catena produttiva e commerciale degli *Auli Septicii artifices* che, attraverso la concertazione delle rispettive botteghe, controllavano l'intero ciclo dell'oro, dall'approvvigionamento del metallo (*auri acceptor*) fino alla

un elemento essenziale, ad esempio, nel procedimento di impiallacciatura (*operimentum*) del mobilio in legno con lamine e foglie d'avorio. A questo proposito basterà qui richiamare, oltre ai raffinati arredi domestici restituiti dagli scavi nelle città vesuviane[74], il passo in cui Plinio il Vecchio[75] osserva come il lusso avesse introdotto la prassi di tagliare i *dentes* in lamine con cui rivestire il legno e, in una lettura combinata, quello più tardo in cui Eliano[76] fa espresso riferimento all'impiego della colla da parte degli artigiani dell'avorio.

Sempre allo stesso gruppo familiare, che, attraverso il patrono *P. Clodius Bromius*, gravitava nell'orbita della clientela di un *A. Clodius* e di una *Clodia*, potrebbe non essere estraneo un altro *eborarius* appartenente a un diverso ramo della medesima *gens*[77], *Sex. Clodius Sex.l. Amoenus*[78] (*Fig. 14*), che, come leggiamo sulla lastrina che contrassegnava il loculo di sua proprietà in un colombario sulla via Appia antica, aveva esercitato *ab Hercule Primigenio.*

Nella prima metà del I sec. d.C. possiamo inquadrare anche l'attività di *Q. Considius Eumolpus*[79] (*Fig. 15*), che si qualifica come *faber eburarius*, e

---

sua trasformazione in semilavorati (*brattiarii*) e in prodotti finiti (*coronarius*): DI GIACOMO 2012, p. 37-52.

74. Si vedano, ad esempio, i mobili in legno finemente impiallacciati in lamina d'avorio decorata a bassorilievo rinvenuti a Ercolano: GUIDOBALDI 2010, p. 63-99.

75. Plin. *NH* 16, 232-233: *Nec satis, coepere tingui animalium cornua, dentes secari lignumque ebore distingui, mox operiri*; cfr. anche alla nota 134 il procedimento analogo di riduzione del legno di tuia (*citrum*) in lamine per rivestire i tavolini realizzati con legni meno pregiati.

76. Aelian. *nat. animal.* 17, 32: ἀλλὰ καὶ τοὺς τὸν ἐλέφαντα χειρουργοῦντας χρῆσθαί τε αὐτῇ καὶ τὰ ἔργα ἐκπονεῖν κάλλιστα.

77. A questo proposito sembra opportuno notare che *P. Clodius Bromius*, discostandosi dalla consuetudine onomastica propria dell'età imperiale, ha adottato un prenome diverso da quello del suo patrono, un *A. Clodius*, mutuandolo nell'ambito della famiglia di lui o della *Clodia* che figura quale sua patrona (gli ex schiavi di una donna assumevano di norma il prenome del padre di lei o del suo patrono, se la donna era a sua volta una liberta).

78. Appendice n. 6 – *CIL* VI 7655 (= *ILS* 7707 = *EDR* 171205), cfr. anche VAN BUREN, STEVENS 1933, p. 77; GRANINO CECERE 2005, p. 51: *Sex*(*tus*) *Clodius Sex*(*ti*) *l*(*ibertus*) *Amoenus*, / *eborarius ab Hercule* / *Primigenio.*

79. Appendice n. 7 – *CIL* VI 9397 (= *SupplIt Imagines*, Roma 3, n. 3586 = *EDR*124068): *Q*(*uintus*) *Considius Eumolpus*, / *faber eburar*(*ius*).

Fig. 14 – Roma, Museo Nazionale Romano alle Terme di Diocleziano, magazzini. Lastra marmorea di arredo parietale interno con l'iscrizione sepolcrale di *Sex. Clodius Sex.l. Amoenus, eborarius ab Hercule Primigenio*. I sec. d.C., prima metà (su concessione del Ministero della Cultura – Museo Nazionale Romano – Servizio Fotografico MNR, foto n. 532174).

Fig. 15 – Firenze, Museo Archeologico Nazionale, Villa Corsini a Castello. Lastra marmorea di arredo parietale interno con l'iscrizione sepolcrale di *Q. Considius Eumolpus, faber eburarius*. I sec. d.C., prima metà (da *SupplIt Imagines, Roma* 3, n. 3586).

di due *politores eborarii*, *P. Caesetius P.l. Sodalis*[80] (*Fig. 16*) e *M. Perperna M.l. Philaṇ*[*thus*?][81] (*Fig. 17*), che condivisero non solo la specializzazione

80. Appendice n. 8 – *CIL* VI 7885 (= 38822a = *ILS* 7706), cfr. anche Egbert 1908, p. 264, n. 3; D'Oriente, Gabrielli 2012, p. 394-397, n. 1.b, fig. 2 (*AE* 2012, 183): *V(ivit) P(ublius) Caesetius P(ubli) ḷ(ibertus) Sodalịṣ*, / *politor eburarius*. / *V(ivit) Caesetia P(ubli) l(iberta) Rid*<*i*>*cula*.

81. Appendice n. 9 – *CIL* VI 37374a (= *EDR*072101): [*M(arci) P*]*erpernae M(arci) l(iberti)* +[- - -] / *ossa hic sita su*[*nt*]. / [*M(arcus) P*]*erperna M(arci) l(ibertus) Philaṇ*[- c. 4 -], / *politor eborariu*[*s*]. Sulla base dell'impaginazione centrata su asse mediano dell'iscrizione e della sicura integrazione delle righe 2 e 4, è possibile calcolare alla riga 3 una lacuna laterale destra di circa 4 lettere e proporre in via ipotetica per il cognome grecanico del *politor eborarius* l'integrazione con *Philaṇ*[*thus*], attestato a Roma.

V P · CAESETIVS P · L · SODALIS
POLITOR EBVRARIVS
V CAESETIA P · L · RIDCVLA

Fig. 16 – Roma, American Academy, cortile. Frammento marginale superiore della lastra marmorea di arredo parietale interno con l'iscrizione sepolcrale di *P. Caesetius P.l. Sodalis, politor eburarius*; in basso, la prima edizione dell'iscrizione in *CIL* VI 7885 (con il testo ancora integro). I sec. d.C., prima metà (da D'Oriente, Gabrielli 2012, p. 395, fig. 2).

Fig. 17 – Philadelphia (USA), University of Pennsylvania, Penn Museum. Lastra marmorea di arredo parietale interno con l'iscrizione sepolcrale commissionata da *M. Perperna M.l. Philaṇ*[*thus*?], *politor eborarius*. I sec. d.C., prima metà (su concessione del Penn Museum – Neg. PA.PHIL.UP.UM.L-1033-51).

artigianale, ma anche il luogo di sepoltura nel sepolcreto salario-pinciano[82] (*Fig. 4.3-4*). I due liberti, come indica il sostantivo *politor*, associato all'aggettivo *eburarius*/*eborarius*, erano versati nell'ultima fase del processo di lavorazione dell'avorio, quello in cui, terminato l'intaglio, si procedeva alla levigatura e alla politura finale di semilavorati e di manufatti per obliterare le tracce lasciate dagli utensili[83]. In questa operazione di rifinitura – stando a quanto riferisce Plinio il Vecchio – i due artigiani avranno probabilmente utilizzato la pelle rugosa dello squadro[84], dotata di minuti dentelli cutanei, oppure le foglie ruvide del rafano[85].

82. La lastrina marmorea pertinente alla sepoltura di *P. Caesetius Sodalis* è stata scoperta nel settore nord-orientale dell'ex vigna Nari, nell'area del villino Ceci (poi villa Giorgina), tra via Po, via Giulio Caccini, via Jacopo Peri, via Carlo Zecchi e via Salaria: Gatti 1906a, p. 95, 101, n. 14; Cupitò 2007, p. 113, tabella 52 (UC 10.387); quella commissionata da *M. Perperna Philaṇ*[*thus*?] proviene da un colombario individuato in prossimità della convergenza tra via Tevere e via Po: Gatti 1905, p. 162, 164-165 («colombario 1»); Cupitò 2007, p. 101, tabella 42 (UC 10.331 – «Colombario»).

83. Mart. 5, 37, 5: ... *nec modo politum pecudis Indicae dentem* ...

84. Plin. *NH* 9, 40, cfr. Isid. *orig.* 12, 6, 37: *Aquatilium tegumenta plura sunt. Alia corio et pilo integuntur ut vituli et hippopotami, alia ... aspera cute ut squatina, qua lignum et ebora poliuntur ...*

85. Plin. *NH* 19, 87: (scil. *Raphani*) *utilissimi in cibis hiberno tempore existimantur, iidemque dentibus semper inimici, quoniam adterant*; *ebora certe poliunt.*

Negli anni in cui Nerone si dilettava a giocare su un tavolo con le sue quadrighe d'avorio[86] e Tito dedicava una statua equestre *ex ebore* per commemorare l'amico Britannico[87], possiamo collocare l'attività di *M. Volcius Herma*[88] (*Fig. 18*), iscritto nella tribù urbana *Palatina*, del quale serba memoria l'ara marmorea che ne segnalava la sepoltura nel territorio di *Seperna* sulla via Tiberina (oggi Nazzano)[89]. Il corredo figurativo scolpito

Fig. 18 – Nazzano, Castello Savelli, cortile. Ara marmorea con l'iscrizione sepolcrale di *M. Volcius Herma, negotiator eborarius*; sui fianchi, la raffigurazione di un elefante. I sec. d.C., ultimo quarto/II sec. d.C., inizi (Fototeca dell'Istituto Archeologico Germanico di Roma – Negg. DAI-Rom 71.281-71.282).

86. Suet. *Nero* 22: *Sed cum inter initia imperii eburneis quadrigis cotidie in abaco luderet* ...

87. Suet. *Tit.* 2: ... *statuam ei auream in Palatio posuit et alteram ex ebore equestrem* ... *dedicavit* ...

88. Appendice n. 10 – *CIL* XI 3948 (= *ILS* 7704a = *EDR*145158), cfr. anche Bormann 1886, p. 229-230; Pasqui 1972, p. 360, n. 24, fig. 202: *Dìs Manibus / M(arci) Volci Pal(atina) / Hermae, eborar(i) / negotiatoris. / Benemerenti / fecit / M(arcus) Volcius Pal(atina) / Abascantus, / lib(ertus) isdem gene*[*r*].

89. Slavich 2015, p. 463-469 (precedentemente si riteneva che Nazzano rientrasse nel territorio dell'antica *Capena*).

sui fianchi del monumento riproduce, quale simbolo dell'*ars* praticata dal defunto in vita, l'eloquente immagine di un elefante. Il testo epigrafico, in un rapporto di solidarietà, permette invece di decodificare questa immagine con l'esplicito riferimento al mestiere di *eborarius* da lui esercitato, un *eborarius* che però, come suggerisce l'associazione al termine *negotiator*, commerciava i suoi prodotti su scala più ampia.

A commissionare l'ara era stato *M. Volcius Abascantus*, parimenti registrato nella tribù *Palatina*, che si qualifica come liberto e allo stesso tempo genero di *M. Volcius Herma*, lasciando quindi trapelare un rapporto di patronato rinsaldato da stretti rapporti personali. Anche il *negotiator eborarius* era verosimilmente un liberto, come sembrano indiziare il cognome grecanico e l'assenza del patronimico, un'assenza che qui è resa particolarmente sintomatica dal singolare inserimento, tra il gentilizio e il cognome, della sola indicazione della tribù *Palatina*[90], che, del resto, come testimonia l'onomastica dello stesso dedicante, era la tribù in cui generalmente erano inquadrati i liberti[91].

Per quanto il ritrovamento del monumento nel *municipium Sepernatium* e il raro gentilizio di origine etrusca *Volcius* potrebbero suggerire che *M. Volcius Herma* fosse originario di questi luoghi, la sede principale dei suoi affari e il centro in cui aveva esercitato stabilmente l'*ars eboraria* era con ogni probabilità Roma. A Roma, d'altra parte, il ramo dei *Marci Volcii* registra la maggior parte delle attestazioni[92], che invece risultano del tutto assenti nella *Regio VII. Etruria*[93] e limitate all'area campana nel resto della documentazione[94]. Sempre la città di Roma, del resto, costituiva il grande terminale delle rotte e dei traffici su cui viaggiava l'avorio proveniente dall'Africa e dall'India, nonché il centro per antonomasia del consumo, in cui la domanda interna aveva favorito la nascita e lo sviluppo di una fiorente industria artigianale nella quale operavano tutti gli altri *eborarii* noti all'epigrafia.

Considerando che *M. Volcius Herma* era un *negotiator eborarius* che aveva ampliato il circuito dei propri interessi commerciali, il suo

---

90. Cfr., a titolo esemplificativo, la sepolcrale *CIL* VI 12059, in cui l'onomastica del dedicante, *M. Antonius Pal. Alypus*, se confrontata con quella della figlia defunta, *Antonia M.f. Panace*, libera per nascita, rivela la sua condizione giuridica di liberto e, di conseguenza, l'omissione intenzionale del patronato.

91. Forni 2006, p. 218; Ferraro, Gorla 2010, p. 341, 343-344.

92. *CIL* VI 9358, 10396, 29458-29462, 32518; *AE* 1926, 51; *AE* 1967, 52.

93. Dove il gentilizio registra peraltro solo altre due occorrenze al femminile: *CIL* XI 1790 (*Volaterrae*: *Volcia Maritima*); *AE* 1995, 507 (*Statonia*: *Volcia* ((*mulieris*)) *l. Ma*).

94. *CIL* X 4833 (*Teanum Sidicinum*), 4912 (*Venafrum*); *EphEp* VIII 333 (*Nuceria Alfaterna*).

collegamento con *Seperna* potrebbe quindi ben spiegarsi con eventuali rapporti da lui intrecciati con il mercato locale e con i centri limitrofi serviti dalla via Tiberina, come *Capena* e *Lucus Feroniae*[95], verso i quali forse movimentava i semilavorati e i manufatti prodotti nella sua bottega di Roma, conformandosi così all'intraprendenza di altri operatori al servizio del lusso, come *L. Valerius Primus*[96], *negotiator margaritarius*, attivo negli stessi anni tra Roma e Aquileia[97].

E forse proprio in questo distretto territoriale, situato a breve distanza dalla capitale e agevolmente raggiungibile dalla via Tiberina, *M. Volcius Herma*, avvicinandosi al sistema di valori proprio dei benpensanti[98], aveva anche convertito parte dei suoi guadagni in possesso fondiario, come già prima di lui il *margaritarius L. Caecilius L.l. Plutus*[99], che smerciava perle sulla *via Sacra*, ma aveva predisposto il proprio sepolcro familiare nel territorio di *Ulubrae*, collegato a Roma dalla via Appia antica.

A partire dall'età domizianea, un altro luogo riservato alla vendita di semilavorati e manufatti in avorio, dove l'*aurea Roma* era solita dilapidare le proprie ricchezze[100], furono i *Saepta Iulia* in Campo Marzio (*Fig. 1.3*). Dopo l'incendio che nell'80 d.C. aveva devastato l'area campense e le necessarie opere di restauro promosse da Domiziano, i *Saepta* furono infatti rifunzionalizzati per accogliere le rivendite al dettaglio di quegli *artifices* e *negotiatores* che forse erano divenuti *tumidi*[101] proprio per gli articoli di lusso in vendita sui loro banchi e per la clientela elitaria con cui erano abituati a relazionarsi.

---

95. Bormann 1886, p. 230.

96. *InscrAq* I, 718 (= *ILS* 7603 = *EDR*117667): *L*(*ucius*) *Valerius* / *Primus*, / *negotiator* / *margaritar*(*ius*) / *ab Roma*.

97. La coordinate spaziali dell'attività di *L. Valerius Primus* si desumono, rispettivamente, dall'inedita indicazione di provenienza *ab Roma* e dal ritrovamento della sua stele sepolcrale nel territorio di Aquileia (necropoli in località Bacchina), dove, in occasione di uno dei suoi viaggi, egli era probabilmente morto e aveva ricevuto sepoltura.

98. Cic. *off.* 1, 42, 150-151.

99. *CIL* X 6492 (= *EDR*136781): <columna I> *Ḷ*(*ucius*) *Caecilius L*(*uci*) *l*(*ibertus*) / *Plutus*, / *margarìtarius de* / *Sacra via*, *sibi et* / *Corneliae* ((*mulieris*)) *l*(*ibertae*) *Sosini* / *et L*(*ucio*) *Caecilio L*(*uci*) *l*(*iberto*) / *Epaprodito* (!), *fratrì suo*. // <columna II> *Corne*[*lia* ((*mulieris*)) *l*(*iberta*)] / *Sosis*, / *arbitra*[*tu*] / *L*(*uci*) *Caecili L*(*uci*) [*l*(*iberti*)] / *Athenionịs*.

100. Mart. 9, 59, 1-2 (vedi nota 102).

101. Mart. 10, 87, 9: *Agrippae tumidus negotiator*, su cui cfr. Hor. *epist.* 1, 6, 26 (*porticus Agrippae*, i.e. *porticus Argonautarum*).

Descrivendo le manie dei contemporanei, incarnate da personaggi fittizi come Erote, Mamurra e Bibula, i poeti Marziale[102] e Giovenale[103] hanno redatto un vero e proprio catalogo dei prodotti, non solo eburnei, che era possibile acquistare, almeno fino all'età adrianea, nelle *candidae casae*[104] montate sotto i portici che bordavano i lati lunghi della piazza.

Tra le fila di questi altezzosi rivenditori al dettaglio si alternavano i *corinthiarii*[105], che commerciavano vasi, candelabri e altre suppellettili forgiati nel prezioso *aes Corinthium*, una lega che miscelava rame, stagno, oro e argento; i *gemmarii*[106], che smerciavano sardoniche, grandi diaspri e diamanti sciolti insieme ai *murrina*, ai *crystallina* e altri vasi scavati nelle pietre preziose; gli *argentarii vascularii*[107], che trattavano anche argenterie cesellate di antiquariato, tra cui i *veteres calathi* e i *pocula* nobilitati dalla mano di Mentore (o, piuttosto, loro falsificazioni[108]); e gli

---

102. Mart. 9, 59: *In Saeptis Mamurra diu multumque vagatus, / hic ubi Roma suas aurea vexat opes, / inspexit molles pueros oculisque comedit, / non hos quos primae prostituere casae, / sed quos arcanae servant tabulata catastae / et quos non populus nec mea turba videt. / Inde satur mensas et opertos exuit orbes / expositumque alte pingue poposcit ebur, / et testudineum mensus quater hexaclinon / ingemuit citro non satis esse suo. / Consuluit nares an olerent aera Corinthon, / culpavit statuas et, Polyclite, tuas, / et turbata brevi questus crystallina vitro / murrina signavit seposuitque decem. / Expendit veteres calathos et si qua fuerunt / pocula Mentorea nobilitata manu, / et virides picto gemmas numeravit in auro, / quidquid et a nivea grandius aure sonat. / Sardonychas vero mensa quaesivit in omni / et pretium magnis fecit iaspidibus. / Undecima lassus cum iam discederet hora, / asse duos calices emit et ipse tulit*; 10, 80: *Plorat Eros, quotiens maculosae pocula murrae / inspicit aut pueros nobiliusve citrum, / et gemitus imo ducit de pectore, quod non / tota miser coemat Saepta feratque domum. / Quam multi faciunt, quod Eros, sed lumine sicco! / Pars maior lacrimas ridet et intus habet.*

103. Iuv. 6, 153-160: *Mense quidem brumae, quo iam mercator Iason / clausus et armatis opstat casa candida nautis, / grandia tolluntur crystallina, maxima rursus / myrrhina, deinde adamas notissimus et Beronices / in digito factus pretiosior ...*

104. Mart. 9, 59, 4; Iuv. 6, 153-154, cfr. *Schol. ad* Iuv. 6, 154: *tunc mercatores casas de linteis faciunt.*

105. Mart. 9, 59, 11.

106. Mart. 9, 59, 13-14, 19-20; 10, 80, 1; Iuv. 6, 155-157.

107. Mart. 9, 59, 15-16.

108. Come suggerisce una lettura combinata di Plin. *NH* 33, 154 e Mart. 3, 40; 4, 39, 5; 9, 59, 15-16; 11, 11, 5-6; sulla circolazione a Roma di falsificazioni delle opere dei più celebri toreuti greci si vedano anche Phaedr. 5 *prol.* 4- 7 e Mart. 8, 34.

aurifices[109], che vendevano *aurea vascula* decorati a cesello e irruviditi di *virides gemmae* (smeraldi o berilli) insieme a tintinnanti *crotalia* a duplice o triplice pendente con perle[110].

Seguivano le *candidae casae* occupate dai banchi dei *citriarii*[111], che, assecondando la *mensarum insania* propria dell'epoca[112], vendevano mobilio realizzato con il *citrum*[113], il pregiato legno della tuia (*citrus*)[114] importato dalla Mauritania[115], e infine quelle dei nostri *eborarii*[116] che, *in Saeptis*, trattavano anche complementi per arredi di lusso. Sorprendiamo, infatti, da un lato, Erote a sospirare dal profondo del cuore e a commuoversi fino alle lacrime davanti ai tavolini intagliati nel *citrum* e, dall'altro, osserviamo Mamurra che, dopo aver esaminato le *mensae* e gli *orbes* in vendita, pretende di ispezionarne anche il *pingue ebur*, i piedi d'avorio, protetti e resi brillanti con l'olio[117], che erano appesi in mostra nel punto più alto delle pareti.

---

109. Mart. 9, 59, 17-18.

110. Cfr. Plin. *NH* 9, 114: ... *crotalia appellant, ceu sono quoque gaudeant et collisu ipso margaritarum.*

111. Mart. 10, 80, 2.

112. Plin. *NH* 13, 29: *Atlans mons peculiari proditur silva, de qua diximus. Confines ei Mauri, quibus plurima arbor citri et mensarum insania, quas feminae viris contra margaritas regerunt.*

113. *ThLL* III, 6, 1910, coll. 1207-1208, s.v. «citrum» (H. Stadler).

114. Sull'identificazione dell'*arbor citri* con il genere «tuia/tuja/thuja» della famiglia delle conifere cupressacee, classificato dai botanici come «*Callitris quadrivalvis Vent.*»: *ThLL* III, 6, 1910, col. 1208, 28-42, s.v. «citrus» (H. Stadler); Meiggs 1984, p. 286; Lang 2007, p. 47, nota 3; Ulrich 2007, p. 247, 260, tab. 7; Diosono 2008, p. 39.

115. Lucan. 9, 426-430: *tantum Maurusia genti / robora divitiae, quarum non noverat usum, / sed citri contenta comis vivebat et umbra. / In nemus ignotum nostrae venere secures, / extremoque epulas mensasque petimus ab orbe*; Plin. *NH* 13, 29 (vedi nota 112); 13, 95: *Ancorarius mons vocatur citerioris Mauretaniae, qui laudatissimum dedit citrum, iam exhaustus*; Mart. 12, 66, 6: ... *et Maurusiaci pondera rara citri.*

116. Mart. 9, 59, 8.

117. Sulla funzione protettiva dell'olio, cfr. Plin. *NH* 15, 32: *existimaturque et ebori vindicando a carie utile esse*: *certe simulacrum Saturni Romae intus oleo repletum est*; Paus. 5, 11, 10 (che si riferisce alla statua crisoelefantina di Zeus a Olimpia). L'unzione con l'olio era anche un metodo cui si ricorreva per ammorbidire l'avorio e renderne più agevole la modellazione e l'intaglio:

Chiudeva le file di questi banchi la *mensa* di un tale *Cladus*[118], verosimilmente un *argentarius*-banchiere che, in cambio di anelli lasciati in pegno, concedeva prestiti a interesse a tutti quei clienti che si aggiravano tra i banchi sprovvisti di denaro in contanti.

Ritroviamo i *negotiatores eborarii* associati proprio ai *negotiatores citriarii* in un collegio professionale che, sempre in età adrianea, aveva la propria *schola* nella vicina *Regio XIV. Transtiberim* (*Fig. 1.4*), la cui precisa localizzazione, all'angolo di piazza S. Callisto con via della Cisterna[119], si deve alla scoperta nel 1886 di una grande lastra di marmo (*Fig. 19*), mutila a sinistra, contenente lo statuto che regolamentava la loro vita associativa[120]. Il luogo scelto per le riunioni collegiali aveva dunque una posizione particolarmente funzionale all'organizzazione delle rispettive attività[121]. La sede, infatti, era prossima non solo ai *Saepta Iulia*, la vetrina del lusso allora più rappresentativa per la vendita di prodotti realizzati con l'*ebor* e il *citrum*, ma anche alle infrastrutture della pianura subaventina (*Regio XIII. Aventinus*), l'*Emporium* e gli *horrea* ad esso retrostanti, dove le preziose materie prime trattate dai collegiati erano sbarcate, raccolte e custodite prima di essere smistate sul mercato urbano: le zanne di elefante che sono state rinvenute

Bianchi 2007, p. 371-374, cfr. anche Sen. *epist.* 90, 32: *Excidit porro vobis eundem Democritum invenisse quemadmodum ebur molliretur*...

118. Mart. 2, 57, 1-2, 7-8: *Hic quem videtis gressibus vagis lentum, / amethystinatus media qui secat Saepta, / ... oppigneravit modo modo ad Cladi mensam / vix octo nummis anulum, unde cenaret.* Il nome al genitivo dell'*argentarius* è stato qui inteso come cognome (o nome singolo), *Cladus*, in ragione del frequente ricorso di Marziale a questo elemento onomastico, dotato di una maggiore capacità identificativa, per individuare gli interlocutori e i personaggi, reali o fittizi, notori o meno, dei suoi epigrammi, ma potrebbe trattarsi anche del gentilizio *Cladius*, come ha prudentemente considerato Andreau 2015, p. 456, 703: «*Cladus* ou *Cladius*»; per le attestazioni epigrafiche a Roma del cognome *Cladus*, cfr. *CIL* VI 3947, 6903, 18024, 22652, 24352, 24608, 26500, 27624; per quelle del gentilizio *Cladius/a*, talvolta da rettificare in *Cla‹u›dius/ Cla‹u›dia*: Di Giacomo 2008, p. 52-53, n. 18, nota 138.

119. Borsari 1887, p. 3-4; Hülsen 1890, p. 287.

120. Su questa associazione di mestiere si vedano da ultimo: Bollmann 1998, p. 27, 38, 270-271, n. A 22; Papi 1999, p. 253; Bianchi 2007, p. 344-355, fig. 1; Lang 2007, p. 47-55; Tran 2007, p. 122-125; Cristofori 2016, p. 50-52; Corbier 2020, p. 43-44, nota 174.

121. Per la distribuzione della *scholae* delle associazioni di mestiere nella *Regio XIV. Transtiberim* e il rapporto topografico tra queste e l'ambiente di attività dei loro membri: Bollmann 1997, p. 213-215, 221, 225, nn. 22-25, fig. 1.

Fig. 19 – Roma, già nell'Antiquarium comunale del Celio, ora irreperibile. Lastra marmorea di arredo parietale con lo statuto del collegio che riuniva i *negotiatores eborarii* e i *negotiatores citriarii*. Età adrianea (da Borsari 1887, tav. I).

nel 1885 accatastate all'interno degli *horrea Galbana* (*Fig. 1.5*) ne hanno fornito, del resto, un'evidenza più che significativa[122].

122. Questo deposito di «enormi» zanne non lavorate occupava negli *horrea Galbana* una superficie di 25 m^2 (volume complessivo pari a 675 piedi cubi): Fiorelli 1885, p. 224; Lanciani 1891, p. 250; Jefferson Loane 1938, p. 50. Alla produzione urbana erano verosimilmente destinati, seppure in seconda battuta, anche gli stessi elefanti, i.e. il *Caesaris armentum* (Iuv. 12, 106), che erano importati a Roma per essere impiegati nei *munera*, nei *ludi* e nelle *pompae* imperiali, cfr. Plin. *NH* 8, 4-5; 8, 22; Mart. 19, 4; Suet. *Nero* 11; Suet. *Galb*. 6; SHA *v. Hadr*. 17, 11; SHA *v. Pius* 10, 9; SHA *v. Gord*. 33, 1; SHA *v. Aurelian*. 33, 4.

Il testo della *lex collegii*[123] (*Fig. 20*) era verosimilmente inciso su due lastre accostate e impaginato su due ampie colonne, tranne le prime tre righe recanti la *praescriptio*, che, in lettere di modulo maggiore, si sviluppavano lungo tutta la fascia superiore dello specchio epigrafico. Nella porzione conservata della *praescriptio* (vv. 1-3) si legge che *Iulius Aelianus*, verosimilmente il patrono ed evergete del collegio, aveva concesso ai *negotiatores eborarii* e ai *negotiatores citriarii* il diritto di riunirsi nella *schola* e nell'annesso *tetrastylum*, probabilmente un atrio tetrastilo o un quadriportico colonnato[124], riservato alle occasioni conviviali. I paragrafi dello statuto incisi nella metà perduta della lastra probabilmente contenevano le disposizioni riguardanti l'organizzazione e il funzionamento del collegio;

123. Appendice n. 11 – *CIL* VI 33885 (= *ILS* 7214 = *FIRA*² III 33 = *EDR*147622), cfr. anche Borsari 1887, p. 3-7, tav. I; Gatti 1891, p. 161-165; Gradenwitz 1890, p. 72-83; Hülsen 1890, p. 287-294; Waltzing 1899, p. 316-317, n. 1347; Cresci Marrone 2021, p. 13, nota 41 : <in una linea> [- - - *Iulius*] *Aelianus ius scholae tetrastyli* / [- - -] *Aug*(*ust*-) *quo conveniretur a negotiantibus* / [*citriaris et negotiantibus* ? *eb*]*orarìs dedit.* // <columna I> - - - - - -. // <columna II> [*Item*] *placere, ut si alius quam negotiator eborárius aut cìtriarius* [*p*]*er* / [*fr*]*audem curatorum in hoc collegium adlectus esset, utì curatores eius* / [*cau*]*sa ex albo raderentur ab órdine. Debebunt utique curatores de eo* / [*que*]*m adlecturi fuerint, ante ad quinq*(*uennalem*) *re*[*fe*]*rre.* / [*Placere*] *item uti k*(*alendis*) *Ian*(*uariis*) *strenuam* ((*denarii*)) *V ex arca n̄*(*ostra*) *a curatóribus n̄*(*umero*) $\overline{IIII}$ *sui cuiusq*(*ue*) / [*anni et m*]*ustacium et palma et carica et pir*[*a* - - -]*OSCH*[- - -. *Item*] $\overline{VIII}$[$\overline{I}$ *kal*(*endis*)] *Febr*(*uariis*) / [*natali Ha*]*driani Aug*(*usti*) *sportulae darentur* ((*denarii*)) *V, et a curatorib*(*us*) *praestari pl*[*a*]*c*(*uit*) / [*panem et*] *vin*[*um et*] *caldam passive iìs, qui ad tetrastylum epulati fuerint.* / [*Item* - - - *natali*] *Ịuli Aeliani sportulae ex arca darentur* ((*denarii*)) $\overline{III}$ *et a cur*(*atoribus*) / [*panem et vinum et caldam pas*]*sive praestari placuit iìs qui ad tetrastylum epulati* / [*fuerint. Item* - - - *natali I*]*uli Flacci fili sportulae ex arca darentur* ((*denarii*)) $\overline{III}$ *et a curatorib*(*us*) / [*panem et vinum et caldam passiv*]*e praestari placuit iìs qui ad tetrastylum epulati fuerint.* / [*Item uti* - - -] *sport*(*ulae*) *ex arc*(*a*) *darentur* ((*denarii*)) $\overline{III}$ *et pan*(*is*) *et vin*(*um*) *et cald*(*a*) *passive iìs* / [*qui ad tetrastylum epulati*] *fuerint. Ìtem placere uti cena rec*[*ta*] $\overline{III}$ *idus Aug*(*ustas*) *die imperì* / [*Hadriani Aug*(*usti*) - - -]*V*[- - -] *sport*[*ulae*] *darentur a curat*(*oribus*) *n̄*(*umero*) $\overline{IIII}$ *sui cuiusq*(*ue*) *anni.* / [*Item placere* - - -]*A* ((*denarii*)) [- - -] *omnibus annis divideretur. Ìtem* / [*curatores quaterni omnibus*] *annis fierent ex albo per ordinem. Ìtem placere* / [- - -]*T sui anni commoda cuncta acciperent.* / [*Singulis annis kalend*(*is*) - - - *quod supere*]*sset in arca corporis, curatores dividerent aequìs* / [*portionibus aut si quid tardius*] *inferrent centesim*(*is*) *datis a curatorib*(*us*) *sing*(*ulis*) / [*mensibus* - - -]. *Item placere uti adlect*[*i* - - -] *ne eod*(*em*) *anno praestarent* / [*et pariter sumpt*]*us ab utrisq*(*ue*) *erogentur* [- - -]. *Ìtem placere* [*uti*] / [*quisquis adlectus e*]*sset, inferret arcae* ((*denarios*)) [- - -].

124. Hülsen 1890, p. 291-292; Bollmann 1998, p. 271.

33885 tabula marmorea alta m. 0,52, lata m. 0,59, litteris bonis, sed et igne et aqua valde corrosis. Reperta a. 1886 trans Tiberim, ad angulum plateae S. Callisti et viculi *della Cisterna*, nunc in museo municipali in monte Caelio.

AELIANVS · IVS · SCHOLAE · TETRASTYLI
AVG · QVO CONVENIRETVR A NEGOTIANTIBVS
///EBORARIS DEDIT
PLACERE · VT · SI · ALIVS QVAM · NEGOTIATOR EBORÁRIVS AVT CITRIARIVS ∴ER
AVDEM · CVRATORVM · IN HOC COLLEGIVM · ADLECTVS · ESSET · VTI CVRATORES EIVS
SA EX ALBO RADERENTVR · AB ÓRDINE · DEBEBVNT VTIQVE CVRATORES DE EO
M ADLECTVRI FVERINT · ANTE · AD QVINQ · RE//RRE
//ITEM · VTI · K · IAN · STRENVAM · 𐆖 V · EX ARCA N̄ A CVRATÓRIBVS N̄ · I̅I̅I̅I̅ · SVI · CVIVSQ
AVSTACIVM · ET PALMA · ET · CARICA · ET PIR/// OSCH ////////V̅I̅I̅I̅//// FEBR
///DRIANI · AVG · SPORTVLAE · DARENTVR 𐆖 V · ET A CVRATORIB · PRAESTARI · PL/C
VIN///// CALDAM · PASSIVE · IIS · QVI · AD TETRASTYLVM EPVLATI FVERINT
///////:VLI · AELIANI · SPORTVLAE · EX ARCA DARENTVR 𐆖 I̅I̅I̅ ET A CVR
/////SIVE PRAESTARI PLACVIT IIS QVI AD TETRASTYLVM EPVLATI
////VLI FLACCI FILI SPORTVLAE EX ARCA DARENTVR 𐆖 I̅I̅I̅ ET A CVRATORIB
///E PRAESTARI PLACVIT IIS QVI AD TETRASTYLVM EPVLATI FVERINT
///SPORT · EX ARC · DARENTVR 𐆖 I̅I̅I̅ ET PAN ET VIN ET CALD PASSIVE IIS
FVERINT · ITEM PLACERE VTI CENA REC// I̅I̅I̅ IDVS AVG DIE IMPERI
///V//////SPORT/ /DARENTVR A CVRAT N̄ I̅I̅I̅I̅ SVI CVIVSQ ANNI
///////A · 𐆖// OMNIBVS ANNIS · DIVIDERETVR · ITEM
//ANNIS · FIERENT EX ALBO PER ORDINEM · ITEM PLACERE
T · SVI · ANNI · COMMODA · CVNCTA ACCIPERENT
SSET IN ARCA CORPORIS CVRATORES DIVIDERENT AEQVIS
/// INFERRENT CENTESIM · DATIS · A CVRATORIB · SING
ITEM PLACERE VTI ADLECTII\NE · EOD · ANNO · PRAESTARENT
VS AB VTRISQ · EROGENTVR ////// ITEM PLACERE///
SSET INFERRET ARCAE 𐆖 //

Descripsit et saepius contulit, adiutus etiam a Bormanno et Gattio, Huelsen, qui edidit *Roem. Mittheil.* 1890 p. 288. Borsari *notizie degli scavi* 1887 p. 18, *bull. comun.* 1887 p. 4 et in tab. I imaginem photographicam optime factam. Lapidem contulit et de explicando titulo egit O. Gradenwitz *Zeitschrift der Savignystiftung* 1890 p. 72—83, 1891 p. 138—145, et in Brunsii font. iuris Rom. p. 356 ed. 6, in locis difficilibus consiliis Mommseni et Hirschfeldii praesertim adiutus.

Fig. 20 – Edizione in *CIL* VI 33885 della *lex collegii* dei *negotiatores eborarii* e dei *negotiatores citriarii*.

l'elezione dei magistrati, vale a dire un *quinquennalis*, coadiuvato da quattro *curatores* annuali; e, nell'ultima sezione, le modalità di ammissione di nuovi membri nel collegio (*adlectio*): nella metà destra della lastra, infatti, la prima clausola (vv. 4-7), sui cui ritorneremo, definisce uno dei criteri cui i quattro *curatores* dovevano attenersi nella procedura di cooptazione. Gli articoli successivi (vv. 8-19) elencano, seguendo l'ordine del calendario, le principali festività del collegio e ne regolano la celebrazione con banchetti organizzati, all'interno del *tetrastylum*, dai quattro *curatores* in carica. Queste riunioni conviviali, che contemplavano la distribuzione tra i partecipanti di determinate offerte in natura e in danaro, dovevano tenersi in occasione di ricorrenze prestabilite: nel primo giorno del nuovo anno; nel *dies natalis* dell'imperatore Adriano (24 gennaio[125]); in quello di *Iulius Aelianus* e di suo figlio *Iulius Flaccus* (i giorni sono entrambi in lacuna) e forse anche nel *dies*

125. *PIR*[2] A 184 (24 gennaio del 76 d.C.); vedi nota 126.

natalis del collegio; e, infine, nel *dies imperii* di Adriano (11 agosto[126]). Negli ultimi paragrafi (vv. 19-26), molto frammentari, sembrerebbero figurare, in particolare, le indennità (*commoda*) accordate ogni anno ai quattro *curatores* e alcune disposizioni riguardanti la gestione della cassa collegiale (*arca corporis*), tra cui la definizione della quota associativa che i nuovi membri avrebbero dovuto versare al momento dell'*adlectio*.

L'aspetto di maggior interesse dello statuto è il contenuto della prima clausola (vv. 4-7), che prevede l'esclusione dal sodalizio e la cancellazione dall'albo collegiale (con l'erasione materiale del nome[127]) di quei *curatores* che, con mezzi illeciti, avessero ammesso nel collegio un membro che non era né un *negotiator eborarius*, né un *negotiator citriarius* e stabilisce, sempre per i *curatores*, l'obbligo di rendere conto al *quinquennalis* su coloro che stavano per essere *adlecti* nel collegio.

Questa prescrizione, priva di confronti nelle altre *leges* collegiali note, pone prima di tutto in rilievo il carattere esclusivo di questa associazione, un'associazione che poteva includere tra i suoi affiliati solamente i *negotiatores eborarii* e i *negotiatores citriarii*. Si tratta dunque di un requisito di per sé implicito nei collegi di mestiere, ma che qui troviamo codificato anche a livello statutario con una peculiarità: l'ammissione nel collegio non era limitata ad artigiani che praticavano la stessa *ars*, bensì ad artigiani che praticavano due differenti *artes*, *artes* che però erano tra loro strettamente interdipendenti.

I *citriarii*/*citrarii*[128], infatti, erano specializzati nella lavorazione del *citrum* con cui realizzavano – almeno a giudicare dalle fonti

---

126. *PIR*² A 184 (11 agosto del 117 d.C.). Il *dies natalis* e il *dies imperii* dell'imperatore Adriano, coincidendo con occasioni di festa collettiva, originavano un'intersezione tra il calendario festivo del collegio e quello dell'Urbe: Corbier 2020, p. 43-45; Cresci Marrone 2021, p. 12-15.

127. Su questa e su altre procedure di esclusione dai *collegia*: Tran 2007, p. 119-138.

128. I *citriarii*/*citrarii* sono altrimenti attesti per via epigrafica solo in un'altra iscrizione proveniente da Roma (*CIL* VI 9258 = *EDR*180513, cfr. anche Crea 2006, p. 87-88), databile per ragioni paleografiche nel corso della prima metà del II sec. d.C., che sembra menzionare, all'interno di un complesso sepolcrale, un'*area gemina Neapolitanorum citrariorum*, una doppia area funeraria riservata alla sepoltura di un gruppo di *citrarii* originari della campana *Neapolis*, forse organizzati in un collegio o semplicemente soci in affari, che avevano scelto Roma quale sede stabile della loro attività. In generale su questi artefici, talvolta confusi con quelli che lavoravano il legno di *citrus* nel significato di «cedro», si vedano *DE* II, 1900, p. 253, s.v. «citrarius» (E. De Ruggiero); *ThLL* III, 6, 1910, col. 1206, 53-56, s.v. «citr(i)arius» (H. Stadler); von Petrikovits 1981, p. 91, s.v. «*citrarius*»; Bianchi 2007, p. 352-356; Lang 2007, p. 47-55; Ulrich 2007, p. 272; sulla loro produzione: Meiggs 1984, p. 286-291; Ulrich 2007, p. 235-236, 247-248, 305-306, 312, 317, 324; Diosono 2008, p. 39-40.

letterarie[129] – soprattutto *mensae* e *orbes* che, dai tempi della propretura di Verre in Sicilia[130], erano concupiti e ricercati nonostante i prezzi esorbitanti: Plinio il Vecchio[131], nella sua digressione dedicata alla *mensarum insania* maschile, riferisce, ad esempio, che Cicerone e Asinio Gallo avevano acquistato una *mensa citrea* al prezzo, rispettivamente, di mezzo milione e di un milione di sesterzi, e che una terza tavola aveva raggiunto persino il costo di un latifondo. Una *mensa* ricavata nel pregiato legno mauritano, insomma, sembra fosse considerata un dono più prezioso di una *mensa* d'oro[132] e la sua valutazione poteva arrivare persino a equivalere al censo senatorio[133], tanto che l'imperatore Tiberio, forse per dare esempio di parsimonia, ne avrebbe posseduto un esemplare che era semplicemente rivestito con lamine di *citrum* (*mensa operimento lamnae vestita*[134]).

---

129. Raccolte in *ThLL* III, 6, 1910, coll. 1206-1208, s.vv. «citreus, -a, -um», «citrum», «citrus» (H. STADLER).

130. Cic. *Verr.* 2, 4, 37: *Tu maximam et pulcherrimam mensam citream a Q. Lutatio Diodoro ... abstulisti.*

131. Plin. *NH* 13, 92: *Exstat hodie M. Ciceroni in illa paupertate et* (*quod magis mirum est*) *illo aevo empta HS* $\bar{D}$. *Memoratur et Galli Asini HS* $\bar{X}$. *Interiit nuper incendio ... HS* $\overline{XIII}$ *permutata, latifundii taxatione, si quis praedia tanti mercari malit.*

132. Mart. 14, 89: «*Mensa citrea*». / *Accipe felices, Atlantica munera, silvas*: / *aurea qui dederit dona, minora dabit.*

133. Sen. *benef.* 7, 9, 2: *Video istic mensas et aestimatum lignum senatorio censu, eo pretiosius, quod illud in plures nodos arboris infelicitas torsit.*

134. Plin. *NH* 13, 94: *Qua in re non omittendum videtur Tiberio principi mensam ... operimento lamnae vestitam fuisse*; sull'uso di ridurre il *citrum* in lamine e foglie per rivestire legni meno pregiati o altri materiali: Plin. *NH* 16, 231-232. La mania per questi preziosi arredi favorì a Roma anche la fioritura di un mercato sotterraneo, nel quale circolavano imitazioni di *mensae citreae* realizzate non solo con il procedimento dell'impiallacciatura, ma anche con gusci di tartaruga (alterati con coloranti per assomigliare al legno), che venivano poi vendute allo stesso prezzo di quelle «autentiche», cfr. Plin. *NH* 16, 233: *Testudo in hoc secta, nuperque portentosis ingeniis principatu Neronis inventum, ut pigmentis perderet se plurisque veniret imitata lignum. Sic lectis pretia quaeruntur ... sic citrum pretiosius fieri, sic acer decipi. Modo luxuria non fuerat contenta ligno, iam lignum et e testudine facit*; Paul. *dig.* 19, 1, 21, 2: *Quamvis supra diximus, cum in corpore consentiamus, de qualitate autem dissentiamus, emptionem esse, tamen venditor teneri debet, quanti interest non esse deceptum, etsi venditor quoque nesciet: veluti si mensas quasi citreas emat, quae non sunt.*

Erano, tuttavia, gli apparati decorativi e gli arredi nei quali il *citrum* entrava in connubio con il bianco dell'*ebor* a suscitare in età imperiale le brame e gli eccessi degli estimatori più pervicaci e, contestualmente, a spiegare l'istituzione di una realtà collegiale che riuniva in via esclusiva i *negotiatores citriarii* e i *negotiatores eborarii* che erano coinvolti nella loro produzione e nella loro commercializzazione, non solo al dettaglio nei *Saepta Iulia*, ma anche su più largo raggio. Una concertazione tra le rispettive *artes*, infatti, permetteva ai *citriarii* e agli *eborarii*, da un lato, di controllare tutte le fasi in cui si articolava il ciclo di lavorazione di questi arredi compositi, dall'altro, riducendo i tempi e i costi di produzione, di soddisfare una domanda che a Roma e dintorni aveva probabilmente assunto proporzioni quasi maniacali. Ne cogliamo del resto ben più che un riflesso nelle pagine degli autori antichi, quando ricordano i soffitti intagliati nel *citrum* e nell'*ebor*[135]; i «cacciatori» di *armaria* in *citrum* rivestiti o intarsiati con l'*ebor*[136]; le tavole in legno mauritano appoggiate su *columnae* d'avorio indiano in una della sale del palazzo di Domiziano[137]; le preziose *mensae* di *citrum* ed *ebor* della ricca Birenna che risplendevano tra letti drappeggiati di tessuti aurei[138]; e, soprattutto, gli *orbes* sagomati nel *citrum* con il piano circolare sorretto da bianchi *dentes* d'avorio[139]: Marziale[140], tra i segni dell'altrui opulenza, annovera il possesso di cento di questi tavolini montati su una «zanna» d'avorio; Giovenale[141] lamenta che, tra i ricchi dei suoi tempi, la *voluptas cenandi* e il sapore del cibo venivano meno se gli *orbes* non erano sostenuti da un leopardo dalle fauci spalancate ricavato da *dentes*

135. Apul. *met.* 5, 1 (vedi nota 17).

136. Sen. *dial.* 9, 9, 6: *Quid habes cur ignoscas homini armaria e citro atque ebore captanti ...*

137. Stat. *silv.* 4, 2, 38-39: *Sed mihi non epulas Indisque innixa columnis / robora Maurorum ...*

138. Apul. *met.* 2, 19: *... mensae opipares citro et ebore nitentes ...*

139. Lucan. 10, 144: *... dentibus hic niveis sectos Atlantide silva inposuere orbes ...*

140. Mart. 9, 22, 5: *... ut Mauri Libycis centum stent dentibus orbes ...*; cfr. anche Mart. 2, 43, 9: *Tu Libycos Indis suspendis dentibus orbis ...*; 10, 98, 5-6: *Vis spectem potius tuas lucernas / aut citrum vetus Indicosque dentes*?; 14, 3: «*Pugillares citrei*». / *Secta nisi in tenues essemus ligna tabellas, / essemus Libyci nobile dentis onus.*

141. Iuv. 11, 120-124: *At nunc divitibus cenandi nulla voluptas, / nil rhombus, nil damma sapit, putere videntur / unguenta atque rosae, latos nisi sustinet orbes / grande ebur et magno sublimis pardus hiatu / dentibus ex illis quos mittit ...*

africani o indiani, mentre Cassio Dione[142] riferisce che Seneca, in occasione di lussuosi banchetti, ne esibiva addirittura cinquecento esemplari, tutti di uguali dimensioni e forma, su tre piedi d'avorio. Non solo la ricorrenza di questi arredi nelle fonti letterarie, ma anche i loro numeri lasciano intravedere, al di là delle possibili esagerazioni, lo sviluppo di una produzione su ampia scala, se non addirittura in serie (gli *orbes* di Seneca), dedicata alle esigenze di consumo del ceto dirigente: una produzione che a Roma era resa possibile anche grazie al lavoro in sinergia dei *citriarii* e degli *eborarii*, un lavoro che era organizzato e coordinato nell'ambito di una comune struttura collegiale.

In seconda istanza, la prima clausola dello statuto (vv. 4-7) suggerisce anche la possibilità che il collegio avesse codificato i criteri in base ai quali i quattro *curatores* in carica dovevano valutare l'idoneità o meno dei candidati che aspiravano all'*adlectio* e, tra questi criteri, possiamo supporre la previsione di una prova pratica per verificarne la perizia in una delle due *artes*. Nella Roma cinquecentesca e seicentesca, del resto, molti statuti delle «Università di Arti e Mestieri» subordinavano la cooptazione di nuovi affiliati non solo al possesso di determinati requisiti di solvibilità e di moralità, ma anche al superamento di un esame tecnico[143], il cui svolgimento era talvolta affidato a veri e propri «esaminatori», altri membri del collegio che avevano lo specifico compito di stabilire il grado di preparazione dei candidati. Le norme introdotte in alcuni statuti a salvaguardia dei candidati, come la nomina degli «esaminatori» all'ultimo momento o la possibilità di un ricorso al Cardinale protettore, rendono tuttavia evidente che questa selezione non era sempre cristallina. Anche nel nostro collegio, del resto, per ulteriore garanzia delle nuove ammissioni e per scongiurare possibili *fraudes* degli stessi *curatores*, questi ultimi avevano l'obbligo di sottoporre gli esiti della loro valutazione al giudizio del *quinquennalis*.

Dalla seconda metà del II sec. d.C. fino alle soglie della tarda antichità raramente troviamo indicazioni di mestiere nell'epigrafia urbana. Questo silenzio investe anche l'*ars eboraria*, tanto che bisogna attendere fino la fine del III sec. d.C. per incontrarne un altro rappresentante, l'*eborarius Aurelius Mucianus*[144] (*Fig. 21*), deposto nell'area del sepolcreto salario-pinciano, ma questa volta all'interno di un loculo del cimitero cristiano di Panfilo sulla *via Salaria vetus* (ora via Giovanni Paisiello) (*Fig. 4.5*). La figurina femminile in

142. Cass. Dio 61, 10, 3: καὶ τὰς πολυτελείας τῶν ἄλλων αἰτιώμενος πεντακοσίους τρίποδας κιτρίνου ξύλου ἐλεφαντόποδας ἴσους καὶ ὁμοίους εἶχε, καὶ ἐπ᾽αὐτῶν εἱστία.

143. Martini 1965, p. 49-54.

144. Appendice n. 13 – *ICUR* X 26558 (= *EDB*15688): *Aur*(*elio*) *Muciano*, *ebora*[*rio*], / *Vaḷ*(*erio*) [*De*]*c<e>nti*, *Aur*(*eliae*?) *Decenti*[*ae*?] / +[- - -]*CE*[.]*ALB*[- - -].

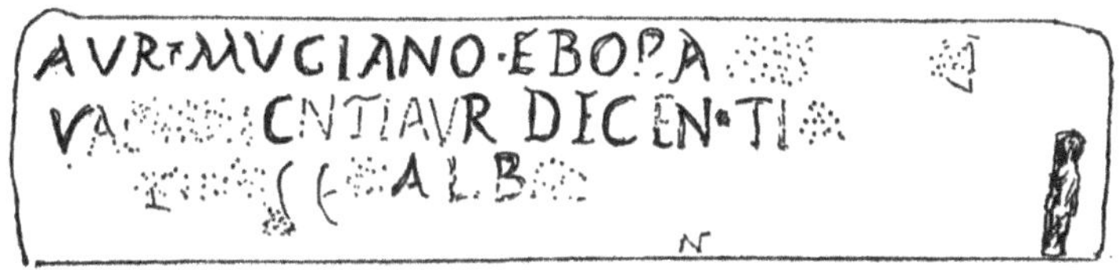

Fig. 21 – Roma, *via Salaria vetus*, cimitero di Panfilo, galleria B11. Loculo con l'iscrizione sepolcrale dipinta di *Aurelius Mucianus*, *eborarius*. III sec. d.C., fine/IV sec. d.C., inizi (facsimile da *ICUR* X 26558).

alabastrite inserita, quale corredo esposto, nell'intonaco che sigilla il loculo, evocando il bianco dell'*ebor*, potrebbe forse essere un manufatto scelto come rappresentativo del mestiere esercitato in vita dal defunto.

Nello scenario tratteggiato dalla letteratura tarda, tra l'immagine dell'India cristallizzata nell'atto di «disarmare» gli elefanti per assicurare una fornitura di «*pandum ebor*»[145] e le pareti rivestite in avorio di biblioteche[146] e palazzi[147], si inserisce l'ultimo riferimento epigrafico all'*ars eboraria* in Roma, risalente al 13 aprile del 508 d.C., giorno della deposizione dell'*eburarius Catellus*[148] (*Fig. 22*) sulla sommità del Celio, nell'area della chiesa di S. Maria in Domnica. Il luogo di sepoltura all'interno delle mura Aureliane, il nome singolo dell'artigiano, che non permette di precisarne la condizione giuridica, l'indicazione approssimativa della durata della sua vita e la registrazione della data di *depositio* rispecchiano i mutati tempi, rinviando a una committenza e a un ambiente di fede cristiana. Il reimpiego epigrafico cui è stata sottoposta la lastra, che reca superiormente un'iscrizione più antica[149], e la paleografia sommaria sono invece espressione di una generale decadenza della produzione urbana che investe anche le iscrizioni della classe dirigente. L'estensore dell'epitaffio ha sbagliato anche la formulazione del

---

145. Sidon. carm. 2, 54: *Indus odorifero crinem madefactus amomo / in tua lucra feris exarmat guttur alumnis, / ut pandum dependat ebur; sic trunca reportat / Bosphoreis elefas inglorius ora tributis.*

146. Boeth. *cons.* 1, 5, 6: ... *bibliothecae* ... *comptos ebore ac vitro parietes* ...

147. Cassiod. *in psalm.* 44, 10: ... *id est a domibus eburneis, quod significat ornata palatia, quae copioso ebore vestiuntur* ...

148. Appendice n. 14 – Ferrua 1968, p. 154-155, n. 14 (= *EDB*34321): *Hic requiescit Catellus ebur*[*arius*], / *qui bisset* (!) *plus minus annus* (!) *LXXII. D*[*epos*(*itus*)] / *die idus Aprilis cons*(*ulatu*) *Venanti iter*(*um*) [*cons*(*ulis*)?].

149. Ferrua 1968, 153-154, n. 13 (= *EDB*34320).

Fig. 22 – Roma, Chiesa di Santa Maria in Domnica sul Celio, cripta. Lastra marmorea di arredo parietale con l'iscrizione sepolcrale di *Catellus*, *eburarius*. 13 aprile del 508 d.C. (da Ferrua 1968, p. 153, fig. 10).

consolato ricoperto in Occidente da *Basilius Venantius iunior*[150], che viene definito *consul iterum* perché erroneamente identificato con l'omonimo console dell'anno precedente[151].

Terminato l'esame dei documenti epigrafici, possiamo passare, per concludere, a osservazioni di carattere più generale, inserendo gli *eborarii* nel più ampio contesto dell'industria suntuaria in Roma, un'industria articolata in numerose *artes* manuali che, seppure giudicate indecorose dai benpensanti, rendevano piacevole e improntata al lusso la vita dei loro stessi detrattori[152].

Produzione e distribuzione dell'avorio sulla piazza urbana

Nella definizione degli spazi destinati alla produzione e alla vendita di articoli voluttuari, un importante contributo viene dalle iscrizioni in cui gli *eborarii* e gli altri artefici hanno voluto rimarcare il luogo in cui avevano svolto la propria attività. Queste iscrizioni, infatti, talvolta in combinazione con le fonti letterarie e archeologiche, permettono non solo di tracciare una vera e propria "topografia del lusso" di Roma, ma pongono in evidenza come

150. *PLRE* II *Basilius Venantius iunior* 5.

151. *PLRE* II *Venantius* 2.

152. Sen. *epist.* 88, 18 e 21.

gli artigiani specializzati in una medesima *ars* o in *artes* diverse, ma integrate nelle stesse filiere tecnologico-produttive, tendessero a concentrarsi con le loro botteghe in determinati isolati e strade della capitale fino a connotarne la vocazione commerciale.

Riservata all'*ars eboraria*, come abbiamo visto, era l'area *ab Hercule Primigenio* (*Regio VI. Alta Semita*), in prossimità della Porta Salaria (*Fig. 1.2*), dove, tra la seconda metà del I sec. a.C. e la metà del II sec. d.C., si avvicendarono le botteghe di *M. Consius Antiochus*, *Sex. Clodius Sex.l. Amoenus* e *Consius Hermadio*. La continuità nel tempo dell'artigianato dell'avorio in questo settore urbano induce a ventilare la possibilità che anche altri *eborarii* avessero svolto ivi la loro attività. Un riscontro in tal senso potrebbe venire, prima di tutto, dai rapporti familiari e professionali che verosimilmente intercorrevano tra *M. Consius Antiochus* e gli *eborarii M. Consius M.l. Dionysius* e *M. Consius Cerdo*. Tutt'altro che trascurabile sembra poi la circostanza che alla concentrazione delle botteghe *ab Hercule Primigenio* corrispondano ben cinque *eborarii* – *M. Aelius M.l. Apollonius*, *M. Consius Dionysius*, *P. Caesetius P.l. Sodalis*, *M. Perperna M.l. Philaṇ[thus* ?] e *Aurelius Mucianus* – che scelsero il sepolcreto salario-pinciano quale luogo in cui predisporre i loro monumenti funerari[153] (*Fig. 4.1-5*). In questa scelta, infatti, potrebbero aver giocato un ruolo determinante proprio gli interessi imprenditoriali ed economici che avevano legato i titolari dei sepolcri all'area *ab Hercule Primigenio*[154].

La posizione marginale delle botteghe *ab Hercule Primigenio*, raggruppate all'esterno della Porta Collina nelle mura Serviane (il circuito di riferimento nel periodo che qui interessa) (*Fig. 1*) e prossime a un vasto sepolcreto, potrebbe essere indiziaria di un'attività artigianale che era incentrata prevalentemente sulla produzione[155], in funzione di una vendita diretta al consumatore che si poteva svolgere non solo e non tanto *in loco*, quanto soprattutto in altri spazi, più centrali e frequentati, della

153. Cfr. Vergantini 1987, p. 93; D'Oriente e Gabrielli 2012, p. 396.

154. Per i *Marci Consii eborarii*, in particolare, un'ulteriore espressione del radicamento al territorio della *Regio VI. Alta Semita* potrebbe essere la registrazione nella tribù urbana *Collina* di *M. Consius Gallus* e di *M. Consius Lepidus*, figli di *M. Consius Eros Gallus*, liberto di *M. Consius Antiochus*, dal momento che la maggior parte dei figli dei liberti era iscritta nelle tribù rustiche (generalmente mutuate dal patrono paterno): Forni 2006, p. 219-220.

155. L'unica altra attività registrata *ab Hercule Primigenio* era quella prestata dal *ministrator P. Saenius P.* ((*mulieris*)) *l. Arsaces*, che, nel settore della ristorazione a domicilio, forniva – su richiesta di privati – un "servizio a tavola" a pagamento in particolari occasioni: *CIL* VI 9645, cfr. Granino Cecere 2005, p. 51-52; un analogo servizio era offerto a Roma da *P. Vibius Quintio*, *ministrator a foro Esquilino*: *CIL* VI 39569 (= *EDR*005050).

città, come la *via Sacra* e più tardi i *Saepta Iulia*, la cui capacità attrattiva era accresciuta e potenziata, oltre che dalla posizione focale, anche dalla presenza dei banchi di numerosi altri *artifices* e *negotiantes* del lusso. È in una cornice analoga a quella *ab Hercule Primigenio*, connotata da una vocazione per lo più produttiva, che forse si dovrebbe inserire l'attività svolta dai due *politores eborarii P. Caesetius Sodalis* e *M. Perperna Philaṇ*[*thus* ?], tumulati, tra l'altro, proprio nel sepolcreto salario-pinciano (*Fig. 4.3-4*): la loro specializzazione nell'ambito dell'*ars eboraria*, infatti, potrebbe riflettere sia una divisione del lavoro tra artigiani che operavano all'interno di una stessa officina, sia la presenza a Roma di botteghe versate esclusivamente nella fase di levigatura e rifinitura di semilavorati e manufatti prodotti nelle botteghe di altri *eborarii*[156]. E, a ben guardare, tanto la ripartizione del lavoro all'interno di una stessa unità produttiva, quanto la collaborazione tra botteghe incardinate in stadi successivi del ciclo di trasformazione dell'avorio, riducendo i tempi del processo di lavorazione, rispondevano, di fatto, alla necessità di incrementare la produzione: l'unico motivo – affermava, del resto, Agostino[157] – per il quale si era pervenuti a un lavoro in cooperazione, era perché ciascun artigiano apprendesse, in tempi brevi, un aspetto specifico dell'*ars* e non fosse costretto, con laboriosa lentezza, a padroneggiare tutte le fasi tecniche in cui essa si articolava.

Molto più complesso è invece lo scenario disegnato dalle fonti per altri quartieri di Roma, nei quali avevano i loro banchi anche artigiani specializzati in *artes* differenti che erano integrate in senso verticale nel ciclo produttivo di alcuni beni di lusso. Il modello organizzativo di queste botteghe era prevalentemente incentrato, a livello della produzione, su una serie di unità indipendenti, ciascuna delle quali era specializzata in una fase della lavorazione, dalla fornitura di materie prime o di semilavorati fino alla loro decorazione e trasformazione in prodotti finiti. A questa ripartizione della produzione tra botteghe corrispondeva, a livello della distribuzione, la possibilità che anche le unità impegnate negli stadi iniziali o intermedi della lavorazione potessero intervenire sulla piazza con una rivendita al dettaglio di semilavorati o fornendo su commissione, nell'ambito della propria *ars* (*caelatura*, *auratura*, *politura*, ecc.), manodopera qualificata a pagamento.

---

156. Cfr. Bianchi 2019, p. 25.

157. Aug. *civ.* 7, 4: *Ridemus quidem, cum eos videmus figmentis humanarum opinionum partitis inter se operibus distributos, tamquam minuscularios vectigalium conductores vel tamquam opifices in vico Argentario, ubi unum vasculum, ut perfectum exeat, per multos artifices transit, cum ab uno perfecto perfici posset. Sed aliter non putatum est operantium multitudini consulendum, nisi ut singulas artis partes cito ac facile discerent singuli, ne omnes in arte una tarde ac difficile cogerentur esse perfecti.*

Un riflesso significativo di questa gestione in cooperazione del ciclo produttivo si coglie, tra la tarda età repubblicana e la prima età flavia, lungo il tratto orientale della *via Sacra* nel Foro Romano[158] (*Regio IV. Templum Pacis*) (*Fig. 1.1*). Indicativi al riguardo non sono tanto gli *eborarii*, la cui presenza è solamente suggerita, limitatamente alla prima età augustea, dai *tali eburni* che Properzio descrive in mostra lungo la *via Sacra* insieme ad altre ricercate mercanzie[159], quanto gli altri *artifices* e *negotiantes* che con i loro banchi avevano trasformato questa strada in una *magna taberna* all'aperto riservata alla produzione e alla vendita di preziosi. All'apice della catena produttiva e commerciale erano diversi *aurifices*[160] che, pur essendo tecnicamente in grado di seguire, all'interno delle loro botteghe, l'intera filiera tecnologico-produttiva dell'oro, dalla preparazione dei semilavorati fino alla vendita dei prodotti finiti, si rivolgevano probabilmente alle vicine officine dei *flaturarii*[161] per la fornitura e la fusione del metallo; ai *brattiarii* per la preparazione di lamine o foglie d'oro e ai *caelatores*[162] per la loro decorazione a sbalzo e cesello. Ai *gemmarii*[163] impiantati lungo lo stesso asse commissionavano pietre preziose, sia lisce che decorate a intaglio e a cammeo, mentre sugli attigui banchi dei *margaritarii*[164] si rifornivano di perle. Una volta acquisite tutte le componenti costitutive del futuro manufatto, procedevano alla saldatura delle lamine, ritagliavano le foglie in varie sagome, infilavano o incastonavano perle e gemme, per arrivare finalmente alla creazione di

158. Sul commercio *de Sacra via*: Panciera 1970, p. 131-138; Papi 2002, p. 53-61; Holleran 2012, p. 55-56; Di Giacomo 2016b, p. 163-166; sulla possibile localizzazione di queste botteghe all'interno dei fabbricati individuati presso il cd. tempio del divo Romolo e nell'area antistante la basilica di Massenzio, i cui vani ipogei potevano essere utilizzati come *caveaux* per riporre e custodire i preziosi in lavorazione o in attesa di un compratore: Di Giacomo 2016a, p. 264-274, figg 23-25, 28-29.

159. Definite ironicamente «*vilia dona*»: Prop. 2, 24, 11-14 (vedi nota 52), cfr. *PIR*^{2} P 1006 (26 a.C.)

160. *CIL* I^2 3005 (=*EDR*075075), 3058 (=*EDR*110706); *CIL* VI 9207 (=*EDR*142855); *AE* 1971, 43 (= *EDR*075077); *AE* 1991, 106 (= *EDR*000843); Panciera 1987, p. 85-86 (= *EDR*172776).

161. *CIL* VI 9418 (= *ILS* 7700 = *EDR*125917), 9419.

162. *CIL* VI 9221 (= *ILS* 7694).

163. *CIL* VI 9239, 9434 (= *ILS* 7708), 9435; Di Giuseppe 2017, p. 468-480 (= *EDR*170517).

164. *CIL* VI 9545 (= *CIL* I^2 1212 = *ILS* 7602 = *EDR*134542), 9546 (= *EDR*161003), 9547, 9548, 33872 + 9549 (= *AE* 2016, 116 = *EDR*161007); X 6492 (= *EDR*136781).

quegli *ornamenta perfecta*, la cui natura, composita, rispecchiava le diverse maestranze e botteghe che avevano contribuito alla loro realizzazione.

A partire dall'età domizianea, la vocazione suntuaria della *via Sacra* fu ereditata dai *Saepta Iulia* in Campo Marzio (*Regio IX. Circus Flaminius*) (*Fig. 1.3*), parimenti organizzati intorno a una filiera che combinava, in un rapporto di reciprocità, diverse *artes*, le une gravitanti nell'indotto creato dalle altre. Possiamo, infatti, immaginare che sui banchi dei *gemmarii*, che qui smerciavano non solo prodotti finiti (*murrina* e *crystallina*), ma anche gemme sciolte (*sardonychae*, *iaspides*, *adamantes*), si siano riforniti in primo luogo gli stessi *aurifices*, che incastonavano quelle gemme sui vasi potori in oro cesellato (*pictum aurum* incrostato di *virides gemmae*) esposti in vendita sotto i portici, così come dall'*ars* degli *eborarii*, che vendevano gambe per *mensae* e *orbes* e forse altri semilavorati intagliati nei *dentes* d'avorio, dipendevano i vicini banchi dei *citriarii*, ogniqualvolta ricorrevano al *pingue ebur* per sostenere i tavoli e i tavolini realizzati nel *laudatissimum citrum*[165].

Pensare agli *eborarii* e ai *citriarii* come anelli integrati verticalmente nella stessa catena produttiva e commerciale del mobilio di lusso spiega anche la loro associazione, in età adrianea, in una realtà collegiale che, eccezionalmente, non riuniva artigiani che praticavano la stessa *ars*, ma *artes* però tra loro strettamente complementari e interconnesse[166]. Scopo di questo collegio non era dunque solo quello di proteggere gli interessi delle due categorie professionali, ma anche quello di organizzare, garantire e favorire la loro cooperazione fattiva, la concordanza d'intenti e la buona fede nella gestione delle rispettive attività. Tutte condizioni essenziali per questi artefici che si trovavano a operare nel medesimo segmento del mercato del lusso, interagendo nel processo produttivo, e che condividevano non solo i luoghi dell'approvvigionamento di *ebor* e di *citrum* (la Mauritania[167]), ma anche gli spazi del commercio al minuto nei *Saepta Iulia*, prossimi alla loro sede

165. Plin. *NH* 13, 95 (vedi nota 115).

166. L'associazione tra categorie artigianali versate in settori complementari della manifattura di beni di lusso non costituisce un *unicum* nell'articolato panorama di Roma. Conosciamo, infatti, anche un collegio che riuniva i *brattiarii* e gli *inauratores* (*CIL* VI 95, cfr. p. 4109 = *ILS* 7281 = *EDR*161226), artefici che cooperavano nelle fasi intermedie del ciclo di trasformazione dell'oro, dell'argento e del bronzo in prodotti finiti. I primi, infatti, erano specializzati principalmente nella riduzione dell'oro in lamine e foglie, dette, appunto, *bratteae*; i secondi erano esperti nella doratura a foglia o ad amalgama soprattutto dei manufatti in argento e in bronzo: un'arte, dunque, nella quale erano indispensabili proprio le impalpabili foglie d'oro in vendita sui banchi dei *brattiarii*.

167. Chrzanovski 2007, p. 210-213 (*ebor*), cfr. anche Plin. *NH* 5, 12 (*ebor* e *citrus*) e la nota 115 (*citrus*).

collegiale, dove, all'inizio del principato di Adriano, l'*aurea Roma* – teste il poeta Giovenale[168] – continuava a dilapidare le proprie ricchezze.

Trasmissione ereditaria di *artes* e *tabernae* dal patrono ai propri liberti

Nell'ambito dell'industria del lusso alcuni documenti epigrafici testimoniano come singole unità produttive fossero gestite, anche per generazioni, da artigiani appartenenti allo stesso ramo di una *gens* che erano reciprocamente legati da rapporti di patronato e di dipendenza.

Tra gli *artifices e negotiantes* che operarono al servizio del lusso sulla *via Sacra* nel Foro Romano, incontriamo, ad esempio, l'*aurifex M. Caedicius Iucundus*[169], che probabilmente era subentrato al proprio patrono, *M. Caedicius M.l. Eros*[170], nella conduzione della bottega *de Sacra via*; il *margaritarius L. Calpurnius Antiochi l. Alexa maior*[171] che, appresa l'*ars* dal suo manomissore, *L. Calpurnius Nicaei f. Antiochus*[172], ne aveva poi rilevato il banco lungo la strada forense; e ancora, i *fabri argentarii P. Curtilius P.l. Agatho*[173] e *Curtilius Hermeros*[174] che, in un quartiere ignoto della capitale, perpetuarono l'*ars argentaria* della famiglia a distanza di alcune generazioni.

Questa predisposizione di alcune famiglie a operare e a reinvestire i propri guadagni sempre nello stesso comparto della produzione fino a originare quella che potremo definire una tradizione artigianale «familiare», fondata sulla trasmissione di *artes* e *tabernae* dai patroni, generalmente di condizione libertina, ai propri liberti che nella bottega avevano fatto il loro apprendistato, sembra emergere anche dall'esame congiunto delle iscrizioni sepolcrali dei *Marci Consii*[175], tutti implicati, tra la seconda metà del I sec. a.C. e la metà del II sec. d.C., nella lavorazione e nel commercio di semilavorati e manufatti in avorio. Tra costoro, *M. Consius Antiochus*, leggermente

168. Iuv. 6, 153-160 (vedi nota 103), cfr. *PIR*^{2} I 765 (*ante* 127 d.C.).

169. *CIL* VI 9207 (= *ILS* 7685 = *EDR*142855).

170. *CIL* I^2 3005 (= *AE* 1971, 41 = *EDR*075075).

171. *CIL* VI 33872 + 9549 (= *AE* 2016, 116 = *EDR*161007), cfr. Di Giacomo 2016a, p. 242-246, figg. 4-6.

172. *CIL* VI 9546 (= *EDR*161003), cfr. Di Giacomo 2016a, p. 233-242, figg. 1-2.

173. Merrin 1986, p. 27 (= *EDR*000863).

174. *CIL* VI 2226 (= *ILS* 6077 = *EDR*163384).

175. Nonnis 2015, p. 178-179, 620.

risalente nel tempo, potrebbe essere il patrono degli altri due *Marci Consii*, *Dionysius* e *Cerdo*, mentre *Consius Hermadio*, vissuto in un ambito cronologico recenziore, testimonierebbe come l'*ars eboraria* praticata dai liberti di questa famiglia fosse stata custodita e trasmessa di generazione in generazione almeno fino alla metà del II sec. d.C. Di particolare interesse è notare che gli *eborarii M. Consius Antiochus* e *Consius Hermadio* avevano entrambi esercitato *ab Hercule Primigenio*, un dato che, in linea con il quadro disegnato dagli altri monumenti epigrafici, potrebbe rivelare che gli artigiani di questa famiglia non si erano trasmessi solo la perizia tecnica nella manifattura dell'avorio, ma anche la titolarità nella conduzione e/o nella gestione dell'officina necessaria per assicurare il proseguimento nel tempo della loro attività. Sempre questa identità di luogo, a distanza di tempo, rende ragionevole ipotizzare che la bottega *ab Hercule Primigenio* sia stata anche la sede dell'attività degli altri due *Marci Consii eborarii*, *Dionysius* e *Cerdo*, che nei loro epitaffi non forniscono indicazioni topografiche. A confortare questa eventualità intervengono, del resto, sia la specifica vocazione produttiva dell'area *ad Hercule Primigenio*, dove aveva esercitato anche un liberto appartenente a una diversa famiglia, *Sex. Clodius Amoenus*, sia la congiuntura che ben cinque *eborarii*, compreso lo stesso *M. Consius Dionysius* (*Fig. 4.2*), scelsero quale luogo di sepoltura il sepolcreto salario-pinciano[176].

Questa modalità organizzativa dell'industria del lusso, ruotante intorno a singole botteghe gestite per generazioni da artigiani appartenenti allo stesso gruppo familiare e vincolati tra loro da rapporti di patronato e di dipendenza, iniziò a sfaldarsi in età costantiniana. Il 2 agosto del 337 d.C., infatti, una costituzione imperiale[177] dispensava, sia a Roma che nelle varie città dell'Impero, determinate categorie di artefici, tra cui gli *eburarii*, gli *aurifices*, gli *argentarii*, gli *aerarii*, i *brattiarii* e i *deauratores*, da tutte le prestazioni obbligatorie da rendere alla cittadinanza (*vacatio ab universis muneribus*), come il pagamento delle imposte[178], qualora avessero occupato il tempo libero a perfezionarsi nel mestiere e a istruire nello stesso i loro figli.

---

176. Vedi nota 153.

177. Cod. Theod. 13, 4, 2, cfr. Cod. Iust. 10, 66, 1: *Idem a. ad Maximum p(raefectum) p(raetorio). Artifices artium brevi subdito comprehensarum per singulas civitates morantes ab universis muneribus vacare praecipimus, si quidem ediscendis artibus otium sit adcommodandum, quo magis cupiant et ipsi peritiores fieri et suos filios erudire. Dat. IIII non. Aug. Feliciano et Titiano cons(ulibus)*. Cfr. Cracco Ruggini 1971, p. 175, nota 225.

178. Tra le esenzioni previste dalla costituzione imperiale era forse compresa anche la dispensa dal pagamento del *vectigal pulcherrimum* che l'imperatore Severo Alessandro aveva imposto agli *aurifices*, agli *argentarii* e agli *artifices ceterarum artium* per finanziare, con i relativi proventi, le spese necessarie al funzionamento e alla manutenzione delle terme pubbliche: SHA *v. Alex*. 24, 5.

Alla base dei privilegi individuali concessi dalla disposizione imperiale era quindi la volontà di incoraggiare e sollecitare l'ereditarietà del mestiere di padre in figlio per alcune categorie professionali operanti nell'industria del lusso, tra cui gli *eburarii*, una volontà che racchiudeva *in nuce* elementi destinati a modificare inesorabilmente l'assetto tradizionale delle botteghe urbane, fondato prevalentemente sulla trasmissione dell'*ars* e delle *tabernae* dal patrono ai liberti che, già utilizzati come schiavi nella bottega, avevano completato la propria formazione continuando a prestarvi servizio anche dopo la manomissione.

L'avvicendamento dei liberti ai propri patroni nella conduzione di una *taberna* e non dei figli ai padri si spiegava, nella meccanica e nella mobilità sociale del primo impero, con l'aspirazione a un riscatto e a una progressione per la propria discendenza. Se l'originaria condizione servile e il discredito morale derivante dai guadagni perseguiti con arti manuali, giudicate sordide e indecorose, costituivano una barriera invalicabile che impediva ai «*ministri luxuriae*»[179] un'ascesa sociale, già per la generazione successiva, quella dei loro figli, *ingenui* per nascita e cittadini, questa era invece possibile, ma escludeva qualsiasi coinvolgimento nelle sconvenienti attività manifatturiere di famiglia[180]. A renderla percorribile erano soprattutto i profitti, i contatti sociali e gli appoggi assicurati da queste attività artigianali al servizio del lusso che non solo permettevano a quanti le praticavano di relazionarsi con una clientela facoltosa e di accumulare patrimoni anche equivalenti al censo minimo necessario per entrare negli ordini ai vertici della società romana, ma che erano verosimilmente esercitate anche all'ombra di personalità di alto rilievo politico e sociale[181].

---

179. Sen. *epist.* 88, 18.

180. Riflessi diretti delle aspettative di avanzamento sociale, non disattese, che gli *artifices* del lusso nutrirono per la loro progènie emergono dal profilo biografico dei loro figli: *C. Fictorius Atticus*, lungi dal rilevare la *vascularia taberna* dell'omonimo padre, scelse di arruolarsi nella *legio III Gallica* e – a breve distanza dalla coscrizione – fu promosso al grado di *centurio*, un grado che poteva aprirgli le porte alla carriera equestre, se la morte non fosse sopraggiunta quando aveva solo 25 anni: *CIL* VI 3592 (= *EDR*158639); il giovane *L. Maelius L.f. Ani. Flaccus*, grazie alla solida posizione economica raggiunta del padre, il *vascularius L. Maelius L.l. Thamyrus*, riuscì a risalire la scala sociale entrando nelle file degli *apparitores* come *scriba aedilicius* e *scriba quaestorius*, due incarichi dopo i quali poteva anche lui aspirare a raggiungere il rango equestre: *CIL* VI 1818 (= *AE* 1994, 303b = *EDR*163834).

181. Tassini 1994, p. 687-695; Nonnis 2015, p. 673-675; Di Giacomo 2016a, p. 233-242.

Ars eboraria e aristocrazia urbana

Il sospetto che gli *eborarii* e gli altri artigiani del lusso operassero grazie al sostegno economico e negli interessi di personaggi di rango si fonda su presupposti che, sebbene non dimostrabili, sono più che ragionevoli. Queste attività, infatti, non richiedevano solamente capitali (almeno iniziali) da investire nell'acquisto delle costose materie prime, come appunto i *dentes* d'avorio dall'*ingens pretium* di mercato[182], e nella locazione di botteghe situate in luoghi spesso esclusivi di Roma, ma assicuravano considerevoli profitti, di cui il ceto dirigente, amante del lusso, era ben più che consapevole.

Si tratta però di un sospetto che trova piena legittimazione in un'unica iscrizione, nella quale l'anonimo committente, spezzando la rete dei silenzi e delle reticenze, ha svelato l'identità del responsabile della manomissione di *C. Ateilius Serrani l. Euhodus*[183], *margaritarius* con banco *de Sacra via*, che, grazie al patronato *Serrani libertus*, andrà riconosciuto in uno degli esponenti tardo-repubblicani della famiglia senatoria degli *Atilii Serrani*[184].

Nel resto della documentazione epigrafica il possibile legame tra l'artigianato suntuario e gli interessi economici della classe dirigente non sembra trovare conferme dirimenti, soprattutto in ragione dell'uso pressoché sistematico del prenome nelle formule di patronato, reso tanto più singolare se consideriamo che porre in risalto manomissori di prestigio o, almeno, di particolare notorietà, ricorrendo al cognome nel patronato, rientrava tra gli strumenti di «autorappresentazione» del ceto libertino.

Attraverso il concorso di elementi indiziari di diversa natura che, talvolta, permettono di integrare gli scarni dati onomastici, possiamo dunque solo limitarci a sospettare, con estrema prudenza, il coinvolgimento indiretto degli ordini ai vertici della società romana nell'industria del lusso. Particolarmente suggestive sono, in tal senso, le possibili quanto sfuggenti relazioni che sono state ventilate[185] tra il patrono del *faber eborarius M. Aelius Apollonius*, un *M. Aelius*, e *L. Aelius Lamia*[186], pretore nel 42 a.C. e primo membro

182. Plin. *NH* 8, 31 (vedi nota 4); sui prezzi dell'avorio in età imperiale si veda il contributo di Federico De Romanis in questo volume.

183. *CIL* VI 9545 (= *CIL* I² 1212 = *ILS* 7602 = *EDR*134542).

184. Il patrono del liberto *Euhodus* potrebbe essere identificato in via ipotetica con *Sex. Atilius Serranus Gavianus* (*RE* II, 2, *Atilius* 70), questore nel 63 a.C. e tribuno della plebe nel 57 a.C., l'unico esponente noto degli *Atilii Serrani* che assunse onori in un lasso di tempo coerente con quello in cui il *margaritarius* si trovò a esercitare *de Sacra via*.

185. Tassini 1994, p. 690; Nonnis 2015, p. 70-71.

186. *RE* I, 1, *Aelius* 75; Wiseman 1971, p. 209, n. 4; Broughton 1986, p. 2; Deniaux 1993, p. 439-441, n. 1.

della famiglia, originaria di Formia, a entrare in senato. Grazie all'epistolario ciceroniano conosciamo gli interessi economici e commerciali che questo personaggio gestiva in *Africa Vetus*, dove con ogni probabilità possedeva anche vaste tenute[187]. In una lettera scritta nel 43 a.C., infatti, Cicerone[188] raccomanda con insistenza al governatore della provincia, *Q. Cornificius*[189], di agevolare i *negotia* dell'amico *L. Aelius Lamia* come se fossero i suoi e di intervenire a favore dell'attività dei *procuratores*, dei liberti e della *familia* servile del senatore.

Allo stesso modo anche per *Q. Considius Eumolpus* si potrebbe azzardare un possibile accostamento a un importante esponente della *gens Considia*[190]. Tra i *Considii* di rango vissuti in età tiberiana desta un certo interesse *L. Considius L.f. Gallus*[191], di cui seguiamo la carriera dalla *praefectura feriarum Latinarum*, ricoperta in giovanissima età, fino alla carica di *praetor peregrinus* assunta nel 31 d.C.[192]. Questo senatore, infatti, potrebbe essere un discendente del cavaliere *Q. Considius Gallus*[193], recante lo stesso prenome del nostro *faber eburarius*, che, in qualità di *negotiator*, gestiva affari in Africa, caldeggiati, ancora una volta, da Cicerone in una epistola inviata nel 44 a.C. al proconsole *Q. Cornificius*[194]. Sempre nella stessa provincia, inoltre, nel 50 a.C. (ma forse già nel 51) aveva assunto il governo *C. Considius C.f. Longus*[195], ma nulla possiamo aggiungere su eventuali legami di questo magistrato con gli altri due *Considii*.

Se pensiamo che il continente africano e, nella fattispecie, l'Africa settentrionale, almeno fino ai tempi di Plinio il Vecchio[196], era il principale

---

187. Licordari 1982, p. 27, cfr. *CIL* VIII 25943, 26416 (menzionanti, in età imperiale, un *saltus Lamianus* in Africa proconsolare).

188. Cic. *fam.* 12, 29, 2-3.

189. *RE* IV, 1, *Cornificius* 8; Broughton 1986, p. 21; Deniaux 1993, p. 401-402, n. 14.

190. Tassini 1994, p. 690.

191. *RE* IV, 1, *Considius* 9; *PIR*^{2} C 1280, cfr. 1278 (*idem*); Panciera 2006, p. 1039, n. 3.

192. *CIL* VI 31705, cfr. p. 4776 (= *EDR*114006).

193. *RE* IV, 1, *Considius* 10; Wiseman 1971, p. 225-226, n. 132 (iv); Deniaux 1993, p. 482-484, n. 36.

194. Cic. *fam.* 12, 26, 1.

195. *RE* IV, 1, *Considius* 11; Broughton 1952, p. 242, 250, 549.

196. Plin. *NH* 8, 7 (vedi nota 65).

fornitore dell'avorio lavorato e smerciato a Roma, un qualche rapporto di *M. Aelius Apollonius* e di *Q. Considius Eumolpus* con queste famiglie di rango, che vantavano consolidati rapporti nella provincia d'Africa, avrebbe avuto un ruolo certamente determinante nella loro scelta di praticare l'*ars eboraria* sulla piazza urbana.

Tutte queste coincidenze, per quanto suggestive, non possono essere verificate con gli scarsi dati di cui disponiamo. Resta tuttavia valido l'assunto che le deve proporre di volta in volta alla nostra attenzione, vale a dire che avviare l'esercizio di un'attività nell'ambito dell'artigianato del lusso necessitava di investimenti economici di cui verosimilmente potevano disporre solamente quegli artefici che gravitano nell'orbita del patronato e della clientela di famiglie senatorie o equestri.

D'altra parte lo stesso Plinio il Vecchio[197], elencando le *res* di *maximum pretium* ai suoi tempi, assegna il primo posto alle perle tra le materie prime provenienti dal mare; al cristallo di rocca tra quelle raccolte sulla superficie terrestre; al diamante, allo smeraldo, alla *murra* e alle altre gemme tra quelle estratte dal sottosuolo; al *citrus* tra gli alberi e, infine, ai *dentes elephantorum* tra le materie prime fornite dagli animali terrestri, aggiungendo in calce che l'oro e l'argento, per cui tutti i mortali erano disposti a fare follie, occupavano appena il decimo e ventesimo posto nella scala dei valori.

Giovanna Di Giacomo
Università degli Studi di Roma Tor Vergata
Dipartimento di Storia, Patrimonio culturale, Formazione e Società
giovanna.di.giacomo@uniroma2.it

197. Plin. *NH* 37, 204: *Rerum autem ipsarum maximum est pretium in mari nascentium margaritis; extra tellurem crystallis, intra adamanti, smaragdis, gemmis, myrrinis; e terra vero exeuntibus in cocco, lasere, in fronde nardo, Sericis vestibus, in arbore citro ...; ex iis, quae spirare convenit, animalibus in terra maximum dentibus elephantorum ... Non praetereundum est auro, circa quod omnes mortales insaniunt, decumum vix esse in pretio locum, argento vero, quo aurum emitur, paene vicensimum.*

APPENDICE
(in ordine cronologico)

	NOME	*ARS*	LUOGO DELL'ATTIVITÀ	PROVENIENZA	EDIZIONE
1	*M. Aelius M.l. Apollonius*	*faber eborarius*		Roma, sepolcreto salario-pinciano, tra via di Santa Teresa e via Aniene	*CIL* VI 33423
2	*M. Consius Antiochus*	*eborarius*	*ab Hercule Primog(enio)*	Roma, via Prenestina, III miglio, nelle vicinanze della villa dei Gordiani (cfr. n. 12)	*AE* 1990, 76
3	*M. Consius M.l. Dionysius*	*eburarius*		Roma, sepolcreto salario-pinciano, area del villino Fossati, all'angolo di via Po con via Giulio Caccini	*CIL* VI 37793
4	*M. Consius Cerdo*	((*elephas*))		Roma, via Appia antica, IV-V miglio	*CIL* VI 16073
5	*P. Clodius A. et Clodiae l. Bromius*	*eborarius*		Roma, provenienza ignota	*CIL* VI 9375
6	*Sex. Clodius Sex. l. Amoenus*	*eborarius*	*ab Hercule Primigenio*	Roma, via Appia antica, II miglio, vigna Randanini	*CIL* VI 7655
7	*Q. Considius Eumolpus*	*faber eburar(ius)*		Roma, provenienza ignota	*CIL* VI 9397
8	*P. Caesetius P.l. Sodalis*	*politor eburarius*		Roma, sepolcreto salario-pinciano, vigna Nari, area del villino Ceci (poi villa Giorgina), tra via Po, via Giulio Caccini, via Jacopo Peri, via Carlo Zecchi e via Salaria	*CIL* VI 7885
9	*M. Perperna M.l. Philaṇ[thus?]*	*politor eborarius*		Roma, sepolcreto salario-pinciano, in prossimità della convergenza tra via Tevere e via Po	*CIL* VI 37374a
10	*M. Volcius Pal. Herma*	*eborar(ius) negotiator* ((*elephas*))		*Ager* di *Seperna*, oggi Nazzano, località S. Francesco, vocabolo Cesa Seramaglio	*CIL* XI 3948
11	*Collegium* dei *negotiatores eborarii* e dei *negotiatores citriarii*	*negotiatores/ negotiantes eborarii*		Roma, quartiere Trastevere, all'angolo di piazza S. Callisto con via della Cisterna	*CIL* VI 33885
12	*Consius Hermadio*	*eborarius*	[*ab*] *Herc(u)le P̣[rimigenio]*	Roma, provenienza ignota, ma conservata in un'abitazione privata sita in via Labico, non lontano dalla villa dei Gordiani (cfr. n. 2)	*AE* 1968, 37
13	*Aurelius Mucianus*	*eborarius*		Roma, sepolcreto salario-pinciano, cimitero di Panfilo, galleria B11, tra via Giovanni Paisiello e via Gaspare Spontini	*ICUR* X 26558
14	*Catellus*	*eburarius*		Roma, area del Celio, chiesa di S. Maria in Domnica	FERRUA 1968, p. 154-155, n. 14

Abbreviazioni

AE: *L'Année épigraphique*, Parigi, 1888-

CIL: *Corpus Inscriptionum Latinarum*, Berlino, 1863-

DE: *Dizionario Epigrafico di Antichità Romane*, Roma, 1895-

EAA: *Enciclopedia dell'Arte Antica classica e orientale*, Roma, 1958-1997.

EDB: Epigraphic Database, Bari.

EDR: Epigraphic Database, Roma.

EphEp: *Ephemeris Epigraphica*, I-IX, Berlino, 1872-1913.

FIRA[2]: V. Arangio-Ruiz, *Fontes iuris Romani antejustiniani*, III, Firenze, 1943.

ICUR: *Inscriptiones Christianae Urbis Romae septimo saeculo antiquiories. Nova series*, Roma, 1922-

ILCV: E. Diehl, *Inscriptiones Latinae Christianae Veteres*, I-IV, Berlino 1925-1967.

ILS: H. Dessau, *Inscriptiones Latinae Selectae*, I-III, Berlino, 1892-1916.

InscrAq: J.B. Brusin, *Inscriptiones Aquileiae*, Udine 1991.

PIR[2]: *Prosopographia Imperii Romani. Saec. I. II. III*, Berlino, 1933-2015.

PLRE: *The Prosopography of the Later Roman Empire*, I-III, Cambridge, 1971-1992.

RE: *Paulys Realencyclopädie der classischen Altertumswissenschaft*, Stoccarda, 1894-1980.

SupplIt Imagines, Roma 1: G.L. Gregori, M. Mattei (ed.), *Supplementa Italica Imagines*. Supplementi fotografici ai volumi italiani del *CIL*. Roma (*CIL*, VI) 1. Musei Capitolini, Roma, 1999.

SupplIt Imagines, Roma 3: M.G. Granino Cecere (ed.), *Supplementa Italica Imagines*. Supplementi fotografici ai volumi italiani del *CIL*. Roma (*CIL*, VI) 3. Collezioni fiorentine, Roma, 2008.

ThLL: *Thesaurus Linguae Latinae*, Lipsia, 1900-

Bibliografia

Andreau J. 2015², *La vie financière dans le monde romain : Les métiers de manieurs d'argent* IVe *siècle av. J.-C.-*IIIe *siècle ap. J.-C.)*, Roma, Classiques – École française de Rome 9.

Bianchi C. 2007, «Strumenti e tecniche di lavorazione dell'avorio e dell'osso», in M. David (ed.), Eburnea diptycha. *I dittici d'avorio tra Antichità e Medioevo*, Bari, Munera 26, p. 349-385.

Bianchi C. 2019, «Testimonianze della lavorazione dell'avorio e dell'osso in epoca romana: stato della ricerca e recenti casi di studio», in M. Di Cesare (ed.), *Sharing material culture*: *ivory and bone artefacts from the Mediterranean to the Caspian Sea from Antiquity to the Middle Ages*, Roma, Quaderni di Vicino Oriente 15, p. 23-74.

Bisconti F. 2000, *Mestieri nelle catacombe romane. Appunti sul declino dell'iconografia del reale nei cimiteri cristiani di Roma*, Città del Vaticano, Studi e ricerche 2.

Blümner H. 1879, *Technologie und Terminologie der Gewerbe und Künste bei Griechen und Römern*, II, Lipsia.

Bollmann B. 1997, «La distribuzione delle *scholae* delle corporazioni a Roma», in Aa.Vv., *La Rome impériale. Démographie et logistique. Actes de la table ronde de Rome, 25 mars 1994*, Roma, Collection de l'École française de Rome 230, p. 209-225.

Bollmann B. 1998, *Römische Vereinshäuser: Untersuchungenzu den Scholae der römischenBerufs-, Kult- und Augustalen-Kollegien in Italien*, Magonza.

Bormann E. 1886, «Die Tribus Pollia», *Archäologisch-epigraphische Mitteilungen aus Österreich-Ungarn* 10, p. 226-230.

Borsari L. 1887, «Di un importante frammento epigrafico rinvenuto nel Trastevere», *Bullettino della Commissione Archeologica Comunale di Roma* 15, p. 3-7.

Broughton T.R.S. 1952, *The Magistrates of the Roman Republic*, II, New York.

Broughton T.R.S. 1986, *The Magistrates of the Roman Republic*, III, New York.

Bucovală M. 1972, «Vase romane de bronz descoperite la Dervent, jud. Constanţa», *Pontica* 5, p. 117-136.

Carletti C. 2008, *Epigrafia dei cristiani in Occidente dal III al VII secolo. Ideologia e prassi*, Bari.

Chrzanovski L. 2007, «Le vie dell'avorio», in M. David (ed.), Eburnea diptycha. *I dittici d'avorio tra Antichità e Medioevo*, Bari, Munera 26, p. 195-218.

Corbier M. 2020, «L'anniversaire de naissance à Rome : la longue duree d'une celebration», *Revue des Études Latines* 98, p. 7-56.

Cossu V. e Plescia A. 2019, «Via Prenestina: carta archeologica, I-VI miglio», in D. Palombi (ed.), *La "villa dei Gordiani" al III miglio della via Prenestina. La memoria e il contesto*, Monte Compatri, p. 241-438.

Cracco Ruggini L. 1971, «Le associazioni professionali nel mondo romano-bizantino», in Aa.Vv., *Artigianato e tecnica nella società romana dell'alto medioevo occidentale*, Spoleto, Settimane di studio del Centro Italiano di Studi sull'Alto Medioevo 18, p. 59-193.

Crea S. 2006, «Neapolitanorum citrariorum area gemina?», in V. Fiocchi Nicolai, M.G. Granino Cecere, Z. Mari (ed.), *Lexicon Topographicum Urbis Romae Suburbium*, IV, Roma, p. 87-87.

Cresci Marrone G. 2021, «Pratiche religiose nei collegi di età romana: gli aspetti calendariali», in F. Fontana, E. Murgia (ed.), Sacrum facere. *Atti del VI Seminario di Archeologia del Sacro. Forme associative e pratiche rituali nel mondo antico*, Trieste, Polymnia. Studi di archeologia 11, p. 1-21.

Cristofori A. 2016, «La documentazione», in A. Marcone (ed.), *Storia del lavoro in Italia. L'età romana. Liberi, semiliberi e schiavi in una società premoderna*, Roma, p. 35-76.

Cupitò C. 2007, *Il territorio tra la via Salaria, l'Aniene, il Tevere e la via "Salaria vetus". Municipio II*, Roma, Quaderni della Carta dell'Agro Romano 1.

Deniaux É. 1993, *Clientèles et pouvoir à l'époque de Cicéron*, Roma, Collection de l'École française de Rome 182.

DE ROMANIS F. 2014, «Ivory from Muziris», *Institute for the Study of the Ancient World Papers* 8, p. 1-23.

DE ROMANIS F. 2020, *The Indo-Roman Pepper Trade and the Muziris Papyrus*, Oxford.

DI GIACOMO G. 2008, «Contributo a *CIL*, VI – *Supplementa*. Inediti e revisioni», *Rendiconti dell'Accademia Nazionale dei Lincei* ser. 9, 19/1, p. 11-82.

DI GIACOMO G. 2012, «Dalla fornitura alla lavorazione dell'oro: il caso degli *Auli Septicii artifices* a Roma», in I. BALDINI LIPPOLIS e A.L. MORELLI (ed.), *Luoghi, artigiani e modi di produzione nell'oreficeria antica*, Bologna, Ornamenta 4, p. 37-52.

DI GIACOMO G. 2016a, «*L. Calpurnius Antiochi l. Alexa maior*: un 'nuovo' *margaritarius de Sacra via* e il commercio delle perle a Roma», *Archeologia Classica* 67, p. 233-278.

DI GIACOMO G. 2016b, *Oro, pietre preziose e perle. Produzione e commercio a Roma*, Roma, Arti e Mestieri nel Mondo Romano Antico 9.

DI GIUSEPPE H. 2017, «Un'epigrafe. *Lanii* e *gemmarii* nei pressi della *Sacra via* a Roma», in A. CARANDINI, P. CARAFA, M.T. D'ALESSIO e D. FILIPPI, *Santuario di Vesta, pendice del Palatino e via Sacra. Scavi 1985-2016*, I, Roma, p. 468-480.

DIOSONO F. 2008, *Il legno. Produzione e commercio*, Roma, Arti e Mestieri nel Mondo Romano Antico 2.

D'ORIENTE I. e GABRIELLI I. 2012, «Roma, *CIL VI*: "*Monumenta columbariorum*" di vigna Nari e vigna Amendola. Revisioni e proposte di ricongiungimento», *Epigraphica* 74, p. 391-403.

EGBERT J.C. 1908, «Inscriptions of Rome and Central Italy», *Supplementary Papers of the American School of Classical Studies in Rome* 2, p. 263-230.

FERRARO A. e GORLA V. 2010, «Le tribù urbane. Verifica della loro composizione sociale sulla base della documentazione epigrafica», in M. SILVESTRINI (ed.), *Le tribù romane. Atti della XVIe Rencontre franco-italienne sur l'épigraphie du monde romain*, Bari, Scavi e ricerche 19, p. 341-347.

FERRUA A. 1967, «Antiche iscrizioni di Roma», *Epigraphica* 29, p. 62-100.

FERRUA A. 1968, «Nuove iscrizioni di S. Pudenziana, S. Prassede e S. Maria in Domnica», *Rivista di Archeologia Cristiana* 44, p. 139-160.

FIORELLI G. 1885, «Notizie degli scavi. Giugno», *Notizie degli Scavi di Antichità*, p. 215-237.

FORNI G. 2006, «Il ruolo della menzione della tribù nell'onomastica romana», in G.M. FORNI (ed.), *Le tribù romane. IV.* Scripta minora, Roma, p. 187-229.

GATTI G. 1891, «Note epigrafiche», *Bullettino della Commissione Archeologica Comunale di Roma* 19, p. 161-170.

GATTI G. 1899, «Notizie di recenti trovamenti di antichità», *Bullettino della Commissione Archeologica Comunale di Roma* 27, p. 51-76.

GATTI G. 1905, «Sepolcri e memorie sepolcrali dell'antica via Salaria», *Bullettino della Commissione Archeologica Comunale di Roma* 33, p. 154-188.

GATTI G. 1906a, «Nuove scoperte nel sepolcreto fra la via Salaria e la Pinciana», *Bullettino della Commissione Archeologica Comunale di Roma* 34, p. 90-101.

GATTI G. 1906b, «Notizie di recenti trovamenti di antichità in Roma e nel suburbio», *Bullettino della Commissione Archeologica Comunale di Roma* 34, p. 315-339.

GRADENWITZ O. 1890, «Das Statut für die Zunft der Elfenbeinarbeiter», *Zeitschrift der Savigny-Stiftung für Rechtsgeschichte* 24, p. 72-83.

GRANINO CECERE M.G. 2005, «*Hercules Primigenius*», in V. FIOCCHI NICOLAI, M.G. GRANINO CECERE e Z. MARI (ed.), *Lexicon Topographicum Urbis Romae. Suburbium*, III, Roma, p. 51-52.

GUIDOBALDI M.P. 2010, «Arredi di lusso in legno e avorio da Ercolano», *Lanx* 6, p. 63-99.

HOLLERAN C. 2012, *Shopping in Ancient Rome. The Retail Trade in the Late Republic and the Principate*, Oxford.

HÜLSEN Chr. 1890, «Miscellanea epigrafica», *Bullettino dell'Imperiale Istituto Archeologico Germanico* 5, p. 287-312.

JEFFERSON LOANE H. 1938, *Industry and Commerce of the City of Rome (50 B.C.-200 A.D.)*, Baltimora.

LANCIANI R. 1891, *Ancient Rome in the light of recent discoveries*, Boston-New York.

LANG F. 2007, «*Eborarii* und *citriarii*. Bemerkungen zu zwei Berufsbezeichnungen in römischer Zeit», *Diomedes* 4, p. 47-55.

LICORDARI A. 1982, «Ascesa al senato e rapporti con i territori di origine: Italia. *Regio I* (*Latium*)», in AA.VV., *Atti del Colloquio Internazionale AIEGL su epigrafia e ordine senatorio, Roma 14-20 maggio 1981*, II, Roma, Tituli 5, p. 9-57.

MARTINI A. 1965, *Arti, mestieri e fede nella Roma dei papi*, Bologna, Roma cristiana 13.

MARUCCHI O. 1904, «Il cimitero di Commodilla e la basilica cimiteriale dei SS. Felice e Adautto ivi recentemente scoperta», *Nuovo Bollettino di Archeologia Cristiana* 10, p. 41-160.

MAZZOLENI D. 2015, «La prima comunità cristiana di Roma nel periodo tardoantico alla luce delle testimonianze epigrafiche», in L. CLEMENS, H. MERTEN e C. SCHÄFER (ed.), "*Frühchristliche Grabinschriften im Westen des Römischen Reiches. Beiträge zur Internationalen Konferenz„ Frühchristliche Grabinschriften im Westen des Römischen Reiches*" (*Trier, 13.-15. Juni 2013*), Treviri, p. 161-170.

MEIGGS R. 1984, *Trees and Timber in the Ancient Mediterranean World*, Oxford.

MERRIN E. 1986, *The Majesty of Ancient Egypt and the Classical World*, New York.

NONNIS D. 2007, «Prospettive mediterranee dell'economia romana. L'apporto di una banca dati», *Archeologia e Calcolatori* 18, p. 383-404.

NONNIS D. 2015, *Produzione e distribuzione nell'Italia repubblicana. Uno studio prosopografico*, Roma, Instrumentum 2.

PANCIERA S. 1970, «Tra epigrafia e topografia, I, 1», *Archeologia Classica* 22, p. 131-138.

PANCIERA S. 1987, «Ancora tra epigrafia e topografia», in AA. VV., *L'Urbs. Espace urbain et histoire* (*Ier siècle av. J.-C. – IIIe siècle ap. J.-C.*). *Actes du colloque international de Rome*, Roma, Collection de l'École française de Rome 98, p. 85-86.

PANCIERA S. 2006, *Epigrafi, epigrafia, epigrafisti. Scritti vari editi e inediti (1956-2005) con note complementari e indici*, Roma, Vetera 16.

PAPI E. 1999, «Schola: eborarii et citriarii», in E.M. STEINBY (ed.), *Lexicon Topographicum Urbis Romae*, IV, Roma, p. 253.

PAPI E. 2002, «La *turba inpia*: artigiani e commercianti del Foro Romano e dintorni (I sec. a.C.-64 d.C.)», *Journal of Roman Archaeology* 15, p. 45-62.

PASQUI A. 1972, *Carta archeologica d'Italia (1881-1897). Materiali per l'Etruria e la Sabina*, Firenze.

SINN F. 1991, *Die Grabdenkmäler. 1. Reliefs, Altäre, Urnen*, Magonza.

SLAVICH C. 2015, «Municipium Sepernatium», *Studi Classici e Orientali* 61, p. 463-469.

TASSINI P. 1994, «Produzione e vendita di alcune merci di lusso a Roma», in AA.VV., *Epigrafia della produzione e della distribuzione. Actes de la VIIe Rencontre franco-italienne sur l'épigraphie du monde romain*, Roma, Collection de l'École française de Rome 193, p. 687-695.

TRAN N. 2007, «Les procédures d'exclusion des collèges professionnels et funéraires sous le Haut-Empire : pratiques épigraphiques, normes collectives et non-dits», in C. WOLFF (ed.), *Les Exclus dans l'Antiquité. Actes du colloque organisé à Lyon les 23-24 septembre 2004*, Lyon, Collection du Centre d'Études romaines et gallo-romaines 29, p. 119-138.

ULRICH R.B. 2007, *Roman woodworking*, New Haven.

VAN BUREN A.W. e STEVENS G.P. 1933, «Antiquities of the Janiculum», *Memoirs of the American Academy in Rome* 11, p. 69-79.

VELESTINO D. 2015, *La Galleria Lapidaria dei Musei Capitolini*, Roma, Incipit 2.

VERGANTINI G. 1987, «Le iscrizioni inedite», in S. PANCIERA (ed.), *La collezione epigrafica dei Musei Capitolini. Inediti, revisioni, contributi al riordino*, Roma, Tituli 6, p. 92-94.

VON PETRIKOVITS H. 1981, «Die Spezialisierung des römischen Handwerks», in H. JANKUHN, W. JANSSEN, R. SCHMIDT-WIEGAND e H. TIEFENBACH (ed.), *Das Handwerk in vor- und frühgeschichtlicher Zeit. Teil I. Historische und rechtshistorische Beiträge und Untersuchungen zur Frühgeschichte der Gilde*, Gottinga, p. 63-132.

WALTZING J.P. 1899, *Étude historique sur les corporations professionnelles chez les Romains depuis les origines jusqu'à la chute de l'Empire d'Occident*, III, Lovanio.

WISEMAN T.P. 1971, *New Men in the Roman Senate 139 B.C. – A.D. 14*, Oxford.

FORMES ET USAGES DE L'IVOIRE D'ÉLÉPHANT À L'ÉPOQUE ROMAINE : L'EXEMPLE DE POMPÉI

Introduction

L'ivoire est une matière travaillée par les hommes depuis l'époque du Paléolithique supérieur. Il est utilisé pour la fabrication d'objets de tailles diverses et apprécié d'abord pour sa beauté, sa couleur ainsi que pour sa disposition à être sculpté. Comme ailleurs et comme aux époques précédentes, les Romains l'ont exploité à des fins utilitaires, mais aussi culturelles, artistiques et même politiques. Tite-Live, par exemple, fait mention du sceptre d'ivoire de Tarquin. Il raconte aussi l'incident presque comique ayant opposé Marcus Papyrus à un soldat gaulois qui avait touché sa barbe et que le consul frappa de son bâton d'ivoire, lors de la fameuse « prise » de Rome par les Gaulois en 390 av. J.-C. (*Hist. rom.*, V, 41). Dans les pages qui précèdent cet épisode, Tite-Live mentionne également les chaises curules ornées d'ivoire des magistrats de la République, auxquelles il fera, par la suite, plusieurs fois allusion.

À Pompéi, les conditions particulières de l'ensevelissement de la ville et de sa disparition ont permis la conservation d'un nombre important d'artefacts et d'ornements en ivoire – d'éléphant pour l'essentiel –, offrant la possibilité d'étudier ce matériau presque à l'échelle d'une ville entière, en y associant l'os, son pendant moins onéreux et plus répandu. Ce texte se propose de dresser un état des lieux et d'examiner cet aspect important de la culture matérielle d'une ville italienne de taille moyenne sous domination romaine, par ses usages et ses formes, mais aussi selon les lieux et les contextes de découverte, quand la documentation l'autorise.

1. Le corpus

Les réserves du Musée archéologique national de Naples (MANN) et les dépôts du site conservent des collections dont la plupart n'ont jamais été

Topoi Suppl. 18 (2022)
p. 131-167

étudiées, et encore moins publiées, hormis de petits ensembles épars, comme dans la publication d'Alfonso de Franciscis en 1963[1] ou encore dans celle de Maria Rosaria Boriello en 1986[2], qui proposait un chapitre sur *Gli avori e gli ossi lavorati*, dans lequel elle inventoriait et décrivait vingt-six pièces de valeur particulièrement significative. La plupart de ces objets ont été exhumés lors de fouilles anciennes, entre la deuxième partie du XVIIIe siècle et le début du XXe siècle pour le MANN, et aux périodes suivantes dans les dépôts du site de Pompéi, à la Casa Bacco[3]. Il s'agit de pièces et de fragments provenant de contextes domestiques ou de monuments publics, rarement de tombes, et qui sont parfois confondus avec l'os. Cette quasi-absence s'explique par deux facteurs principaux : l'attention était alors peu prêtée au contenu des urnes funéraires, et encore moins aux éventuels fragiles fragments d'ivoire, la plupart du temps très détériorés et fragmentés par la chaleur du bûcher. Ainsi, ceux qui sont présentés ici proviennent d'une aire funéraire en cours de fouille, située le long d'une voie sortant de la Porta Nocera au sud de la ville. Elle est l'objet d'un important programme de recherches mené par William Van Andringa et Henri Duday, sous l'égide de l'École française de Rome[4]. D'ores et déjà, d'intéressants ponts peuvent ainsi être établis entre le monde des morts et celui des vivants, notamment en observant la manière dont certains objets sont réutilisés à des fins funéraires, mais aussi dans la comparaison entre les différentes morphologies de certains types de mobilier, en particulier celles des décorations de lits, ouvrant la réflexion sur l'éventuelle réutilisation de lits domestiques pour un usage funéraire, transformant ainsi leur destination initiale[5].

2. État des lieux

D'un point de vue chronologique, c'est de la Pompéi sous domination romaine qu'il est question, puisque le mobilier et les artefacts proviennent de

1. De Franciscis 1963, fig. 91 et 92.

2. Borriello 1986, p. 111-112; cat. p. 230-233.

3. Sur l'histoire des fouilles, voir Zanella 2019.

4. Ce programme, intitulé «Naissance et développement d'un paysage romain, Ier siècle av.-Ier siècle apr. J.-C. Aux portes de la ville et le long de la route de Nocera. Pompéi - Fouille de la nécropole romaine de Porta Nocera», est un programme de recherche de l'École française de Rome en collaboration avec l'École Pratique des Hautes Études (UMR 8546, CNRS-ENS-Paris AOrOc), et la Soprintendenza archeologica di Pompei.

5. La question du lit funéraire, c'est-à-dire d'un lit qui aurait été – ou non – fabriqué à des fins uniquement funéraires est encore discutée. Voir à ce sujet Cormier 2022, p. 243-252, ou Cormier 2015, vol. 1, p. 196-222.

contextes archéologiques situés entre la seconde partie du Ier siècle av. J.-C. et l'éruption du Vésuve de l'automne 79.

L'utilisation de l'ivoire allait du petit instrument de la vie quotidienne à la décoration, ou même à la fabrication de meubles ou d'objets votifs. À Pompéi comme ailleurs, c'était un matériau prisé, fort cher[6], et qui pouvait être porteur d'une symbolique particulière. Au contraire, l'os, capable d'imiter l'ivoire, avait un coût infiniment moindre, ce qui a rendu son utilisation beaucoup plus répandue et commune.

Actuellement au MANN – ivoire et os confondus –, sur les 2600 pièces dénombrées, 137 sont en ivoire et tous les autres en os. Le ratio entre l'ivoire et l'os est à peu près équivalent au dépôt de la Casa Bacco à Pompéi. Mais le décompte total n'étant pas achevé, ces chiffres doivent être considérés avec précaution, et ne permettent pas de conclusion précise. En outre, la détermination de l'ivoire peut parfois prêter au doute dans sa différenciation avec l'os ; ces hésitations peuvent être par exemple liées à l'état de conservation, ou bien à des restaurations anciennes qui occultent les surfaces du matériau. En ce qui concerne les types d'ivoire, il s'avère que, sur l'ensemble du corpus, l'essentiel des pièces examinées est en ivoire d'éléphant, hormis certaines d'entre elles, de petite taille, pour lesquelles un doute subsiste. Nous en présentons ici quelques-unes. Dans ces cas-là, seule la mention « ivoire » est alors précisée pour la détermination. Dans les cas assurés de l'ivoire d'éléphant, la mention « ivoire d'éléphant » est indiquée.

Que ce soit au musée ou dans les dépôts du site, neuf grandes catégories fonctionnelles – ivoire et os confondus – composent ce grand ensemble d'artefacts. Chacune de ces catégories se subdivise en plusieurs types, selon leur forme et leur usage. Avec une mise en parallèle de l'ivoire et de l'os, le tableau ci-après synthétise ces catégories et types :

CATÉGORIE	TYPE	MATÉRIAU		EXEMPLE (Fig.)
		IVOIRE	OS	
L'*instrumentum* et les outils	Cuillères		x	/
	Manches	x	x	/
	Couteaux avec lame en métal	x	x	/
	Couteaux d'un seul tenant (de tissage ?)		x	/
	Stylets		x	/
	Aiguilles	x	x	/
	Poinçons		x	/
	Fuseaux et fusaïoles	x	x	/
	Quenouilles	x	x	1a, 1b
	Règles	x	x	2
	Instruments de mesure		x	/
	Enrouleurs de rouleaux à papyrus	x	x	3, 4a, 4b

6. Cf. par exemple Plin. *NH* 8, 10 (31), ou 37, 78 (204).

CATÉGORIE	TYPE	MATÉRIAU		EXEMPLE (Fig.)
		IVOIRE	OS	
Les éléments d'ameublement	Éléments de montants de lits (anneaux, bobines, cylindres figurés ou non, chapiteau, cloches)	x	x	20a, 21, 22
	Appliques de cadre de lit	x	x	17 (?), 20b
	Appliques d'accotoirs de lit, (couronnements de *fulcrum*, médaillons)	x	x	/
	Appliques décoratives de meubles	x	x	13, 14 (?), 15 (?), 16, 18, 19
	Éléments de charnière, éléments de serrure		x	/
Les éléments de coffrets	Appliques et placages décoratifs	x	x	/
	Pieds		x	/
Le petit mobilier	Boîtes rectangulaires avec couvercle à glissière	x	x	5a, 5b
	Pyxides	x	x	6
	Aryballes	x	x	7a, 7b
	Unguentaria	x	x	/
	Statuettes	x	x	8a, 8b
Les éléments d'instruments de musique	Bec de flûte		x	/
	Corps de flûte		x	/
La parure	Épingles	x	x	9
	Pendentifs	x	x	/
	Amulettes en pendentif		x	/
	Éléments d'éventail	x	x	/
	Éléments d'ombrelle	x	x	/
	Fibules	x	x	/
Les ustensiles de toilette	Peignes	x	x	10
	Cure-oreilles		x	/
	Spatules / cuillères à parfum		x	/
	Rasoirs	x	x	11
Les éléments de jeu	Jetons		x	/
	Dés		x	/
	Osselets		x	/
Les *militaria*	Poignards complets	x		12
	Gardes de *pugio*	x	x	/
	Manches de *pugio*	x	x	/
	Pommeaux	x	x	/

Une première observation met en évidence une plus grande diversité et une plus grande fréquence de l'os par rapport à l'ivoire, dans la variété des catégories et des types. Ce constat, qui n'a rien de surprenant, s'explique par la faible valeur marchande et la facilité d'approvisionnement de l'os comme matière première d'un bas coût de production, au contraire de l'ivoire, qui est le fruit d'une importation dépassant les terres d'Italie[7], et constituant un matériau onéreux. La présence en Italie romaine d'un artisanat de l'ivoire, à partir du IIe siècle av. J.-C. surtout, est donc dépendante des importations, tandis que celui de l'os, matériau d'un approvisionnement facile, s'est rapidement implanté partout, comme le suggèrent plusieurs auteurs modernes[8]. La différence de valeur entre les deux matériaux est importante : tandis que la matière première de l'os était de récupération, provenant en particulier des boucheries, l'*Édit du Maximum*, au début du IVe siècle apr. J.-C., précise qu'une livre d'ivoire – soit 324 g – coûtait 150 deniers[9], ce qui représente six fois le salaire journalier d'un ouvrier agricole, qui s'élève à 25 deniers[10]. Au IIe siècle apr. J.-C., le commerce de l'ivoire brut est attesté par le papyrus dit « de Muziris » (*PVinbod.* G. 40822), qui rapporte que le navire Hermapollon transporta entre Coptos et Alexandrie des marchandises importées d'Inde par un port de la mer Rouge et précise la valeur monétaire des trois quarts de ces biens : parmi ceux-ci, une importante quantité d'ivoire[11]. Par ailleurs, le *Périple de la mer Érythrée*, ce texte écrit probablement par un marchand grec entre 40 et 70 apr. J.-C., fournit de précieuses informations sur son commerce.

3. Esquisse d'un catalogue

Prémices d'un catalogue exhaustif en cours de réalisation pour le Musée de Naples, et d'une étude essentiellement organisée par contextes archéologiques pour les dépôts de Pompéi, est présenté ici un échantillon significatif de cet ensemble, selon trois groupes :

– les petits objets, qui incluent plusieurs catégories et types ;
– les éléments décoratifs d'ameublement ou de coffret (appliques et placage, pieds de siège ou de table) ;
– les éléments décoratifs de lits, appréhendés dans les demeures et dans les tombes.

---

7. La question des échanges commerciaux et des circuits d'importation de l'ivoire à l'époque romaine est archéologiquement mal connue. Pour une réflexion générale sur le commerce, voir TCHERNIA 2011.

8. LETTA 1984, TALAMO 1987-88, BONACASA-CARRA 2000, COPERSINO 2003, BERTRAND 2008, s'accordent à affirmer que l'Italie centrale par exemple – Ombrie, Marches, Abruzzes en particulier – comportait de nombreux centres de production.

9. GIACCHERO 1974 : 16.10a, p. 287.

10. FRÉZOULS 1977, p. 260.

11. Cf. DE ROMANIS 2014.

À cet ensemble s'ajoutent d'énigmatiques sièges en ivoire découverts à la fin du XVIIIe siècle, lors du dégagement des théâtres, et qui n'ont pas encore été retrouvés...

D'un point de vue chronologique, la plupart des artefacts sont à dater entre le début du Ier siècle apr. J.-C. et l'année 79.

Les dimensions s'entendent en millimètres.

3.1. Les petits objets

*3.1.1. L'*instrumentum *et les outils*

Identification : tête de quenouille (*Fig. 1a* et *1b*)
Inventaire : 109886
Provenance : Pompéi, Ier s. apr. J.-C. ? ; découvert en 1873
Lieu de conservation : MANN
Dimensions : L. max. : 71,5 ; ép. max. : 29,6
Détermination : ivoire d'éléphant

Description : cette tête de quenouille, composée d'une extrémité inférieure en mortaise, moulurée en deux liserés doubles et un liseré simple à section circulaire, était destinée à recevoir le corps de la quenouille. La partie supérieure est percée de part en part de trous, eux-mêmes de forme quadrangulaire, dont trois d'un même côté et le quatrième sur un bord latéral. Les percements accueillaient des tiges permettant d'y enlacer le lin ou la laine destinés au filage. Cet élément est en ivoire d'éléphant, dont on peut voir la morphologie caractéristique sur l'extrémité supérieure : cette section transverse indique que la matrice a été débitée dans le sens de la défense, dont on voit les courbes de croissance.

Référence comparative : FACCHINETTI 2005 ; voir également l'exemplaire inv. 119435 conservé au MANN.

Identification : règle (*Fig. 2*)
Inventaire : 11909F.c
Provenance : Pompéi ; maison I 16, 3, Ier s. apr. J.-C. ; découverte fin septembre 1957
Lieu de conservation : dépôt de la Casa Bacco, Pompéi
Dimensions : L. max. : 225,7 ; l. max. : 28,8 ; ép. max. : 2,7
Détermination : ivoire d'éléphant

Description : cet élément, interprété comme une règle, a été découvert dans une armoire d'une des pièces de la maison I 16, 3 au sud de la ville[12], en

12. Cette maison pourrait avoir servi d'atelier pour la fabrication d'objets en os. Un programme d'étude et de fouille, en cours de préparation, pourra peut-être confirmer cette hypothèse.

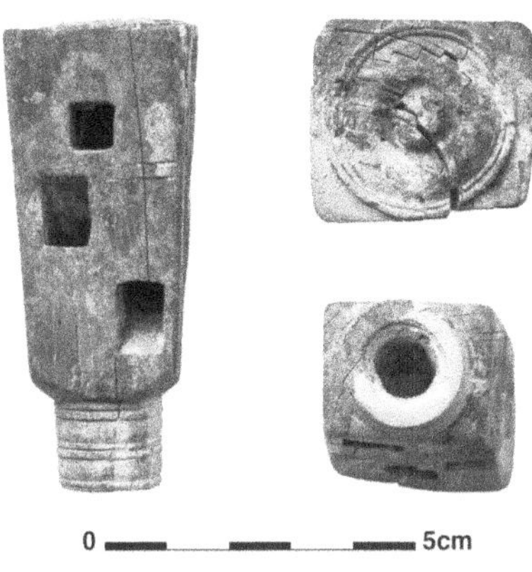

Fig. 1a – Tête de quenouille, ivoire d'éléphant, de Pompéi, inv. 109886, profil, dessus, dessous. Musée archéologique de Naples (inv. 109886). Cliché A. Cormier « su concessione del Ministero per i Beni e le Attività Culturali e per il Turismo – Museo archeologico nazionale di Napoli ».

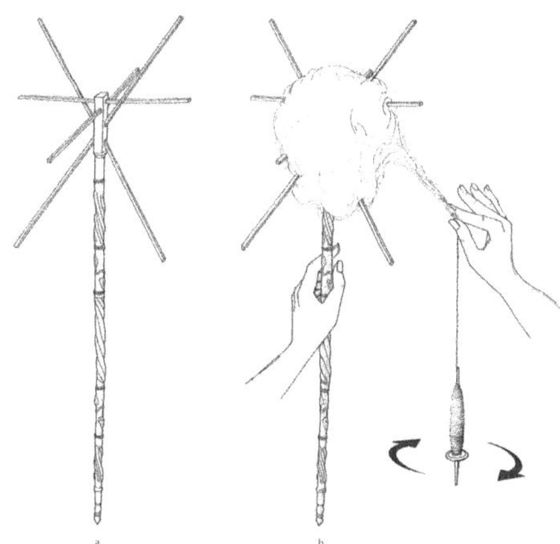

Fig. 1b – Reconstitution graphique d'une quenouille, d'après G. FACCHINETTI, « La rocca », *La Signora del sarcofago, Contributi di Archeologia*, 4 (dir. M. P. ROSSIGNANI, M. SANNAZARO, G. LEGROTTAGLIE), Milan, 2005, fig. 3, p. 219.

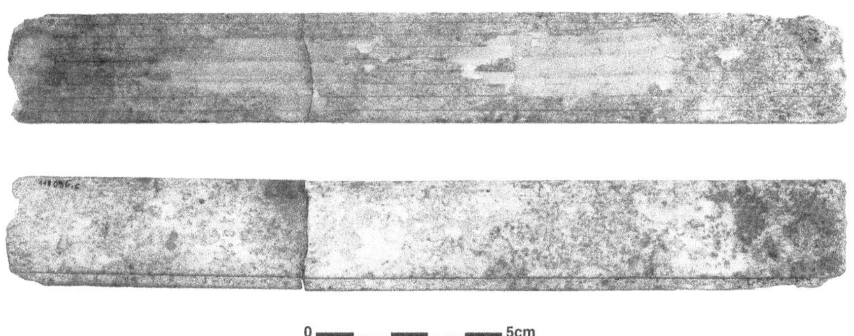

Fig. 2 – Règle, ivoire d'éléphant, de Pompéi, maison I 16, 3, avers et revers. Dépôts de Pompéi, inv. 11909F.c. Cliché A. Cormier, sur concession du MiC – PA Pompei.

septembre 1957. Dans un article de 2013 [13], consacré à un ensemble d'objets liés à la peinture et également retrouvés là, ainsi qu'en d'autres endroits de I 16, Marie Tuffreau-Libre indique qu'elle y a décelé des traces de peinture, lui faisant supposer que cet objet avait peut-être été utilisé comme spatule. Fait particulièrement intéressant, la surface d'un des deux côtés porte

13. TUFFREAU-LIBRE, BRUNIE et DARÉ 2013.

une série de tracés incisés qui suscite des interrogations. Les fouilleurs l'ont interprétée comme un instrument destiné à des tracés perspectifs, conformes en réalité à la représentation spatiale de la Renaissance. Cette hypothèse est cependant aujourd'hui démentie à la fois par l'observation et les caractéristiques géométriques de ces tracés, et par ce que l'on sait de la représentation spatiale dans l'Antiquité. Plusieurs solutions sont ainsi proposées quant à la fonction première de cette lame. La plus pertinente est celle d'Hélène Eristov[14], qui la considère comme une règle de réduction, permettant de porter ou de lire directement la distance entre deux points, sans avoir à faire de conversion.

Identification : Liseuse de rouleaux de papyrus ou chevalet de brodeur (?) (*Fig. 3, 4a, 4b*)

Inventaire : 109905a et 109905b

Provenance : Pompéi, Ier s. apr. J.-C. (?) ; édifice I 2, 27 ; découvert en juin 1873

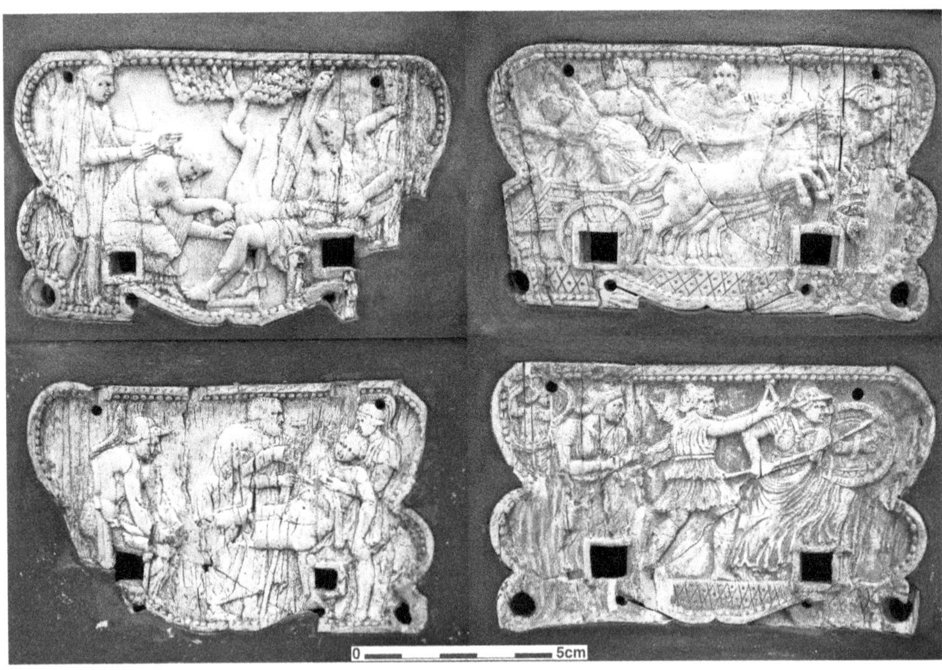

Fig. 3 – Liseuse de rouleaux de papyrus ou chevalet de brodeur (?), ivoire d'éléphant, de Pompéi, inv. 109905a (avers et revers) et 109905b (avers et revers). Musée archéologique de Naples, cliché A. Cormier « su concessione del Ministero per i Beni e le Attività Culturali e per il Turismo – Museo archeologico nazionale di Napoli ».

14. Eristov et Parzysz 2018.

Fig. 4a – Liseuse de rouleaux de papyrus ou chevalet de brodeur (?), os, de Pompéi, inv. 78356, avers et revers. Musée archéologique de Naples (inv. 78356). Cliché A. Cormier « su concessione del Ministero per i Beni e le Attività Culturali e per il Turismo – Museo archeologico nazionale di Napoli ».

Fig. 4b – Liseuse de rouleaux de papyrus ou chevalet de brodeur (?), ivoire, de Tarente, Contrada S. Lucia, première moitié du Ier s. apr. J.-C. Musée archéologique de Tarente (inv. 27662 A-B). Cliché A. Cormier.

Lieu de conservation : MANN
Dimensions : L. max. : 124 ; H. max. : 73
Détermination : ivoire d'éléphant

Description : deux plaquettes décorées dont l'interprétation fonctionnelle a longtemps posé problème. La plus courante les classait comme appliques. Or cette proposition ne saurait être recevable, du fait en particulier des décorations sculptées en bas-relief présentes sur les deux faces. Plusieurs comparaisons avec des éléments du même type, dans le musée même (inv. 79356, *Fig. 4a*)[15] ou ailleurs, comme par exemple au musée archéologique de Tarente (inv. 27662 A-B, *Fig. 4b*), ont mis en valeur l'hypothèse séduisante de parties constitutives d'une liseuse de rouleaux de papyrus, avancée par Susan Wood, de l'Université d'Oakland, dans un article daté de 2001, et qui procède à l'étude de ces deux pièces[16]. Le fonctionnement de cet objet serait assez simple : on insère le papyrus entre les tiges fixées dans les plaquettes et qui les relient perpendiculairement, que l'on fait ensuite glisser au fur et à mesure de la lecture, en le tirant d'un côté vers l'autre. Le déroulement est ainsi stabilisé et autorise une lecture sur la partie intermédiaire étalée. Les motifs iconographiques montrent sur une plaquette la naissance et la mort de Méléagre et, sur la seconde, le rapt de Perséphone, avec Déméter d'un côté, et Artémis et Athéna à la poursuite du chariot d'Hadès de l'autre.

Une autre interprétation mérite une attention particulière : dans un article récent, J.-Cl. Béal propose d'identifier ces éléments comme constitutifs d'un chevalet de brodeur.

Bibliographie antérieure : Béal 2018, Wood 2001.

3.1.2. Le petit mobilier

3.1.2.1. Boîtes et récipients

Identification : boîte rectangulaire à couvercle à glissière (*Fig. 5a*)
Inventaire : 116474
Provenance : Pompéi, 30-79 apr. J.-C. ; découverte en 1887 ou avant
Lieu de conservation : MANN
Dimensions : L. max. : 105,5 ; H. max. : 26,5 ; l. max. : 50,1
Détermination : os ou ivoire ?

Identification : paroi de boîte rectangulaire à couvercle à glissière (*Fig. 5b*)
Inventaire : 11909F.d
Provenance : Pompéi ; maison I 16, 3, Ier s. apr. J.-C. ; découverte fin septembre 1957
Lieu de conservation : dépôt de la Casa Bacco, Pompéi
Dimensions du fragment le plus grand : L. max. : 85 ; l. max. : 21,6 ; ép. max. 7,1

15. Nous avions proposé, à propos de ces deux plaquettes, cette interprétation insatisfaisante, en applique (Cormier 2020, p. 8, et pl. I, nº 5).

16. Wood 2001.

Fig. 5a – Boîte rectangulaire à couvercle à glissière, os ou ivoire sur socle moderne en bois, de Pompéi, découverte en 1887 ou avant. Musée archéologique de Naples (inv. 116474). Cliché A. Cormier « su concessione del Ministero per i Beni e le Attività Culturali e per il Turismo – Museo archeologico nazionale di Napoli ».

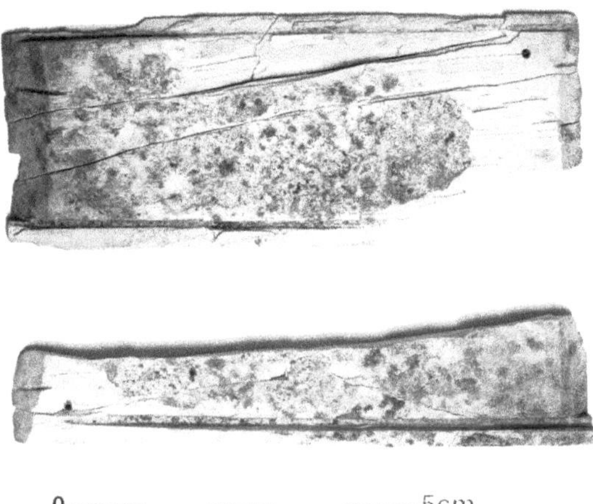

Fig. 5b – Paroi latérale de boîte rectangulaire à couvercle à glissière, de Pompéi, maison I 16, 3, découverte en 1957. Dépôt de Pompéi, inv. 11909F.d, face intérieure. Cliché A. Cormier « sur concession du MiC – PA Pompei ».

Détermination : ivoire d'éléphant

Description de 116474 et 11909F.d : deux boîtes rectangulaires avec couvercle à glissière. Celle inventoriée 116474 (*Fig. 5a*) a subi une restauration au XIXe siècle, et a été fixée sur un socle mouluré. Sur la *Fig. 5b* sont présentés deux fragments de paroi latérale d'une autre boîte : sur la face intérieure, ici visible, on observe les biseaux aux deux extrémités, permettant un contact perpendiculaire avec les parois latérales tandis que les deux bords longs, non biseautés, sont pourvus d'une gorge destinée au coulissement du couvercle. Sur l'autre face, ont subsisté aux angles la tête de petits clous ainsi que des incisions angulaires décoratives.

Identification : couvercle de pyxide (*Fig. 6*)
Inventaire : 23766
Provenance : Pompéi, Ier s. apr. J.-C. ?
Lieu de conservation : dépôt de la Casa Bacco, Pompéi
Dimensions : diam. ext. max. : 95
Détermination : ivoire d'éléphant
Description : couvercle circulaire de forme bombée. La surface supérieure, depuis le bord extérieur, prend une forme légèrement convexe, pour donner naissance au centre à une surface circulaire plate. En surface inférieure, le bord finement arrondi donne naissance à une surface circulaire plate, délimitée par une fine arête. La surface principale, au centre, est creusée plus profondément et se termine par un dernier renfoncement circulaire au centre. L'arête fine servait de calage sur le corps de la boîte. Une partie du bord est manquante, brisée suivant un cerne de croissance caractéristique de l'ivoire.

Identification : aryballe (*Fig. 7a*)
Inventaire : 136644
Provenance : Pompéi, Ier s. apr. J.-C. (?) ; découvert en 1913 ou avant.
Lieu de conservation : MANN
Dimensions : H. max. : 58,9 ; diam. ext. max. : 58,8
Détermination : ivoire d'éléphant
Description : récipient subsphérique intégralement décoré en bas-relief. La panse se divise en deux registres décoratifs. Le premier, qui occupe l'essentiel de la surface, montre cinq petites scènes séparées par des colonnettes encastrées, mi-lisses mi-cannelées. Elles sont reliées par une ligne courbe en arcade décorée de stries. Quatre mettent en scène un Amour ailé au travail, deux autres transportant une amphorette, un troisième un coffret en osier, et le dernier un sac pourvu d'une anse souple. Une cinquième scène comporte une vasque décorée avec un socle haut, au-dessus de laquelle se trouve un volatile. L'épaule est sculptée en pétales radiants se resserrant vers le col, qui était pourvu d'une anse dont il subsiste le départ, et qui est décoré de stries croisées dessinant des losanges.
Bibliographie antérieure : Borriello 1986, p. 230-231, fig. 10.

Identification : aryballe (*Fig. 7b*)
Inventaire : 11879
Provenance : Pompéi, Ier s. apr. J.-C. ; maison I 16, 3 ; découvert fin septembre 1957
Lieu de conservation : dépôt de la Casa Bacco, Pompéi
Dimensions : H. max. : 43,4 ; diam. ext. max. : 46,2
Détermination : ivoire d'éléphant
Description : récipient subsphérique entièrement conservé, lisse et sans décoration. On observe la présence d'une anse à angle saillant. Les lignes concentriques caractéristiques de l'ivoire sont nettement visibles sur l'épaule.
Bibliographie antérieure : Cormier 2021, fig. 3.

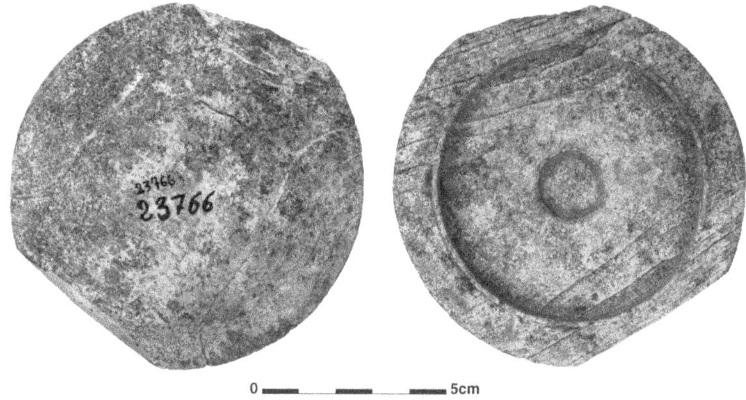

Fig. 6 – Couvercle de pyxide, ivoire d'éléphant, de Pompéi. Dépôts de Pompéi, inv. 23766. Cliché A. Cormier, sur concession du MiC – PA Pompei. Tous droits réservés.

Fig. 7a – Aryballe, ivoire d'éléphant, de Pompéi. Musée archéologique de Naples (inv. 136644). Cliché A. Cormier « su concessione del Ministero per i Beni e le Attività Culturali e per il Turismo – Museo archeologico nazionale di Napoli ».

Fig. 7b – Aryballe, ivoire d'éléphant, de Pompéi, maison I 16, 3. Dépôts de Pompéi, inv. 11879. Cliché A. Cormier, sur concession du MiC – PA Pompei. Tous droits réservés.

3.1.2.2. Statuettes

Identification : statuette féminine (*Fig. 8a*)
Inventaire : 123216
Provenance : Pompéi, Iᵉʳ s. apr. J.-C. ? ; découvert le 9 mars 1871
Lieu de conservation : MANN ; inventoriée au MANN en octobre 1894
Dimensions : H. max. : 37 ; l. max. : 18 ; ép. max. : 7
Détermination : ivoire d'éléphant
Description : statuette fragmentaire très détériorée et décrite comme telle au moment de la découverte, comme le précise le journal de fouilles : « statuetta in frammenti e tutta corrosa » [17], dont il manque le bas des jambes, le bras gauche et la tête. Le personnage de sexe féminin semble recouvert sur le haut du corps par un vêtement. Le bras droit est replié sur le torse et la jambe gauche légèrement avancée. La forte détérioration de l'ensemble rend impossible l'identification de ce personnage.

Identification : statuette d'une Vénus anadyomène (*Fig. 8b*)
Inventaire : 110924
Provenance : Pompéi, Iᵉʳ s. apr. J.-C. (?) ; découverte en 1876 ou avant
Lieu de conservation : MANN (inventoriée au MANN en août 1876) ; l'ensemble a subi une restauration ancienne et repose sur un socle mouluré (diam. 43, ép. 12) constitué à cette occasion.
Dimensions : H. max. : 106 ; l. max. : 43 ; ép. max. : 16
Détermination : ivoire d'éléphant
Description : statuette d'un personnage féminin identifié à Vénus sortant des eaux. Ce personnage est nu, et seule la face postérieure du corps est recouverte d'un drapé retenu sur l'épaule droite, ainsi qu'en dessous du coude gauche, auquel il est retenu. Le bras droit est manquant, tandis que le gauche est replié et que la main tient délicatement une partie de la chevelure tombante, ou peut-être du tombant du bandeau coiffant l'ensemble. Cette Vénus est accompagnée, sur le côté gauche, d'un animal aquatique, manifestement un dauphin.
Bibliographie antérieure : BORRIELLO 1986, p. 230-231.

3.1.2.3. *La parure*

Identification : tête d'épingle (*Fig. 9*)
Inventaire : SN.C30.03b
Provenance : Pompéi, Iᵉʳ s. apr. J.-C. ?
Lieu de conservation : MANN
Dimensions : L. max. : 53,3 ; ép. max. : 6,7 ; diam. max. : 4,3
Détermination : ivoire

---

17. *Giornale degli Scavi di Pompei* (*GSP*), A VI 2, p. 19. La localisation de la découverte est difficile à déterminer.

Fig. 8a – Statuette féminine, ivoire, de Pompéi, découverte le 9 mars 1871. Musée archéologique de Naples (inv. 123216). Cliché A. Cormier « su concessione del Ministero per i Beni e le Attività Culturali e per il Turismo – Museo archeologico nazionale di Napoli ».

Fig. 8b – Statuette représentant une Vénus anadyomène, de Pompéi. Musée archéologique de Naples (inv. 110924). Cliché A. Cormier « su concessione del Ministero per i Beni e le Attività Culturali e per il Turismo – Museo archeologico nazionale di Napoli ».

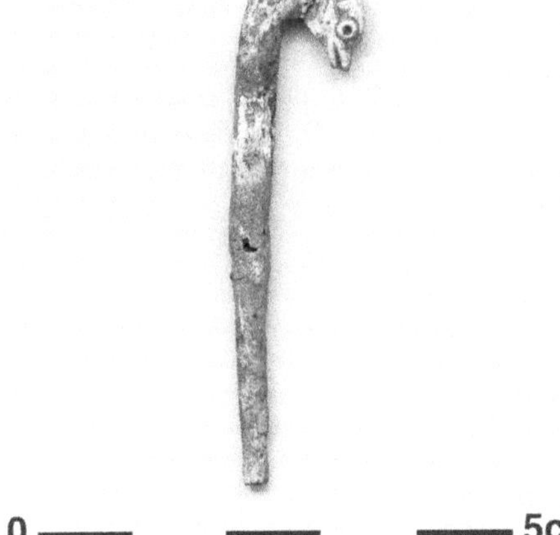

Fig. 9 – Tête d'épingle, ivoire, de Pompéi. Musée archéologique de Naples (inv. SN.C30.03b). Cliché A. Cormier « su concessione del Ministero per i Beni e le Attività Culturali e per il Turismo – Museo archeologico nazionale di Napoli ».

Description : extrémité supérieure d'une épingle, dont il manque la partie inférieure du corps, qui est à section circulaire. Cette extrémité embrasse la forme d'une tête de canard sur un cou recourbé qui initie le corps de l'épingle et sur laquelle sont nettement dessinés les yeux et le bec. Très peu de pièces de parure en ivoire ont été identifiées à Pompéi : sur les soixante-dix-huit épingles en matière dure animale conservées au musée par exemple, seules deux sont en ivoire, et les autres en os.

3.1.2.3. *Les ustensiles de toilette*

Identification : peigne (*Fig. 10*)

Inventaire : 118729

Provenance : Pompéi, Ier s. apr. J.-C. (?); édifice IX 5, 18; découvert le 29 juillet 1878

Lieu de conservation : MANN; expédié à Naples le 29 décembre 1888 et inscrit dans l'inventaire général du musée le 16 janvier 1889.

Dimensions : L. max. : 80,9; l. max. : 72,9; ép. max. : 2

Détermination : ivoire; Le *GSP* indique à tort un peigne en os[18].

Description : ce peigne en ivoire fait partie de la dizaine conservée au musée de Naples, et le seul décoré de motifs de ce type. Récemment restauré – mais incomplet –, il est composé de 13 fragments; l'angle supérieur gauche est manquant, de même qu'une partie des dents. Le corps est large et l'un des bords latéraux, en ligne courbe symétrique, est intégralement conservé. La décoration incisée présente deux paons confrontés, dont l'un a partiellement disparu, et qui sont séparés par une corbeille de fruits de laquelle dépassent

18. *GSP*, A VI 2, p. 319.

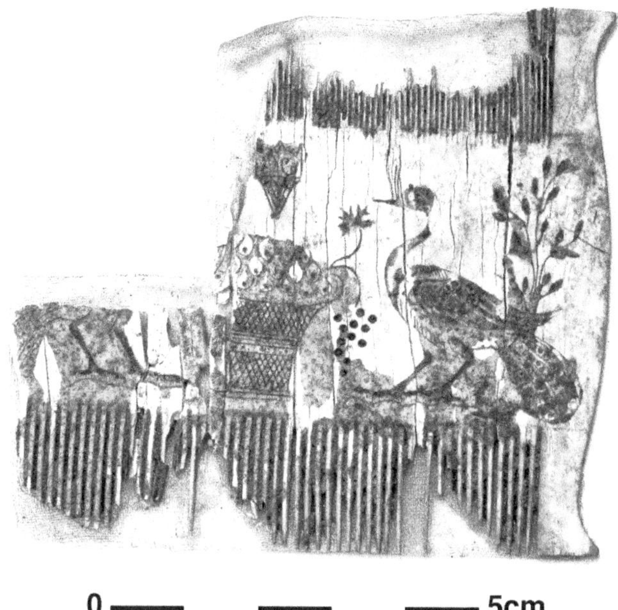

Fig. 10 – Peigne décoré, ivoire, de Pompéi, maison IX 5, 18. Musée archéologique de Naples (inv. 118729). Cliché A. Cormier « su concessione del Ministero per i Beni e le Attività Culturali e per il Turismo – Museo archeologico nazionale di Napoli ».

des grenades. On observe aussi des motifs végétaux : une fleur au niveau du panier et une plante feuillue derrière le paon de droite. Des points creusés et colorés en noir tombent de la corbeille en grappe de raisins. Ces motifs sont rehaussés de couleur rouge, nettement visible sur la corbeille, les paons et au-dessus de la corbeille. Le revers est lisse et dépourvu de décorations. L'angle supérieur gauche est manquant, de même qu'une partie des dents.

Bibliographie antérieure : Borriello 1986, p. 230-231.

Identification : rasoir pliant (*Fig. 11*)

Inventaire : 11148

Provenance : Pompéi, Ier s. apr. J.-C. (?) ; maison I 13, 7 ; l'édifice I 13, 7 a été fouillé entre 1953 et 1956 et est interprété comme un petit hôtel.

Lieu de conservation : dépôt de la Casa Bacco, Pompéi

Dimensions : L. max. : 115,9 ; l. max. 90,1 : ép. max. : 5,1

Détermination : ivoire

Description : rasoir de grande taille et pourvu d'une large lame pliante en fer, qui pivotait autour d'un rivet pour se fermer. La lame comporte trois bords. L'un, sur le côté, est biseauté et tranchant, contrairement à celui parallèle au manche. Le manche, presque intégralement conservé, est en forme de L

Fig. 11 – Rasoir pliant, ivoire d'éléphant et fer, de Pompéi, édifice I 13, 7. Dépôt de Pompéi, inv. 11148. Cliché A. Cormier, sur concession du MiC – PA Pompei. Tous droits réservés.

caractéristique, arrondi à une extrémité et plus large et anguleux à l'autre, dont les bords sont usés. Plusieurs rasoirs de ce type ont été trouvés à Pompéi, de taille plus réduite et en os cependant, dont un en I 16, 3.

3.1.2.3. *Les* militaria

Identification : poignard (*Fig. 12*)
Inventaire : inv. 9918
Provenance : Pompéi, Ier s. apr. J.-C. ? ; édifice I 9, 10 ; découvert en 1952
Lieu de conservation : dépôt de la Casa Bacco, Pompéi
Dimensions : L. max. : 346 ; diam. max. (garde) : 46,2
Détermination : ivoire d'éléphant et fer
Description : poignard complet restauré. La lame en fer est fortement corrodée et fissurée ; elle se trouve par endroits encore recouverte de restes de fourreau, probablement en cuir. La poignée se compose de trois parties

Fig. 12 – Poignard, ivoire d'éléphant et fer, de Pompéi, I 9, 19. Dépôts de Pompéi, inv. 9918. Cliché A. Cormier, sur concession du MiC – PA Pompei. Tous droits réservés.

emboîtées en ivoire : la garde, la fusée et le pommeau. La garde est de section circulaire et en forme de cloche ; au centre, la fusée présente aussi une section circulaire, et comprend quatre cannelures, séparées par trois filets en arête saillante. Cette morphologie permettait une prise en main très stable. Le pommeau prend la forme d'une sphère étirée, ornée d'un double listel incisé à chaque extrémité, et se trouvait coiffé d'un petit ombon, aujourd'hui disparu. Cet ombon occultait la cavité interne longitudinale de l'ensemble, ménagée pour la soie dont l'extrémité apparaît au sommet du pommeau.

3.2. Les éléments décoratifs d'ameublement en appliques et placages

3.2.1. Appliques décoratives figurées en bas-relief

Identification : applique figurée en bas-relief, ménade dansant (*Fig. 13*)
Inventaire : 7874 (inventaire San Giorgio)
Provenance : Pompéi, Ier s. apr. J.-C. (?) ; découvert avant 1870
Lieu de conservation : MANN. L'objet porte les stigmates d'une restauration ancienne : l'ivoire a été encollé sur une plaque de bois, au moyen d'une colle résineuse ayant pris une couleur jaunâtre.

Fig. 13 – Applique figurée en bas-relief représentant une ménade dansant, ivoire d'éléphant, de Pompéi. Musée archéologique de Naples (inv. 7874 [inventaire San Giorgio]). Cliché A. Cormier « su concessione del Ministero per i Beni e le Attività Culturali e per il Turismo – Museo archeologico nazionale di Napoli ».

Dimensions : L. max. : 240 ; l. max. : 129 ; ép. max. : 2

Détermination : ivoire d'éléphant

Description : applique figurée qui représente un personnage en pied portant un vêtement drapé. Les pieds ont disparu et les jambes sont intégralement recouvertes de ce drapé en deux parties, dont les plis verticaux sont subtilement sculptés. La jambe gauche est légèrement repliée vers l'arrière. Le tronc est lui aussi recouvert d'un drapé s'arrêtant au milieu du corps et laissant percevoir la forme de la poitrine et un col. Le bras droit est replié vers le haut et soutient une partie du drapé, mais la main a disparu. Le bras gauche est, quant à lui, légèrement plié et orienté vers le bas, écarté du corps. La main enserre délicatement un morceau de drapé qui retombe derrière, jusqu'à mi-jambe. Les cinq doigts sont parfaitement visibles, avec le pouce légèrement écarté et les quatre autres à demi-repliés. La tête, qui devait être légèrement orientée vers la droite a malheureusement disparu, et il n'en subsiste que le chignon sur la partie arrière. Ce bas-relief représente un personnage féminin, vraisemblablement une ménade.

Identification : applique figurée en bas-relief, portrait masculin de profil (*Fig. 14*)

Inventaire : 122943a

Provenance : Pompéi, Ier s. apr. J.-C. (?) ; Maison de la Princesse Marguerite (IX 2, 16) ; découvert le 25 mars 1870. Le journal de fouille décrit cette applique comme étant en os, et la répertorie ainsi : « alcuni frammenti di un profilo virile »[19]. La localisation de la découverte est à mettre en rapport avec le contenu du journal, qui évoque la Via Stabiana et la présence de la Princesse Marguerite[20], ce qui correspond à l'édifice IX 2, 16, dégagé pour partie en 1870.

Lieu de conservation : MANN

Dimensions : H. max. : 173 ; l. max. : 56 ; ép. max. : 32

Détermination : ivoire

Description : cette applique figurée en bas-relief, très détériorée, montre un buste de profil droit (sur la photographie : avers, vue de face, dos). Sur la partie supérieure, sont nettement visibles sur le visage des incisions signifiant une chevelure sobre, l'œil droit surmonté d'une arcade proéminente, un subtil dessin de la partie droite de la bouche, et un menton fin et arrondi. Le bas de la joue droite est également encore lisible. Très fragmentaire, la partie inférieure représentant le haut du corps n'offre que peu de détails, dont le bord supérieur d'un vêtement le long du cou. Le revers est plat et lisse, laissant penser à un placage fixé sur un support plat en bois. Cette pièce a été sculptée dans

19. *GSP*, A VI, 1, p. 188.

20. *Ibid.*, page précédente.

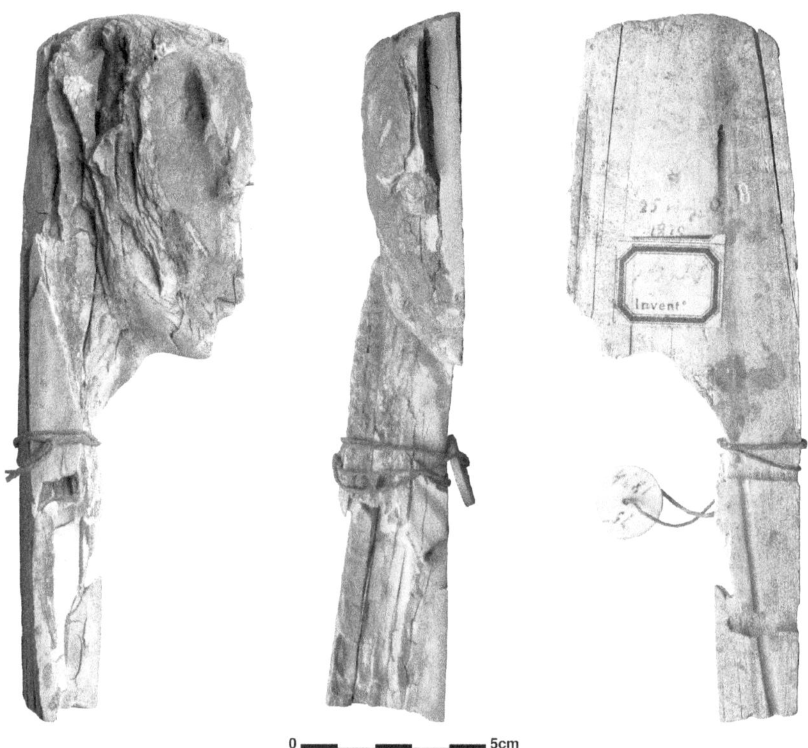

Fig. 14 – Applique figurée en bas-relief représentant un visage de profil (avers, profil, revers), ivoire d'éléphant, de Pompéi, Maison de la Princesse Marguerite (IX 2, 16). Musée archéologique de Naples (inv. 122943°). Cliché A. Cormier « su concessione del Ministero per i Beni e le Attività Culturali e per il Turismo – Museo archeologico nazionale di Napoli ».

une matrice débitée dans une partie pleine de la défense, comme l'indique la morphologie des lignes de croissance visible sur le revers.

Identification : applique figurée en bas-relief, patte de lion (*Fig. 15*)
Inventaire : 78399a
Provenance : Pompéi, Ier s. apr. J.-C. ?
Lieu de conservation : MANN
Dimensions : L. max. : 157; l. max. : 34,3; ép. max. : 7,1
Détermination : ivoire d'éléphant
Description : applique figurée en bas-relief, dessinant une patte antérieure droite de lion, de profil et s'arrêtant au-dessus du coude, lui-même replié à presque 45 degrés. Le pied comprend deux doigts terminés par une griffe, et l'avant-bras, en position horizontale, est pourvu en sa partie inférieure

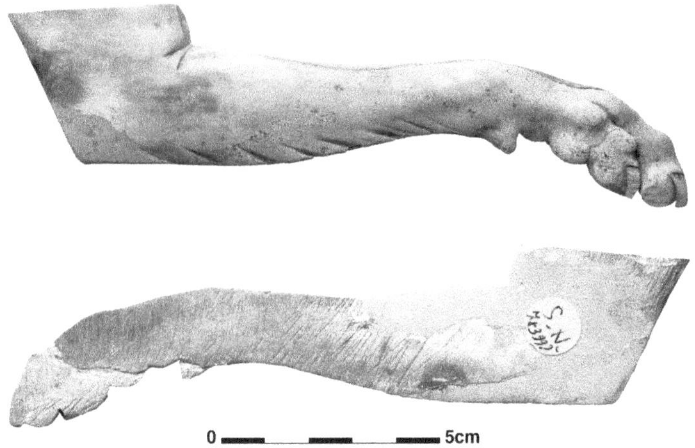

Fig. 15 – Applique figurée en bas-relief, en forme de patte de lion (avers, revers), ivoire d'éléphant, de Pompéi. Musée archéologique de Naples (inv. 78399°). Cliché A. Cormier « su concessione del Ministero per i Beni e le Attività Culturali e per il Turismo – Museo archeologico nazionale di Napoli ».

de poils qui sont signifiés en incisions transversales et parallèles. Le coude, replié lui aussi, laisse apparaître le début du bras, lui-même coupé en section transversale horizontale. Cette patte était probablement constitutive d'un ensemble d'éléments ornementaux assemblés, de taille importante. L'animal représenté était en position allongée avec les pattes antérieures pliées avancées vers l'avant. Le revers plat a conservé des traces linéaires d'outillage (ciseau), et laisse voir une restauration ancienne ainsi qu'un collage.

3.2.2. Appliques et bandeaux à décors géométriques ou végétaux

Identification : applique en médaillon à décor géométrique en bas-relief (*Fig. 16*)

Inventaire : 14249a

Provenance : Pompéi, Ier s. apr. J.-C. ? ; Maison de Championnet (VIII 2, 1)

Lieu de conservation : dépôt de la Casa Bacco, Pompéi

Dimensions : ép. max. : 8 ; diam. int. max. : 6 ; diam. ext. max. : 60,5

Détermination : ivoire

Description : intégralement conservé, ce médaillon est bombé sur l'avers et rehaussé de décorations géométriques à godronnage radial. Ces motifs vont se rétrécissant vers le centre, dont le percement porte des traces d'oxydation. Il était comblé par un clou décoratif en alliage cuivreux. Le revers, plat, comporte les traces de ponçage et de lissage de l'artisan. Cet élément entrait dans un ensemble décoratif qui ornait probablement un meuble, comme une armoire ou un coffre, avec les fragments inv. 14249i.

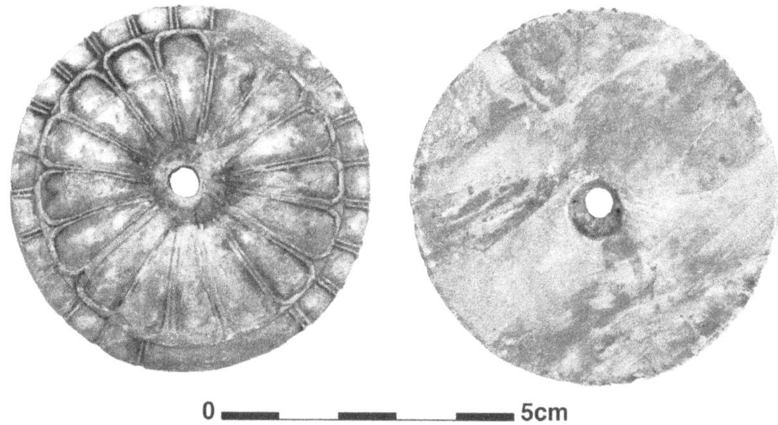

Fig. 16 – Applique en médaillon à décor géométrique en bas-relief, ivoire, de Pompéi, Maison de Championnet, VIII 2, 1. Dépôts de Pompéi, inv. 14249a. Cliché A. Cormier, sur concession du MiC – PA Pompei. Tous droits réservés.

Identification : fragments de bandeaux à décors géométriques (*Fig. 17*)
Inventaire : 14249i
Provenance : Pompéi, Ier s. apr. J.-C. ? ; Maison de Championnet (VIII 2, 1)
Lieu de conservation : dépôt de la Casa Bacco, Pompéi
Dimensions : L. max. : 75 ; l. max. : 15 ; ép. max. : 6
Détermination : ivoire

Description : treize fragments de bandeau décoratif épais, aux motifs essentiellement en rais de cœur. Certains sont constitués de plusieurs éléments assemblés et collés. Le revers porte les traces du ciseau à dents de l'artisan. Ces éléments ornaient très probablement le même meuble que le médaillon 14249a ci-dessus, ainsi que d'autres fragments retrouvés au même endroit (inv. 14249b-h et 14249k-m).

Identification : fragments de garniture en appliques décoratives incrustées (*Fig. 18*)
Inventaire : SN.C30.06
Provenance : Pompéi, Ier s. apr. J.-C. ?
Lieu de conservation : MANN
Dimensions : L. max. : 87 ; l. max. : 24 ; ép. max. : 2,4
Détermination : ivoire d'éléphant, pâte de verre, fil d'or

Description : un peu plus de quarante fragments de ce type ont été conservés (une vingtaine seulement sont présentés ici) : ils sont pourvus de fins ornements à motifs végétaux en incisions et en incrustations de pâte de verre, en forme de feuilles et des fleurs stylisées. Les incisions, en forme de tiges ondulées et de motifs également floraux ou en volutes, étaient comblées

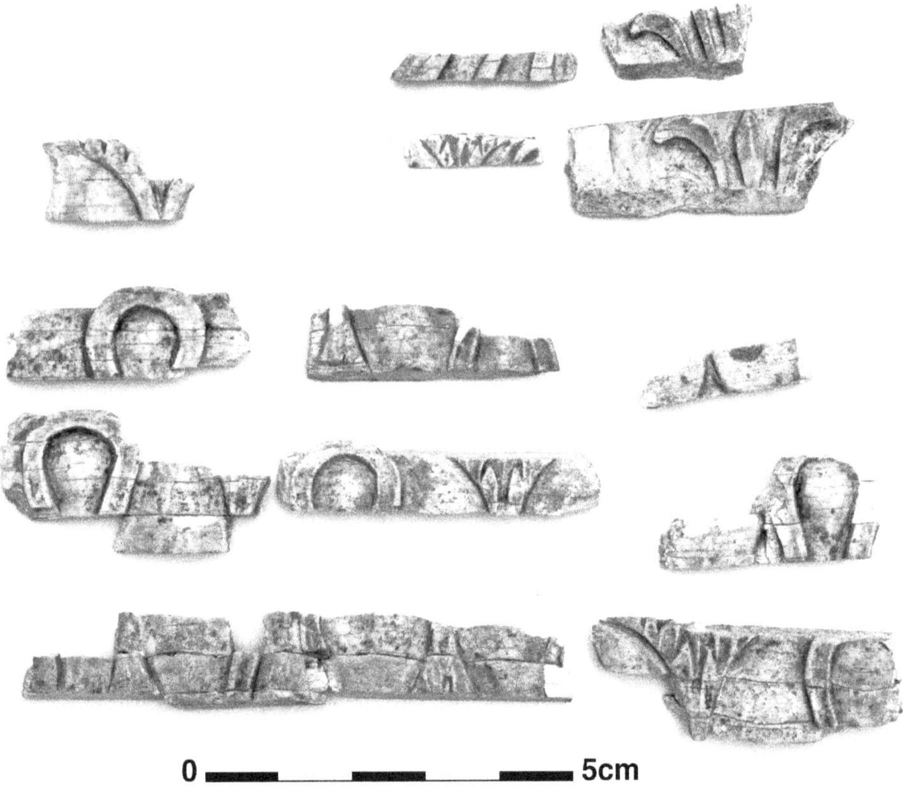

Fig. 17 – Fragments de bandeaux à décors géométriques, ivoire, de Pompéi, Maison de Championnet, VIII 2, 1. Dépôts de Pompéi, inv. 14249i. Cliché A. Cormier, sur concession du MiC – PA Pompei.

de fils d'or, comme il en subsiste en quelques endroits. L'ensemble était manifestement circonscrit par un cadre, signifié par une incision linéaire, dont l'un des angles est conservé. En outre, le revers porte en maints endroits des traces du ciseau de l'artisan ; on distingue également nettement les formes caractéristiques incurvées de la morphologie de l'ivoire d'éléphant, visibles sur une grande partie d'entre eux, et qui ont, par désolidarisation, provoqué des cassures. Par ailleurs, environ deux cents incrustations en pâte de verre rouge ou verte, à l'état fragmentaire pour la plupart, sont également conservées, dont quelques-unes présentent des recouvrements en feuille d'or. Cet ensemble s'apparente à des placages ornementaux de meuble, peut-être de lit, ou de coffret.

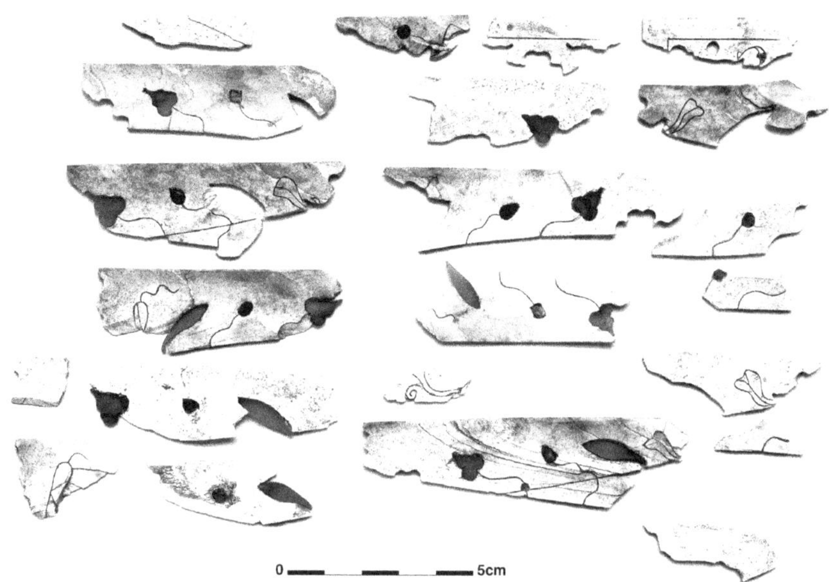

Fig. 18 – Fragments de garniture en appliques décoratives incrustées, ivoire, pâte de verre, fil d'or, de Pompéi. Musée archéologique de Naples (inv. SN.C30.06). Cliché A. Cormier « su concessione del Ministero per i Beni e le Attività Culturali e per il Turismo – Museo archeologico nazionale di Napoli ».

Identification : ornement en relief de meuble en feuille d'acanthe recourbée (*Fig. 19*)

Inventaire : 78318

Provenance : Pompéi, Ier s. apr. J.-C. ?

Lieu de conservation : MANN

Dimensions : L. max. : 75 ; l. max. : 61 ; ép. max. : 9

Détermination : ivoire d'éléphant, fer

Description : élément fragmentaire sculpté en feuille d'acanthe recourbée, dont les motifs sont développés sur chaque face. La base est brisée et manquante, mais sont présents dix trous circulaires, dont deux contiennent encore des fragments de clous décoratifs en fer. L'épaisseur va s'amenuisant depuis la base vers l'extrémité. Il s'agit d'un élément décoratif de meuble. Plusieurs tombes d'époque romaine, en Italie, ont livré ce type d'ornementation en os, mais de taille plus réduite[21].

21. Costamagna 2014, p. 122 et 125 ; Caretta 2014, p. 131-132, fig. 6 et 10 ; Colivicchi 2002, p. 318, fig. 52.2 ; Frapiccini 2014, p. 102, fig. 13 et 14.

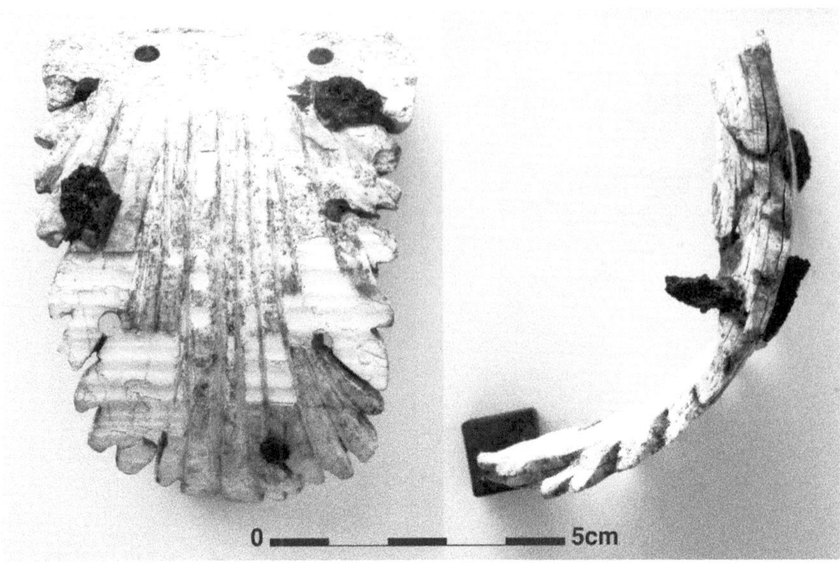

Fig. 19 – Ornement en relief de meuble en feuille d'acanthe recourbée, ivoire, de Pompéi. Musée archéologique de Naples (inv. 78318). Cliché A. Cormier « su concessione del Ministero per i Beni e le Attività Culturali e per il Turismo – Museo archeologico nazionale di Napoli ».

3.3. Les lits ornés d'ivoire, entre la demeure et la tombe

À cette variété d'objets en ivoire vient s'ajouter un type plus spécifique, les lits, qui à Pompéi, grâce aux conditions particulières de préservation que l'on sait, se trouvent en nombre suffisant pour permettre des comparaisons précises entre ceux découverts dans les contextes domestiques, et ceux que les tombes peuvent livrer.

Ainsi, un exemplaire mis au jour en 2019 dans une tombe primaire à crémation[22], située dans un enclos funéraire[23] le long de la route sortant de

22. Il s'agit d'une tombe sous bâtières de tuiles (sépulture inventoriée SP 9), dans une fosse, creusée pour permettre l'installation sur place d'un bûcher funéraire, sur lequel fut brûlé le défunt. Lors de la crémation, les restes du corps sont tombés au fond de la fosse, avec les restes du lit.

23. Numéroté 1E, en cours d'étude. Inédit. Il a livré dix sépultures à crémation et deux aires de crémation. Il appartenait à une affranchie, qui l'avait financé pour y accueillir ses anciens maîtres et sa famille. La datation du monument a pu être précisée grâce à une monnaie de Tibère, découverte lors des fouilles de 1983.

la Porta Nocera[24] en direction de l'est, met en lumière des caractéristiques comparables avec ceux utilisés dans les demeures des vivants, appuyant ainsi une réflexion sur leur possible réutilisation lors des funérailles, et par conséquent sur le lien établi par la famille avec le défunt, brutalement rompu par la crémation et la destruction, lorsqu'elle a lieu comme c'est le cas ici. Il s'agit d'un lit encore inédit, dont l'étude est en cours, à l'heure de la publication de cet article. La fouille minutieuse dont a bénéficié la sépulture permet de s'attarder sur les gestes opérés durant les funérailles, le rôle qu'y a joué le lit, ainsi que le processus de crémation qui nous laisse examiner son comportement sous l'action du feu.

Ce lit a attiré tout particulièrement l'attention non seulement parce qu'il était en ivoire[25], manifestement associé à certaines ornementations en os, mais aussi du fait de la position dans laquelle les fragments étaient disposés dans la tombe, malgré les dégâts causés par la crémation. Les fragments inventoriés correspondent à plusieurs types, appartenant soit aux montants, soit au cadre. Les quatre montants étaient ornés d'ivoire travaillé au tour (*Fig. 20a*) : des formes remarquables ont ainsi pu être isolées, comme des fragments d'anneaux lisses et épais en ivoire plein d'éléphant, d'anneaux lisses plus petits et plus fins, d'éléments tronconiques et cylindriques, d'éléments en forme de bobine et d'anneau mouluré. Dans leur forme générale, les montants étaient donc constitués d'une alternance de volumes (disques moulurés, anneaux épais, anneaux plus petits) et de parties intermédiaires plus fines (bobines, troncs de cône, cylindres), selon une typologie comparable à certains lits découverts en contextes domestique à Pompéi même, et qui feront l'objet d'une publication. Quant au cadre, il était orné de placages et appliques en os (*Fig. 20b*) : placages en bandeaux moulurés, ou bien lisses et sans relief, ou encore placages décorés en frises végétales ajourées, comme en témoignent les petits éléments en bas de la *Fig. 20b*. Il faut donc comprendre un cadre en bois, au moins partiellement couvert de placage en os et en ivoire : des bandeaux le long des bords, puis d'autres parallèles à l'intérieur, formant des ensembles rectangulaires. La présence d'accotoirs n'est en revanche pas assurée, même si l'on peut les supposer présents par comparaison avec les lits connus de cette période.

---

24. C'est à un peu plus de 250 m de cette porte que se situe un ensemble de tombes qui ont été d'abord dégagées en 1982 par la Surintendance de Pompéi, sous la direction de Stefano De Caro, puis dont l'étude archéologique a été reprise à partir de 2015 par W. Van Andringa (École Pratique des Hautes Études, UMR 8546 CNRS ENS-Paris AOrOc) et H. Duday (UMR 5199 du CNRS PACEA, université de Bordeaux), sous l'égide de l'École française de Rome, en collaboration avec l'École Pratique des Hautes Études et le *Parco Archeologico di Pompei.*

25. L'observation des fragments a conclu à de l'ivoire d'éléphant.

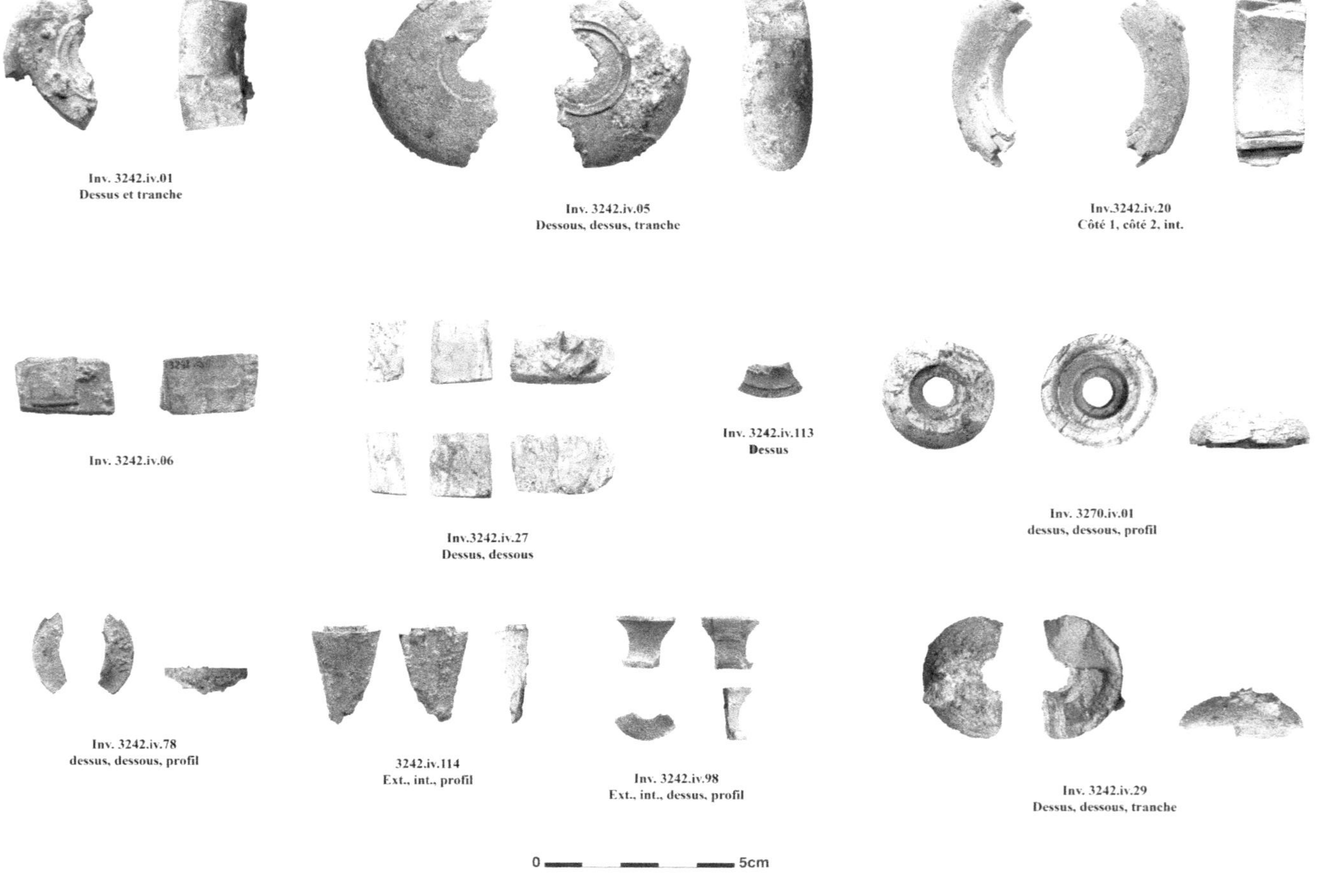

Fig. 20a – Fragments appartenant aux montants du lit funéraire, ivoire d'éléphant, de Pompéi, nécropole de Porta Nocera, enclos 1E, sépulture 9, US 3242 et 3270. Cliché A. Cormier « su concessione del Ministero per i Beni e le Attività Culturali e per il Turismo – Museo archeologico nazionale di Napoli ».

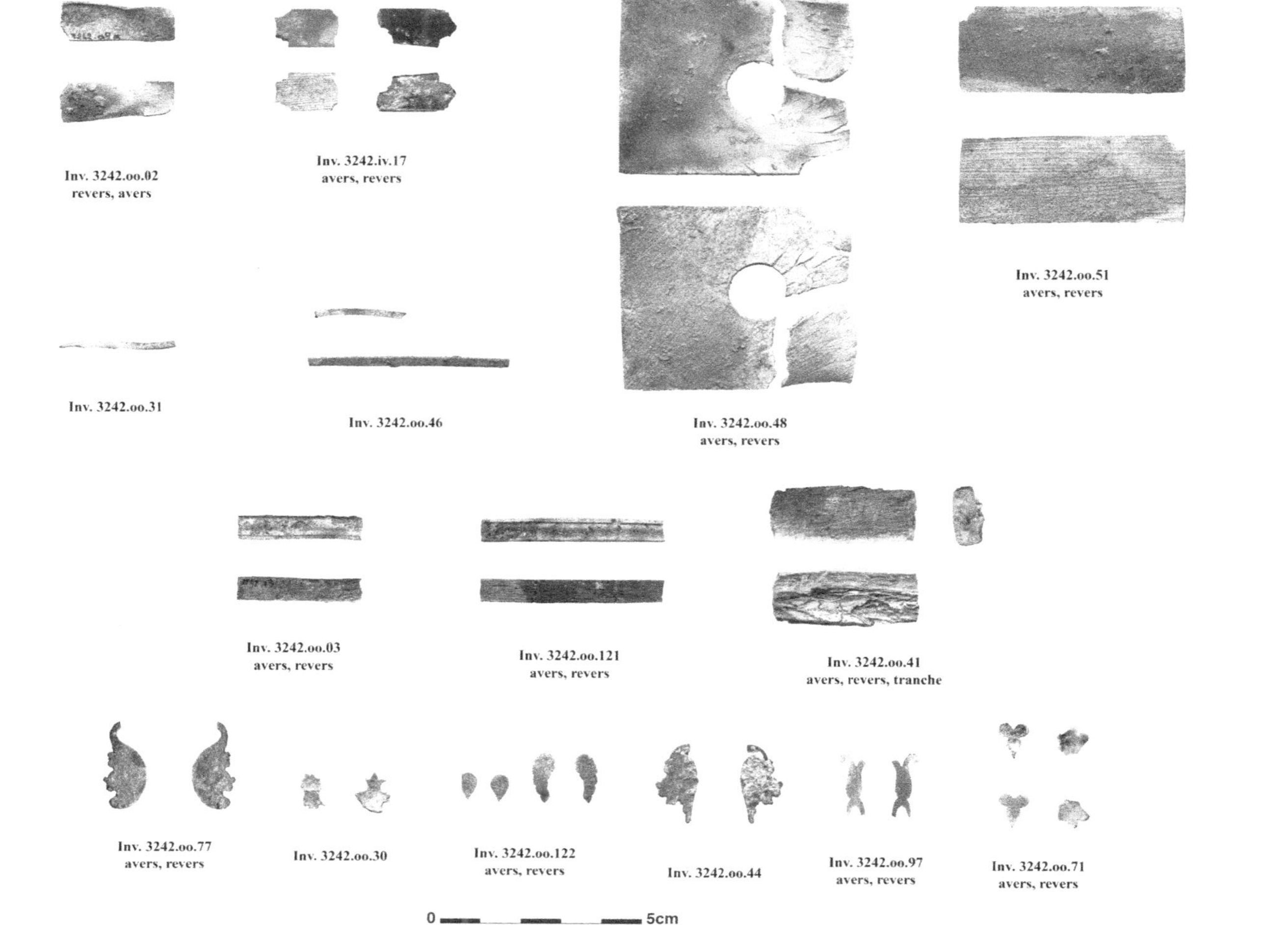

Fig. 20b – Fragments appartenant au cadre du lit funéraire, ivoire et os, de Pompéi, nécropole de Porta nocera, enclos 1E, SP 9, US 3242. Cliché A. Cormier « su concessione del Ministero per i Beni e le Attività Culturali e per il Turismo – Museo archeologico nazionale di Napoli ».

Dans les demeures de Pompéi, on peut observer des éléments de lits en bonne part comparables, et en nombre relativement important, surtout si l'on prend en compte ceux en os qui imitent les formes en ivoire. Quatre éléments fragmentaires de montants, conservés au Musée de Naples, sont proposés ici (*Fig. 21*), sur la cinquantaine inventoriée : ils présentent une morphologie nettement similaire à ceux du lit funéraire de la sépulture SP 9. Le débat sur la réutilisation dans les tombes des lits domestiques trouve ici un intéressant exemple, tendant à montrer, dans certains cas (mais pas tous), la présence lors des funérailles de lits des demeures[26].

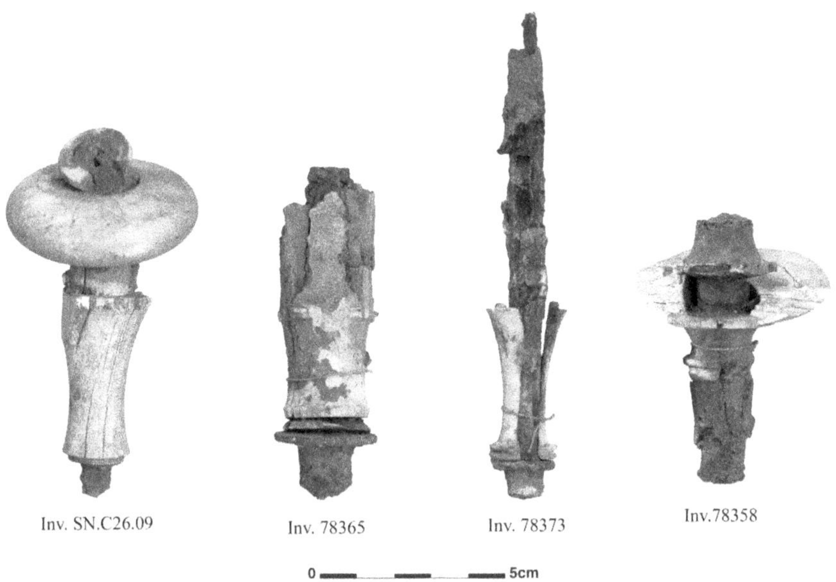

Fig. 21 – Éléments fragmentaires de montants de lits, ivoire, bois, fer, alliage de cuivre, de Pompéi. Musée archéologique de Naples (inv. SN.C26.09, 78365, 78373, 78358). Cliché A. Cormier « su concessione del Ministero per i Beni e le Attività Culturali e per il Turismo – Museo archeologico nazionale di Napoli ».

Identification : partie inférieure de montant de lit
Inventaire : SN.C26.09
Provenance : Pompéi, Ier s. apr. J.-C. ?
Lieu de conservation : MANN
Dimensions : H. max. : 94,1 ; diam. ext. max. : 50,1
Détermination : ivoire d'éléphant

26. Une synthèse sur le sujet est proposée dans Cormier 2022 (à paraître), ou Cormier 2015, partie 3, chapitre 1 : « Du lit domestique au lit funéraire ».

Description : élément fragmentaire de montant de meuble, composé d'une âme de fer en partie interne, non pleine, et de quatre pièces ornementales en ivoire. Au-dessus de la partie visible de l'âme de fer (au niveau du bas du fragment), est enfilée une pièce presque complète de forme tronconique, dont la partie inférieure forme un fin tenon surmonté d'une délicate moulure en arête, qui laisse ensuite la paroi remonter en s'élargissant en courbe concave, pour se terminer par un bord supérieur légèrement mouluré et plat sur la tranche. Sur ce tronc de cône repose une bobine simple, s'encastrant ensuite dans un anneau épais, encadré par une deuxième bobine au-dessus. Le fer de l'âme est tordu à partir de la première bobine, peut-être sous l'effet de la chaleur. Une étiquette incomplète et en partie illisible indiquait un numéro (6?2), correspondant à l'inventaire Arditi du musée.

Identification : partie inférieure de montant de lit
Inventaire : 78365
Provenance : Pompéi, Ier s. apr. J.-C. ?
Lieu de conservation : MANN
Dimensions : H. max. : 86,6; diam. ext. max. : 27,6
Détermination : ivoire d'éléphant, fer, alliage de cuivre
Description : élément fragmentaire longiforme de montant de lit, structuré par une âme de fer en partie interne, fortement corrodée, reposant sur le pied proprement dit également en fer, rehaussé d'un cylindre et d'un disque de soutènement. Sur ce socle repose un anneau plat et biseauté, en alliage cuivreux, qui supporte un élément tubulaire mouluré, lui-même composé de deux parties concaves se rejoignant au centre par une moulure saillante à double listel. La partie supérieure est très détériorée et l'ivoire se montre friable et fragile.

Identification : partie inférieure de montant de lit
Inventaire : 78373
Provenance : Pompéi, Ier s. apr. J.-C. ?
Lieu de conservation : MANN
Dimensions : H. max. : 127,9; diam. ext. max. : 19,6
Détermination : os, fer, bois, alliage de cuivre
Description : élément fragmentaire longiforme de montant de lit, renforcé par une âme de fer en partie interne, qui repose sur le pied proprement dit, lui aussi en fer et composé d'un cylindre arrondi surmonté d'un anneau de soutènement. Sur ce socle s'appuie une moulure à double listel initiant un élément tubulaire tronconique fragmentaire en os, lui-même s'élargissant vers le haut pour se terminer en arête, avec ressaut interne en forme de tenon sur la tranche. L'élément qui s'emboîtait au-dessus n'a conservé que la base interne, en moignon encore enfilé sur l'âme de fer. Probablement s'agissait-il d'une bobine. L'âme de fer, fortement corrodée, démarre avec le cylindre et

l'anneau du pied, puis se prolonge encore vers le haut, rehaussé de restes ligneux, avant d'atteindre la brisure.

Identification : partie centrale de montant de lit
Inventaire : 78358
Provenance : Pompéi, Ier s. apr. J.-C. ?
Lieu de conservation : MANN
Dimensions : H. max. : 70 ; diam. ext. max. : 52,2
Détermination : ivoire d'éléphant, fer
Description : élément fragmentaire de montant de lit, composé de quatre pièces ornementales en ivoire et renforcé par une âme de fer en partie interne, partiellement creuse. Au-dessus de la partie visible de l'âme de fer, est enfilée une pièce très incomplète de forme tronconique, dont la partie inférieure a disparu, et qui laisse ensuite la paroi remonter en s'élargissant légèrement, pour se terminer par un bord supérieur simple. Sur ce tronc de cône repose un fin anneau, puis une bobine, s'encastrant ensuite dans un autre anneau épais, encadré lui-même par une deuxième bobine, incomplète elle aussi. L'anneau épais est incomplet, laissant voir la partie interne de la matière, et permettant de comprendre précisément l'emboîtement.

3.4. Des chaises en ivoire au théâtre ?

Dans la sphère publique, la présence de l'ivoire comme matériau constitutif d'objets ou d'éléments décoratifs n'est pas inconnue, en particulier par les sources textuelles[27]. Bien rares en effet, dans le monde romain, sont les vestiges conservés. Signalons l'exceptionnelle découverte en 2005, lors de fouilles dans le Temple de la Paix à Rome sous la direction de Claudio Mocchegiani, d'une petite statue en ivoire plein, de 25 cm de hauteur environ, qui représenterait, selon les inventeurs, Marc-Aurèle ou plus probablement Septime Sévère, dans une posture de philosophe grec. Il s'agit certes de la représentation de l'Empereur, d'un personnage public, mais rien n'indique que cette petite statue était exposée en un lieu public. Dès lors les moindres témoignages, si ténus soient-ils, ne laissent pas de susciter notre curiosité, de nous intriguer.

Le 29 avril 1769 furent retrouvés, derrière la scène du Grand théâtre de Pompéi, le long du portique latéral permettant l'accès à l'Odéon, plusieurs montants de sièges ornés d'ivoire sculpté en relief, « di un gusto e di un lavoro molto elegante »[28], assez détériorés apparemment. La description y

27. Voir par exemple Dion Cassius, *Histoire romaine*, LVI, 34, 42 ; Hérodien, *Histoire romaine*, III, 15 ; Plin. *NH* 5, 12 ; 8, 10 (31) ; 12, 2 (3) ; Suétone, *César*, LXXXIV, 1 et 5.

28. Fiorelli 1860-1864, I, 1, p. 231.

associe d'autres éléments en ivoire. Le 3 juin, quinze autres montants furent retrouvés, associés à des éléments en ivoire renforcés par des âmes de métal[29].

La lecture de ces comptes rendus sur des ivoires provenant des théâtres nous ramène immédiatement à Tite-Live, en V, 41 :

> *Qui eorum curules gesserant magistratus, ut in fortunae pristinae honorumque aut uirtutis insignibus morerentur, quae augustissima uestis est tensas ducentibus triumphantibusue, ea uestiti medio aedium eburneis sellis sedere.*

> «Et ceux qui avaient rempli des magistratures curules, voulant mourir dans les insignes de leur fortune passée, de leurs honneurs et de leur courage, revêtirent la robe solennelle que portaient les chefs des cérémonies religieuses ou les triomphateurs, et se placèrent au milieu de leurs maisons, sur leurs sièges d'ivoire.»

Les sièges de Pompéi ont été retrouvés manifestement comme repliés et appuyés contre l'un des murs. Pourrait-il donc s'agir de sièges des magistrats de la ville, à l'image de ceux de Tite-Live, qui se trouvaient là entreposés, pour être utilisés lors de manifestations publiques au théâtre ? Il n'a malheureusement pour le moment pas été possible de les retrouver, même si certaines pièces ont pu être transportées au Palais royal de Portici, et peut-être ensuite au Musée de Naples.

En écho à la description de 1769, la lecture des *Rami Ercolanesi*, publiés par M. Pagano et R. Prisciandaro[30], révèle des objets exhumés dans cette seconde partie du XVIIIe siècle ; et l'une de ces planches montre ces fameux sièges en ivoire des théâtres... Ils en découvrent une esquisse, une idée, levant un coin de voile sur les formes qu'ils pouvaient embrasser, en tout cas les montants de l'un d'entre eux (*Fig. 22*)[31]... On y observe une composition ornementale finement sculptée dans l'ivoire : au-dessus du pied proprement dit – constitué du socle en fer et en alliage cuivreux identique aux fragments décrit plus haut (*Fig. 21*, inv. SN.C26.09, 78365, 78373 et 78358) – s'élève un tronc de cône pourvu d'un double listel en son premier tiers, puis une cloche, surmontée d'une bobine évasée et d'un disque mouluré, sur lequel trône un cylindre figuré en relief marqué. Ce relief représente un personnage féminin ailé, vêtu d'un drapé subtilement replié par les deux mains pour envelopper des fruits, probablement des grenades, dont plusieurs sont visibles. La partie opposée au personnage, qui devait être cachée aux yeux des observateurs, est représentée sur la même planche, à côté : elle montre

---

29. *Ibid.*, p. 232-233.

30. Pagano et Prisciandaro 2006.

31. *Ibid.*, vol. 2, p. 335, pl. 42.

Fig. 22 – Reproduction d'un montant de siège provenant du portique latéral du Grand Théâtre, reliefs décoratifs en ivoire, de Pompéi, VIII 7, localisation de conservation inconnue. D'après Pagano et Prisciandaro 2006, vol. 2, *Rami inediti*, pl. 42, p. 335.

un personnage en atlante, au visage barbu et pourvu d'un phallus au centre. La partie supérieure est manquante, et le dessin montre l'âme de fer mise à nu, sur laquelle s'accrochent les restes d'un élément décoratif disparu. Fait particulièrement intéressant cependant, cette morphologie de montant, même si elle est incomplète, se rapproche beaucoup de celle de lits tels qu'on en trouve dans le monde romain, entre le Ier siècle av. et le Ier siècle apr. J.-C.[32].

Conclusion

Cet aperçu sélectif des artefacts que la cité de Pompéi a livrés, et que les dégagements et fouilles de presque trois siècles sont parvenus à préserver, montre qu'à l'échelle de la ville, les usages se révèlent très variés, depuis l'épingle subtilement sculptée à la décoration massive de meubles : *instrumentum* et outils, petit mobilier, ustensiles de toilette et de parure, *militaria*, décorations de coffrets, de tables, de lits et d'armoires. On remarquera l'absence d'éléments de jeu et d'instruments de musique, qui sont cependant présents dans les collections, mais en os. Cette absence ne signifie évidemment pas leur inexistence et ne permet pas de quelconque conclusion, même si l'on peut comprendre que, d'une façon courante, les pions et éléments de jeu soient davantage fabriqués en os. De même, pour les instruments de musique, des éléments en ivoire sont attestés ailleurs. Le nombre extrêmement réduit d'épingles, un effet féminin pourtant très répandu, peut s'expliquer par la difficulté de conservation de l'ivoire, au contraire de l'os, qui résiste mieux aux aléas du temps. À l'époque romaine, et en particulier au Ier siècle av. et au Ier siècle apr. J.-C. – donc

32. Voir par exemple le fameux lit orné d'os d'Aquinum (Bellini 2008 ou Bellini et Trigona 2013), ou le lit orné d'ivoire de Cumes, découvert dans un mausolée à tumulus, et daté de la fin de la République ou du début du principat augustéen (Cormier 2015, vol. 2, p. 84 ; Cormier [sous presse]).

pour la période qui nous concerne à Pompéi –, le commerce de l'ivoire et son utilisation pour l'ornementation et la fabrication d'objets ne cesse de se développer[33]. La manifestation du luxe oriental prend de l'ampleur, en témoignent les échanges commerciaux entre Rome et l'Inde[34], entrepris pour répondre aux besoins croissants des élites et des gens fortunés, des affranchis ayant fait fortune, les «nouveaux riches» dont Trimalcion est la belle caricature, désireux d'égaler l'aristocratie par leur faste. Et dans une utilisation plus quotidienne, par un effet d'imprégnation, on le retrouve dans des types d'objets de plus en plus variés. Et l'ivoire d'éléphant semble avoir pris quasiment exclusivement le pas sur les autres[35], comme celui d'hippopotame ou de phacochère.

Anselme CORMIER
Université catholique de l'Ouest
anselme.cormier@orange.fr

Bibliographie

BÉAL J.-Cl. 2018, «Le chevalet de brodeur (?) antique d'Apt (Vaucluse) et les chevalets du monde romain», *Revue archéologique de Narbonnaise* 50-51, p. 291-314.

BELLINI G.R. 2008, «Un nuovo rinvenimento da Aquinum : il letto in osso della tomba 6», dans M. SAPELLI RAGNI (éd.), *Tra luce e tenebre. Letti funerari in osso da Lazio e Abruzzo*, Cat. exp. Tivoli, Villa Adriana 24 avril-2 novembre, Milan, p. 39-48.

BELLINI G.R. et S.L. TRIGONA 2013 «Letti funerari in osso da Aquinum», *Römische Gräber augusteischer und tiberischer Zeit im Westen des Imperiums*, Trévire, 11-14 novembre 2010, Wiesbaden, p. 35-57.

BERTRAND I. 2008, «Le travail de l'os et du bois de cerf à l'époque romaine : bilan et perspectives de la recherche sur un artisanat «mineur», dans I. BERTRAND (éd.), *Le travail de l'os, du bois de cerf et de la corne à l'époque romaine : un artisanat en marge ? Actes de la table ronde* Instrumentum, *Chauvigny, 2005*, Drémil-Lafage, Monographies Instrumentum 34, p. 3-13.

BONACASA CARRA R.M. 2000, «Ossi e avori "alessandrini" a Roma», dans S. ENSOLI et E. LA ROCCA (éds), *Aurea Roma. Dalla città pagana alla città cristiana*, Rome, p. 353-358 et 465-475.

33. Comme le précise Annie Caubet à l'occasion de l'exposition au musée du Louvre qui lui est consacrée en 2004 : CAUBET et GABORIT-CHOPIN 2004, p. 88.

34. TCHERNIA 2011, et plus particulièrement «Moussons et monnaies : les voies du commerce entre le monde gréco-romain et l'Inde», p. 289-314.

35. Ce constat est confirmé par les conclusions qu'apporte Annie Caubet dans la présente publication.

BORRIELLO M.R. 1986, «Gli avori e gli ossi lavorati», dans *Le Collezioni del Museo Nazionale di Napoli,* Naples, p. 111-112; cat. p. 230-233.

CARETTA L. 2014, «Un letto funerario in osso dalla necropoli meridionale di *Falerii Novi* (Nepi, VT)», dans V. D'ERCOLE et A. MILANESCHI (éds), *I letti funerari in osso dell'Italia centrale, Atti del Seminario di Studi, Roma, Complesso monumentale di San Michele, 3 luglio 2013, Bollettino di archeologia on line, Direzione generale per le antichità* V, 3-4, p. 127-138.

CAUBET A. et D. GABORIT-CHOPIN (éds) 2004, *Ivoires. De l'Orient ancien aux temps modernes*, catalogue de l'exposition, Paris, musée du Louvre, 25 juin-30 août 2004, Paris.

COLIVICCHI F. 2002, *La necropoli di Ancona (IV-I sec. a.C.). Una comunità italica fra ellenismo e romanizzazione*, Naples.

COPERSINO M.R. 2003, «Le tombe a camera»; «I letti funerari in osso: analisi e confronti», dans V. D'ERCOLE et M.R. COPERSINO (éds), *La necropoli di Fossa, 4 : L'età ellenistico-romana*, Pescara, p. 159-253 et 307-319.

CORMIER A. 2015, *Les lits ornés d'ivoire de Cumes. Art et Mémoire dans les funérailles aristocratiques romaines, Ier s. av.-Ier s. apr. J.-C*, Université Paris Nanterre, thèse de doctorat.

CORMIER A. 2020, «Les lits en ivoire et les lits en os du Musée archéologique de Naples», Chronique des activités archéologiques de l'École française de Rome, Les cités vésuviennes, URL : http://journals.openedition.org/cefr/4367.

CORMIER A. 2021, «*Ad luxuriae instrumenta*. Les objets dans leur contexte, entre la demeure et la tombe : le mobilier en ivoire et en os à Pompéi. Campagne 2020», *Bulletin archéologique des Écoles françaises à l'étranger* [En ligne], URL : http://journals.openedition.org/baefe/2294.

CORMIER A. 2022, Lectus eburneus. *Les lits funéraires en ivoire à Cumes et dans le monde romain*, Naples.

COSTAMAGNA L. 2014, «I letti dell'alta valle del Nera (PG)», dans V. D'ERCOLE et A. MILANESCHI (éds), *I letti funerari in osso dell'Italia centrale. Atti del Seminario di Studi, Roma, Complesso monumentale di San Michele, 3 luglio 2013, Bollettino di archeologia on line, Direzione generale per le antichità* V, 3-4, p. 113-126.

DE FRANCISCIS A. 1963, «Avorio et osso», *Il Museo Nazionale di Napoli*, Naples.

DE ROMANIS F. 2014, «Ivory from Muziris», *Institute for the Study of the Ancient World* 8, New York.

ERISTOV H. et B. PARZYSZ 2018, «Une intrigante lame d'ivoire pompéienne», *Rivista di Studi pompeiani* XXIX, Rome, p. 21-29.

FIORELLI G. 1860-1864, *Pompeianarum Antiquitatum Historia (PAH)*, vol. I (1860), II (1862), II (1864), Naples.

FRAPICCINI N. 2014, «Letti funerari dalle Marche», dans V. D'ERCOLE et A. MILANESCHI (éds), *I letti funerari in osso dell'Italia centrale, Atti del Seminario di Studi,*

Roma, Complesso monumentale di San Michele, 3 luglio 2013, *Bollettino di archeologia on line, Direzione generale per le antichità* V/3-4, p. 91-112.

Frézouls E. 1977, «Prix, salaires et niveaux de vie : quelques enseignements de l'*Édit du Maximum*», *Ktèma* 2, p. 253-268.

Giacchero M. 1974 : *Edictum Diocletiani et collegarum de pretiis rerum venalium*, Gênes.

Letta C. 1984, *Due letti funerari in osso dal centro italico romano della Valle d'Amplero (Abruzzo)*, Rome, Monumenti antichi. Serie miscellanea.

Pagano M. et R. Prisciandaro 2006, *Studio sulle provenienze degli oggetti rinvenuti negli scavi borbonici del Regno di Napoli: una lettura integrata, coordinata e commentata della documentazione*, Castellammare di Stabia, 2 volumes.

Talamo E 987-1988, «Un letto funerario da una tomba dell'Esquilino», *Bullettino della Commissione Archeologica Comunale di Roma* 92, p. 17-102.

Tchernia A. 2011, *Les Romains et le commerce*, Naples.

Tuffreau-Libre M., I. Brunie et S. Daré 2013 «Peinture et perspective à Pompéi, un ensemble d'objets liés au travail pictural (I.16.2.3.4)», *Rivista di studi pompeiani*, XXIV, p. 53-69.

Wood S.E. 2001, «Literacy and Luxury in the Early Empire: A Papyrus-Roll Winder from Pompei», *Memoirs of the American Academy in Rome* 46, p. 23-40.

Zanella S. 2019, *La caccia fu buona. Pour une histoire des fouilles à Pompéi de Titus à l'Europe*, Naples.

WORLD-SYSTEMS THEORY, GLOBALIZATION OR GLOCALIZATION? ANALYSING THE DYNAMICS OF THE ANCIENT INDIAN OCEAN IVORY TRADE

People have been moving elephant ivory across the Afro-Eurasian world since pre-historic times, be it as tribute, booty, acts of gift exchange or trade. Indeed, such phenomena occurred across much of the planet until its ban in the twentieth century.[1] Ivory had a diverse range of uses in many societies: from the ornamental and artistic, to the religious and symbolic. This ubiquity and popularity necessitated the development of complex systems of acquisition and distribution. In particular, suitable environments with sufficient elephant herds needed to be located and exploited. The history of the last few centuries has led many to associate the ivory trade with over-exploitation, colonization and slavery, particularly as Arabs and Europeans encroached into the interior of Africa.[2] It cannot be taken for granted, however, that such dynamics were always at play in the various regions linked by the littorals of the ancient Indian Ocean—the period and area that forms the main focus of this article.

During this period, roughly 300 BC to AD 700, we see the increased exploitation of the monsoon winds and the growth of cross-oceanic voyaging. As a result, various communities were linked into wider Arabian Sea, Bay of Bengal and South China Sea networks of exchange.[3] This enabled a complex array of goods, ivory among them, to be exchanged in hitherto unprecedented volumes. The movement of these goods—and, concomitantly, peoples and ideas—had profound effects on different

1. Chaiklin 2010; Lobban and de Liedekerke 2000; Seaver 2009.

2. Taylor 2001, p. 28-29; Chaiklin 2010, p. 538-539.

3. For a justification of studying interconnections across Afro-Eurasia in the period 300 BC to AD 700 (particularly via Indian Ocean and so-called Silk Road networks of exchange), see Cobb 2019a.

Topoi Suppl. 18 (2022)
p. 169-197

societies from the Mediterranean to China, regarding everything from peoples' habits and beliefs to their patterns of consumption, technological skills, and conceptions of the world.[4] This is, of course, to speak in very broad terms. At a more subregional level, one could observe, for example, that the intensity of the links between eastern India and Southeast Asia were greater by the mid-first millennium AD than they had been previously, while those between the Mediterranean world (via the Red Sea) and Southern India were particularly intense during the early centuries AD, but shifting networks and nodes saw different patterns develop by the Late Antique period.[5] Unfortunately, however, there is insufficient scope here to fully articulate the complex networks of interaction and exchange that formed, shifted and fragmented across different (sub)regions of Afro-Eurasia during this period.

Rather, this article focuses on which theoretical models might be most helpful for us to describe and analyse the various means by which ivory was acquired and distributed. It also examines the societal impacts of this activity: be it in cultural, economic or political terms. Three variant models are under deliberation, namely World-Systems Theory, Globalization and Glocalization. As already stressed, this one paper cannot hope to comprehensively cover the span of 1000 years and such a vast geographic area. Nor could any one model sufficiently characterise all the wide-ranging activity taking place within this era. Instead, these theories will be applied to analyse a number of select examples to determine their comparative suitability. To be clear, no attempt is made here to identify a universal, all-encompassing model. Rather, these theories are considered for their potential as analytical tools, with the overriding concern being how they can help us frame and articulate the evidence, not how the evidence can be made to fit into any particular model.

Context: the popularity of ivory

Before considering how these theories might be applied to our case studies, it is worth providing some contextual detail about why ivory appears to have been so popular across various regions of Afro-Eurasia in Antiquity (as in later periods of history). Part of the answer may lie in its physical properties. Chaiklin has observed that it has various attributes which make it appealing, including its smoothness, texture, and its ability to absorb dyes. Additionally, it is quite flexible, durable and less likely to crack than bone,

4. Cobb 2019a, p. 4.

5. Hoogervorst 2017; Smith 1999; Cobb 2018; Nappo 2018; De Romanis 2020.

making it comparatively easy to carve.[6] This versatility is probably one of the reasons why ivory was utilised for such an array of purposes, including jewellery, statuary, furniture, musical instruments and bird-cages, among other things.[7]

A further (partial) answer to the question of ivory's popularity in Antiquity (as in other periods) is that it had several qualities which made it well-suited to achieve the status of a luxury item. Of course, luxury is not a fixed attribute inherent to any object, rather it is a socially constructed category.[8] Nevertheless, there are a number of dynamics that can help imbue an object with that label: distance (and dangers in its acquisition), expense (in a given society), exoticism (culturally relative), rarity, and superfluity.[9] Ivory could often fall into a number of these categories, in varied social contexts, as outlined below.

A supply of "new" ivory was dependent on the ability to reach and exploit different elephant herds, most of which lived in parts of Africa, South Asia and Southeast Asia, as well as the networks of distribution which made it accessible.[10] Not all herds were exploitable and the supply could vary due to overhunting, among other factors. For example, herds in North Africa had been hunted to extinction by the end of Antiquity, although ivory from East Africa and India was still being imported into the Mediterranean world.[11] In the case of China, elephant populations retreated increasingly further south, though the impact of this was most pronounced by the early second millennium AD. This was likely in part due to climatic

6. Chaiklin 2010, p. 531; Weinstein 2022, p. 187. On the decoration of ivory, see Bradley 2009, p. 430, 436-437; Paus. 7.26.4; Virgil *Aen.* 12.64-69; Lucian *Imagin.* 8.

7. For a list of Graeco-Roman uses of ivory, see Warmington 1928, p. 163.

8. For attempts to define the concept of luxury, see Schneider 2015.

9. Cobb 2022a.

10. The *Loxodonta Africana* (Bush elephant) and *Loxodonta africana cyclotis* (Forest elephant) are located in Africa, while the *Elephas* genus is largely restricted to South and Southeast Asia. The Syrian elephant (*Elephas maximus asurus*) was already extinct by our period (300 BC to AD 700). See Lobban and de Liedekerke 2000, p. 232; Scullard 1974, p. 26, 30.

11. See Lobban and de Liedekerke 2000, p. 240. A passage from Philostratus' (*ca.* AD 320-330s) "biography" of the neo-Pythagorean wonderworker Apollonius of Tyana (*fl.* first century AD) underscores the varying qualities of different ivory, from colour and level of smoothness, to size and workability – Philstr. *VA* 2.13.

conditions, as well as habitat loss and overexploitation.[12] In both Chinese and Mediterranean contexts, it seems that various factors from overexploitation, to habitat destruction and climate may have necessitated ivory coming from even further afield, no doubt impacting on price, and the prestige attached to possessing ivory (products).

Different cultural demands relating to the size of ivory tusks, aesthetics, workability and tactility would also affect the ivory sought after. For example, the desire for hard pinkish ivory in China led to Sri Lankan ivory being an important source for this community.[13] By contrast, in parts of India there was a market for softer, and less expensive, East African ivory, despite sources closer to home.[14] Multiple sources might also be exploited. For example, analysis of late Antique pieces of ivory (perhaps specifically seventh century AD) from Aila/Aylah reveal that they come from varied north-eastern and East African sources; that is to say, not just from one location but likely several sources.[15] Ultimately a factor like "rarity" might depend on the level of availability from different sources, as well as different cultural priorities (relating to qualities like hardness, form and colouration).

A sense of exoticism was fluid and varied in different cultural settings. For example, in the Chinese court text, known as the *Hou Hanshu* (compiled by Fan Ye in the fifth century AD), it is claimed that in the year AD 166 (ninth *yanxi* year) "ambassadors" from Da Qin (often interpreted as a reference to the Roman Empire) initially arrived on the coast of Rinan (central Vietnam) and were then brought to the court of the Emperor Huan.[16] Among the goods they brought with them were elephants tusks, rhinoceros horn and turtle-shell—items which were regarded as underwhelming (from the Chinese perspective), especially in light of the semi-utopian conception of the land of Da Qin. By contrast, from a Graeco-Roman perspective, the fact that ivory was derived from the outer edges of the *oikouménē* seems to have imbued it with exotic associations.[17] Several poetic and artistic

---

12. Chaiklin 2010, p. 532; Li *et al.* 2014.

13. Chaiklin 2010, p. 532-533.

14. Chanda 2008, p. 48. By the Late Antique period, Cosmas (Indic. *Topogr. Christ.* 11.339) reveals that East African ivory was being brought to India (and Persia). He also notes that Indian elephant tusks are not as large.

15. Coutu and Damgaard 2019, p. 540-541.

16. *Hou Hanshu* 88.12. For a discussion of this section of the text and the challenges of interpreting it, see Cobb 2021.

17. On Graeco-Roman geographical perceptions, see Romm 1994.

representations are indicative of this point, such as comments by Juvenal and the mosaic representation of "India" with an ivory tusk (standing in for a cornucopia) at the Roman villa in Piazza Armerina. [18]

Ivory was also a prized and potentially expensive product within the Roman Empire. Pliny (*ca.* AD 70s) describes ivory as the most valuable of the products furnished by a living animal. [19] And in the mid-second century, the so-called Muzuris Papyrus reveals a fiscal valuation (i.e., for the purposes of tax assessment) in Roman Egypt of 100 Egyptian drachmae per *mina* (*ca.* 511 g) of "sound ivory" (that is whole tusks) and 70 drachmae per *mina* of *schidai* or ivory cuttings (its market value in different parts of the Empire was no doubt higher). [20] This meant that one large ivory tusk mentioned in the Muziris Papyrus was perhaps the equivalent of over three legionaries' pay for a year. [21] Given this expense, the exotic associations just noted (from a Roman perspective) and its sourcing from quite far-flung regions (East African and India), it is not hard to see why ivory might have been associated with wealth and decadence. Cassius Dio's criticism of Seneca the Younger for his supposed hypocrisy is pertinent in this regard (Dio seems to follow a quite hostile source tradition). [22] The claim that Seneca apparently owned 500 tables of citrus wood with ivory legs is singled out as an example of his avariciousness and level of wealth. [23] Weinstein has

18. Iuv. *Sat.* 11.120-127. On the Piazza Armerina mosaic, see PARKER 2008, p. 131-132.

19. Plin. *NH* 37.78.204.

20. *P. Vindob.* G 40822 verso ii.5-9, iii.4-15. For various reconstructions of the Muziris Papyrus, its valuations, and the meaning of *schidai*, see HARRAUER and SIJPESTEIJN 1985; CASSON 1986 and 1990; THÜR 1987; RATHBONE 2000; MORELLI 2011; DE ROMANIS 1996, 2012, 2014, 2017, and 2020. Four Egyptian *drachmae* are equivalent to 1 Attic *drachma* (or 1 *denarius*). A *mina* in the Muziris papyrus equals roughly 511 g in weight (slightly higher than the Attic standard).

21. For most of the second century AD, an ordinary legionnaire was paid 1,200 *sestertii* per annum. On soldiers pay see SPEIDEL 1992, p. 88. DE ROMANIS 2014, p. 19-20, notes that the average tusk mentioned on the verso of Muziris Papyrus was perhaps just shy of 20 kg (37.8 *minae*). Hence my calculation of roughly 4,000 Egyptian *drachmae* / 4,000 *sestertii* for a tusk of this weight (for its fiscal valuation in Roman Egypt). This compares to the pay of three legionaries, equalling 3,600 *sestertii*.

22. On the variant source traditions that developed about Seneca after his death, see GRIFFIN 1976.

23. Cass. Dio 61.10.

argued that while whole tusks were clearly expensive, smaller pieces like combs, knife handles and dice may not have been the exclusive prerogative of the wealthiest.[24] Possibly this is the case, but it may be that those lower down the socio-economic spectrum contented themselves with objects made from ivory "discards", which seem to have been used for more utilitarian items.[25]

Finally, it is worth stressing that the physical attributes of ivory and its potential to be seen as luxurious were not the only factors behind its desirability. Among certain societies or groupings, ivory tusks or crafted items could achieve symbolic value.[26] This symbolism or prestige is different to luxury, in that ceremonial or ritual functions can become intrinsic to certain objects, meaning they are not easily replicable or interchangeable. By contrast, luxuries or the status of luxury can sometimes be more fluid. For example, a turtle-shell comb may seem just as fancy as an ivory one, and personal preference would likely play a role in what objects were acquired.[27] In the case of the function of ivory tusks as bridewealth on a number of eastern Indonesian islands, this represents a more embedded example of symbolism (discussed further below).[28] Similarly, we might also note the traditional importance of ivory bangles for Hindu brides—objects often taken with them to the funerary pyre (necessitating constant replacements).[29] Of course, tracing the origins of these practices is a complex and fraught process, but it is worth noting in this context that the so-called Pompeii ivory (a figurine made in the Deccan) has its forearms and calves covered in bangles.[30] The key point, for our purposes, is that with symbolic or ritual use, these ivories or ivory items could not be so easily replaced with other objects.

---

24. Weinstein 2022, p. 188.

25. Coutu and Damgaard 2019, p. 523. They also note that different parts of the tusk would be worked for different purposes, like parts nearer the base for cylindrical objects and the harder tip for more solid objects like dice (p. 521).

26. On symbolism, see Woolf 1990, p. 55.

27. Mart. *Ep.* 9.59 (turtle-shell combs). For the find of a Roman ivory comb, see https://archaeologicalmuseum.jhu.edu/class-projects/archaeology-of-daily-life/female-beauty/double-sided-comb/

28. On this bridewealth practice in these eastern Indonesian societies, see Andaya 2016.

29. Curnow 2018, p. 81.

30. Weinstein 2022, p. 185.

World-Systems Theory, Globalization and Glocalization

Given ivory's "global" appeal, it is clear that it is well-suited for studies looking at long-distance exchange and mobility, as well as the social impacts of increased connectivity.[31] All three of the models considered in this article—World-Systems Theory, globalization and glocalization—are interested, to varying degrees, in the intersection between global, regional and local activity. There is not space in this paper to fully articulate the various ways historians and archaeologists have sought to adapt concepts from these theoretical frameworks, but some short, basic outlines are offered here to facilitate our application of them to the case studies.

World Systems Theory, a model very much concerned with the macro-historical, has proved popular since the late 1980s among premodern historians and archaeologists.[32] This is despite Wallerstein's scepticism that economic world-systems (as opposed to world-empires) could be identified prior to the sixteenth century. One of the key tenets of this model is that cores extract surpluses, often in the form of raw materials, from peripheries (with semi-peripheries playing an intermediary role), usually selling back "manufactured" goods in an exploitative relationship that transforms the economic and political fundamentals of all societies within the system. This "partnership" is often perceived as being unequal, with the "core" having more sophisticated technology, craft-production techniques, and potentially "political sophistication".[33]

This theory has certainly been subject to various criticisms in the last few decades, such as for the excessive primacy given to economic factors in explaining societal interaction and changes. It also stands accused of focusing too much on the macro-scale at the expense of localized responses to wider "global activity", and for the tendency to underplay the agency of the different social actors involved, especially regarding those in so-called periphery societies.[34] It is also worth adding that unequal power dynamics may not always be the best means to assess the workings of long-distance

---

31. On the importance of mobility and exchange in global historical studies, see Conrad 2016. Global needed not mean "planetary"; see Conrad 2016, p. 95-97; Knappett 2017, p. 29.

32. Wallerstein 2004 and 2011 [1974]. On this popularity, among Indian Ocean specialists, see Vink 2007; Beaujard 2005, 2007, 2019.

33. Harding 2013, p. 379. It is often assumed these relationships were cyclical in nature (p. 389).

34. For a summary of these criticisms, see Cobb 2022. For a counterview, see Beaujard 2019 vol. II, p. 657-660.

exchange.[35] Nevertheless, there is perhaps still a place for World-Systems Theory, particularly in contexts of imperial or colonial exploitation; while the core-periphery dynamic might also be detached from this model to explore activity at more regional levels, such as centres exploiting hinterlands.

By contrast, globalization thinking has become more fashionable as of late.[36] Despite its popular association with the high-speed travel, the internet, and the encroachment of capitalist consumer culture, these are, in fact, partial symptoms of late modern globalization and not its core features. For premodern historians and archaeologists, it is the accumulation of various concepts (often repurposed from social science discourse), like time-space compression (reflecting both the practical speeding up of communication and exchange, as well as the sense of the world being a more interconnected place) and deterritorialization (cultural experiences and senses of identity, which are less (exclusively) defined by local dynamics), that has made it helpful as an analytical tool for exploring the cultural and economic impacts of increased connectivity and integration.[37] It is worth stressing that globalization represents not only processes of convergence, such as homogenization and standardization, but at the same time increasing cultural heterogeneity and the re-embedding (or reinventing) of local practices—these are flips sides of the same phenomenon.[38] It can also be understood as representing the increasing integration of different regions of the world, which leads to them becoming more inter-dependent; although these processes could often be (and still are) very uneven.[39]

Arguably, globalization offers some advantages over World Systems Theory in that it places greater emphasis on the multidirectional nature of exchange, rather than focusing on binary core-periphery dynamics. Additionally, it does not presuppose an exploiter and exploited (winner versus loser) dichotomy. The concept of unevenness (attached to globalization) does

---

35. For a discussion of this in relation to the ancient Indian Ocean, see Cobb 2022.

36. In a ancient context, see, among others, Jennings 2011; Pitts and Versluys 2015; Hodos 2017a; Auteiro and Cobb 2022a.

37. On varied, but overlapping, definitions of globalization employed by pre-modern anthropologists, archaeologists and historians, see Conrad 2016; Jennings 2011 and 2017; Osterhammel 2011; Pitts and Versluys 2015.

38. Hodos 2017; Cobb 2022b.

39. Darwin 2016, p. 178. On different stages of exchange from contact (occasional and indirect exchange), to interaction (more regular contact, often exemplified by luxury trade), 'circulation' (bulk trade), and finally integration (part of the global system being mutually dependent), see Belich, Darwin and Wickham 2016, p. 5.

allow for a recognition of military and economic disparities and varying degrees of benefits or harms that might come from such interactions, but it does not presuppose that such hierarchies underscored all activity.[40] It is not evident, for example, that the power of the Roman state was of much help to those Mediterranean traders voyaging to ports like Muziris on the western coast of the Tamilakam region.[41]

Our third theory, glocalization, is concerned with how "local" responses to "global" phenomena can lead to the creation of new and distinct goods, ideas and practices.[42] It seeks to understand the intersection of local and global phenomena, considering the development of local variations, adaptation, and responses in the context of wider "global" activity.[43] Importantly, it aims to avoid the notion of cultural 'purity' (cultural container thinking) or the sense that such developments take place passively, without any agency from those involved.[44] There has been some debate about whether we should see glocalization as conceptually independent from globalization, or subsumed within it.[45] Regardless, this approach has the advantage in that tracking specific instances of glocal development is often easier than capturing the wider context. Especially when exploring the latter can involve crossing multiple disciplinary boundaries, approaches and different sets of evidential material.[46] That is to say, a bottom-up perspective can be easier to track than the global processes into which these glocal developments were embedded.[47]

---

40. Jennings 2011, p. 129-132; Jennings 2017, p. 15.

41. While some have argued for the existence of diplomatic ties facilitating commercial activity (for example, Speidel 2016), the evidence for this is extremely weak – Cobb 2018, p. 120-123.

42. Barret *et al.* 2018, p. 16-17 ; Roudometof 2016, p. 1.

43. In some respects similar to the concept of hybridity, glocalization is nevertheless more specific (it necessarily contain a "local" element) – Roudometof 2016, p. 14-15.

44. On issues surrounding "container thinking" and agency, see Hodos 2017, p. 5; Versluys 2015, p. 145-146.

45. On this debate, see Roudometof 2016, p. 1, 44 (argues for conceptual independence); Ritzer 2003; Robertson 1992 (cannot be separated out from globalization).

46. For an overview, see Auteiro and Cobb 2022b; 2022.

47. Similarly, see also Pitts and Versluys 2015, p. 15, who advocate for a 'bottom up' application of globalisation in relation to the study of the ancient world.

Case study 1: the Ptolemaic acquisition of ivory

Our first case study concerns Ptolemaic elephant hunting activity during the early Hellenistic period (primarily the third century BC), which acted a catalyst for the increasing development of connectivity between Egypt (and the wider Mediterranean) and East Africa. This in turn could be said to have subsequently (indirectly) led to the development of commercial networks in the Gulf of Aden and Arabian Sea region.[48] The (re)establishing of routes across the Eastern Desert, the foundation of ports like Berenike Trogodytica, and the sending out of explorers, and then hunting parties, into the Red Sea and Gulf of Aden region was motivated by the desire to acquire live elephant for the military.[49] As Burstein has noted, while the capture of live elephants provided a spur for this activity, the desire for ivory also played a major role.[50] Admittedly, the literary sources do not tell us much about its acquisition, instead focusing on ethnographic accounts, natural wonders and the dramatic dangers faced by the returning elephant-carriers (*elephantēgoi*).[51] However, a papyrus relating to a number of individuals involved in one of these expeditions (25th year of Ptolemy III = 223/222 BC) reveals that payment was in some way connected to tusks obtained during these hunts.[52] Indeed, three temple inscriptions on Delos have sometimes been taken as an indication that ivory prices dropped in the Eastern Mediterranean due to the influx of ivory from Red Sea activity (the price in 279 BC, 8 (Attic) drachmae per *mina* of weight (ca. 437 g); in 276 BC, 5 drachmae per *mina*; in 250 BC, 3.5 drachmae per *mina*).[53]

48. For an overview, see Cobb 2019b.

49. For earlier Pharaonic into Ptolemaic era activity in relation to the Eastern Desert and Egyptian Red Sea ports, see Sidebotham and Gates-Foster 2019. For Ptolemaic gold mining, see Redon and Faucher 2020. For Ptolemaic hunting expeditions, see Casson 1993; Burstein 2008; Cobb 2016.

50. Burstein 1996.

51. See, in particular, Agatharchides *On the Erythraean Sea* (fragments surviving in later authors) – Burstein 1989.

52. *P. Petrie* III, 114 – Burstein 1996, p. 805.

53. On these inscriptions, see Rathbone 2000, p. 48; Reger 2002, p. 138 – IG XI 2163Aa7 (279 BC), 203A71 (276 BC), 287A118 (250 BC). A *mina* of weight on Delos equals roughly 437 g. This compares to a *mina* in the later Muziris papyrus, where it equals roughly 511 g (slightly higher than the Attic standard). On the face of it, this might seem to suggest that the price was 2.5 to 5 times higher in the Muziris Papyrus than that seen on the Delian inscriptions. It should be taken into account, however, that quality, colouration, tactility

The extent to which Ptolemaic era activity in the Red Sea region (and Gulf of Aden) might be usefully evaluated through theoretical frameworks like globalization and glocalization has only recently received more attention.[54] This may partially be due to the comparative dearth of evidence. The intensity of connections which existed between the Mediterranean world and the north-western Indian Ocean region were simply not as significant as they would become by the early centuries AD;[55] although further papyrological study in Ptolemaic Egypt may allow for a greater understanding of the cultural and economic impacts of Red Sea activity. Concepts like time-space compression may help us to explore how the greater availability of goods like ivory, primates from East Africa, and spices and aromatics, as well as the presence of peoples form the south and east of Egypt's frontiers, impacted the population's sense of place within the *oikouménē*.[56] Glocalization might also be pertinent for considering local (Graeco-Egyptian) agency and perceptions of the world in the context of wider global processes.[57]

When it comes to Ptolemaic elephant hunting activity, as opposed to the wider development of networks of exchange, it may, however, be more fruitful to utilise the core-periphery model, since this activity can certainly be understood in the context of differing power dynamics and exploitation. In sending out expeditionary parties and setting up hunting bases, the early Ptolemaic rulers were seeking to (forcibly) acquire raw materials and resources (ivory and live elephants) from parts of the African coast of the Red Sea and Gulf of Aden, although we need not imagine militarily domination of the entire region.[58] A stele set up to honour Ptolemy III at Adulis (in modern Eretria), which glorifies his extensive military campaigns from Thrace to Mesopotamia, might reasonably be understood as an ideological projection of power—reference to elephants from Trogodytica

---

and origin may have all played a part in these disparities; as might varying availability on the markets.

54. Seland does explore the utility of an adapted form of globalization, which he labels Oikoumenisation (Seland 2008), but this is mostly focused on the early centuries AD. More recently, see Wilkinson 2022.

55. Cobb 2018, p. 28-29; Cobb 2019b, p. 17-18.

56. For a discussion of how the pomp of Alexandria may tie into this, see Wilkinson 2022, p. 151, 154-155.

57. Cobb forthcoming.

58. On Ptolemaic power projections in the Red Sea, see Desanges 1978, p. 243-305.

and Aethiopia highlighting the regions importance.[59] The fact that the stele could be set up in this region, in all likelihood using basalt from the locality, seems to underscore temporary Ptolemaic dominance in this area (the events described in the stele relate to the period around 246 to 244 BC).[60]

This evidence indicates short-lived pockets of domination, rather than wide ranging control. Nevertheless, indigenous groups were compelled to respond, either through accommodation or resistance.[61] The Pithom Stele and the comments of Strabo indicate that while soldiers were needed for Eumedes' foundation of Ptolemais Thērōn (located somewhere on the coast of present day Sudan), it was still prudent to try and win over the locals.[62] An anecdote by Agatharchides also reveals that attempts to win over particular groups of "elephant-eaters" were not always successful, even when generous promises were made.[63]

In this context then, we can certainly identify unequal power dynamics and the exploitations of "periphery" regions (from the Ptolemaic perspective) for "raw materials" (ivory) and resources (live elephants). These processes involved the co-option of various indigenous peoples who could respond either through accommodation, facilitation or resistance. Almost certainly this will have (temporarily) impacted on the socio-economic circumstances of these local groups, even if we do not have much evidence with which to fill in that picture. What mechanisms of (gift) exchange or trade might have been in place is hard to say.[64] As such, it might be difficult to substantiate the exchange of "manufactured" products for "raw materials" that is often a key feature of the core-periphery model. Moreover, the fact that these

---

59. This "inscription" only survives in the form of a record made by Cosmas at the behest of the Axumite *negus* – *OGIS* 54 lines 1-14 = Cosmas Indic. *Topogr. Christ.* 2.140-142.

60. Phillips 1997, p. 446. Arguments that the stele might have been brought to the region at a later date have been effectively rebuffed by Bowersock 2013, p. 42-43.

61. On these complexities, it may also be worth exploring Middle Ground thinking – White 2011.

62. Pithom Stele (CM 22183) lines 23-25; Strab. 16.4.7; Casson 1993, p. 254. This foundation taking place under the auspices of Ptolemy II. More generally on the Pithom Stele, its context and chronology, see Minas-Nerpel 1994.

63. Agatharchides 5.57 = Photius *Cod.* 250.56, 453a. See also Agatharchides fragments 54a and b, 55a, 56a and b.

64. The aforementioned passage of Agatharchides (Fragg. 5.57 = Photius *Cod.* 250.56, 453a) makes it clear that seemingly quite lavish forms of "wealth" were offered for the cooperation of certain groups.

hunting bases were short lived (although some settlements continue into the following centuries as successful trading posts)—often with new bases being set up further south as the easy pickings were denuded—makes any such core-periphery dynamic quite temporary.[65] Overall then, one could say that the core-periphery model offers a somewhat viable, if imperfect, means of articulating early Ptolemaic elephant hunting activity. But it is unlikely to be sufficient for analysing the growth of economic and cultural exchange between the Mediterranean and western Indian Ocean from the end of the first millennium BC to beginning of the first millennium AD. Here globalization may have a more useful role to play.

Case study 2: the Indian Ocean ivory trade of the early centuries AD

By the early centuries AD many areas of the western and eastern Indian Ocean saw a growth of connectivity and exchange. The degree of "integration" and interdependence across different parts of Afro-Eurasia which resulted is a complex issue that cannot be fully addressed here.[66] Nevertheless, for our purposes, an analysis of the *Periplus* makes it clear that the exchange of ivory was part of this multidirectional trade, which was underpinned by a mixture of economic and cultural factors.[67] The text reveals that ivory could be acquired at several notable ports along the East African

65. For an overview of the varied explanations offered to explain the decline in Ptolemaic elephant hunting activity, see Cobb 2016. The archaeological evidence suggests a decline or cessation in elephant hunting activity by the start of the second century BC (see Redon 2018), although Josephus' (*AJ* 13.4.8-9) report that Ptolemy VI was able to march with a force of elephants into Seleucid territory (145 BCE) suggests that some mechanism to acquire either Trogodytic or Aethiopian elephants existed to a limited extent up until the mid-second century BC (there is no evidence for a successful Ptolemaic breeding programme).

66. For a discussion of the problems in approaching this issue, see Cobb forthcoming.

67. The author of the Περίπλους τῆς Ἐρυθρᾶς Θαλάσσης / *Periplus Maris Erythraei* (sometimes Latinised to *Periplus Maris Rubri*) was a Greek-speaking resident of Egypt, who wrote a *koinē* Greek account of the sailing routes in the (particularly western) Indian Ocean and the major commodities that could be acquired. See Casson 1989. The text seems to have been written by a single mid-first century (ca. AD 40-70) author – Casson 1989; Seland 2016; Cobb 2018; *contra* Arnaud 2012; and Marcotte 2012. This author had direct personal experience but also seems to have drawn on the accounts of other merchants from varied backgrounds – De Romanis 2016.

coast, and the western and eastern coasts of India.[68] From the anonymous author's account, it is apparent that a range of "imported" and "exported" goods were exchanged alongside ivory.

On the face of it, a case could be made for using World Systems theory, and the core-periphery dynamic, to analyse and articulate the exchange of ivory and other objects across the north-western Indian Ocean. In particular, the exchange of "processed" or "crafted" commodities for "raw materials" like ivory tusks, and even the establishment of tributary relationships, might seem to fit the mould. The site of Rhapta on the coast of Azania (probably near Dar es Salaam) is reported as being under the control of the people of Muza (southern coast of the Arabian Peninsula) who had been granted the rights by the Himyarite king.[69] The people of Rhapta are said to receive crafted items such as spears of Muzan workmanship, axes, knives, awls, glass beads and wine, as well as grain gifted for goodwill. In return they exported a large amount of ivory, and some rhinoceros horn and nautilus shell.[70] Similarly, in the territory of Zôskalês (the southern Red Sea coast on the African side), ivory, tortoise shell and rhinoceros horn was said to be available. This was in exchange for Egyptian textiles and glassware, drinking vessels, axes, and tools, as well as for base and precious metals; the base metals being repurposed and crated into jewellery and spear points by the people of Barbaria.[71] It could also, more broadly, be noted that the Mediterranean world exported a fair amount of crafted or processed products like gold and silverware (and coins), jewellery, bronzeware, glass-ware, textiles and wine, whereas it often imported "raw materials" like spices, aromatics and precious materials like ivory, gems and pearls.[72]

---

68. For the ports and emporia where ivory was available, see *Peripl. M. Rubr.* 3, 4, 6, 7, 10, 16, 49, 56.

69. *Peripl. M. Rubr.* 16; Fitzpatrick 2011, p. 46. On the possible location of Rhapta, see Hughes and Post 2016.

70. *Peripl. M. Rubr.* 16-17. For commentary, see Casson 1989, p. 141-142.

71. *Peripl. M. Rubr.* 5-6. It is also clear that a number of South Asian products were traded in Zôskalês' territory, including Indian iron and steel from Ariakê, lac, dye and various Indian textiles and cotton. No doubt, this is indicative of Indian trading connections with the region.

72. For an overview of imports and exports, see Cobb 2018. The extent to which this reflected historical trading patterns or whether the comparative dearth (but not absence) of crafted South Asian products in the Roman Empire could be partially explained by historical accident and the limitations of fieldwork has been a contested issue. See also Evers 2017.

On closer inspection, however, the evidence does not always neatly conform to World Systems Theory or the core-periphery dynamic. In the case of trade with Barbaria, the movement of metals is contrary to the typical narrative of peripheries supplying metals to cores.[73] Moreover, it could be questioned whether there was a clear hierarchy of "winners and losers" in this dynamic. Zôskalês is explicitly reported as being able to drive a hard bargain and make exchanges that were evidentially beneficial to his court. The presentation of contrasting World-Systems narratives also underlines the potential limitations of this approach. For Beaujard, the Roman Empire represented one of the core regions of the ancient Indian Ocean, while for Fitzpatrick it was a periphery region, in particular because of its export of gold and silver.[74]

Do concepts deriving from globalization offer a better alternative? Or possible a supplementary approach? Arguably, the answer is yes to both, but this will depend upon context and the issues one is attempting to address. As noted, while the supply of ivory for crafted items from Rhapta to Muza could be understood as a form of tributary core-periphery relationship, concepts like deterritorialization can alternatively encourage us to explore the situation of the Arab diaspora in Rhapta.[75] Here we have a community that integrated itself into a new context, intermarrying and learning new language skills, ultimately to help facilitate this trading activity.[76] These individuals developed bonds in a local context, yet, no doubt, maintained connections with family and business associates a few thousand kilometres away (even if communication was periodic, punctuated and potentially indirect).

The messiness of the overlapping and divergent networks of connection that existed across the wider ancient Indian Ocean might also be better articulated with concepts like unevenness.[77] Major nodes or hubs seem to

---

73. The notion of "less developed" peripheries sending metals to more "sophisticated" core(s) has long been a common notion in World-Systems scholarship. On this, see RATNAGAR 2001; STEIN 1999.

74. BEAUJARD 2005; FITZPATRICK 2011. Beaujard does adopt the notion that a demand for "Roman" goods was weak in the two other major cores (India and China), excepting gold and silver. Nevertheless, he still views the Roman Empire as a core (with a strong demand for "luxuries") which stimulated economic and social developments in Asian societies through the 'exchange of knowledge' – BEAUJARD 2019 vol. I, p. 333.

75. COBB forthcoming.

76. *Peripl. M. Rubr.* 16.

77. On the concept of unevenness—where interregional networks of contact and exchange are not all-pervading, but some links between places are stronger than others—see JENNINGS 2011, 2017.

belie easy division between places that supplied raw materials and those regions that supplied sophisticated crafted products. The port of Barygaza in northwest India is a case in point. It was connected into a series of direct and indirect networks that linked it with Egypt and the Mediterranean, the Persian Gulf region, Southern Arabia, East Africa and other parts of South Asia.[78] The range of product demanded at this site included items that might be labelled "raw materials", like base metals and raw glass, as well as agricultural products like wine, and "crafted" or processed products like unguents and clothing. This was in addition to what might be termed luxuries, such as peridot, coral, gold and silver. One could find for sale precious materials including ivory, as well as various plant and processed products such as long pepper, costus and bdellium, and crafted items like cotton textiles and silk.[79] Thus, the division between cores supplying crafted items and peripheries supplying raw materials does not seem to work in the case of this port, or indeed others like Muziris.[80]

It is not just the mechanisms of exchange where concepts from globalization can provide useful analytical tools. The cultural and artistic dynamics of the ivory trade can also be productively studied within this framework. In particular, concepts like cultural homogeneity and cultural heterogeneity can offer some insights; the former emphasises how the increased flow of peoples, goods and ideas can lead to the widespread adoption of the same or at least similar goods, habits, and practices, while the latter emphasises the differences as a result of greater "global" interconnectedness, often leading to local adaptations, modifications and transformations.

It is sometimes assumed that prior to the last few centuries (with the manufacture of billiard balls, cutlery handles and piano keys) ivory was normally traded as tusks (or cuttings), and not as worked objects or commodities.[81] Where they are found outside an "expected" context, they are presumed to represent souvenirs or examples of (diplomatic) gift exchange; the Pompeii ivory figurine sometimes being assumed to represent the former.[82] It is increasingly recognized, however, that such figurines or artistically crafted items are not necessarily "culturally bounded"—that is

---

78. For an overview of these networks, see Cobb 2022b.

79. *Peripl. M. Rubr.* 48-49.

80. *Peripl. M. Rubr.* 54-56. On the excavations at Pattanam ([part of the site of] Muziris), see Cherian 2015.

81. Chaiklin 2010, p. 534.

82. For the narrative that the Pompeii ivory represents a personal souvenir, see, among others, Maiuri 1939, p. 115; Della Corte 1965, p. 334; and Asaka

to say, such items can be appreciated and reinterpreted in new contexts (whatever their original use and meaning may have been). Moreover, we do not need to resort to earlier notions of influence or diffusion (often connected to conquest, colonization, and migration) to explain the adoption of particular forms.[83] Instead we can understand the adoption, adaptation and repurposing of "foreign" models and material culture as part of the phenomena of cultural homogenization and heterogeneity.

This phenomenon has been particularly noted in relation to the Deccan region of the early centuries AD, where small soapstone molds and terracotta figurines were imported or created for the purposes of producing "standard" artistic forms (notably as figural pieces, bullae and pendants/jewellery). In particular, the imagery and forms connected to them might (partially) derive from the Mediterranean world and the Kushana territory to the northwest.[84] The connection between Egyptian Bes figurines and Sātavāhana *yakshas* is a case in point, where techniques, stylistic forms and typological functions were adapted to produce figures that also had liminal and apotropaic qualities.[85] The adaption of imagery and its reimagination or reinterpretation in a different context has also been suggested by von Lieven in relation to a second to third century AD sandstone sculpture from Mathurā (Uttar Pradesh). She argues that iconographic form shares some distinct similarities with iconography connected to the Egyptian god Harpocrates, but due to certain features (notably shrunken forms of the crown of Lower and Upper Egypt, reinterpreted as a little horn) was likely understood in its local context to represent the ascetic Ṛṣyaśṛnga (said to be born with a gazelle's horn on his head) or at least a turbaned figure.[86]

Parallels between a mirror bone handle found at Sirkap (in Kushana territory) and a conch shell handle at Ter (in Sātavāhana territory) reveal that the appreciation of certain aesthetics forms did not remain culturally bounded. Brancaccio, in fact, suggests that given the existence of many ivory workshops in the Deccan region, which were usually associated with bone

---

and Iorio 2005, p. 328-330. For an overview of this figure and a discussion of these issues, see Weinstein 2022.

83. Diffusion has often traditionally been understood in terms of the movement of peoples and goods, and the transfer of techniques and knowledge, as binary processes of transmission from one "culture" to another (usually in hierarchical terms) – Maran 2019, p. 52; Roudometof 2016, p. 63.

84. Brancaccio 2005 and 2014.

85. Autiero 2017.

86. Von Lieven 2018, p. 72-75. For Harpokrates figures found in South Asia more generally, see also p. 75.

and shell carving industries, that it is possible that these carved ivory found markets beyond the Deccan.[87] Indeed, we should not completely rule out the possibility that the Pompeii ivory figurine and the ivories from Begram are examples of this, rather than mere souvenirs.[88] Evers has actually argued from a range of material, literary and epigraphic evidence that the Pompeii ivory figure is indicative of a first century AD fashion for repurposing these objects in Roman furniture.[89]

Besides the distribution of these Sātavāhana carved ivories, the so-called Venus of Axum can also be understood in terms of the spread and adaptation of artistic forms. This ivory carving was produced in an Axumite workshop and has been found in a late third century AD Axumite grave. Despite its local production, the object clearly exhibits artistic forms commonly associated with the Mediterranean world, notably the *contrapposto* pose and flowing hair.[90] We might easily understand this as a form of cultural heterogeneity or, indeed, label it as an example of glocal workmanship.

Case study 3: symbolism, supply, and local dynamics in the Indian Ocean world

In this final case study, particular attention is paid to glocalization in the wider Indian Ocean world in the first millennium AD. It offers a particularly useful means of articulating how local dynamics can be affected by, and also feed into, wider global phenomena. This includes activities such as the production of new and distinct goods (often combining elements of the local and the global), meaning making and beliefs (cultural expressions and habits), and how shifting local practices and demands can impact on wider global supply.

The aforementioned use of ivory tusks as bridewealth in a number of eastern Indonesian islands provides one such example of glocalization in action. This practice was not a timeless or fixed aspect of these societies.

87. Brancaccio 2014, p. 37-9.

88. On the Begram finds, see Mehendale 2011.

89. Evers 2017, p. 37-52.

90. Phillips 1997, p. 452. In this context it is worth noting that the techniques used to craft ivory items at the Late Antique port of Adulis are indicative of those seen in Axum, either suggesting the spread of shared practices or the movement of specialist craftsmen. This is, of course, a few centuries later, but we can, nonetheless, see this as a further potential attestation of the spread of techniques and forms. On this, see Coutu and Damgaard 2019, p. 512, 519, 522-523, 542.

Instead, it required wider processes of global interconnectivity for the symbolic use of ivory to develop and for it to become socially embedded. Principally, this was due to maritime economic and cultural exchange between the eastern Indian Ocean and Southeast Asian spheres over the *longue durée*. It seems that associations with fertility and the elephant as a symbol of (royal) power originally manifested themselves in India and western Southeast Asia, subsequently becoming potent associations for betrothal practices in the eastern Indonesian societies.[91]

Dating such cultural processes is far from straight-forward. One of the earliest depictions which may relate to the association of elephants with fertility comes from the rock carved Dhauli elephant (Odisha), which is associated with an Aśokan rock edict. Burdhan has proposed that this elephant is emerging from a cloud and may be associated with Airavata, the celestial elephant Indra (the rain god) rides upon.[92] The transmission of such notions from India to Southeast Asia is equally problematic to date. Andaya has suggested that this process can be ultimately traced back to some point in the first millennium AD with the so-called Indianization of Southeast Asia.[93] This problematically labelled Indianization is often regarded as manifesting itself notably from the fourth century AD.[94] It is clear, however, that links between India and Southeast Asia can be traced back to earlier centuries.[95] In any case, the salient point for our purposes is that this provides us with an example of how global connections can lead to glocal changes in eastern Indonesian societies, which in turn generated a demand for ivory, feeding back into wider networks of exchange.

A further pertinent example of glocalization in action is the intertwining of zoological factors, local social practices, and wider networks of global exchange, which ultimately impinged on how ivory became available on the market. That is to say, how the nature of elephant populations, as well as social practices within different societies, impacted on the form, quality and

---

91. Andaya 2016, p. 67-78. Associations with fertility are likely connected to mythic accounts about elephants' original powers of flight, while (royal) authority seems to link with Vedic and Buddhist thought (notably associations with Indra).

92. Burdhan 2016, p. 32.

93. Andaya 2016, p. 68. Although, even more intensified connectivity developed during the eras of the Majapahit and Gowa-Tallo kingdoms.

94. Smith 1999 has questioned whether there was much substantive Indian contact with Southeast Asia prior to the fourth century AD. On the problematic nature of the term Indianization, see Hoogervorst 2017.

95. For an overview, see Cobb 2022b.

volume of ivory available. In the case of natural factors, it is worth noting that among South Asian populations (*Elephas maximus*) females usually have smaller tusks or tushes, as do some males, potentially impacting on the amount of ivory that could be obtained.[96] In terms of social practices, Chaiklin asserts that it was uncommon to kill elephants for their meat or tusks in those parts of India where elephants were worshiped, such as through the figure Ganesh. Instead, ivory was acquired through natural death or tipping, a process where the solid end of the tusk is cut off living elephants. She contrasts this with practices in Africa, where elephants have a long history of being hunted for meat and ivory.[97] This assertion may be more relevant for the second millennium AD than for the period we are focusing on (ca. 300 BC to AD 700), and it is, of course, a broad generalization. Social practices are never static but change over time due to a range of internal and external factors that impact on beliefs, habits and practices. Indeed, while there is clear evidence from classical sources for the hunting of elephants for meat and ivory in East Africa, a few passages from Tamil poetic literature likewise allude to the killing of elephants for meat and ivory by wild forest dwellers in the interior of the Tamilakam region.[98]

Despite this qualification, it is still useful to emphasise the point that diverse local practices impacted on the quality and nature of the ivory available in different markets. A case in point seems to be the contrast that De Romanis notes between the more plentiful, but varied quality of the ivory supplied from Rhapta, compared to the higher quality of ivory that the *Periplus* reveals was available at Adulis.[99] He suggests that the ivory from the former was obtained as the by-product of hunting elephants for meat, hence the varied quality and sizes of the tusks, whereas the latter represented

96. Santiapillai and Jackson 1990, p. v. The term *makhna* is used in today for male elephants with no, or very small, tusks. By contrast, among African elephant populations both male and female elephants have tusks, although it has been noted from modern studies that long-term and large-scale ivory harvesting is having an evolutionary impact on the size of elephant tusks, reducing average sizes. See chiyo, Obanda and Korir 2015.

97. Chaiklin 2010, p. 534.

98. The hunting of elephants for meat in East Africa is certainly a practice alluded to in a number of Graeco-Roman sources, notably Agatharchides fragments 54a and b, 55a, 56a and b, 57. On Sangam or Cankam Tamil literature (ca. 100 BC-AD 500) which alludes to wild forest dwellers in the interior of the Tamilakam killing elephants for their meat and ivory, see *Akanaṉūṟu* 172, 6-10; *Kuṟuntokai* 100, 3-5.

99. *Peripl. M. Rubr.* 4, 15-16.

a specialised trade, where tusks were selected for their quality.[100] In this context, it is worth noting the report from Nonnosus (sixth century AD), the Byzantine ambassador to Axum, that Axumite kings exercised exclusive rights over wild elephant herds in their territory.[101]

Again, despite the need for some caveats to Chaiklin's broad African hunting versus Indian natural death and tipping dichotomy, there is certainly evidence for the practice of "tipping" or tusk trimming in South Asia during our era (mentioned in Sanskrit texts and by Cosmas).[102] This practice is perhaps unsurprising given the wide-ranging use of elephants in South Asia, including as beasts of burden (alongside their use as mounted weapons of war, to which a number of Indian rulers controlled royal herds).[103] In this regard, it is often noted that, temperamentally speaking, South Asian elephants (*Elephas maximus*) are tamer and easier to train (strictly speaking no elephant species has ever been domesticated) than African ones (*Loxodonta Africana*), likely making the cutting process less fraught.[104] It is also worth noting that a trimmed tusk (so long as it is not too deep) will regrow, just as a cracked tusk will, but a fully removed tusks will not, which would often lead to the death of the elephant in any case.[105]

The practice of tipping can arguably be connected to the term *schidai* mentioned in the Muziris Papyrus, which has credibly been interpreted as a reference to ivory cuttings (sawn off tusks).[106] When comparing the relative weights of the *schidai* and "sound" (whole) tusks recorded as part of the cargo of the Hermapollon, the ship mentioned in the Muziris Papyrus, it is clear that a small but notable portion of ivory consisted of these cuttings. The relative weight of the *schidai* is 538.5 kg (17 talents and 33 *minae* in weight) compared to 3,228.5 kg (105 talents and 13 *minae*) for whole tusks, meaning that the former represented about 14% of the ivory consignment

100. De Romanis 2014, p. 17-21.

101. On the Axumite kings controlling elephant herds, see the account of the embassy of Nonnosus (under Justinian I), epitomised in Photius' *Bibliotheca*.

102. De Romanis 2014, p. 6-11. It is also alluded to by Cosmas (*Topogr. Christ.* 9.23).

103. Chaiklin 2010, p. 534. On royal herds, see De Romanis 2014, p. 14-18.

104. Lobban and de Liedekerke 2000, p. 232, 235.

105. On this, see the Amboseli Trust for Elephants. On the continued growth of tusks, including partially damaged tusks, see Colyer and Miles 1957.

106. See De Romanis 2014 and 2020.

in weight terms.[107] The fact that they were individually smaller in weight, perhaps some 1-7 kg for the *schidai*, compared to almost 20 kg for the tusks, means that *schidai* could have represented some '75 to 540 pieces', whereas the sound ivory constituted some 167 tusks.[108]

The key point for our discussion is that while we need to avoid the pitfalls of an overly broad distinction between "African" and "South Asian" practices, local variations in terms of cultural habits and beliefs, as well as the temperament and physiological features of different species, will have affected how elephants might be treated and utilised. Additionally, political structures (the keeping of royal herds) and modes of subsistence will also have affected the wider "global" supply of ivory. This is both in terms of volume (availability), size and type. Tied into this is whether the ivory came in the form of tusks—the size and quality potentially being affected by deliberate hunting for ivory or hunting for meat with ivory as a by-product—or cuttings.

Conclusion

In the preceding discussion, it has been suggested that the newer models of globalization and glocalization have something useful to offer when it comes to examining the ancient ivory trade and, more broadly, trade across the ancient Indian Ocean. These theories help us to better articulate and analyse the various multidirectional networks of exchange that existed. It is apparent that the identification of core and periphery regions, or areas that supplied raw materials and luxuries, and those that supplied manufactured or processed products, is not always straight-forward. Moreover, the implicit assumptions of hierarchies and levels of sophistication in World Systems Theory is perhaps not always helpful. As such, both globalization and glocalization seem better attuned to analysing the numerous ways in which goods like ivory could be received, adopted and adapted in various societies. Glocalization may be the easier of the two to utilise, since it allows for a more focused, bottom-up study of how the local was impacted by the global. Nonetheless, this is not to say that World-Systems Theory should be discarded. In cases where hierarchical dynamics, and issues of dominance, resistance, and exploitation are at play, the core-periphery model might prove useful. Ironically, however, this may actually be more apparent at the meso or micro level, perhaps closer to Wallerstein's notion of world-empires.

107. *P. Vindob.* G 40822 verso ii.4-15, ii.16-25. For these weights, and also valuations, see De Romanis 2014, p. 2-3; De Romanis 2020, p. 217-222, 231-236.

108. De Romanis 2014, p. 16.

Indeed, in some instances "hinterlands" controlled by local rulers will have been linked into wider "global" networks.

Finally, however, it should be stressed that these models are merely tools for analysis, which should not be applied in a universalising fashion. Rather, they should be applied in the contexts which best suit them, with a view to seeing how a particular model can help us frame and articulate the evidence, not how the evidence can be made to fit the model. To my mind, the application of terms like globalization and glocalization as descriptors is of secondary concern. It is not my intention here to try and embed the study of the ancient Indian Ocean within the "History of Globalization" (a notion that may be unhelpful in any case).[109] Rather, it is the analytical use of the concepts connected to them which I argue have some utility.

Matthew Adam COBB
University of Wales Trinity Saint David
m.cobb@uwtsd.ac.uk

Bibliography

ANDAYA L.Y. 2016, "The Social Value of Elephant Tusks and Bronze Drums among Certain Societies in Indonesia", *Bijdragen tot de taal-, land-en volkenkunde/ Journal of the Humanities and Social Sciences of Southeast Asia*, 172/1, p. 66-89.

ARNAUD P. 2012, "Le *Periplus Maris Erythraei* : une œuvre de compilation aux préoccupations géographiques", *Topoi*, Supplément 11, p. 27-61.

ASAKA T. and V. IORIO 2005, "...*lucroque India admota est*: Contatti tra l'India e l'area vesuviana", in J. DE WAELE, S. MOLS and E. MOORMAN (eds), *Omni pede stare. Saggi architettonici e circumvesuviani in memoriam Jos de Waele*, Naples, p. 325-330.

AUTIERO S. 2017, "Bes figurines from Roman Egypt as agents of transculturation in the Indian Ocean", *Thiasos* 6, p. 79-89.

AUTIERO S. and M.A. COBB 2022a, *Globalization and Transculturality from Antiquity to the Pre-Modern World*, London.

AUTIERO S. and M.A. COBB 2022b, "Utilizing globalization and transculturality for the study of the pre-modern world", *in* S. AUTEIRO and M.A. COBB (eds),

109. On the "History of Globalization", see CONRAD 2016. On the notion of past "globalizations" (i.e., in the plural), rather than a singular linear progression towards modern globalization, see JENNINGS 2011 and 2017.

Globalization and Transculturality from Antiquity to the Pre-Modern World, London, p. 1-15.

BARRETT J.H., R. ROBERTSON, V. ROUDOMETOF, N. SALAZAR and S. SHERRATT 2018, "Discussion: Interdisciplinary Perspectives on Glocalization", *Archaeological Review from Cambridge* 33/1, p. 11-32.

BEAUJARD Ph. 2005, "The Indian Ocean in Eurasian and African World-Systems before the Sixteenth Century", *Journal of World History* 16/4, p. 411-465.

BEAUJARD Ph. 2007, "L'Afrique de l'Est, les Comores et Madagascar dans le système-monde avant le XVIe siècle", in D. NATIVEL and F.V. RAJAONAH (eds), *Madagascar et l'Afrique*, Paris, p. 29-102.

BEAUJARD Ph. 2019, *The Worlds of the Indian Ocean: A Global History*, volumes I and II, Cambridge.

BELICH J., J. DARWIN and C. WICKHAM 2016, "Introduction. The Prospect of Global History", in J. BELICH, J. DARWIN, M. FRENZ and C. WICKHAM (eds), *The Prospect of Global History*, Oxford, p. 3-22.

BOWERSOCK G.W. 2013, *The Throne of Adulis. Red Sea Wars on the Eve of Islam*, Oxford.

BRADLEY M. 2009, "The Importance of Colour on Ancient Marble Sculpture", *Art History* 32/3, p. 427-457.

BRANCACCIO P. 2005, "Sātavāhana Terracottas: Connections with the Hellenistic Tradition", *East and West* 55/1, p. 5-69.

BRANCACCIO P. 2014, "Looking to the West. Stone Molds and Foreign Visual Models in Sātavāhana Material Culture (First-Second Centuries CE)", *Archives of Asian Art* 64/1, p. 33-41.

BURDHAN A. 2016, "Elephant as a Fertility Symbol in Indian Art and Religion", in K.A.T. CHAMARA, T. WICKRAMAARACHCHI and H. NAVODA DE ZOYSA (eds), *International Conference on Asian Elephants in Culture & Nature, 20th-21st August 2016*, Sri Lanka, p. 32-35.

BURSTEIN S.M. 1989, *Agatharchides of Cnidus. On the Erythraean Sea*, Cambridge.

BURSTEIN S.M. 1996, "Ivory and the Ptolemaic Exploration of the Red Sea: The Missing Factor", *Topoi* 6/2, p. 799-807.

BURSTEIN S.M. 2008, "Elephants for Ptolemy II: Ptolemaic Policy in Nubia in the Third Century BC", in P. MCKECHNIE and P. GUILLAUME (eds), *Ptolemy II Philadelphus and his World*, Leiden, p. 135-147.

CASSON L. 1986, "P. Vindob G 40822 and the Shipping of Goods from India", *BASP* 23/3-4, p. 73-79.

CASSON L. 1989, [Introduction, Translation, and Commentary of] *Periplus Maris Erythraei*, Princeton.

CASSON L. 1990, "New Light on Maritime Loans: *P. Vindob* G 40822", *ZPE* 84, p. 195-206.

CASSON L. 1993, "Ptolemy II and the Hunting of African Elephants", *TAPhA* 123, p. 247-260.

CHAIKLIN M. 2010, "Ivory in World History – Early Modern Trade in Context", *History Compass* 8/6, p. 530-542.

Chanda N. 2008, *Bound Together. How Traders, Preachers, Adventurers, and Warriors Shaped Globalization*, New Haven, CT.

Cherian P.J. (ed.) 2015, *9th Season Pattanam Excavation Report 2015*, Kerala.

Chiyo P.I., V. Obanda and D.K. Korir 2015, "Illegal tusk harvest and the decline of tusk size in the African elephant", *Ecology and Evolution* 5/22, p. 5216-5229.

Cobb M.A. 2016, "The Decline of Ptolemaic Elephant Hunting: An Analysis of the Contributory Factors", *Greece & Rome* 63/2, p. 192-204.

Cobb M.A. 2018, *Rome and the Indian Ocean Trade from Augustus to the Early Third Century CE*, Leiden.

Cobb M.A. 2019, "Introduction: The Indian Ocean in Antiquity and Global History", in M.A. Cobb (ed.), *The Indian Ocean Trade in Antiquity. Political, Cultural and Economic Impacts*, London, p. 1-14.

Cobb M.A. 2021, "Conceptualising the Far West: Early Chinese Notions of Da Qin and the Indian Ocean Trade", in H.P. Ray (ed.), *The Archaeology of Knowledge Traditions of the Indian Ocean World*, London, p. 56-78.

Cobb 2022a, "Black Pepper Consumption and the Middling in Roman Society. Affordability, Availability and Status", in P. Schneider and J. Trinquier (eds), *Le poivre, fragments d'histoire globale : Circulations et consommations, de l'Antiquité à l'époque modern*, Paris, p. 71-92.

Cobb M.A. 2022b, "From Bronzization to 'world system'. Globalization and Glocalization across the Globe (2000 BCE-1500 CE)", in V. Roudemetof and U. Dessi (eds), *Handbook of Culture and Globalization*, Cheltenham, p. 28-44.

Cobb forthcoming, "Indian Merchants Abroad. Integrating the Indian Ocean World (300 BCE-500 CE)", under review.

Conrad S. 2016, *What is Global History?*, Princeton.

Colyer F. and A.E.W. Miles 1957, "Injury to and Rate of Growth of an Elephant Tusk", *Journal of Mammalogy* 38, 2, p. 243-247.

Coutu A. and K. Damgaard 2019, "From Tusk to Town. Ivory Trade and Craftsmanship along the Red Sea", *Studies in Late Antiquity* 3/4, p. 508-546.

Curnow K. 2018, "Ivory as Cultural Document: The Crushing Burden of Conservation", *Curator (New York, N.Y.)* 61/1, p. 61-94.

Darwin J. 2016, "Afterword. History on a Global Scale", in J. Belich, J. Darwin, M. Frenz and C. Wickham (eds), *The Prospect of Global History*, Oxford, p. 178-183.

Della Corte M. and P. Soprano (eds) 1965, *Case ed abitanti di Pompei*, Naples.

De Romanis F. 1996, *Cassia, cinnamomo, ossidiana*, Rome.

De Romanis F. 2012, "Playing Sudoku on the Verso of the 'Muziris Papyrus'. Pepper, Malabathron and Tortoise Shell in the Cargo of the *Hermapollon*", *Journal of Ancient Indian History* 27, p. 75-101.

De Romanis F. 2014, "Ivory from Muziris", *ISAW Papers* 8, p. 1-34.

De Romanis F. 2016, "An Exceptional Survivor and Its Submerged Background. The *Periplus Maris Erythraei* and the Indian Ocean Travelogue Tradition", in G. Colesanti and M. Giordano (eds), *Submerged Literature in Ancient Greek Culture*, volume II, Berlin, p. 97-110.

De Romanis F. 2017, "Structural aspects of a commercial entreprise to Muziris. On SB XVIII 13167 again", *Topoi* 15/1, p. 83-100.

De Romanis F. 2020, *The Indo-Roman Pepper Trade and the Muziris Papyrus*, Oxford.

Desanges J. 1978, *Recherches sur l'activité des Méditerranéens aux confins de l'Afrique (vi[e] siècle av. J.-C. – ive siècle apr. J.-C.)*, Rome.

Evers K.G. 2017, *World Apart Trading Together. The Organisation of Long-Distance Trade Between the Mediterranean and the Indian Ocean, 1st-6th cent. CE*, Oxford.

Griffin M. 1976, *Seneca. A Philosopher in Politics*, Oxford.

Harding A. 2013, "World Systems, Cores, and Peripheries in Prehistoric Europe", *European Journal of Archaeology* 16/3, p. 378-400.

Harrauer H. and P.J. Sijpesteijn 1986, "Ein neues Dokument zu Roms Indienhandel. *P. Vindob.* G 40822", *AnzWien* 122, p. 124-155.

Hodos T. 2017, "Globalization: Some basics. An introduction to The Routledge Handbook of Archaeology and Globalization", in T. Hodos (ed.), *The Routledge Handbook of Archaeology and Globalization*, London, p. 3-11.

Hoogervorst T. 2017, "Tracing maritime connections between Island Southeast Asia and the Indian Ocean world", in T. Hodos (ed.), *The Routledge Handbook of Archaeology and Globalization*, London, p. 751-767.

Hughes C. and R. Post 2016, "A GIS Approach to Finding the Metropolis of Rhapta", *in* G. Campbell (ed.), *Early Exchange between Africa and the Wider Indian Ocean World*, Cham, p. 135-155.

Jennings J. 2011, *Globalizations and the Ancient World*, Cambridge.

Jennings J. 2017, "Distinguishing past globalizations", in T. Hodos (ed.), *The Routledge Handbook of Archaeology and Globalization*, London, p. 12-28.

Knappett C. 2017, "Globalization, connectivities and networks", in T. Hodos (ed.), *The Routledge Handbook of Archaeology and Globalization*, London, p. 29-41.

Li X., G. Jiang, H. Tian, L. Xu, C. Yan, Z. Wang, F. Wei and Z. Zhang 2015, "Human impact and climate cooling caused range contraction of large mammals in China over the past two millennia", *Ecography* 38, p. 74-82.

Lobban Jr. R.A. and V. de Liedekerke 2000, "Elephants in Ancient Egypt and Nubia", *Anthrozoös: A multidisciplinary journal of the interactions of people and animals* 13/4, p. 232-244.

Maiuri A. 1939, "Statuetta eburnea di Arte Indiana a Pompei", *Le Arti* 1/2, p. 111-115.

Maran J. 2019, "Not 'cultures', but culture! The need for a transcultural perspective in archaeology", in L. Abu-Er-Rub, C. Brosius, S. Meurer, D. Panagiotopoulos and S. Richter (eds), *Engaging Transculturality. Concepts, Key Terms, Case Studies*, London, p. 51-64.

MARCOTTE D. 2012, "Le *Périple de la mer Érythrée* dans son genre et sa tradition textuelle", *Topoi*, Supplément 11, p. 7-25.

MEHENDALE S. 2011, "Begram. At the Heart of the Silk Roads", in F. HIERBERT and P. CAMBON (eds), *Afghanistan. Crossroads of the Ancient World*, London, p. 131-143.

MINAS-NERPEL M. 1994, "Die Pithom-Stele. Chronologische Bemerkungen zur frühen Ptolemäerzeit", in M. MINAS-NERPEL and J. ZEIDLER (eds), *Aspekte Spätägyptischer Kultur, Festschrift für Erich Winter zum 65. Geburtstag*, Mainz, p. 203-212.

MORELLI F. 2011, "Dal Mar Rosso ad Alessandria. Il *Verso* (ma ancheil *recto*) del 'papiro di Muziris' (SB XVIII 13167)", *Tyche* 26, p. 199-233.

NAPPO D. 2018, *I Porti Romani nel Mar Rosso da Augusto al Tardo Antico*, Naples.

OSTERHAMMEL J. 2011, "Globalizations", in J.H. BENTLEY (ed.), *The Oxford Handbook of World History*, Oxford, p. 89-104.

PARKER G. 2008, *The Making of Roman India*, Cambridge.

PHILLIPS J. 1997, "Punt and Aksum. Egypt and the Horn of Africa", *The Journal of African History* 38/3, p. 423-457.

PITTS M. and M.J. VERSLUYS 2015, "Globalisation and the Roman World. Perspectives and Opportunities", in M. PITTS and M.J. VERSLUYS (eds), *Globalisation and the Roman World. World History, Connectivity and Material Culture*, Cambridge, p. 3-31.

RATHBONE D. 2000, "The 'Muziris' Papyrus (SB XVIII 13167). Financing Roman Trade with India", in M. ABD-EL-GHANI, S.Z. BASSIOUNI and W.A. FARAG (eds), *Alexandrian Studies in Honour of Mostafa el Abbadi*, Alexandria, p. 39-50.

RATNAGAR S. 2001, "The Bronze Age. Unique instance of a pre-industrial world system?", *Current Anthropology* 42, 3, p. 351-379.

REDON B. 2018, "The Control of the Eastern Desert by the Ptolemies. New Archaeological Data", in J.-P. BRUN, T. FAUCHER, B. REDON and S. SIDEBOTHAM (eds), *The Eastern Desert of Egypt during the Greco-Roman Period. Archaeological Reports*, Paris, available online : https://books.openedition.org/cdf/5249.

REDON B. and T. FAUCHER (eds) 2020, *Samut Nord : L'exploitation de l'or du désert Oriental à l'époque ptolémaïque*, Cairo.

RITZER G. 2003, "Rethinking Globalization: Glocalization/Grobalization and Something/Nothing", *Sociological Theory* 21/3, p. 193-209.

ROBERTSON R. 1992, *Globalization: Social Theory and Global Culture*, London.

ROMM J.S. 1994, *The Edges of the Earth in Ancient Thought. Geography, Exploration, and Fiction*, Princeton.

ROUDOMETOF V. 2016, *Glocalization. A Critical Introduction*, London.

SANTIAPILLAI C. and P. JACKSON 1990, *The Asian elephant: An action plan for its conservation*, Gland, CH.

SCHNEIDER P. 2015, "Introduction", in P. SCHNEIDER, J. TRINQUIER, C. BOUCHAUD, E. DUBOIS-PÉLERIN and L. GRASLIN (eds), Ex oriente luxuria *(I) Introduction :*

comment définir l'objet de luxe ?, HAL Archive ouverte (hal-01202124), p. 6-15.

Scullard H.H. 1974, *The Elephant in the Greek and Roman World*, London.

Seaver K.A. 2009, "Desirable teeth. The medieval trade in Arctic and African ivory", *JGH* 4/2, p. 271-292.

Seland E.H. 2008, "The Indian Ocean and the Globalisation of the Ancient World", *Ancient West & East* 7, p. 67-79.

Seland E.H. 2016, "The *Periplus of the Erythraean Sea*. A Network Approach", *Asian Review of World Histories* 4/2, p. 191-205.

Sidebotham S.E. (with contributions by J. Gates-Foster) 2019, "Introduction", in S.E. Sidebotham, J. Gates-Foster and J.-L.G. Rivard (eds), *The Archaeological Survey of the Desert Roads between Berenike and the Nile Valley*, Boston, MA, p. 1-49.

Smith M.L. 1999, "'Indianization' from the Indian Point of View. Trade and Cultural Contact with Southeast Asia in the Early First Millennium C.E.", *JESHO* 42/1, p. 1-26.

Speidel M.A. 1992, "Roman Army Pay Scales", *JRS* 82, p. 87-106.

Speidel M.A. 2016, "Wars, Trade and Treaties. New, Revised and Neglected Sources for the Political, Diplomatic, and Military Aspects of Imperial Rome's Relations with the Red Sea Basin and India, from Augustus to Diocletian", in K.S. Mathew (ed.), *Imperial Rome, Indian Ocean Regions and Muziris. New Perspectives on Maritime Trade*, London, p. 83-128.

Stein G. 1999, *Rethinking World Systems. Diasporas, Colonies, and Interaction in Uruk Mesopotamia*, Tucson, AZ.

Taylor T. 2001, "Believing the Ancients. Quantitative and Qualitative Dimensions of Slavery and the Slave Trade in Later Prehistoric Eurasia", *World Archaeology* 33/1, p. 27-43.

Thür G. 1978, "Hypotheken-Urkunde eines Seedarlehens für eine Reise nach Muziris und Apographe für die Tetarte in Alexandria: (zu P.Vindob. G. 40.822)", *Tyche* 2, p. 229-245.

Versluys M.J. 2015, "Roman Visual Material Culture as Globalising *Koine*", in M. Pitts and M.J. Versluys (eds), *Globalisation and the Roman World. World History, Connectivity and Material Culture*, Cambridge, p. 141-174.

Vink M.P.M. 2007, "Indian Ocean Studies and the 'new thalassology'", *JGH* 2, 1, p. 41-62.

Von Lieven A. 2018, "Trade Contacts and Cultural Exchange between Egypt and India in the Ptolemaic and Roman Period", in N. Jaspert and S. Kolditz (eds), *Entre Mers – Outer-Mer: Spaces, Modes and Agents of Indo-Mediterranean Connectivity*, Heidelberg, https://doi.org/10.17885/heiup.355.c5185.

Wallerstein I. 2004, *World-Systems Analysis. An Introduction*, Durham, NC.

Wallerstein I. 2011, *The Modern World-System I. Capitalist Agriculture and the Origins of the Sixteenth Century* (with a new prologue), Berkeley, CA (1st ed. 1974).

WARMINGTON E.H. 1928, *The Commerce between the Roman Empire and India*, Cambridge.

WEINSTEIN L.R. 2022, "The Indian Figurine from Pompeii as an Emblem of East-West Trade in the Early Roman Imperial Era", in S. AUTEIRO and M.A. COBB (eds), *Globalization and Transculturality from Antiquity to the Pre-Modern World*, London, p. 183-204.

WHITE R. 2011, *The Middle Ground*, Cambridge.

WILKINSON T. 2022, "Oikoumenisation and the Ptolemaic beginnings of the Indian Ocean trade", in S. AUTEIRO and M.A. COBB (eds), *Globalization and Transculturality from Antiquity to the Pre-Modern World*, London, p. 144-164.

WOOLF G. 1990, "World-systems analysis and the Roman empire", *JRA* 3, p. 44-58.

SUI PREZZI DELL'AVORIO IN ETÀ IMPERIALE ROMANA

Una stima complessiva dell'impatto che sull'economia romana ha avuto il consumo di beni che definiamo di lusso anche quando penetravano negli strati più umili della società risulta impresa difficile a causa delle assai limitate possibilità di ricostruire compiutamente le molteplici dinamiche innescate dalla loro importazione e circolazione – dall'emorragia di moneta in metallo prezioso ai proventi fiscali per le casse imperiali, ai profitti delle reti commerciali interne e dei laboratori di trasformazione. Un modo per cercare di avere un'idea delle proporzioni relative di questi fenomeni è quello di confrontare i valori monetari che alcune merci potevano avere in momenti diversi della loro circolazione.

Una delle molte ragioni per cui P.Vindob. G 40822 (il cosiddetto papiro Muziris) va annoverato tra i documenti di primaria importanza per la storia dell'economia romana d'età imperiale è che il testo parzialmente conservato dal verso trasmette valutazioni monetarie di alcune merci importate dall'India nel momento in cui esse sono sottoposte ai dazi doganali in Egitto. Nel presente lavoro, concentreremo la nostra attenzione sui valori attribuiti al pepe e all'avorio, che confronteremo con le poche indicazioni relative sia alla posizione gerarchica che i due prodotti avevano nel luogo d'origine sia ai prezzi che raggiungevano ancora più a valle del circuito commerciale. È bene anticipare che l'accostamento tra i valori del pepe e quelli dell'avorio produce un confronto per contrasto, che oltretutto a distanza di secoli si articola con gerarchie di valori capovolte. Provenienti dalla stessa area geografica e importati con la stessa nave, i carichi di avorio e di pepe citati nel papiro Muziris (II sec. d.C.) sono assoggettati alla medesima imposta. L'assai diverso valore fiscale loro attribuito dimostra come già all'inizio del loro percorso commerciale essi non fossero considerati merci equiparabili. I vari passaggi attraverso i quali finivano per essere messi in vendita nelle città dell'impero romano non facevano altro che acuire l'iniziale disparità. Il fatto che in età tardoantica i rapporti di valore tra i due beni appaiano rovesciati rispetto all'età altoimperiale è dunque fenomeno notevole, che

Topoi Suppl. 18 (2022)
p. 199-216

induce a postulare profonde modificazioni nelle aree di produzione e nella logistica della circolazione dei due beni.

Quel che rimane del testo del verso del papiro Muziris riporta il calcolo del valore dei tre quarti delle merci importate dalla nave Hermapollon. Non ripeterò qui le ragioni per cui ritengo che quel computo fosse preliminare al calcolo dei dazi sulle merci in uscita dall'Egitto (25 % sui tre quarti del carico) e fosse preceduto, nelle parti perdute del papiro, dal calcolo dei dazi di entrata (25 % sul totale del carico) e seguito dalla somma dei dazi in entrata e in uscita. Neppure ripeterò le ragioni che inducono a dedurre un carico di pepe superiore ai 18.000 talenti valutato a 6 dracme la mina[1]. Ripeterò, invece, seppur rapidamente, che quelli riportati dal verso del papiro Muziris non sono prezzi di mercato, ma valori fiscali fissati dall'amministrazione imperiale. Poiché i mercanti potevano scegliere se pagare i dazi in danaro o in natura, essi preferivano la prima possibilità, quando i prezzi di mercato superavano le valutazioni fiscali, ricorrevano invece alla seconda, nel caso contrario. La differenza tra i valori fiscali e i prezzi più usuali nei mercati di Coptos e Alessandria rivela la politica fiscale dell'amministrazione: valori che tendano a stare al di sotto dei prezzi di mercato denotano la disponibilità a ridurre la pressione fiscale, pur di non avere il fastidio di ricorrere a vendite forzose dei dazi pagati dai mercanti in natura, con una quota del carico importato. Valori che non temono di avvicinarsi ai prezzi di mercato sono invece il sintomo di una volontà di massimizzare il gettito, anche a rischio di incamerare quote rilevanti di merce importata.

Venendo ai carichi di pepe e avorio, la prima, banale osservazione che il testo del verso del papiro Muziris suggerisce è che il rapporto tra le dimensioni e il valore del carico del pepe è molto diverso dal rapporto tra le dimensioni e il carico dei due tipi di avorio. Se infatti per il pepe abbiamo, come si diceva, un carico di più di 18.000 talenti e un valore di 6 dracme la mina, per le zanne intere di avorio sano abbiamo un carico di soli 105 talenti e 13 mine e un valore di ben 100 dracme la mina. Per le *schidai*, parti di zanne di elefante ottenute dalle periodiche spuntature agli animali in cattività[2], si ha un carico di 17 talenti e 33 mine e un valore di 70 dracme la mina. E dunque, sebbene sensibili alla integrità della zanna (al ritaglio della zanna d'avorio è attribuito un valore pari al 70 per cento della zanna intera sana), le valutazioni dell'avorio rimangono sempre di gran lunga superiori a quella del pepe.

---

1. Su tutto questo rimando a De Romanis 2020, p. 231-245, 283-288. Morelli 2011, p. 222-5 inferisce invece un carico di circa 4.400 talenti valutato a 24 dracme la mina.

2. De Romanis 2014.

In India meridionale, pepe e avorio erano estratti dal medesimo ecosistema. L'autore del *Periplus Maris Erythraei*, Plinio e alcune formule dell'antica poesia tamil concorrono a delimitare alle foreste montane del Kerala soprattutto vicino al Vembanad Lake l'area in cui si concentra la raccolta del pepe[3]. Nella *Tabula Peutingeriana*, alle spalle di Muziris e dello specchio d'acqua che presumibilmente riproduce il Vembanad Lake e al di sotto di una catena montuosa con didascalia *Mons Lymodus*, che potrebbe raffigurare i Western Ghats, si legge la didascalia *in his locis elephanti nascuntur*[4]. Per la verità, quelle montagne danno molte altre cose oltre al pepe e all'avorio. Solo viste da lontano, dagli empori della costa, possono apparire 'montagne dove cresce il pepe' o 'dove nascono gli elefanti'. Se osservate più da vicino, esse rivelano la straripante biodiversità riflessa dai doni presentati dagli 'uomini della montagna' al re Cēra Ceṅkuṭṭuvaṉ nel venticinquesimo canto del *Cilappatikāram:*

> Il re [...] espresse il desiderio di vedere la montagna dalle foreste circondate da nuvole [...] col suo seguito giunse alle dune sabbiose sulle sponde del fiume Pēriyār, che come ghirlanda sul petto di Neṭiyōṉ (Viṣṇu) scorre giù dalla grande montagna [...] lì, come nemici che coi tributi attendano invano udienza nella spianata di Vañci rigogliosa di innumerabili cose rare e preziose, gli uomini della montagna (*malaimicai mākkaḷ*) si presentarono con bianche zanne d'elefante, ammassi di resina di aquilaria, spazzole di pelo di cervo, vasi di miele, legno di sandalo, masse di colorante rosso, nero, e bel giallo, *valli* (steli?) di cardamomo, *valli* (steli?) di pepe nero, farina di *kūvai*, *kavalai* rigogliosa, noci di cocco, manghi maturi, *paiṅkoṭi*, liquore di jack-fruit, aglio, canna da zucchero, rampicanti in fiore, teneri virgulti, grandi cumuli di noci di areca da piante lussureggianti, e poi cuccioli di *āḷi*, di *ari* e di tigre, giovani elefanti in calore, piccoli di scimmia e di orso, cervidi delle diverse specie (*varuṭai* che si aggirano sui monti, timidi *maṟi*, piccoli di *kācaṟai*), innocenti manguste, piume di pavone, piccoli di zibetto, galline selvatiche e pappagalli dalle parole di miele. 'Tuoi sudditi da sette generazioni, auguriamo lunga vita alla tua vittoria!', essi dissero[5].

---

3. *PME* 56: φέρεται δὲ πέπερι, μονογενῶς ἐν ἑνὶ τόπῳ τούτων τῶν ἐμπορίων γεννώμενον πολύ, λεγομένῃ Κοτταναρικῇ; Plin. *NH* 6.105: *regio autem, ex qua piper monoxylis lintribus Becaren convehunt, vocatur Cottonara*; 12.29: *utrumque* [sc. *piper*] *silvestre gentibus suis est.* Significative le formule della poesia tamil *kaṟi vaḷar aṭukattu* (nelle montagne dove cresce il pepe): *Kuṟuntokai* 90.2; 288.1; *Naṟṟinai* 151.7; *kaṟi vaḷar cilampil* (nei pendii montani dove cresce il pepe): *Kalittokai* 52.17.

4. *Tab. Peut.* Seg. XI.

5. *Cilappatikāram* 25.1-55.

In coerenza con tale varietà di risorse, le comunità dei *Kuṟavar,* dei *Kānavar* e dei *Vēṭṭuvar,* che quelle foreste abitano, appaiono dedicate alla raccolta di miele e di frutti[6], alla caccia[7] e alla pratica della *swidden agriculture*[8]. Nei limiti in cui è lecito precisare gerarchie economiche sulla base di testi poetici, si può rilevare che l'importanza del commercio dell'avorio, più volte sottolineata nei versi della poesia tamil[9], doveva superare di gran lunga, per le comunità delle foreste montane, quella del commercio del pepe, alla cui raccolta si allude rarissimamente, o forse mai[10]. Benché sia un elemento caratterizzante del paesaggio delle foreste montane del Kerala, è solo negli empori della costa, quando si raccoglie in migliaia di tonnellate (contro le poche tonnellate di avorio), che il pepe diventa economicamente rilevante al punto da attirare gli aurei romani da oltreoceano: «[...] la prospera Muciṟi che appartiene ai Cēralar, dove i vascelli, perfetta e meravigliosa costruzione degli Yavaṉar, venivano con l'oro (*poṉṉoṭu*) ripartivano col pepe (*kaṟiyoṭu*), agitando la bianca schiuma del grande fiume Cuḷḷi [...]»[11].

Si capisce dunque come l'incapacità da parte delle comunità delle foreste di ottenere per il pepe un riconoscimento economico comparabile a quello dell'avorio abbia generato il racconto fantastico incorporato da Filostrato nella *Vita di Apollonio* di Tyana, che identifica in comunità di

6. Miele: *Akanāṉūṟu* 78.7; 322.12; *Cilappatikāram* 25.27; *Malaidapaṭukaṭam* 155; artocarpi: *Puṟanāṉūṟu* 236; manghi: *Aiṅkuṟunūṟu* 213; jackfruit: *Kuṟuntokai* 342; 385.

7. Caccia agli elefanti: *Naṟṟinai* 65; *Akanāṉūṟu* 21; 132; 172; 282; *Puṟanāṉūṟu* 19; 150; 152; 202; 214; 252; 320; 324; caccia in genere: *Akanāṉūṟu* 231; 248; *Kuṟuntokai* 322; 335; *Malaidapaṭukaṭam* 17; 275; 320; *Naṟṟinai* 75; 82; 85; 165; 285; 336; *Perumpāṇaṟṟupaṭai* 116; *Puṟanāṉūṟu* 19; 150; 152; 202; 252; 320; 324.

8. Miglio e riso: *Aiṅkuṟunūṟu* 260; 268; 283; *Akanāṉūṟu* 12; 88; 102; 292; 348; 368; *Kuṟuntokai* 82; 214; 284; 333; *Malaidapaṭukaṭam* 203; 298; 320; *Maturaikkañci* 293; *Naṟṟinai* 44; 102; 108; 209; 276; 306; *Puṟanāṉūṟu* 159; 168; 231 247; tuberi: *Aiṅkuṟunūṟu* 270; *Kuṟuntokai* 208; 379.2; *Malaidapaṭukaṭam* 155.

9. P.es., *Kuṟuntokai* 100.3-5: «[...] i piccoli villaggi del versante occidentale del monte Kolli, dominio di Ōri, che si sfamano vendendo le zanne dei feroci elefanti [...]». E poi *Akanāṉūṟu* 21.24; 61.9-10; 83.4-8; 245.9-11 Naṟṟinai 65.5-6; *Patiṟṟuppattu* 30.9–13; 68.9–11.

10. In *Naṟṟinai* 5, i *Kuṟavar* appaiono come potatori di rampicanti fragranti (*koṭi naṟai pavar*) che crescono intorno agli alberi di sandalo.

11. *Akanāṉūṟu* 149.

ominidi (πιθήκων δῆμος) coloro che raccolgono il pepe lasciandolo a soggetti indiani senza avere nulla in cambio[12]. Va peraltro notato che così come, nel *Cilappatikāram*, gli 'uomini della montagna' offrono al re *valli* (steli?) di pepe nero e di cardamomo (quest'ultimo non ricordato dal *Periplus Maris Erythraei* tra i generi importati dalla Limyrike), le scimmie di Filostrato gettano 'riccioli' (βόστρυχοι) di pepe: tanto i primi quanto le seconde danno dei semilavorati che qualcun altro si prenderà la briga di far diventare sacchi di grani essiccati.

La grande disparità tra i valori del pepe e dell'avorio testimoniata dal testo del verso del papiro Muziris è dunque in qualche misura il prodotto di differenze di valori attribuiti già all'origine, nelle foreste del Kerala, ed annuncia una differenza di prezzo che si fa ancora più marcata quando l'avorio grezzo diventa avorio lavorato. Per quanto concerne il pepe, la distanza tra i valori fiscali registrati nel papiro Muziris e quelli di mercato correnti in varie regioni dell'impero romano può essere immaginata sulla base di un confronto per un verso con il prezzo indicato da Plinio e per l'altro con quello riportato in una tavoletta da Vindolanda per una quantità non precisata.

È noto come Plinio abbia scelto di annotare i *pretia rerum*, riportando i valori più frequentemente ricorrenti a Roma, pur sapendo che essi cambiano da un luogo all'altro e quasi da un anno all'altro, a seconda dell'andamento delle comunicazioni marittime, delle condizioni di acquisto e della presenza o assenza di manovre speculative[13]. Non dovremo pertanto sorprenderci nel constatare che egli indichi per il pepe un prezzo più di quattro volte superiore (4 *denarii* per libbra = 25,33 dracme per mina) al valore fiscale desumibile dal papiro Muziris[14]. Né dovremo necessariamente postulare una drammatica caduta dei prezzi del pepe tra l'età di Plinio e quella del papiro Muziris. Il prezzo indicato da Plinio è quello che normalmente paga il residente di Roma che voglia acquistare, per esempio, all'approssimarsi dei *Saturnalia*, una mezza libbra di pepe[15]. Il valore su cui si fondano i calcoli parzialmente conservati nel verso del papiro Muziris, invece, è quello in base al quale i mercanti importatori erano chiamati a pagare i doppi dazi, in

12. Philostr., *v. A.* 3.4.

13. Plin., *n. h.* 33.164: *pretia rerum, quae usquam posuimus, non ignoramus alia aliis locis esse et omnibus paene mutari annis, prout navigatione constiterint aut ut quisque mercatus sit aut aliquis praevalens manceps annonam flagellet, non obliti Demetrium a tota Seplasia Neronis principatu accusatum apud consules; poni tamen necessarium fuit quae plerumque erant Romae, ut exprimeretur auctoritas rerum.*

14. Plin. *NH* 12.28.

15. Mart. 4.46, 7; 10.57.

entrata e in uscita dall'Egitto, per diverse centinaia di tonnellate di pepe. È opportuno insistere su questo punto: un conto è acquistare mezza libbra di pepe a Roma, completamente un altro pagare dazi per più di 1.710.000 libbre in Alessandria. È dunque perfettamente ragionevole aspettarsi una notevole distanza tra il primo valore e il secondo.

Anche chi ritenesse che la valutazione monetaria nel verso del papiro Muziris fosse servita a stabilire il prezzo di una transazione commerciale tra il mercante importatore e il suo finanziatore, che acquisterebbe in blocco i tre quarti di tutto il carico[16], dovrebbe postulare valori più bassi non solo dei prezzi al dettaglio in Roma (quelli riferiti da Plinio), ma anche di quelli all'ingrosso in Alessandria. Bisogna guardarsi dall'assumere che il supposto acquirente si impegnasse ad acquistare i tre quarti dell'intero carico della *Hermapollon* – più di 400 tonnellate di pepe, più di 50 tonnellate di malabatro, 60 contenitori di nardo Gangetico, quasi tre tonnellate di avorio tra zanne intere e frammenti, e un'altra merce, forse gusci di tartaruga, per un valore di qualche centinaio di migliaia di dracme – ai prezzi allora correnti in Alessandria[17]. Come Plinio non manca di sottolineare, i prezzi variano *ut quisque mercatus sit*. L'acquirente che avesse acquistato in blocco i tre quarti di tutto un carico di una nave (tra cui oltre 13.223 talenti di pepe) difficilmente avrebbe accettato gli stessi prezzi per unità per cui un qualunque compratore avrebbe potuto acquistare, per esempio, un centesimo di una sola delle merci importate[18]. La clausola del contratto sul recto del papiro che riconosce al creditore il diritto, in caso di insolvenza del debitore, di riscuotere la *tetarte* in natura e di 'acquistare per sé', ai prezzi correnti in quel momento, i rimanenti tre quarti presuppone uno scenario in cui, giunto il tempo per la restituzione del debito (e cioè scaduto il tempo per la vendita del carico), al mercante rimanga della merce invenduta, i cui prezzi correnti sono più bassi dei pur bassi valori fiscali[19].

Poiché riguardano anche le frazioni 'prese in più dagli arabarchi', i calcoli del verso del papiro Muziris non mirano a stabilire il prezzo di una compravendita tra privati, ma solo a definire l'ammontare del *maris Rubri vectigal*. Pertanto, non può escludersi che quando il pepe importato dalla *Hermapollon* veniva tassato sulla base di un valore fiscale di 6 dracme per mina, i prezzi al dettaglio a Roma non fossero troppo lontani dai quattro

16. È questa l'ipotesi formulata da Rathbone 2000, p. 45.

17. *P. Vindob.* G 40822 = *SB* XVIII 13167 r, ll. 21-2: ἑαυτῶι ὠνεῖσθαι τῆς ἐπὶ \ τοῦ/ | καιροῦ φανησομένης τιμῆς.

18. *Pace* Mayer 2018, p. 575, che applica la categoria di 'wholesale prices' ai valori con cui sono valutate le merci del carico della Hermapollon.

19. *P. Vindob.* G 40822 = *SB* XVIII 13167 r, ll. 17-23.

denarii la libbra indicati da Plinio. Occorre infatti tener presente la catena redistributiva che connetteva le vendite all'ingrosso in Alessandria con quelle al dettaglio di Roma. Un valore fiscale di 6 dracme la mina può implicare un prezzo all'ingrosso in Alessandria tra le 12 e le 15 dracme per mina, dazi inclusi. Quei mercanti che avessero voluto riesportare fuori dall'Egitto partite di pepe per tonnellate potevano farne salire il prezzo, per rivendite di quintali negli altri porti del Mediterraneo, a 18 o 21 dracme la mina[20]. Scendendo infine ai rivenditori al dettaglio, i *myropolai/seplasiarii* che avessero acquistato quintali di pepe a tal prezzo avrebbero potuto rivendere a 25 dracme la mina quantitativi modesti come le mezze libbre (poco meno di 1/3 di mina) citate da Marziale.

Un'altra importante, seppur vaga, indicazione di prezzo per l'età altoimperiale viene da Vindolanda, postazione all'estremo confine settentrionale dell'impero, e risale a qualche decennio prima degli anni in cui si erige il vallo di Adriano. La *Tabula Vindolandensis* 184 restituisce un elenco dove, sotto il titolo *(centuria) Uceni*, alla menzione di una determinata merce e del prezzo relativo segue quella del nome di un soldato. Sembra trattarsi di un elenco di ordini di acquisto commissionati a un esterno da militari della stessa unità. Accanto a soprabiti (*superariae*, l. 2), sudari (*sudaria*, ll. 6, 10, 28, 34, 37), sego (*sebum*, ll. 22, 26, 34, 36, 38), stivali (l. 18 *coturnum*), mantelli (*sagaciae*, l. 20), lacci (*corrigia*, l. 32), è citato anche il pepe (*piper*, l. 4), per una quantità non precisata, se non dal prezzo di due *denarii*. La presenza di *seplasiarii* nell'area, a Vindolanda come a Luguvalium, rende meno sorprendente l'ordinativo di Gambax[21] ; i dieci *lippientes* registrati tra i soldati della *I cohors Tungrorum* il 18 maggio di un anno compreso tra il 92 e il 97[22] suggeriscono una domanda locale di pepe a scopi medici[23].

---

20. Si può dubitare che Proclo di Naucrati si comportasse proprio come dice Philostr., *v. soph.* 2.21, 603 Olearius: ἐφοίτα δὲ αὐτῷ καὶ ἀπ' Αἰγύπτου λιβανωτὸς, ἐλέφας, μύρον, βίβλος, βιβλία καὶ πᾶσα ἡ τοιάδε ἀγορά, καὶ ἀποδιδόμενος αὐτὰ τοῖς διατιθεμένοις τὰ τοιαῦτα οὐδαμοῦ φιλοχρήματος ἔδοξεν οὐδὲ ἀνελεύθερος, οὐδὲ ἐραστὴς τοῦ πλείονος, οὐδὲ ἐπικέρδια μαστεύων ἢ τόκους, ἀλλ' αὐτὸ ἀγαπῶν τὸ ἀρχαῖον. In ogni caso, proprio la sottolineatura di Filostrato suggerisce che gli altri intermediari tra la vendita all'ingrosso in Alessandria e le distribuzioni al dettaglio regionali non dimostrassero lo stesso distacco.

21. *Tab. Vindol.* 586; 877.

22. Per *aegri, volnerati* e *lippientes* tra i 296 soldati della *cohors I Tungrorum* presenti a Vindolanda il 18 maggio di un anno compreso tra il 92 e il 97 d.C., si veda *Tab. Vindol.* 154.

23. L'ipotesi è affacciata in Bowman e Thomas 1994, *ad Tab.Vindol.* 184. Un *seplasiarius in leg(ione) I Ad(iutrice)* è attestato *CIL* XIII 6778; al riguardo, si veda Allé 2010, p. 208.

È dunque possibile che il pepe acquistato da Gambax servisse a confezionare colliri. Non escluderei tuttavia che, così come a Didymoi, anche a Vindolanda militari non graduati si concedessero ogni tanto il lusso di condire i loro cibi con un po' di pepe[24].

A qualunque cosa fossero serviti i due *denarii* di pepe, quello che comunque colpisce della tavoletta di Vindolanda è che Gambax spende per il pepe il doppio di quanto a Vindolanda si spenda, nel 110 d.C., per una *metreta* (*ca.* 54 l.) di *cervesa*[25] ed esattamente quanto si spendeva a Roma per la canonica mezza libbra in confezione regalo all'età di Plinio. È probabile che la quantità corrispondente al prezzo di due *denarii* fosse a Vindolanda notevolmente inferiore alle mezze libbre romane. È comunque da sottolineare che, in virtù della sua capacità di dividersi per quantità minime, al pepe riuscisse di essere venduto per soli due *denarii* al centro dell'impero così come alla sua estrema frontiera settentrionale.

Come abbiamo già rilevato, il più alto valore fiscale delle varietà di avorio rispetto al pepe nel testo del verso del papiro Muziris è in parte il risultato della diversa considerazione che già in India si aveva per le due merci. Le evoluzioni del valore dell'avorio all'interno dell'economia romana sono anch'esse molto diverse da quelle del pepe, perché, a differenza del pepe, l'avorio è soggetto al moltiplicatore dell'elaborazione artigianale o addirittura artistica, la quale fa sì che il manufatto in avorio possa arrivare a valere molto di più dell'avorio non lavorato.

Naturalmente, lo scarto tra il prezzo dell'avorio lavorato e quello dell'avorio non lavorato sarà stato variabile in base alla qualità dell'elaborazione. Ciononostante, crediamo che sia qui possibile indicare un documento in cui il prezzo di un manufatto in avorio viene stimato moltiplicando il suo peso per un prezzo per unità di peso. Il testo di *TPSulp* 101= *TPN* 102 oggi non può leggersi che sulle fotografie, eseguite peraltro quando il reperto era già molto danneggiato[26]. A ogni modo, da quanto si può

---

24. Si veda *supra* n. 21 e *O.Did.* 399. A soldati potrebbe ricondursi anche *P.Quseir* 28.

25. *Tab.Vindol.* 186, ll. 11-12.

26. Trascrivo di seguito il testo accolto in *TPSulp: L. ((V))ịṭẹ[lli]o L. f. [Mes]ṣạ[lla] ((V))istan[o G]ạḷḷ[o] cos./ XỴI k. Septem./C. Sulpiçius Faustus scripsi me em[is]/ṣẹ ab Ti. Ìulio Aug. lib. Myrtilo ẹbur ++/[- 4/5 -]SAS+++ pọṇḍẹre quinquaginta oc[t]ọ /[pre?]ṭịo in libras ṣ[in]gulas denaris nov/[enis ··]ạṛì q(ua) [d(e)] ṛ(e) ụṣus ẹṣṭ lẹgibus quibus anno/[- - -]AL[- - -]+ṃo/[- - -]OS[- - - i]ṇ XỊỊ k. Maṛṭịạ[s]/[primas? - - -] k(- - -) [- - -] de ea conven/[tione? - - -]ṛụṃ sestertia ducen/[ta - - -] ṇummum./ Ạ[ct]ụm Putiolis*. In tre punti le letture di *TPN* si discostano da quelle di *TPSulp:* alle ll. 3-4, si ha *habe/re* invece di *em[is]/ṣẹ*; alla l.4, *rubram* invece di *ẹbur ++*; alla l.7, *]tutus* invece di *[d(e)] ṛ(e) ụṣus*.

ancora leggere, apprendiamo che il 17 agosto 48 d.C. C. Sulpicius Faustus sottoscrive di aver acquistato[27] dal liberto imperiale Ti. Iulius Myrtilus qualcosa (ll. 4-5), di cui si determina il peso (l. 5) e il prezzo per unità di peso (ll. 6-7). Non molto si ricava da quel che segue: si fa riferimento ad alcune *leges* (l. 7), a una *conventio* (ll. 10-1) e alla data del 18 febbraio (l. 9), che, se si riferisce all'anno 49 d.C., è distante sei mesi e un giorno dalla data del contratto. Finalmente, alle ll. 11-2, è menzionata una somma di danaro uguale o superiore a duecentomila sesterzi. Si tratta della somma più alta menzionata nelle tavolette di Murecine. In che modo si collega all'acquisto di C. Sulpicius Faustus menzionato alle linee precedenti?

Gli editori del documento non concordano sull'oggetto acquistato da C. Sulpicius Faustus. G. Camodeca alle ll. 4-5 legge *Myrtilo ẹbur ++/[- 4/5 -]* e ne inferisce che oggetto della compravendita fosse avorio non lavorato. H. Wolf, legge *Myrtilo rubram/[---]* e deduce che fosse invece «eine der zahlreichen Purpursorten». In base alla fotografia che qui si ripubblica, a me sembra sicura una lettura *eburam*. Non mi pare infatti possibile né, con Wolf, leggere *rub* al posto di *ebu* né, con Camodeca, dubitare della lettura *am* dopo *ebur* [28]. Per il momento ne ricaverei la conclusione che C. Sulpicius Faustus acquista qualcosa che ha a che vedere con l'avorio.

Alle ll. 6-7, tanto Camodeca quanto Wolf leggono e restituiscono *pre?]ṭịo in libras ṣ[in]gulas denaris nov/[enis*, ciò che costringe a negare che la somma (di più ?) di 200.000 sesterzi ricordata alle ll. 11-2 sia in gran parte determinata dalle indicazioni di peso e di prezzo per unità di peso riportate alle ll. 5-7, giacché al prezzo di 9 *denarii* la libbra, il costo di qualcosa che pesa 58 libbre è di soli 2088 sesterzi[29]. Camodeca avanza cautamente il sospetto che alle ll. 8-9, in gran perdute, fosse ricordata un'altra merce, infinitamente più costosa, che avrebbe fatto arrivare la somma ai (più di?) 200.000 sesterzi indicati alle ll. 11-2. Wolf, invece, si astiene dal commentare e persino dal tradurre le ll. 11-2.

È difficile dire cosa sia andato perduto tra la fine di l. 7 (*]ụṣus ẹṣṭ lẹgibus quibus anno*) e la fine di l. 9 (*- i] ṇ X̣Ịị k. Maṛṭịạ[s]*), ma l'ipotesi che le due specificazioni temporali (*anno* alla l. 7 e *in XII k. Martias* alla l. 9), anziché appartenere al medesimo periodo, fossero separate dalla menzione di

27. Alle ll. 3-4, preferisco la lettura *scripsi me em[is]/ṣẹ* (*TPSulp*) a quella *scripsi me habe/re* (*TPN*).

28. Le lettere *-am*, accettate in *TPN*, erano già state lette da CAMODECA 1999, p. 213 sulla base della fotografia 14745.

29. Per la verità, in CAMODECA 1999, p. 214 si trova 8.352 sesterzi, che risultano da una moltiplicazione per 16, anziché per 4, del costo di 522 *denarii*. Il prezzo di 9 *denarii* la libbra è dunque non più alto (*ibid.* n. 46), ma considerevolmente più basso di quello indicato dal papiro Muziris per l'avorio sano.

un'altra merce (e di una somma di quasi 200.000 sesterzi) non mi pare molto probabile. Poco verisimile sembra anche l'idea che delle ipotetiche due merci il documento citasse per prima quella il cui valore è circa un centesimo dell'altra, come sarebbe se la prima fosse valutata a soli 9 *denarii* la libbra. Infine, appare assolutamente improbabile che a Puteoli, nel 48 d.C., proprio quando furoreggiavano i *luxus mensae*[30], l'avorio potesse costare solo 9 *denarii* la libbra – poco più della metà del valore fiscale dell'avorio sano registrato nel papiro Muziris. La distanza del prezzo per unità di peso letto dagli editori (*pre?]ṭịo in libras ṣ[in]gulas denaris nov/[enis*) dalla somma indicata a ll. 11-2 e da quello che, sulla base del papiro Muziris, possiamo immaginare potesse essere il prezzo dell'avorio a Puteoli alla metà del I sec. d.C., suggerisce di riconsiderare le letture *ebur* (l. 4) e *nov[enis* (ll. 6-7).

Benché non sia ricordato tra le più smaccate espressioni del lusso aristocratico nella lettera sul *luxus* che Tacito fa scrivere a Tiberio in occasione di una seduta del senato del 22 d.C.[31], non c'è dubbio che tra gli ingredienti costituivi dei *luxus mensae* d'età giulio-claudia ci fossero anche i manufatti d'avorio – basti pensare, p.es., ai celebri tavoli con piani rotondi in *citrum* e gambe d'avorio[32]. Se tale abbinamento di materiali è già evocato in un frammento di un'orazione di Catone e tavoli in *citrum* e avorio continuano a essere venduti nei *Saepta* dopo Vespasiano[33], è solo in età giulio-claudia che si registrano casi come quello di Seneca, accusato, nel 58 d.C., di possedere ben cinquecento tavoli in *citrum* e avorio di uguale misura e foggia[34]. Il sospetto che il numero sia stato artatamente esagerato dagli avversari del filosofo è naturalmente legittimo, ma, attribuito a un Seneca al culmine della sua parabola politica e nel vivo di una competizione tra aristocratici in materia di *luxus mensae*, esso non doveva apparire assolutamente inverosimile. Banchetti con migliaia di invitati, dove non solo le presenze e le assenze, ma anche la disposizione degli invitati definiscono le relazioni

30. Tac., *ann.* 3.55.

31. Tac., *ann.* 3.53: *quid enim primum prohibere et priscum ad morem recidere adgrediar? villarumne infinita spatia? familiarum numerum et nationes? argenti et auri pondus? aeris tabularumque miracula? promiscas viris et feminis vestis atque illa feminarum propria, quis lapidum causa pecuniae nostrae ad externas aut hostilis gentis transferuntur?*

32. F. Olck, *R.E.* III, 2623-4; Kloft 1996, p. 117-125.

33. Cat., *ORF4* 8.185; Mart. 9.59.

34. Cass. Dio 61.10.3: τοῖς τε πλουτοῦσιν ἐγκαλῶν οὐσίαν ἑπτακισχιλίων καὶ πεντακοσίων μυριάδων ἐκτήσατο, καὶ τὰς πολυτελείας τῶν ἄλλων αἰτιώμενος πεντακοσίους τρίποδας κιτρίνου ξύλου ἐλεφαντόποδας ἴσους καὶ ὁμοίους εἶχε, καὶ ἐπ' αὐτῶν εἱστία. Cfr. Griffin 1976, p. 293; Vössing 2004, p. 198.

e le strategie politiche, sono un fenomeno tipico dell'età giulio-claudia. Nelle età successive, quella competizione non avrà più senso. Le centinaia di tavoli in *citrum* e avorio che si continueranno a possedere non saranno più esibite[35]. Il ricco mangerà da solo[36], e da solo godrà di tavoli dalle belle gambe d'avorio a forma di leopardo rampante con la bocca spalancata[37]. In età giulio-claudia, invece, l'elevata domanda stimolata dai *luxus mensae* riduce le disponibilità di avorio nelle aree di approvvigionamento più vicine al Mediterraneo[38] e ne fa lievitare i prezzi[39].

Tornando a *TPSulp* 101, non sono solo generali ragioni di contesto a sconsigliare l'idea che il testo documenti un prezzo di 9 *denarii* la libbra per l'avorio non lavorato. A queste si aggiungono puntuali ragioni testuali. Infatti, alla l. 4 non c'è motivo di non accogliere la lettura *eburam*, da interpretarsi come una grafia volgare di *eboream*. La conservazione della -*u*- del nominativo *ebur* trova dei paralleli in *eburata/eburatos* in Plauto e nell'*Historia Augusta*[40] e in *eburarius*, attestato epigraficamente e nel Codex Theodosianus[41], mentre l'elisione di -*e*- in iato è un fenomeno banale nelle

---

35. Mart. 7.48. Si veda anche Mart. 9.22: dal ricco dell'età nuova si vorrebbe che, a imitazione di Domiziano, doni ed edifichi.

36. Iuv. 1.137-141.

37. Iuv. 11.120-129. C'è appena bisogno di precisare che i possessori di tali manufatti sono da Giovenale definiti 'ricchi di adesso' (*nunc divitibus*), perché molto diversi sia dai senatori dell'età di Manio Curio Dentato (vv. 77-81) sia dai *mediocres* contemporanei, cui non si addice né il gioco d'azzardo né l'adulterio (vv. 180-1). Non possedendo neppure un'oncia di avorio (si noti la precisazione del peso!), costoro evitano di esporsi al giudizio di *superbi convivae* (vv. 129-35). La curiosa prospettiva storica proposta da Giovenale, che comprime su una contestata contemporaneità tutto ciò che si trova tra Manio Curio Dentato e il proprio tempo, risponde all'esigenza di trovare dei modelli etici che possano essere in qualche modo comparabili, quanto a *train de vie*, a quelli dei *mediocres* contemporanei, ma che siano dotati del prestigio sociale dei ceti dirigenti repubblicani. Il fatto che la combinazione di *citrum* e avorio era di moda a Roma già all'età di Catone imponeva di risalire fino a Manio Curio Dentato.

38. Plin. *NH* 8.7: *quamquam nuper ossa etiam in laminas secari coepere paenuria: etenim rara amplitudo iam dentium praeterquam ex India reperitur; cetera in nostro orbe cessere luxuriae.*

39. Plin. *NH* 8.31: *dentibus ingens pretium.*

40. Plaut., *aul.* 168; *Stich.* 377; H.A., *Aur.* 13.4 (ma *eborat-* a H.A., *Hel.* 4.4; 29.2).

41. *CIL* 6.7885 (p 3853) = *CIL* 6.38822°; 9397; 37793; *AÉ* 1907, 128; Ferrua 1968, p. 154,14; *C.Th.* 13.4.2 (ma *eborar-* a *C.I.* 10.66.1).

tavolette di Murecine e nell'epigrafia pompeiana[42]. Se dunque la lettura *eburam* per *eboream* è corretta, segue che l'acquisto di C. Sulpicius Faustus non riguarda avorio grezzo, ma un manufatto d'avorio di genere femminile[43]. Lo status socioeconomico dei personaggi coinvolti e la valutazione a partire dal peso inducono a credere che il valore artistico dell'oggetto di compravendita non fosse eccelso. E tuttavia l'appartenenza a un liberto di Tiberio e il largo impiego – ben 58 libbre! – di materiale pregiato bastano a caratterizzare il manufatto come un prodotto di notevole valore.

Il prezzo di 9 *denarii* la libbra riposa su una lettura *nov-* (l. 6), che, nei limiti in cui è lecito giudicare dalla sola fotografia e dalla rielaborazione di essa ottenuta dal collega Adolfo Panarello, che qui vivissimamente ringrazio (*Figg. 1-2*), non sembra imporsi di tutta evidenza. Quel che resta dell'ultima lettera sembra anzi più compatibile con una *-n-* che con una *-u-*[44]. Una lettura e integrazione *noṇ/[genis* non solo restituisce un prezzo, 900 *denarii* la libbra, che per l'avorio lavorato è di gran lunga più credibile di 9 *denarii* la libbra, ma fa anche lievitare il prezzo totale del manufatto a 208.800 *denarii*, portandolo dunque molto vicino ai *sestertia ducen/[ta* di ll. 11-2. Il genitivo *nummum* a l. 12 dipende evidentemente da un *milia* espresso o sottointeso. Non saprei dire, però, se la somma indicata alle ll. 11-2 fosse una cifra tonda – al centinaio di migliaia (*ducen/[ta milia*] *nummum*) o al migliaio (p.es., *ducen/[ta octo] nummum* oppure *ducen/[ta octo m(ilia)] nummum*) – oppure se, dopo il genitivo *nummum*, seguisse l'indicazione delle centinaia di sesterzi (p. es., *ducen/[ta octo m(ilia)] nummum octingenti/-os*)[45].

42. *Putolanorum*: *TPSulp* 51; 52; *Putolis*: *TPSulp* 51; 52; 68; *fator*: *TPSulp* 52; *debo*: *TPSulp* 52; *Clodamos*: *CIL* 4.5158; *oli*: 4610; *olum:* 5185; *ordi*: 6722, cfr. Väänänen 2004, p. 98; Adams 1990, p. 233-4.

43. Una statua di una divinità femminile? Cfr. Cic., 2 Verr. 2.4.103: *eburneae Victoriae antiquo opere ac summa arte perfectae;* Plin. *NH* 8.31: *dentibus ingens pretium et deorum simulacris lautissima ex his materia.*

44 . Poco si vede del tratto verticale, che però anche nella *-n-* di fine l. 10 è meno marcato del resto della lettera.

45. Cfr. la sequenza in Liv. 41.11.8: *quinque milia capitum sescenta triginta duo.* Tuttavia, quando una somma di danaro comprende migliaia e centinaia, l'unità di conto è spesso inserita dopo tutti i numerali, cfr. Cic., *2 Verr.* 1.36: *accepi [...] viciens ducenta triginta quinque milia quadringentos decem et septem nummos. dedi [...] HS mille sescenta triginta quinque milia quadringentos decem et septem nummos; TPSulp* 77, ll. 5-6: *sestertia qụattuor millia trecentos numm[o]ṣ*; *TPSulp* 82, ll. 8-10, dove si restituirà *sestertia decem [et nove?]ṃ milia et quing[e]/[ntos nummos.* Talvolta l'unità di conto è invece prima dei numerali, cfr. *CIL* 4.3340, XL (p. 454) = *FIRA* 3, 129b, ll. 28-30: *sest(ert) ia nummum octo [milia] / quingenti sexages dupun/dius.* Per l'abbreviazione *m(illia)*, cfr. *TPSulp* 57, l. 14.

Fig. 1 – TPSulp 101. Archivio del Parco Archeologico di Pompei. Foto A00004005 (ex 14745).

Fig. 2 – TPSulp 101. Rielaborazione di Adolfo Panarello.

Comunque sia, se alle ll. 6-7 la lettura e restituzione *nọn/[genis* è corretta, il prezzo del manufatto d'avorio concordato da C. Sulpicius Faustus e Ti. Iulius Myrtilus supera di quasi 57 volte il valore fiscale dell'avorio non lavorato nel papiro Muziris. Ovviamente, tale maggiorazione è il risultato per un verso della differenza tra valore fiscale in Alessandria e prezzi di mercato in Italia dell'avorio non lavorato e per l'altro del valore del lavoro artigianale. Un modo per approssimarsi a stimare in che misura l'uno e l'altro fattore contribuissero a far lievitare il prezzo dai 63 ai 3600 sesterzi la libbra è ipotizzare che la maggiorazione prezzo di mercato in Italia dell'avorio non lavorato rispetto al valore fiscale in Alessandria si avvicinasse a quella subita dal pepe, di cui abbiamo visto essere di 6 dracme per mina (0,94 *denarii* la libbra) il valore fiscale in Alessandria e 4 *denarii* la libbra il prezzo di mercato a Roma. Moltiplicando per (4: 0,95 =) 4,25 il valore fiscale di 100 dracme per mina, arriveremmo a 425 sesterzi per mina, e cioè ([425 × 60: 95]: 4 =) 67,1 *denarii* per libbra. Un prezzo di 900 *denarii* la libbra per l'avorio non lavorato sarebbe dunque (900: 67,1 =) 13,41 volte superiore al prezzo di mercato dell'avorio non lavorato. Si tratta certo di una maggiorazione notevole, ma approssimativamente in linea con quella che si inferisce da un verso di Marziale per l'argento lavorato, dove a una libbra di argenteria (96 *denarii*) si attribuisce il prezzo di 5.000 sesterzi (= 1.250 *denarii*): 1.250: 96 = 13,02[46].

	Valore fiscale in Alessandria	Prezzo di mercato in Italia
Zanne intere di avorio sano	15,7	67,1?
Ritagli di zanne di avorio	11	46,75?
Avorio lavorato		900
Pepe	0,94	4

(in *denarii* per libbra)

Naturalmente, da tutto ciò si trarranno soltanto delle indicazioni di massima, giacché nella realtà, le relazioni tanto tra valore fiscale e prezzo di mercato, quanto tra materia non lavorata e prodotto finito saranno stati, entro certi limiti, fluttuanti. E tuttavia tale variabilità difficilmente sarà arrivata fino al punto da generare quel rovesciamento della gerarchia dei valori che riscontriamo nell'*Edictum de pretiis*, dove alla libbra di pepe si assegna un prezzo massimo di ben 800 *denarii* contro i soli 150 *denarii* dell'avorio[47].

I valori del pepe e dell'avorio in età tardoantica possono giustificarsi soltanto con mutazioni profonde intervenute nel commercio dei due generi. Per quel che riguarda il pepe, si può suggerire che all'età di Diocleziano i mercanti occidentali avessero già cessato di frequentare le foci del Pēriyār,

46. Mart. 3.62.4: *libra quod argenti milia quinque rapit.*

47. *Edict. de pretiis* 16.10a; 34.68.

andandosi a rifornire, come sarà all'età di Cosma Indicopleuste[48], presso la meno fornita regione di Mangalore, caratterizzata in età moderna da una produzione di pepe meno abbondante[49]. Per quel che riguarda l'avorio, si può sospettare che i volumi esportati dall'Africa orientale in età tardoantica siano stati invece considerevolmente maggiori che nel I sec. d.C. Infatti, malgrado il *Periplus Maris Erythraei* segnali disponibilità di avorio a Ptolemais Theron, Adulis, Aualites e Rhapta[50], i volumi complessivi delle esportazioni dirette in Egitto dovevano essere relativamente ridotti[51], se Plinio deve lamentare una generale *paenuria* di avorio e, in particolare, una *rara amplitudo iam dentium praeterquam ex India*[52], che certamente è la spia di una caccia ridotta a uccidere, in Africa, animali giovani o comunque con piccole zanne.

Le dimensioni della maggior parte dei dittici consolari di età tardoantica[53], unitamente agli indizi che si possono trarre sulla consistenza delle serie prodotte[54], forniscono al contrario la prova di una sufficientemente ampia disponibilità di zanne di grandi dimensioni, che solo dall'elefante africano si possono estrarre. Che il numero degli elefanti che popolavano l'hinterland di Adulis fosse in età tardoantica più alto che nel I sec. d.C. è suggerito anche dal fatto che il *Periplus Maris Erythraei* colloca, sì, un primo emporio dell'avorio a soli tre giorni di marcia da Adulis e dice anche

48. Cosm. Indic. 3.65; 11.16.

49. De Romanis 2020, p. 93-101.

50. *PME* 4; 6; 8; 16; 17.

51. L'avorio esportato da Ptolemais Theron (*PME* 3) e Aualites (*PME* 7) è ὀλίγος, mentre è πλεῖστος quello esportato da Rhapta (*PME* 16, 17), che però è frequentata solo dai mercanti di Muza (*PME* 16). Poiché Muza non è un emporio caratterizzato da grande disponibilità di avorio, ma piuttosto di mirra, incenso e degli aromi (*PME* 24; Plin. *NH* 6.104) e poiché i mercanti di Muza intrattenevano rapporti commerciali anche con Barygaza (*PME* 21) è possibile che gran parte dell'avorio importato da Rhapta finisse a Barygaza. Del resto, in età medievale e moderna, finiscono in India e in Cina quantitativi considerevoli di avorio africano.

52. Cfr. *supra* n. 38.

53. Cutler 1986, p. 438: «Since no Asian tusk is known to measure more than 12 cm across the base, any panel or pyxis broader than this criterion determines the African origin of the material used not only in the majority of consular diptychs but also such ivories as the Aachen ambo-plaques and nearly one in three middle Byzantine panels, including the central members of most triptychs».

54. Cameron 1982, p. 128.

che, seppur raramente, elefanti vengono avvistati anche nelle vicinanze di Adulis, ma chiarisce pure che molto dell'avorio venduto ad Adulis giungeva allora, via Kyeneion e Axum, «da oltre il Nilo»[55]. Qualunque sia il fiume che l'autore chiama Nilo – il vero e proprio Nilo, il Tekeze o il Mareb[56] – la situazione sembra molto diversa da quella del VI sec. d.C., quando a Nonnoso capiterà di avvistare una mandria di quasi 5.000 elefanti ad Aue, tra Adulis e Axum[57].

Si può poi ipotizzare che in età tardoantica Adulis non fosse l'unico emporio dell'Africa orientale a esportare significative quantità di avorio al Mediterraneo. È difficile precisare i confini dell'India minor evocata dall'*Expositio totius mundi*, ma la vicinanza ad Axum, la moltitudine di elefanti (*elephantorum innumerabilis multitudo*) e l'accessibilità ai mercanti persiani (*et Persae ab ipsis accipiunt*) che la caratterizzano, lasciano pensare a una regione dell'Africa orientale con empori marittimi diversi da Adulis e dotati di abbondante disponibilità di avorio[58].

Insomma, è possibile che in età tardoantica le disponibilità dell'Africa orientale, considerevolmente potenziate rispetto all'età altoimperiale, siano state più sistematicamente sfruttate per esportazioni dirette verso il Mediterraneo. Diversamente sarà nel X sec. d.C., quando al-Mas'ūdī osserverà che se l'avorio di Zandj non fosse stato esportato, come allora era, in India e in Cina, ci sarebbe stata una grande abbondanza di avorio

---

55. *PME* 4: καὶ κατ' αὐτὴν τὴν ἐν τῇ Ὀρεινῇ ἤπειρον ἀπὸ σταδίων εἴκοσι τῆς θαλάσσης ἐστὶν ἡ Ἄδουλι, κώμη σύμμετρος, ἀφ' ἧς εἰς μὲν Κολόην μεσόγειον πόλιν καὶ πρῶτον ἐμπόριον τοῦ ἐλέφαντος ὁδός ἐστιν ἡμερῶν τριῶν· ἀπὸ δὲ ταύτης εἰς αὐτὴν τὴν μητρόπολιν τὸν Ἀξωμίτην λεγόμενον ἄλλων ἡμερῶν πέντε, εἰς ὃν ὁ πᾶς ἐλέφας ἀπὸ τοῦ πέρα<ν> τοῦ Νείλου φέρεται διὰ τοῦ λεγομένου Κυηνείου, ἐκεῖθεν δὲ εἰς Ἄδουλι.

56. Discussione in CASSON 1989, p. 107-108.

57. *FHG* 4, 180: ὅτι διεστηκέναι φησὶ τὴν Ἄδουλιν τῆς Αὐξούμεως ιε ἡμερῶν ὁδόν. ἀπιοῦσι δὲ εἰς τὴν Αὔξουμιν Νοννόσωι τε καὶ τοῖς μετ' αὐτοῦ μέγιστον ἐφάνη θέαμα περὶ χωρίον Αὔην προσονομαζόμενον (κεῖται δὲ ἡ Αὔη ἐν μέσωι τῆς τε τῶν Αὐξουμιτῶν καὶ τῆς τῶν 'Αδουλιτῶν πόλεως)· ἐλεφάντων πλῆθος οὐκ ὀλίγον ἀλλὰ σχεδὸν ὡς χιλιάδων πέντε· ἐνέμοντο δὲ οὗτοι οἱ ἐλέφαντες ἐν πεδίωι μεγάλωι, καὶ πελάζειν αὐτοῖς οὐδενὶ τῶν ἐγχωρίων ἦν εὔκολον οὐδὲ εἴργειν τῆς νομῆς.

58. *Exposit. tot. mund.* 17-8: *deinde adiacet Exomia regio, quae dicitur viros habere fortes et valde industrios in bellis et utiles in omnibus. <unde> India minor, cum ei motus fuerit belli a Persis, petit auxilium. qui in omnibus abundant. et habitant terram mansionum centum quinquaginta. post hos India minor, cuius gens regitur a maioribus; et ad eos elephantorum innumerabilis multitudo, et Persae ab ipsis accipiunt propter multitudinem. habitant terram mansionum quindecim.* Cfr. SCHNEIDER 2004, p. 29.

nella terra dell'Islam[59]. Tuttavia, il drastico deprezzamento della materia non lavorata non impediva un comunque alto costo del prodotto finito, cosicché si capisce come nel 384 d.C., al fine di limitare le spese per i magistrati di Costantinopoli, il privilegio (e, in fin dei conti, l'onere) di donare dittici in avorio fosse limitato ai soli consoli ordinari[60].

Federico DE ROMANIS
Università di Roma Tor Vergata
Federico.De.Romanis@uniroma2.it

Bibliografia

ADAMS J.N. 1990, «The Latinity of C. Novius Eunus», *Zeitschrift für Papyrologie und Epigraphik* 82, p. 227-247.

ALLÉ F. 2010, «Travail et identité professionnelle. Analyse lexicographique des métiers du parfum dans l'Occident romain», *L'Antiquité Classique* 79, p. 199-212.

BOWMAN A.K. e J.D. THOMAS 1994, *The Vindolanda Writing-Tablets (*Tabulae Vindolandenses *II)*, Londra.

CAMERON A. 1982, «A Note on Ivory Carving in Fourth Century Constantinople», *American Journal of Archaeology* 86/1, p. 126-129.

CAMODECA G. 1999, Tabulae Pompeianae Sulpiciorum (TPSulp.). *Edizione critica dell'Archivio Puteolano dei Sulpicii*, Roma.

CASSON L. 1989, *The* Periplus Maris Erythraei. *Text with Introduction, Translation and Commentary*, Princeton, NJ.

CUTLER A. 1986, «Prolegomena to the craft of ivory carving in Late Antiquity and the early Middle Ages», in X. BARRAL I ALTET (ed.) *Artistes, artisans et production artistique au Moyen Âge. Actes du colloque international, Rennes 1983,* II, Rennes, p. 431-475.

59. al-Mas'ūdī, *Muruj adh-dhahab*, vol. 3, p. 7-8 Barbier Meynard. Il coronimo arabo *Zandj* (su cui G.S.P. Freeman-Grenville, *E.I.*2 11, 444-5) e i suoi corrispettivi greci Ἀζανία e Ζίγγιον (su cui H. von Wißmann, *R.E.* Supplb. 11, 1337-1348) si riferiscono a regioni (spesso diverse a seconda dei testi) dell'Africa Orientale.

60. *C.Th.* 15.9.1: *imppp. Valentinianus, Theodosius et Arcadius AAA. ad senatum. nulli privatorum liceat holosericam vestem sub qualibet editione largiri. illud etiam constitutione solidamus, ut exceptis consulibus ordinariis nulli prorsus alteri auream sportulam, diptycha ex ebore dandi facultas sit [...] dat. viii kal. aug. Heracleae Richomere et Clearcho conss.* Cfr. CAMERON 1982, p. 126.

De Romanis F. 2014, «Ivory from Muziris», *Institute for the Study of the Ancient World Papers* 8, disponibile online http://dlib.nyu.edu/awdl/isaw/isaw-papers/8/.

De Romanis F. 2020, *The Indo-Roman Pepper Trade and the Muziris Papyrus*, Oxford.

Ferrua A. 1968, «Nuove iscrizioni di S. Prudenzia, S. Prassede e S. Maria in Domnica», *Rivista di archeologia cristiana* 44, p. 139-160.

Griffin M.T. 1976, *Seneca. A Philosopher in Politics*, Oxford, p. 293.

Kloft H. 1996, *Überlegungen zum Luxus in der früheren römischen Kaiserzeit*, in J.H.M. Strubbe *et al.*, *Energeia. Studies in Ancient History and Epigraphy presented to H. W. Pleket*, Amsterdam, Dutch Monographs on Ancient History and Archaeology 16, p. 113-134.

Mayer E.E. 2018, «*Tanti non emo, Sexte, Piper:* Pepper Prices, Roman Consumer Culture, and the Bulk of Indo-Roman Trade», *Journal of the Economic and Social History of the Orient* 61/4, p. 560-589.

Morelli F. 2011, «Dal Mar Rosso ad Alessandria: il «verso» (ma anche il «recto») del «papiro di Muziris» (SB XVIII 13167)», *Tyche*, 26, p. 199-233.

Rathbone D. 2000, «The Muziris papyrus (SB XVIII): Financing Roman trade with India», in *Alexandrian Studies II in Honour of Mostafa el Abbadi*, *Bulletin de la Société d'Archéologie d'Alexandrie* 46, p. 39-50.

Schneider P. 2004, *L'Éthiopie et l'Inde. Interférences et confusions aux extrémités du monde antique*, Roma.

Väänänen V. 1959, *Le latin vulgaire des inscriptions pompéiennes*, Berlino.

Väänänen V. 2004, *Introduzione al latino volgare,* Bologna.

Vössing D. 2004, Mensa regia. *Das Bankett beim hellenistischen König und beim römischen Kaiser*, Lipsia.

ÉLÉPHANTS ET IVOIRE : RESSOURCES, SUBSISTANCE ET COMMERCE EN AFRIQUE DU SUD-EST AU DÉBUT DU XVIe SIÈCLE

Introduction[1]

Au tournant du xvie siècle, les voyages des Portugais et l'ouverture d'une route maritime vers l'Inde contournant le cap de Bonne-Espérance avaient permis la connaissance et la diffusion d'informations sur des régions géographiques jusqu'alors inconnues du monde occidental. Parmi ces informations, celles relatives aux différentes ressources, notamment celles à fort potentiel commercial, avaient immédiatement pris une importance particulière. Toutefois, l'ivoire présente un cas différent, car il était bien connu en Occident depuis l'Antiquité. Le Moyen Âge avait assisté à un essor du commerce de l'ivoire en Occident et les écrits des géographes et des voyageurs arabes, tels que ceux d'al-Ma'sūdī au Xe siècle, désignent l'Afrique de l'Est comme origine de la majorité de l'ivoire qui atteignait soit les marchés de l'Extrême-Orient soit ceux de l'Occident[2]. Selon al-Ma'sūdī, dans le territoire des Zanj (Bilad al-Zanj)[3], en Afrique orientale, il y avait beaucoup d'éléphants qui était chassés seulement pour l'ivoire. Leurs défenses faisaient l'objet d'un commerce lucratif qui reliait les côtes

1. Remerciements : cette recherche a été développée dans le cadre du projet *Empires, Nature, Science et Environnement* au CH-ULisboa, financé par des fonds nationaux du FCT – Fundação para a Ciência e Tecnologia, I.P., sous les projets UIDB/04311/2020 et UIDP/04311/2020.

2. Guérin 2010, p. 156-174.

3. Bilad al-Zanj, terre ou pays des Noirs. Zanj signifie peuple noir en Perse. Il est surtout utilisé pour dénommer l'Afrique de l'Est. Istakhri (957) : Kitab al Masalik wa-al-Mamalik («Livre des routes et des provinces») https://sites.google.com/site/historyofeastafrica/istakhri-1.

Topoi Suppl. 18 (2022)
p. 217-260

de l'Afrique de l'Est à l'Oman, à l'Inde et à la Chine ; elles arrivaient en Europe par différentes routes, étayées par un solide réseau commercial intercontinental.

> …. (there are) many wild elephants but no tame ones. The Zanj do not use them for the war or anything else, but only hunt and kill them (…) for their ivory. It is from this country that come tusks weighting fifty pounds and more. They usually go to Oman, and from here are sent to China and India. This is the chief trade route, and if it were not so, ivory would be common in Muslims lands[4].

Le « pays des Zanj » se termine à la baie de Sofala[5], l'éventuelle limite méridionale de la navigation et du commerce dans l'océan Indien à cette époque, en raison du système de mousson, et, selon le même al-Ma'sūdī, le commerce de l'ivoire y était bien établi au xe siècle. La baie était connue pour ses petits ports abrités d'où l'ivoire et d'autres produits africains étaient exportés. Cependant, le fait que ces produits y étaient expédiés ne nous dit rien sur leurs lieux d'origine, comme l'ont d'ailleurs souligné des études récentes pour d'autres régions de la côte sud-est africaine[6]. Au sud de Sofala, malgré les preuves archéologiques fournies par le site de Chibuene (Mozambique), 5 km au sud de Vilanculos, qui témoigne de l'implication de cette région dans les réseaux commerciaux indiens depuis le viie siècle[7], il y avait tout un monde apparemment inconnu des marchands et des voyageurs qui fréquentaient habituellement la région, puisque aucune information écrite de cette période ne nous est parvenue qui nous permettrait d'enquêter sur la présence d'éléphants en Afrique méridionale et le rôle que l'ivoire jouait dans la structure des sociétés locales.

Or ce que révèlent les premiers voyages des Portugais et les documents qu'ils ont produits au début du xvie siècle, c'est la possibilité d'entrevoir une autre géographie du commerce de l'ivoire africain, fondée sur des informations précises sur les espaces commerciaux de l'Afrique du Sud-Est et les communautés africaines impliquées dans l'activité marchande ainsi que sur les différents types d'ivoire, leurs prix et les différentes « monnaies d'échange » au gré des lieux d'achat et de vente. En fait, ce que démontrent les documents portugais, c'est surtout l'intégration de l'Afrique méridionale

4. Cité par Freeman-Grenville 1975, p. 15.

5. Sur la discussion autour de la désignation de Sofala, voir Roque 2012, p. 27-35.

6. Lane 2015, p. 321.

7. Sinclair 1987, p. 91.

dans le système-monde afro-eurasien proposé par Philippe Beaujard[8]. Dans ce contexte, cette documentation peut avoir une place particulière dans l'histoire de cette région. À ce jour, il s'agit des premiers documents écrits connus et leur analyse peut contribuer à une meilleure perception de la question de l'ivoire dans cette région au début du XVIe siècle.

L'intérêt de cette recherche découle du manque quasi absolu de connaissances non seulement sur les lieux d'origine de l'ivoire et sur la géographie du réseau commercial de l'ivoire en Afrique méridionale et sa relation avec les circuits maritimes et intercontinentaux, mais aussi sur la nature de l'ivoire lui-même, qui est toujours présumé être d'éléphant, mais qui peut avoir des origines différentes[9]. De plus, alors que les discussions se poursuivent aujourd'hui sur la relation entre l'ivoire-prestige et l'ivoire-symbole en Afrique[10], on manque encore grandement d'informations sur le rôle de l'ivoire dans les sociétés africaines, en particulier celles de l'Afrique du Sud-Est avant le XVIe siècle. En effet, la plupart des études sur le commerce de l'ivoire se concentrent sur son importance en tant que marchandise au sein de l'espace de l'océan Indien plutôt qu'au niveau local. À ce sujet, Edward Alpers va même plus loin en affirmant que si l'on est conscient de l'existence de liens commerciaux étroits entre l'Afrique de l'Est et l'Inde pendant la majeure partie du dernier millénaire, on en sait très peu sur la nature précise de cette relation et sur l'organisation du commerce lui-même. De plus, ajoute-t-il, l'Afrique orientale n'a jamais joué un rôle aussi important dans l'histoire de l'océan Indien que l'Afrique occidentale dans celle de l'Atlantique[11], ce qui rend encore plus difficile la reconstitution du rôle de l'Afrique du Sud-Est dans le contexte des relations avec le monde de l'océan Indien, notamment en ce qui concerne le rôle et l'importance de l'ivoire.

Les documents portugais du début du XVIe siècle ne mentionnent pas l'ivoire de l'Afrique de l'Est comme un article d'intérêt commercial, mais cela ne signifie pas pour autant qu'il n'y a pas des références dans les descriptions de la côte de cette période. Que ce soit pour souligner l'abondance d'une ressource africaine très demandée sur les marchés indiens, dont le Portugal pourrait tirer profit, ou pour évoquer la manière dont les Africains, conscients de son importance, se consacraient à sa recherche, l'ivoire a immédiatement attiré l'attention des Portugais qui, à la suite du premier voyage de Vasco de Gama en Inde (1497-98), ont commencé à s'installer sur la côte orientale africaine, d'abord à Sofala et à

---

8. Beaujard 2005 et 2019.

9. Forssman, Page et Selier 2014, p. 75-87.

10. Kelly 2021.

11. Alpers 1976, p. 23-24.

Kilwa (1505) puis à l'île de Mozambique (1507), cherchant stratégiquement une articulation avec les routes commerciales pénétrant à l'intérieur du continent africain. À partir de ce moment et tout au long des XVIe et XVIIe siècles, l'ivoire est devenu aussi important que les épices et, de ce fait, on ne peut pas l'ignorer si on veut comprendre l'entreprise commerciale portugaise elle-même.

Par ailleurs, quand on pense à l'ivoire de l'Afrique du Sud-Est et à son commerce dans l'océan Indien, ce qui vient à l'esprit est – à l'inverse de la situation en Afrique occidentale – la défense d'éléphant, brute et non travaillée, l'ivoire-matière première, échangée comme telle sur les marchés de l'océan Indien, avec une forte demande en raison de sa qualité recherchée par les artisans non africains [12]. On ne pense presque jamais à l'ivoire travaillé sur place. Or récemment l'archéologie a remis cette idée en question, en révélant l'existence d'ateliers africains en Afrique australe, où l'ivoire était travaillé par des artisans locaux [13], bien antérieurs aux sites archéologiques déjà connus depuis quelques années dans la vallée du Limpopo [14]. La quantité de déchets trouvés sur les sites archéologiques de KwaGandaganda, Ndondondwane et Wosi (KwaZulu-Natal/ Afrique du Sud) [15] est tellement significative qu'elle pose non seulement la question du nombre d'éléphants ayant fourni l'ivoire qui y était travaillé, mais encore celle de l'organisation politique, économique et culturelle des sociétés africaines qui a rendu possible le développement de cette industrie ainsi que celle des consommateurs : que savons-nous des sociétés qui se cachent derrière cette organisation du travail ? À qui les objets produits dans ces ateliers étaient-ils destinés, et pour quels usages ? Par quels circuits régionaux et transrégionaux passaient-ils ?

Ces apports de l'archéologie remettent en cause des idées relatives à l'exportation de l'ivoire brut, à l'incapacité des Africains à le transformer et à la position marginale de l'Afrique australe par rapport au système-monde afro-euroasien [16] et, par conséquent, aux circuits transcontinentaux liés à l'océan Indien [17]. En même temps, ils montrent la nécessité d'entreprendre des

---

12. Beachey 1967, p. 269.

13. Coutu *et al.* 2016a, p. 411-435.

14. Forssman, Page et Selier 2014.

15. «… des peuplements majeurs de communautés d'agriculteurs précoces dans ce qui est aujourd'hui la province de KwaZulu-Natal, en Afrique du Sud. Ces sites ont donné, parmi d'autres vestiges, des preuves abondantes d'ivoire et d'ivoire travaillé datant des VIIe à Xe siècles de notre ère». Coutu *et al.* 2016a, p. 411.

16. Moffett et Chirikure 2016, p. 343.

17. Alpers 1976, p. 24.

recherches de nature transdisciplinaire pour surmonter les difficultés d'une analyse fondée sur un seul type de source d'information, comme on le voit, par exemple, dans les études de Marilee Wood sur la circulation des perles de verre[18]. Ils soulignent également la nécessité d'approfondir les recherches anciennes, de relire les sources écrites, de rassembler des informations pour repenser l'histoire de l'Afrique australe. Cette dynamique socio-économique locale et régionale comprend désormais de nouveaux territoires, bien au-delà du Grand Zimbabwe, de Mapungubwe ou de Manikeni, de nouveaux acteurs et de nouvelles activités économiques qui les intègrent dans une histoire transrégionale, voire transcontinentale, marquée par la complémentarité éventuelle des régions, la mobilité des personnes et des biens, la circulation des savoirs et des technologies et les connexions entre les différentes communautés.

Cela dit, cet article veut premièrement souligner l'importance de relire les sources documentaires disponibles afin de mieux comprendre la complexité et la logique des réseaux de commerce de l'ivoire en Afrique du Sud-Est et d'obtenir un chiffre approximatif des quantités d'ivoire qui ont pu être échangées par les comptoirs portugais au début du XVIe siècle; deuxièmement, il vise à contribuer à une meilleure compréhension du rôle des communautés africaines dans ce commerce, en cherchant à examiner la relation entre les communautés humaines et l'exploitation des ressources naturelles à des fins alimentaires ou commerciales.

Cet article n'a donc pas pour but d'analyser le commerce de l'ivoire et la manière dont les Portugais sont entrés dans ce commerce au début du XVIe siècle; il cherche encore moins à élaborer une quelconque synthèse historique sur cette question en ce qui concerne la côte Est-Africaine. Il se propose plutôt d'attirer l'attention sur la contribution que les sources écrites portugaises peuvent apporter aux études futures. Il souhaite ainsi contribuer à la discussion sur la construction de l'histoire africaine, notamment sur les difficultés à documenter et reconstruire les différentes routes commerciales[19] – discussion qui est toujours en cours et qui n'écarte pas l'apport de la documentation écrite non africaine pour pallier l'absence de sources écrites locales et pour fournir des informations complémentaires à d'autres types de sources, à savoir l'archéologie, la linguistique ou même la biologie[20].

Il serait trop ambitieux, voire impossible, d'analyser ici toute la documentation écrite disponible relative au XVIe siècle, même si l'on ne

---

18. WOOD 2012, p. 1-62.

19. CHIRIKURE 2017.

20. Il existe une vaste littérature sur ce sujet : citons, par exemple, les travaux de BEACH 1980, BHILA 1982, MTETWA 1984, HEINTZE and JONES, 1987, MUDENGE 1988, NEWITT 1973 et 1977, MURTALA 2021.

considère que celle qui concerne le comptoir portugais de Sofala. Cet article se concentre donc exclusivement sur la documentation écrite du premier quart du XVIe siècle, publiée pour l'essentiel dans la collection *DPMAC – Documentos sobre os Portugueses em Moçambique e na África Central*[21].

Le choix de cette documentation s'explique par le fait qu'il s'agit d'une période peu étudiée en ce qui concerne la question de l'ivoire, et qu'il existe peu de travaux qui, comme celui de Federico de Romanis, l'ont utilisée à cette fin[22]. En outre, à partir de 1515, l'information devint plus abondante et précise, ce qui facilite l'analyse et permet de tirer des conclusions qui sont confirmées par la documentation, portugaise ou autre, de la seconde moitié du XVIe siècle et des siècles suivants.

Ainsi, le choix de cette documentation ne doit pas être compris dans l'optique d'une survalorisation de celle-ci. Au contraire, ce n'est qu'un exemple; elle cherche à montrer l'importance des sources écrites à la lumière des perspectives historiographiques actuelles et d'une vision non-eurocentrique de l'histoire de l'Afrique.

Les premiers documents

En arrivant dans l'océan Indien au début du XVIe siècle, les Portugais ont été confrontés à l'existence et à la vitalité d'un important réseau commercial intercontinental, dominé par les marchands musulmans et indiens[23], qui s'était progressivement structuré depuis l'Antiquité, impliquant les ports côtiers et les cités-États d'Afrique orientale, d'Inde et d'Extrême-Orient, ainsi que les royaumes africains de l'intérieur du continent[24].

Au sein de ce système, en ce qui concernait l'Afrique de l'Est, les routes commerciales régionales jouaient un rôle très important, bénéficiant d'un réseau de ports côtiers qui, depuis l'archipel de Bazaruto jusqu'au nord de Mozambique, assurait l'articulation des routes régionales internes avec les routes maritimes de l'océan Indien. Les marchandises africaines, notamment l'or et l'ivoire, étaient exportées de ces ports vers les villes swahilies du nord et, par leur intermédiaire, vers l'océan Indien, où elles étaient échangées contre des textiles, des perles de verre, des épices et d'autres marchandises

21. DPMAC - *Documentos sobre os Portugueses em Moçambique e na África Central (1497-1840),* 9 volumes, Lisboa (1962-1975).

22. De Romanis 2014, p. 19-23.

23. Beaujard 2019, p. 602-610.

24. Sinclair 1978; Beaujard 2007; Chirikure 2014.

indiennes[25] : un immense réseau commercial couvrant le Moyen-Orient et l'Extrême-Orient, dominé principalement, mais pas exclusivement, par des marchands musulmans[26]. Dès le VIIe siècle, les preuves archéologiques de ce commerce à longue distance confirment l'existence et l'importance de ces ports côtiers[27], notamment autour du delta du Savé[28], ce qui suggère que ce commerce était d'une importance primordiale pour la prospérité de cette région, bien avant l'arrivée des Portugais[29]. Cette réalité était cependant inconnue des Portugais au début du XVIe siècle, et rien n'indique que l'ivoire et son commerce figuraient parmi leurs objectifs. Dans ce contexte, il est intéressant de noter que les premières références à l'ivoire de la côte sud-est de l'Afrique dans la documentation portugaise ne concernent pas les défenses d'éléphant, mais les objets d'ivoire travaillé.

Lors du premier voyage de Vasco de Gama en Inde en 1497, les arrêts à Aguada de S. Brás (Mossel Bay) et à Inhambane (*Fig. 1*) sont à l'origine des premières mentions de l'existence et de l'utilisation locale de l'ivoire en bracelets[30] et gaines de poignard[31], et lors du séjour à Malindi, une attention particulière a été portée aux «bozinas de marfim», les grandes défenses d'éléphant, de la taille d'un homme et richement sculptées, dont les musiciens locaux jouaient lorsque Vasco de Gama avait été reçu par le roi[32] : il s'agit des *siwas*, les grandes trompes traversières swahilies, symbole de l'autorité politique, utilisées lors d'occasions officielles et de cérémonies privées ayant des implications publiques[33]. Les Portugais connaissaient bien les olifants sculptés de l'Afrique occidentale, mais l'impression produite par les *siwas*

25. BEACH 1980, SMITH 1983.

26. SICARD 1968.

27. SINCLAIR 1982; SINCLAIR 1987; SINCLAIR *et al* 2012; WOOD *et al.* 2012.

28. SICARD 1968.

29. NEWITT 1997.

30. «...e àqueles que vieram o capitão lhes deu cascavéis e barretes vermelhos, e eles nos davam manilhas de marfim, que traziam nos braços, porque nesta terra, segundo nos parece, há muitos elefantes...» (ANÓNIMO 1497-98, p. 12).

31. «Isso mesmo, há nesta terra muito estanho, que eles trazem numas guarnições de punhais; e as bainhas deles são de marfi.» (ANÓNIMO 1497-98, p. 16).

32. «...e muitos anafés; e duas bozinas de marfim da altura de um homem, e eram muito lavradas e tangiam por um buraco que têm no meio; as quais buzinas concertam com os anafis no tanger.» (ANÓNIMO 1497-98, p. 26).

33. WILSON et OMAR 1996, p. 238.

Fig. 1 – Afrique orientale et australe – Localisation relative des lieux mentionnés dans les documents portugais du début du XVIe siècle et cités dans ce texte Carte composée à partir d'une image disponible sur https://d maps.com/carte.php?num_car=729&lang=pt

à Malindi fut tellement frappante, peut-être par leur taille, qu'à son retour, Vasco de Gama n'hésita pas à demander au roi de Malindi de lui en donner une qu'il apporterait en cadeau au roi du Portugal, son allié[34].

À l'exception de Mossel Bay, où la présence d'éléphants peut être déduite d'une allusion à des excréments trouvés près de l'endroit où les

34. «… e lhe pedia que lhe desse uma buzina de marfim, para trazer a el-rei seu senhor.» (Anónimo 1497-98, p. 50).

Portugais allaient chercher de l'eau, et de la prédisposition à échanger des objets en ivoire – les gens offrant volontairement les bracelets en ivoire qu'ils portaient au bras[35] –, les deux autres passages ne disent rien au sujet de l'origine de l'ivoire, des artisans qui le travaillaient et du commerce de défenses dans la région. On ne peut donc pas savoir si l'ivoire était local ou si les objets d'ivoire travaillé étaient importés, le contexte général renvoyant implicitement à l'influence du commerce maritime sur toute la côte. Ces informations concernant les objets d'ivoire travaillé dans la région au début du XVIe siècle, en particulier à Mossel Bay et Inhambane – situées très au sud des grandes villes côtières swahilies et des ports la baie de Sofala – sont uniques, et elles sont peut-être à l'origine de l'implication des Portugais dans le trafic d'ivoire en Afrique du Sud-Est dans les années suivantes.

Pour les Portugais, déjà engagés dans le commerce de l'ivoire en Afrique occidentale au moins depuis 1470[36], le commerce de l'ivoire de l'Afrique orientale a sans doute commencé timidement, dans l'incertitude du rôle que l'ivoire pourrait jouer dans l'établissement de leur empire commercial dans l'océan Indien[37]. On le voit dans une loi du roi Manuel Ier, du 6 mars 1505, où l'ivoire figure dans la liste des biens et marchandises dont le transport en Inde était interdit[38]. De fait, jusqu'à la fin de l'année 1506, on ne trouve pas beaucoup de références à l'ivoire du Sud-est africain. Cependant, quand on analyse la documentation relative à la factorerie de Sofala pour le premier quart du XVIe siècle, il devient évident qu'il y a eu une implication progressive des Portugais dans son commerce.

En effet, d'une part, les Portugais, une fois installés, se rendirent compte qu'en plus de l'or et des épices, l'ivoire jouait un rôle important dans les circuits commerciaux de l'océan Indien[39]. La lettre écrite au roi du Portugal par le capitaine de Kilwa, Pedro Ferreira Fogaça, en août 1506, en témoigne, lorsqu'il signale la saisie de trois *zambucos*[40] au large de Kilwa, dont la

35. «…e eles nos davam manilhas de marfim, que traziam nos braços, porque nesta terra segundo nos parece, há muitos elefantes ; e nós achávamos do estrabo deles bem à vista da aguada, onde eles vinham beber…» (ANÓNIMO 1497-98, p. 12).

36. THOMAZ 2018, p. 26.

37. NEWITT 1997, p. 40.

38. «He necessário decrarar as mercadorias que Sua Alteza defende por esta ordenaçam specificamente que sam cobre vermelham azougue vinho e todalas outras que ouver por bem e seu serviço que nom levem marfim» (Lei de D. Manuel, Lisboa, 1505 Março 6, *DPMAC*, vol. I [1962], p. 264).

39. TRIPATI et GODFREY 2007, p. 338.

40 Voir NEWITT 1997, p. 27. Désignation générique appliquée à plusieurs bateaux typiques de l'océan Indien, à fond plat, sans couverture et propulsés par des

cargaison comprenait, entre autres marchandises, 699 «dentes» (défenses d'éléphant). Bien que l'une des embarcations circulât avec un *cartaz*[41] – un permis de circulation délivré par le roi du Portugal, en l'occurrence par le capitaine de Sofala au nom du roi –, les défenses et l'or avaient été immédiatement confisqués par les autorités portugaises.

> Item, un autre *zambuco* avec 487 *meticais* d'or, et 92 *quintais* d'ivoire, 2 *arrobas* et 31 *arrátes* pour 570 dents[42].
>
> Item, deux *bragantiis*[43] autres avec 42 marcs d'or et d'ivoire 129 dents, et 20 marcs d'argent et de petites perles et peu d'ambre, et des esclaves (180) dans les deux, en outre beaucoup de blé et de riz. L'un d'eux était assuré par Pero d'Anhaya. Tout sauf l'or et l'ivoire lui a été rendu[44].

---

rames et des voiles ; aucun clou n'était utilisé dans leur construction, les planches de bois étant reliées par des fibres de coco. Ils étaient couramment utilisés sur la côte sud de l'Afrique et dans l'océan Indien. Leitão et Lopes 1974.

41. Mathew 1986, p. 69-80.

42. L'équivalence du *quintal* est celle qui est indiquée par L.F. Thomaz, conformément à la réforme des poids et mesures du roi Manuel Ier, en considérant toujours le *quintal de peso novo* - 1 quintal = 58,752 kg. D'après cet auteur, le *quintal de peso novo* a été généralisé à partir de 1513 pour toutes les marchandises, à l'exception du poivre, qui continuerait à être pesé selon le *quintal de peso velho* (Thomaz 2018, p. 37 : «... quintais do "peso novo", equivalente a 128 arráteis de 16 onças cada um, ou seja, 58,752 kg, ao passo que o do "peso velho" continha 128 arráteis de apenas 14 onças, ou seja, 51,389 kg. O "peso novo" foi adoptado antes de 1513 ; mas como Albuquerque protestasse junto de El-Rei, alegando que os contratos com os fornecedores estavam feitos sobre a base do "peso velho". D. Manuel assentiu a que o antigo estalão se continuasse a usar para a pimenta, ao passo que para as demais mercadorias se passou a usar o novo.»). Pour les équivalences du *metical d'or* – 4,679 gr. –, de l'*arroba* – 14,688 kg – et du *arrátel* – 0,459 kg –, on suit Feliciano et Nicolau 1998, p. 221, n. 9 et p. 222, n. 14.

43. *Braganti* ou *bergantim*. Navire à deux mâts érigés comme un brick et n'ayant qu'un seul pont (*Priberam Dictionary of the Portuguese Language* [2008-2021], https://dicionario.priberam.org/bergantim [consulté le 15-07-2021]).

44. «Item, outro zambuco com 487 miticais d'ouro e de marfim 92 quintais, 2 arrobas e 31 arrates por 570 dentes. Item., dous bragantiis outros com 42 marcos d'ouro e de marfim 129 demtes, e de prata 20 marcos e de aljôfar e âmbar pouco e d'escravos 180 en ambos afora muyto milho e arroz. Huum destes trazia seguro de Pero d'Anhaya. Tornou lhe tudo somente o ouro e marfim.» (Sumário de uma carta de Pero Ferreira Fogaça, Capitão de Quíloa, para el-rei, 1506 Agosto 31, *DPMAC*, vol. I (1962), p. 618).

D'autre part, le fait de s'être établis sur la côte leur permettait d'avoir une meilleure connaissance des différentes ressources et des possibilités de les exploiter. En effet, la même lettre communique des informations sur l'abondance de l'ivoire dans toute la région, de Kilwa à Sofala, et sur les revenus commerciaux que les Portugais pourraient obtenir immédiatement compte tenu des prix pratiqués en Afrique et en Inde – ce qui révèle qu'ils connaissaient le circuit africain du commerce de l'ivoire dans l'océan Indien et les principaux marchés.

> ... une grande quantité d'ivoire peut être obtenue de Sofala jusqu'à Kilwa, qui est évalué à 15 *miticaes* d'or le *quintal*, et qui à Cambay vaut 80 à cent *miticaes* le *quintal*, et qu'il y en aura autant que Votre Altesse veut, (et) comme il n'y a pas de roi ou de maures blancs là-bas, tout l'ivoire peut être enlevé en peu de temps, si Votre Altesse l'ordonne[45]

Ce qui est le plus frappant dans cette lettre est l'affirmation que personne ne contrôlait le commerce de l'ivoire dans la région. Le fait que Pedro Fogaça dise qu'il n'avait pas de «roi» ni de «mouros brancos» (maures blancs)[46] qui contrôlaient le trafic laisse imaginer une sorte de vide institutionnel qui permettait à chacun, à sa discrétion, de négocier librement l'ivoire. C'était un avantage pour les Portugais car ils pouvaient entrer dans ce segment commercial sans avoir à en disputer le contrôle à des marchands musulmans ou des «rois» locaux. Le terrain paraissait si prometteur que le capitaine de Kilwa garantissait même que, si le roi du Portugal le voulait, il serait possible d'enlever rapidement tout l'ivoire de cette côte, c'est-à-dire qu'il pourrait acheter et tenir sous contrôle tout le commerce de l'ivoire dans la région[47].

Cette déclaration soulève de nombreuses questions, notamment sur la structure locale et régionale du commerce de l'ivoire, ainsi que sur l'idée que la seule volonté du roi portugais était suffisante pour contrôler le commerce dans la région. Toutefois, comme indiqué précédemment, l'objet de cet article

45. «Item, que se pode aver gramde cantidade de marfym de Çufalla ate Quyloa que he avaliado em 15 miticais d'ouro o quintal e que vall em Canbaya em tenpos a 80 e cem miticaes o quintal e que avera quanto Vosa Alteza quiser nom avemdo ally rey nem mouros brancos o qual em pouco tempo se pode esgotar se Vos'Alteza mandar» (*Ibid.*, p. 620).

46. Dans les documents portugais de l'époque, le terme «maures blancs» s'applique de manière générique aux personnes non africaines, arabes ou indiennes, islamisées, dont la plupart étaient des commerçants. Le terme «maures», en revanche, s'applique à tous ceux qui, quelle que soit la couleur de leur peau, se considèrent comme musulmans ou qui se sont convertis à l'islam.

47. C'est d'ailleurs l'idée qui sous-tend la conception et la mise en œuvre de la politique des *cartazes*. MATHEW 1986, p. 69-80.

n'est pas d'analyser la politique portugaise en matière d'ivoire et sa relation avec l'établissement de ses premiers comptoirs commerciaux dans la région. Ainsi, par rapport à ce sujet et, en particulier, à cette situation, on constate seulement que ni l'or ni l'ivoire confisqués ne figurent dans la liste des stocks de la factorerie de Sofala pour cette année-là, comme on pourrait s'y attendre, ce qui laisse ouverte l'hypothèse qu'ils ont pu être échangés en dehors de tout circuit officiel établi, ou à établir, par les autorités portugaises locales au nom du roi du Portugal.

Par ailleurs, cette lettre révèle également l'intérêt progressif des Portugais pour ce commerce, qu'ils pensaient facile à contrôler, et, en même temps, leur totale ignorance de la complexité de son organisation et du rôle des Africains et des différentes régions de l'océan Indien dans ce commerce.

Les documents des années 1506-1509

Dans ce contexte, il n'est pas surprenant qu'en juillet 1506, lors de la relève de Sancho Tovar, facteur de Sofala, l'inventaire qu'il avait reçu de son prédécesseur mentionne déjà l'existence de deux petites défenses d'éléphant[48] ; et que, peu après, en novembre, le même Sancho Tavares ait pu livrer à Afonso Lopes da Costa quarante-cinq *faraçolas*[49] d'ivoire (558 kg) et quarante-huit défenses, de taille variable[50], qui devaient être livrées à Tristão da Cunha qui partait pour l'île de São Lourenço, c'est-à-dire à Madagascar[51]. Il est donc possible de dire qu'en 1506 le commerce de l'ivoire était en hausse à la factorerie portugaise; mais seuls quelques documents appuient cette affirmation pour les années suivantes.

En mars 1507, lorsque Sancho Tavares fut remplacé par António Raposo, on ne trouve aucune mention de la présence d'ivoire dans l'inventaire des biens et marchandises en dépôt au comptoir[52] et, jusqu'à la fin de 1510, seuls quatre documents en font mention, dont deux seulement concernent directement

48. «...E mais dous demtes d'alyfamtes pequenynos...» (Conhecimento passado por João Roiz Mealheiro, escrivão da feitoria de Sofala. Sofala, 1506 Julho, 28, *DPMAC*, vol. I (1962), p. 594).

49. 1 faraçola = 12,393 kg (Feliciano et Nicolau 1998, n. 9, p. 221).

50. Roque 2012, p. 635.

51. «...E quoremta e cimquo faraçolas de marfym. E quoremta e oito demtes deles gramdes e deles pequenos...» (Mandado de Manuel Fernandes, Capitão de Sofala, para os Contadores de el-Rei. Sofala, 1506 Novembro, 22, *DPMAC*, vol. I [1962], p. 708-710).

52. Conhecimento passado por Delfim Soares, escrivão da Feitoria de Sofala. [Sofala], 1507 Março 25, *DPMAC*, vol. II (1963), p. 198-214.

Sofala : un ordre du capitaine de Sofala adressé à l'administrateur de Kilwa[53], une lettre du facteur de Mozambique pour le Secrétaire d'État[54], l'inventaire des biens du facteur de Sofala, Pedro Pessoa[55], et une lettre du *xeque*[56] de Mozambique, résumée par le Secrétaire d'État António Carneiro[57].

Dans le premier document, le capitaine de Sofala ordonne à l'administrateur de Kilwa de rendre à *Seque* Utimão et *Xarefe* Mafamede, «mercadores mouros» (marchands maures) de Kilwa, et à *Faque* Buba, «mercador mouro» (marchand maure) de Malindi résidant à Kilwa, l'ivoire qui leur avait été confisqué (264 défenses – 73 *quintais,* 1 *arroba* et 20 *arrates* – plus 2 morceaux), puisque les *zambucos* saisis avaient l'autorisation portugaise de circuler (*cartaz*). L'ivoire avait été confisqué à tort. Le vice-roi portugais avait accordé un *cartaz* au «roi» de Kilwa et, de fait, les marchands de la ville qui agissaient en son nom pouvaient commercer librement et leurs navires ne pouvaient pas être saisis. Par ailleurs, il fallait encore restituer à *Faque* Buba une partie d'un autre lot d'ivoire qui lui avait été saisi dans un autre *zambuco*, puisque 50 des 126 défenses confisquées étaient autorisées car appartenant aussi au «roi» de Kilwa[58]. Ce document montre donc que,

53. Mandado de Nuno Vaz Pereira, Capitão de Sofala, para o Feitor de Quíloa, Fernão Cotrim. Quíloa, 1507 Janeiro 18, *DPMAC*, vol. II (1963), p. 64-66.

54. Carta de Diogo Vaz [Feitor de Moçambique] para António Carneiro, Secretário de Estado. Moçambique, 1509 Setembro 4, *DPMAC*, vol. II (1963), p. 378-382.

55. Carta de Quitação de Pero Pessoa, Feitor de Sofala, Lisboa, 1509 Novembro 10, *DPMAC*, vol. II (1963), p. 388-392.

56. *Xeque* est probablement l'équivalent du sheik arabe. Cependant, dans la documentation portugaise de cette période, ce titre est donné de manière générique à tous les chefs africains censés être (ou avoir été) islamisés, à savoir les chefs swahilis, l'idée prévalant étant que le processus d'islamisation était extrinsèque au monde africain. Seule une étude approfondie des situations dans lesquelles cette désignation a été appliquée peut nous permettre de conclure sur sa signification réelle.

57. Sumário de uma carta do Xeque de Moçambique para el-rei, feito por António Carneiro, Secretário de Estado [1510], *DPMAC*, vol. II (1963), p. 578.

58. «...com todos os poderes do vyso rei mamdo a vos Fernam Cotrim feitor desta fortaleza Samtiaguo de Quiloa que des hemtregues a Seque Utimão e a Xarefe Mafamede mouros mercadores nesta cydade he a Faque Buba outros mouro de Melymde estamte nesta cydade satemta e três quimtaes e huma aroba e vinte arates de marfym por duzemtos e sasemta e quatro demtes e dous pedaços que lhe foram tomados por ho bragamtim destas fortaleza em dous zambuquos semdo eles seques e suas fazemdas seguras por vertude da carta que o vyso rei deu ao rei desta cydade he a Faque Buba outrosy mouro de Melymde e estamte nesta cydade cemto e vymte he seys demtes que lhe foram tomados em hum

dans la première décennie du XVIe siècle, le réseau du commerce de l'ivoire sur le littoral de l'Afrique de l'Est était encore aux mains de marchands swahilis, dont certains étaient les agents de « rois » locaux, et que la saisie des cargaisons d'ivoire par les Portugais n'était pas autorisée si les embarcations disposaient d'un *cartaz*. Toutefois, le fait que l'ivoire ait été confisqué et qu'un ordre de restitution ait dû être émis à l'intention des commerçants qui en faisaient le commerce révèle les difficultés des Portugais à mettre en œuvre la politique du *cartaz*, à respecter les accords avec les différents chefs locaux et à contrôler le commerce dans la région ; ce qui, à la limite, pouvait compromettre leurs plans visant à dominer le commerce de l'océan Indien et même à établir des alliances avec des potentats locaux.

En revanche – comme pour l'ivoire confisqué en 1506 – le manque d'informations sur les 76 défenses, officiellement confisquées à *Faque* Buba, mais absentes de l'inventaire annuel de la factorerie de Sofala, laisse ouverte la possibilité qu'elles ne soient pas entrées dans le comptoir portugais et qu'elles aient fait l'objet d'un commerce privé. Cela est compatible avec la plainte formulée dans la lettre susmentionnée du facteur de Mozambique, dans laquelle sont dénoncées les actions de certains fonctionnaires portugais qui contrôlaient eux-mêmes le commerce de l'ivoire le long de la côte. En effet, le signataire de cette lettre, facteur portugais à l'Île de Mozambique, remarque la grande quantité d'ivoire qui circulait entre l'Île de Mozambique et Sofala ; il souligne l'importance des textiles indiens pour l'achat local d'ivoire et atteste l'existence d'un réseau commercial préexistant à la présence portugaise qui comprenait d'autres ports échappant au contrôle des autorités portugaises, comme celui de l'île d'Angoche[59]. Il est certain que

---

seu zambuquo em que hele dicto Faque Buba vynha no porto desta cydade por mamdado de Pedro Ferreira dos quê sam certaficado serem cymquoemta demtes deles do rey que foy desta cydade os quê elle dicto Faque Buba emtregue aos erdeyros do dicto rey peramte vos… » (Mandado de Nuno Vaz Pereira, Capitão de Sofala, para o Feitor de Quíloa, Fernão Cotrim. Quíloa, 1507 Janeiro 18, *DPMAC*, vol. II [1963], p. 64-66).

59. « … estamdo elle (Duarte Lemos) aqui (Moçambique), chegou aqui Cide Abubacar e outro mouro anbos de Melinde dos mays honrados em cenhos çambucos carregados de panos de Cambaya que traziam bem cem mil panos aos quaes ele deu lugar que fosem a Angoja resgatar e fazer dos ditos panos o que lhe bem viesse pello qual os ditos mouros se foram logo há Angoje e tanto que hy chegaram mandaram seos feitores por toda esta costa os quaes tem maneira de aveer todo o marfim e…que hy ha e nam tam somente sam contentes… mas agora somos certificados que tem mandado huma grande soma deles a Quama 15 ou 20 legoas de Çofalla que eles dizem que he outra segunda Çofalla » (Carta de Diogo Vaz [Feitor de Moçambique] para António Carneiro, Secretário de Estado. Moçambique, 1509 Setembro 4, *DPMAC*, vol. II [1963], p. 374).

les Portugais, individuellement, commençaient à prendre part à ce commerce à l'insu ou sans l'approbation de l'administration portugaise[60]. Le ton de la lettre est critique et suggère l'existence d'activités de contrebande, au profit des capitaines et des fonctionnaires et au détriment des revenus que le Portugal pouvait (ou s'attendait à) obtenir. Cependant, le terme «contrebande», qui implique l'introduction frauduleuse de marchandises sur le marché sans paiement de droits, présuppose l'existence d'un système de taxes bien défini, dépendant d'une autorité reconnue par les différentes parties concernées et qui, à ce titre, justifie de considérer comme marginales et frauduleuses les activités échappant à son contrôle. Comme ce n'est pas le cas, le terme de contrebande ne convient pas.

Malgré l'institution des *cartazes*, l'autorité portugaise était loin d'être reconnue et acceptée comme dominante dans la région. Et en ce qui concerne l'ivoire, il n'y avait même pas d'obstacle à son libre-échange. Il ne figurait pas parmi les marchandises déclarées monopole de la Couronne portugaise et, au début du XVIe siècle, le montant des redevances à lui verser par ceux qui exerçaient le commerce d'ivoire à titre privé en Afrique du Sud-Est, n'était pas encore défini. On sait que dans le deuxième quart du XVIe siècle, le capitaine de Sofala gardait un demi pour cent de l'ivoire qu'il vendait, mais il n'y a aucune preuve de cette pratique dans les premières années[61], et même s'il y en avait, on ne pourrait pas parler de contrebande.

Le troisième document est l'inventaire des biens et marchandises de Sofala lors du remplacement de Pedro Pessoa, en novembre 1509, où 76 *quintais* et 2,5 *arrobas* (5 581,440 kg) d'ivoire sont enregistrés dans les entrepôts du comptoir[62]. Ce document est peut-être le premier à soulever la question du «commerce officiel» mené par des agents portugais dans les factoreries portugaises en Afrique orientale. De cette lettre il ressort clairement que le commerce de l'ivoire intéressait les Portugais et qu'à l'époque, ils l'achetaient sur place au nom du roi du Portugal. D'ailleurs, à en juger par la lettre du *xeque* de Mozambique, datée de 1510, le Portugal commençait déjà à contrôler certains des circuits commerciaux régionaux de l'ivoire, le *xeque* s'étant vu refuser la demande d'autorisation d'importer 10 *bares* d'ivoire de Sofala (2 937,6 kg selon le *bar* de Sofala / 2 478,6 kg selon le

60. Disney 2009, p. 175-182.

61. Traslado da Carta de D. António da Silveira para el-rei [Post 1518, Julho 18] *DPMAC*, vol. V (1517-1518), p. 560.

62. «Satemta e seis quintais duas arrobas meia de marfim» (Carta de Quitação de Pero Pessoa, Feitor de Sofala, Lisboa, 1509 Novembro 10, *DPMAC*, vol. II [1963], p. 390).

bar de Mozambique)[63] – ce qui, à son tour, semble confirmer que la région de Sofala était toujours l'une des régions exportatrices d'ivoire. Toutefois, à cet égard, il est important d'attirer l'attention sur la question de la différence de poids. La même quantité d'ivoire aurait eu des poids différents dans les comptoirs de Sofala et de Mozambique. Cette différence de 0,459 kg (un *arrátel* à l'époque) est une limite aux calculs des quantités d'ivoire exporté et des prix pratiqués par kilo ; et, à l'extrême, suggère que la quantité d'ivoire expédiée de Sofala à Mozambique a toujours été supérieure à celle envoyée de Mozambique en Inde – ce qui soulève une série d'autres questions qui dépassent le cadre de cet article, comme le détournement de cargaisons et l'implication des fonctionnaires royaux dans ce processus.

Il est donc peut-être exagéré de dire qu'entre 1506 et 1509 le commerce de l'ivoire a prospéré. Les chiffres semblent aller dans cette direction, mais il est impossible de préciser la quantité d'ivoire qui, légalement ou illégalement, a transité par le comptoir portugais de Sofala en direction de Mozambique. Cependant, d'après ce qui a été exposé ci-dessus, la moyenne annuelle d'environ 2,701 kg indiquée par Luís Filipe Thomaz pour les années 1508-1509[64], semble bien inférieure à ce que les chiffres réels ont pu être. En outre, on peut conclure que l'ivoire continuait à circuler comme auparavant, parce que les marchands swahilis continuaient à trafiquer librement l'ivoire, avec ou sans une licence des autorités portugaises, ou parce que certains Portugais, y compris les capitaines et autres fonctionnaires royaux, étaient personnellement impliqués dans le commerce de l'ivoire – même si le comptoir achetait officiellement de l'ivoire au nom du roi du Portugal. Ceci suggère la possibilité d'un commerce privé, rentable, marginal par rapport au commerce dit « officiel », mais apparemment bien toléré dans le cadre du monopole commercial que le Portugal entendait imposer sur le commerce dans l'océan Indien et qui, comme nous le verrons plus loin, est même compatible avec le paiement de salaires en ivoire.

Il faut remarquer au passage que si les documents parlent indistinctement d'ivoire et de commerce d'ivoire, le fait qu'ils distinguent souvent « ivoire » et « défenses d'éléphant » permet de supposer que le comptoir achetait non seulement de l'ivoire d'éléphant (*Loxodonta africana*), appelé « dentes » (défenses), mais aussi de l'ivoire d'autres animaux, non précisés, mais qui pourraient être l'hippopotame (*Hippopotamus amphibius*), le phacochère (*Phacochoerus africanus*) ou même un mammifère marin. Cette hypothèse est renforcée par les propos, quelques années plus tard (en 1563), du Père

---

63. Le *bar* était l'une des mesures utilisées pour l'ivoire, sa valeur variant entre 293,760 kg et 247,860 kg selon qu'il s'agissait du *bar* de Sofala ou du *bar* de Mozambique (Feliciano et Nicolau 1998, p. 221). Puisqu'il s'agit d'apporter de l'ivoire de Sofala, on prend en compte le *bar* de Sofala.

64. Thomaz 2018, p. 43.

André Fernandes qui, comparant l'hippopotame à l'éléphant, dit qu'il n'a que les dents qui soient plus petites[65].

Même si nous n'avons pas d'indication sur les animaux qui pouvaient fournir de l'ivoire, le fait que les documents soulignent ces différences laisse à penser que les Portugais ne trafiquaient pas uniquement l'ivoire d'éléphant. Si nous acceptons cette hypothèse comme possible, il nous faudrait alors admettre, dans le cas de l'inventaire de 1509, par exemple, qu'il s'agit d'ivoire d'autres animaux et non de défenses d'éléphant. De même, si nous prenons en compte les informations relatives aux années suivantes, où apparaissent de grandes quantités d'ivoire, nous pourrions conclure que la plus grande partie de l'ivoire commercialisé ne provenait peut-être pas d'éléphants. Ce point, peu étudié et sujet à controverse, nécessite une documentation que, pour l'instant, nous n'avons pas.

Cette distinction entre ivoire et défenses n'est cependant pas sans soulever de questions : que signifie-t-elle ? À quoi correspond-elle ? Les références de 1506 et 1507 à l'ivoire confisqué aux marchands qui naviguaient sans *cartaz* distinguent explicitement défenses et morceaux. On sait que d'autres documents, de la même période, informent aussi sur le nombre de défenses, le poids et la valeur respective en *cruzados*[66] et que, par la suite, au XVIIIe siècle, il existe diverses catégories (les défenses – grosses, moyennes, petites, *ceira* –[67], les morceaux d'ivoire et l'ivoire assorti), en fonction du poids[68]. Peut-être est-ce l'indice d'une organisation commerciale qui se structure progressivement, en réponse soit à une diminution du commerce de l'or, soit à une demande spécifique du marché aux XVIIIe et XIXe siècles, compte

65. «Os cavalos marinhos são animais grandes depois dos elefantes (...) e sua feição em todo he como a do elefante somente a cabeça e orelhas que tem como o cavallo senão que na boca tem os dentes grandes ainda que não tamanhos como os elefantes» (Carta (cópia) do padre André Fernandes para o Padre Pedro da Fonseca. Cochim, 1563 Janeiro 16, *DPMAC*, vol. VIII [1975], p 126).

66. Cartas de Álvaro de Boiro e Cristovão Faria para o Secretário de Estado. Lisboa, 1514 Dezembro 20 / Lisboa, 1514 Dezembro 21, *DPMAC*, vol. III (1964), p. 572-580.

67. Des sources portugaises du XVIIIe siècle indiquent qu'à l'époque, l'ivoire était classé en quatre catégories en fonction de son poids : à savoir, l'ivoire grossier (*marfim grosso*), dents qui pesaient plus de 18 *arrateis* (environ 9 kg) ; ivoire moyen (*marfim meão*) – dents de 13,5 à 18 *arrateis* (de 6,5 à 9 kg) ; ivoire fin (*marfim pequeno*) – dents à 3 *arrateis* et trois quarts à 13,4 *arrateis* (de 1,8 à 6,5 kg) ; ivoire *seira* (*marfim seira* ou *marfim ceira*) – dents avec moins de 3 *arrateis* et trois quarts (moins que 1,8 kg). Voir FELICIANO et NICOLAU 1998, p. 223.

68. À ce sujet, voir, FELICIANO et NICOLAU 1998, p. 223-225.

tenu des utilisations possibles de l'ivoire-matière première[69]. Cela étant, une classification fondée sur le poids nous semble très réductrice, car ne pas tenir compte de la qualité revient à négliger les usages spécifiques auxquels sont destinés les différents types d'ivoire. Cependant, même si nous acceptons cette classification, comment pouvons-nous percevoir ces différences dans les siècles précédents si nous n'avons aucune indication écrite ou preuve matérielle ? Comment être sûre que les références à des « morceaux d'ivoire » ou à de l'« ivoire assorti », correspondent toujours à l'ivoire d'éléphant ? De plus, il est fort possible que l'absence d'indication spécifique puisse simplement être le résultat de la façon dont et par qui l'enregistrement a été effectué. En l'absence d'indications spécifiques sur la manière dont l'enregistrement devait être effectué, la responsabilité en incombe à celui qui l'effectue. Par conséquent, seule une étude plus approfondie de la législation existante sur la matière, ou une comparaison avec le même type de documents pour d'autres parties de l'empire portugais, pourrait clarifier cette question.

Quoi qu'il en soit, à la fin du premier quart du XVIe siècle, l'ivoire était incontestablement une marchandise courante à la factorerie de Sofala. Il faisait déjà partie de la liste des ressources inventoriées par les Portugais dans la région (*Fig. 2*) et pouvait même être utilisé pour payer les salaires. Preuve en sont les *Apontamentos de Gaspar Veloso*, sur le voyage de António Fernandes au Monomotapa en 1512[70] ou l'ordre de paiement dû à Francisco Pereira pour son salaire en tant que facteur de Kilwa[71].

Décrivant les « rois » et les « royaumes » qu'on peut trouver depuis Sofala jusqu'à « la mine d'or du Monomotapa », Veloso en mentionne trois où l'ivoire était abondant : Mycandira ou Mexandira, dont le territoire jouxte celui de Sofala et où il n'y a que de la nourriture et de l'ivoire ; Barue, à environ 30 jours de marche de Sofala, qui a beaucoup d'ivoire dans son territoire, et le royaume de Quytende, dont le territoire est parcouru par le fleuve Cuama (Zambeze) et qui est très riche en ivoire. Les trois contrées étaient géographiquement situées à l'ouest et au nord de Sofala, dans le bassin versant du Zambèze, dans des zones (*Fig. 2*) où il était possible de trouver à la fois des éléphants et des hippopotames[72].

Dans le cas du paiement de 10,5 *bares* d'ivoire (3084,48 kg selon le *bar* de Sofala) au facteur de Kilwa, pour son salaire, le contexte se réfère à

69. BEACHEY 1967, p. 275.

70. Apontamentos de Gaspar Veloso, escrivão da feitoria de Moçambique, enviados a el-rei [1512], *DPMAC*, vol. III (1964), p. 180-189.

71. Mandado de Afonso de Albuquerque para Jorge Bode, que foi feitor de Quiloa. Cananor, 1512 Outubro 9, *DPMAC*, vol. III (1964), p. 378-380.

72. ROQUE 2012, p. 292.

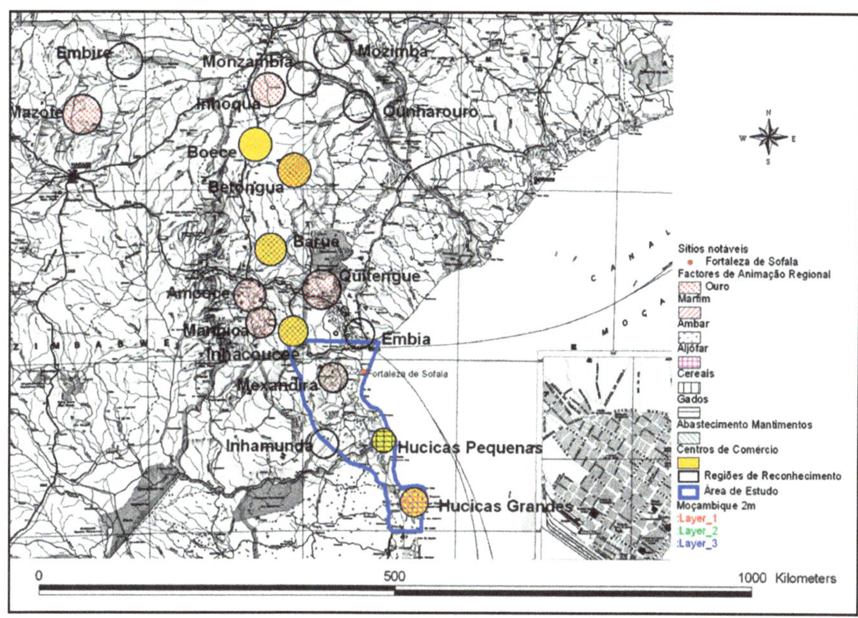

Fig. 2 – Ressources, productions et marchés autour du Comptoir de Sofala (1515-1516). Source : ROQUE 2012, p. 947.

une situation antérieure pour laquelle, apparemment, le paiement en ivoire aurait été convenu. Bien que cela puisse paraître surprenant compte tenu de la quantité mentionnée et du peu d'informations sur les conditions du commerce de l'ivoire en Afrique du Sud-Est pendant cette période, ce type de situation n'était pas du tout exceptionnel.

Pour la même année de 1512, on trouve au moins trois autres documents aux Archives Nationales *Torre do Tombo* qui illustrent cette pratique à l'époque où Francisco Pereira était capitaine de la forteresse de Kilwa[73]. Le

73. Mandado de Francisco Pereira, fidalgo da casa real e capitão na fortaleza de Quiloa, para que o feitor dela lhe pagasse 200 meticais de ouro que lhe tinha emprestado para pagamento da gente da dita fortaleza e que lhe fizesse o dito pagamento em marfim, Quiloa, 15 de Maio de 1512, Arquivo Nacional Torre do Tombo (ANTT) – *Corpo Cronológico*, Parte II, mç. 32, nº 135 ; Ordem de Francisco Pereira, fidalgo da casa real, ao feitor daquela feitoria para que lhe pagasse todo o seu mantimento e dos seus homens em marfim pelos preços e avaliações da terra, Quíloa, 9 de Julho de 1512, Arquivo Nacional Torre do Tombo (ANTT) – *Corpo Cronológico,* Parte II, mç. 33, nº 107 ; Mandado de Afonso de Albuquerque capitão geral e governador das Índias, para o feitor que foi de Quiloa, dar todo o marfim que trouxe a Francisco Pereira, capitão da

facteur et la garnison de la forteresse de Kilwa ont été tous payés en ivoire, la valeur des salaires étant calculée selon les évaluations et les prix alors en vigueur à Kilwa[74]. Il semble donc que cette situation ait pu être « normale » à Kilwa, mais le fait que nous ne disposions pas d'informations similaires pour Sofala ne nous permet pas de considérer qu'il s'agissait d'une situation courante dans les factoreries portugaises en Afrique orientale au début du XVIe siècle.

Cependant, ces documents montrent clairement que les Portugais étaient désormais entrés dans le réseau commercial de l'ivoire en Afrique de l'Est, qu'ils connaissaient bien les valeurs de référence et les prix pratiqués dans les différentes régions et que, par conséquent, ils n'avaient aucun problème à demander aux autorités portugaises que les salaires et les dettes d'emprunt fussent payées en ivoire[75]. Une étude sur les différents modes de paiement des salaires des fonctionnaires des factoreries portugaises en Afrique orientale (or, tissus, épices, ivoire...), mettant l'accent sur la manière dont ces « paiements » étaient ensuite utilisés, pourrait contribuer à une meilleure compréhension de l'importance de l'ivoire dans la dynamique commerciale de la région et de son rôle dans le monde de l'océan Indien. Réussir à suivre sur place la trace de cet ivoire pourrait contribuer à préciser quels produits pouvaient être achetés avec de l'ivoire et auprès de qui, quelles

dita fortaleza, à conta de seu soldo, 9 de Setembro de 1512, Arquivo Nacional Torre do Tombo (ANTT)– *Corpo Cronológico,* Parte II, mç. 34, nº 147.

74. La question du paiement des salaires est, à mon avis, encore peu étudiée. Indépendamment de ce qui est préétabli comme salaire, il existe une panoplie de situations de nature très variée qui interfèrent avec l'accomplissement de ce qui est préalablement convenu, et qui obligent à trouver des formes alternatives de paiement. Ainsi, en ce qui concerne la côte est africaine, il est courant de voir des salaires payés en nature, en tissus, en poivre et même en or. Cependant, pour ces premières années, il n'est pas possible de définir un modèle, et encore moins d'établir un critère d'équivalence entre les différents « produits » qui pourraient servir de substitut au salaire « normal ». Ce sont évidemment des produits qui ont toujours une valeur commerciale importante dans la région, puisqu'ils sont acceptés comme un salaire ; et le salaire est indispensable à la survie de ceux qui y vivent. En tant qu'objet d'analyse, c'est un domaine encore peu exploré, mais au potentiel immense si l'on pense à la possibilité de reconstruire les réseaux de circulation des produits et même les circuits de production et d'échange des biens utilisés comme forme de paiement du salaire.

75. Cette question est d'autant plus intéressante que les prix, même en Afrique, n'étaient pas les mêmes dans toutes les régions. Pour le XVIe siècle, comme mentionné auparavant, il est indiqué que l'ivoire était mesuré en *bares* et que le *bar* de Rios de Sena et Sofala était différent de celui de Mozambique. Voir FELICIANO et NICOLAU 1998, p. 221.

étaient les routes locales et régionales de circulation de ces produits par rapport aux routes de l'ivoire, qui étaient les acheteurs, les vendeurs, les intermédiaires, les consommateurs finals... Parvenir à retracer les liens entre ces «paiements», le circuit indien de l'ivoire et le commerce privé pourrait aussi élargir la connaissance des réseaux internationaux, maritimes et terrestres, et de leurs agents.

De 1510 à la fin du 1er quart du XVIe siècle

Les années suivantes confirment l'engagement progressif des Portugais dans le trafic de l'ivoire. En 1513, une lettre de Pedro Vaz Soares[76] atteste l'achat de 40 *quintais* (2350,08 kg) d'ivoire à Sofala, précisant qu'il y en a beaucoup dans la région et qu'il s'efforce d'en acheter le plus possible. Parallèlement il rapporte que les premières explorations dans le bassin du Zambèze (Cuama) confirment l'abondance d'ivoire dans la région et la possibilité d'y faire de bonnes affaires à très bon marché[77]. Pero Vaz Soares ne laisse aucun doute sur l'intérêt portugais pour le commerce de l'ivoire et cette lettre semble être un des premiers documents signalant la relation entre l'ivoire d'Afrique orientale et l'achat de marchandises en Inde, car il est explicitement indiqué que l'ivoire a été envoyé en Inde pour acheter des marchandises qui manquaient à Sofala[78]. Donc, pour les Portugais, le commerce de l'ivoire était en plein essor.

La même année, la liste des marchandises et biens reçus par Diogo Vaz, alors qu'il était facteur de Mozambique, comprenait 89 *quintais* et 3,5 *arrobas* d'ivoire non spécifié (5280,38 kg), 2 défenses et 6 «bozinas» (probablement des *siwas*)[79], et celle du facteur de Sofala, l'année suivante,

76. Carta de Pero Vaz Soares, feitor de Sofala, para el-rei. Sofala, 1513 Junho 30. *DPMAC*, vol. III (1964), p. 458-68.

77. «Marfim Senhor há quy arrazoadamente e me trabalho de aver o mais que posso porque sei que he mui proveitoso na Indya e se ganha nele muito polo pouqo que aquy custa pelas mercadarias com que se compra». (Carta de Pero Vaz Soares, feitor de Sofala, para el-rei, Sofala, 1513 Junho 30, *DPMAC*, vol. III (1964), p. 468).

78. «...e alguas mercadorias que nos Senhor sam necessárias nesta feitoria escrevemos a India aos feitores de Vosa Alteza pera nos las mandarem per as quais lhes mandamos daquy 40 quintais de marfim que aquy resgatei depois de aquy ser...» (Carta de Pero Vaz Soares, feitor de Sofala, para el-rei, Sofala, 1513 Junho 30, *DPMAC*, vol. III [1964], p. 468).

79. «... 89 quintais 3 arrobas meio 2 demtes 6 bozinas de marfim» (Carta de Quitação de Diogo Vaz, Feitor de Moçambique, 1513 Julho 13, *DPMAC*, vol. III (1964), p. 470-474).

comprenait 81 *quintais, 2 arrobas* et 2 *arráteis* (4789,206 kg.)[80], mais nous n'avons aucune information supplémentaire sur le type d'ivoire enregistré et sur son origine – à la limite, on pourrait même se demander si l'ivoire de Mozambique a été expédié de Sofala. De même, dans le cas des 6 « bozinas », on ne sait pas si elles ont été achetées, si elles ont été confisquées à un navire naviguant sans le permis portugais ou si, au contraire, elles étaient des cadeaux reçus des dirigeants africains dans le cadre des pactes d'amitié ou de commerce. De plus, en l'absence d'autres documents, nous ne pouvons pas savoir si cet ivoire avait été envoyé en Inde, s'il avait été utilisé sur place ou même s'il avait été envoyé au Portugal, comme c'était souvent le cas de l'ivoire de la côte ouest africaine[81].

Ce n'est qu'à la fin de 1514 qu'il devient incontestable que l'ivoire de la côte orientale africaine faisait effectivement partie des marchandises qui intégraient les circuits commerciaux portugais de l'océan Indien et que l'ivoire africain non seulement continuait à être très demandé en Inde, mais qu'il y était également vendu à bon prix[82].

En octobre 1514, une lettre d'Afonso de Albuquerque informe de l'arrivée à Goa du navire *S. Miguel*, arrivant de Mozambique avec une cargaison de cuivre (600 *quintais*) et d'ivoire, qu'il a immédiatement renvoyé à Surate, pour y faire vendre la cargaison et acheter de l'indigo, des pierres de sang (une variété de calcédoine) et des textiles pour Sofala et Malacca[83]. La cargaison du navire *S. Miguel* fit à nouveau l'objet de deux lettres d'Afonso de Albuquerque[84], écrites

80. « ...oytenta e huma (sic) quintaes e 2 arrobas e dous arrates » (Carta de Quitação dos Herdeiros de Pero Vaz Soares, Feitor de Sofala. 1514, *DPMAC*, vol. III [1964], p. 512-518).

81. Thomaz 2018, p. 43.

82. « 2 – (...) trazya seiscemtos quintaes de cobre pouco mais ou menos, e bem asy trazia soma de marfim de Moçambique, e por ter sempre gramde valia na Imdia mamdey logo a nao a Çurrete a gram pressa », (Carta de Afonso de Albuquerque para el-rei. Goa 1514 Outubro 20, *DPMAC*, vol. III [1964], p. 552-554).

83. « 2 – (1v.) Feita esta dilijemcia chegou a não em que vinha Luis Damtas que trazya seiscemtos quintaes de cobre pouco mais ou menos, e bem asy trazia soma de marfim de Moçambique, e por ter sempre gramde valia na Imdia mamdey logo a nao a Çurrete a gram pressa, e o mesmo feitor dela que feitorizase a mercadoria e comprasse a soma d'anill e alaquecas que mandaves levar, e bem assy trouvesse roupa pera Sofala e pera Malaca ». (Carta de Afonso de Albuquerque para el-rei. Goa 1514 Outubro 20, *DPMAC*, vol. III [1964], p. 552-554).

84. Carta de Afonso de Albuquerque para el-rei. Cochim, 1514 Dezembro 10, *DPMAC*, vol. III (1964), p. 566-568 ; Carta de Afonso de Albuquerque para el-rei. Cochim, 1514 Dezembro 18, *DPMAC*, vol. III [1964], p. 570.

en décembre de la même année, dont l'une rapporte que le navire avait une cargaison de 80 *quintais* d'ivoire (4700,16 kg.)[85].

De ce fait, et malgré les divergences sur la destination finale de la cargaison (Surate, dans la lettre d'octobre, et Diu dans les deux lettres de décembre), la relation entre l'ivoire africain et les textiles indiens devient claire. Le produit de la vente du premier sur les marchés indiens était en partie utilisé pour acheter localement divers textiles destinés à être expédiés aux factoreries portugaises en l'Afrique du Sud-Est et à Malacca. Dans le cas des textiles envoyés en Afrique, une fois arrivés là-bas, ils servaient, entre autres, à acheter de l'ivoire, qui, à son tour, serait envoyé en Inde pour acheter des produits indiens, à savoir des tissus. Ainsi, les documents portugais témoignent qu'il y avait tout un circuit reliant ces deux produits sur les marchés indien et est-africain[86]. Cette relation persiste tout au long des siècles suivants, renforçant l'idée de la connexion et interdépendance de ces deux produits[87]. Une étude approfondie de cette relation peut fournir des informations sur les circuits de production et commercialisation des deux produits, ainsi que sur la valeur attribuée à chacun d'eux et les prix pratiqués sur les différents marchés[88]. En outre, elle peut également fournir des informations sur la manière dont les Africains participaient à ces échanges, surtout si l'on tient compte de l'idée défendue par Pedro Machado concernant la production de textiles indiens au XVIIIe siècle. Selon Machado, dans le contexte du système commercial de l'océan Indien, la production de textiles indiens à expédier en Afrique orientale correspondait aux modèles définis par les communautés africaines, les consommateurs finals de ces textiles : il s'agissait d'une production orientée vers un marché de consommation spécifique[89]. Cette

---

85. «...e como mandey logo a nao e seiscentos quintais de cobre que nela vinham e oitemta de marfim que trouve de Moçambiq[u]e...» (Carta de Afonso de Albuquerque para el-rei. Cochim, 1514 Dezembro 10, *DPMAC*, vol. III [1964], p. 566); «A cheguada de Luys Damtas aa Yndia foy em muy bom teempo e a segunda não que surgiu na costa da Yndia e porque já emtam tinha o maço da primeira via que veyo com Framcisco Pereira e sabia a determynaçam de Vos'Alteza e como a naou Sam Miguel vynha hordenada pera o trafeguo de caa o mandey logo a Dio vender esse cobre que de la trazia e marfim de Moçambique como já tenho dado conta per outra a Vossa Alteza...» (Carta de Afonso de Albuquerque para el-rei. Cochim, 1514 Dezembro 18, *DPMAC*, vol. III [1964], p. 570).

86. Voir note 84.

87. Par exemple, TRIPATI et GODFREY 2007, p. 338.

88. À ce sujet, par exemple, ALPERS 2017, p. 31-48, et MACHADO, FEE et CAMPBELL 2018, p. 1-25.

89. MACHADO 2008, p. 169.

idée est d'ailleurs de plus en plus admise dans les études plus récentes qui soulignent le rôle décisif de la sélectivité et du choix des Africains en ce qui concerne les produits à acheter dans le réseau commercial de l'océan Indien. Selon Chirikure, par exemple, les communautés de l'hinterland de la Tanzanie et du Kenya « were highly selective in the kinds of commodities they accepted, such that traders who failed to stick to continuing and changing local tastes were perpetual loss-makers » [90].

Certes l'analyse de Machado porte principalement sur le XVIIIe siècle, mais les recherches menées dans des documents du début du XVIe siècle révèlent que cette relation existe, bien qu'elle soit peu connue. C'est néanmoins un domaine à explorer pour mieux comprendre le système d'échanges de l'océan Indien à l'époque et, en particulier, la relation Afrique-Inde au sein du système-monde afro-eurasien. L'intention de cet article n'est pas d'explorer spécifiquement cette relation, mais il est à noter que des recherches dans ce contexte peuvent renseigner sur la valeur de l'ivoire pour les différentes communautés africaines ou non-africaines impliquées, ainsi que sur des articles qui en plus des textiles étaient acceptés comme monnaie d'échange et, en particulier, sur les routes commerciales qui reliaient les différents producteurs et consommateurs des deux côtés de l'océan Indien.

Dans le cas de Sofala, pour les quinze premières années du XVIe siècle, toutes les informations convergent pour dire que les textiles étaient la monnaie d'échange. Ces informations sont confirmées pour les années suivantes [91]. Par conséquent, il peut être judicieux de suivre les propositions de Machado sur l'importance des textiles et la manière dont les sociétés africaines, en tant que consommateurs finals, détenaient la primauté dans le choix des motifs et des tissus qui étaient échangés contre leurs produits, parmi lesquels l'ivoire.

Cependant, dans le cas des zones plus méridionales, comme la baie de Lourenço Marques (Maputo) et ses alentours, la documentation de la seconde moitié du siècle révèle que la monnaie d'échange n'était pas les textiles, mais les perles de verre – ce qui est conforme aux données archéologiques. En effet, les recherches archéologiques des dernières décennies ont montré que les perles de verre étaient probablement le produit commercial le plus recherché dans cette région et tout indique que, bien avant le XVIe siècle, elles y étaient arrivées par des circuits commerciaux indépendants de ceux qui approvisionnaient l'Afrique de l'Est et les villes swahilies du Nord [92].

---

90. CHIRIKURE 2014, p. 707.

91. Par exemple, Traslado da Carta de D. António da Silveira para el-rei [Post 1518, Julho 18], *DPMAC*, vol. V (1517-1518), p. 562, et *Voyage à Mozambique & Goa: La relation de Jean Mocquet (1607-1610)*, Paris [1996], p. 74-75.

92. Voir les études de KOLEINI *et al.* 2019 ; WOOD 2015 ; WOOD 2012 ; SAITOWITZ 1996.

Si l'on en croit les naufragés portugais de la seconde moitié du XVIe siècle qui ont fait à pied le chemin entre l'Angra de S. Brás (Mossel bay) et la baie de Lourenço Marques (Maputo), les perles de verre étaient si importantes que le fait que les populations locales en portent était immédiatement considéré comme un indicateur du commerce de l'ivoire dans la région[93]. D'après leurs récits, il n'était pas question de textiles : les perles de verre étaient la seule monnaie acceptée pour l'ivoire que les Portugais achetaient sur place ; et, à leur tour, les Portugais étaient les seuls à l'époque à les acheter spécifiquement à Cambay pour les apporter à la baie de Lourenço Marques[94].

Une fois le circuit défini, il reste à savoir quelle « monnaie » les Portugais utilisaient à Cambay pour acheter ces perles de verre. Bien que les textiles et les perles de verre soient pour la plupart originaires d'Inde, les producteurs et les circuits commerciaux de ces deux produits n'étaient pas nécessairement les mêmes et, au fil des siècles, des routes et des liens préférentiels s'étaient développés pour relier les producteurs du Moyen et de l'Extrême-Orient aux différents consommateurs africains, comme Wood l'a montré justement pour les perles de verre aux Xe-XIIIe siècles [95].

En outre, si l'on considère l'hypothèse de l'existence de routes commerciales distinctes reliant directement l'Afrique australe aux marchés indiens avant le XVIe siècle, il serait important de trouver des traces de ces routes, en plus des preuves archéologiques. Cela permettrait non seulement de mieux comprendre la dynamique commerciale de cette région, mais aussi de savoir, dans le cas des Portugais, s'ils ont utilisé – et bénéficié de – ces routes lorsqu'ils ont commencé à visiter les parties les plus méridionales du continent africain, ainsi que d'évaluer les éventuels changements régionaux résultant d'une pression accrue pour obtenir de l'ivoire.

Pour en revenir à notre documentation, si nous poursuivons l'analyse des documents de 1514 et 1515, nous pouvons conclure que le commerce de l'ivoire au comptoir de Sofala était en pleine expansion, même si nous ne tenons pas compte de l'information concernant 385 défenses mentionnées

---

93. *Relação sumária da viagem que fez Fernão d'Alvares Cabral, desde que partiu desse reino por capitão mór da Armada que foi no ano de 1553 às partes da Índia até que se perdeu o Cabo da HHHHHBoa Esperança no ano de 1554. Escrita por Manoel de Mesquita Perestrelo, que se achou no dito naufrágio* (LANCIANI 1997, p. 239).

94. Ce qui pourrait être un aspect particulièrement intéressant à explorer si nous pensons à ce qu'Alpers dit de l'ensablement du port de Cambay au début du siècle et de son remplacement progressif par les ports de Diu et Surate. ALPERS 1976, p. 25.

95. WOOD 2021, p. 30.

dans les lettres d'Álvaro de Boiro et Cristovão de Faria datées de 1514[96]. À en juger par la recette qui y est indiquée – 427375 *reais*, correspondant à 385 défenses, avec un poids total de 82 *quintais* et 24 *arráteis*, i. e. 4828,588 kg – cette année semble avoir été un tournant dans le commerce de l'ivoire. Cependant, bien qu'elles soient publiées dans la collection *DPMAC*, aucune de ces lettres ne fait référence à Sofala, à Kilwa ou à Mozambique, ni n'indique que les recettes enregistrées provenaient de l'ivoire du sud-est de l'Afrique. En fait, une référence aux Noirs du Bénin suggère même qu'il pourrait s'agir des revenus de l'ivoire venant de l'Afrique occidentale. Par conséquent, en l'absence de détails sur les individus cités et les lieux où ils ont exercé leurs fonctions au cours de l'année 1514, il est plus prudent de ne pas tirer de conclusions hâtives sur l'origine de cet ivoire[97]. Les chiffres du commerce de l'ivoire indiquent que, pour la seule année 1515, plus de 1,5 tonne d'ivoire (1527,542 kg) a été achetée à divers marchands venus vendre directement au comptoir, parmi lesquels le représentant du roi de Sofala, Mombaquere[98], qui a apporté à lui seul 631,584 kg (41 %), ce qui peut également être le signe d'une relation commerciale préférentielle avec le comptoir (*Tableau 1*). Cette hypothèse semble être confirmée par d'autres références éparses à Mombaquere, considéré comme un bon ami du Portugal qui apporte toujours des nouvelles du pays à l'établissement portugais[99]. Cette «relation» est un indicateur de la stratégie portugaise en matière d'accès

96. Cartas de Álvaro de Boiro e Cristovão de Faria para o Secretário de Estado, Lisboa 1514 Dezembro 20 / Lisboa 1514 Dezembro 21, *DPMAC*, vol. III [1964], p. 572-580.

97. De Romanis 2014, note 85.

98. Mombaquere représentait le roi de Sofala. Selon les références portugaises et, surtout, avec la nécessité d'utiliser la terminologie et les catégories «professionnelles» connues des Portugais, Mombaquere était identifié comme le *Meirinho* du roi de Sofala. *Meirinho* était le nom donné au fonctionnaire que le roi nommait pour gouverner, avec une large juridiction, un territoire ou une région. Cependant, aucune information supplémentaire ne nous permet de savoir quel(s) territoire(s) étaient sous l'administration de Mombaquere. De l'analyse de la documentation, il ressort uniquement qu'il était le représentant et l'interlocuteur du «roi de Sofala» dans les négociations (commerciales ou autres) avec les Portugais établis à Sofala.

99. «Item, no dicto dia despendeo ho feitor huma capa de macutos de quatro panos sem avaliação, E hum zandim de dous miticais e meio, E hum comquymbollo de miticall e meio que tudo deu por mandado verbal do capitam a Mombaquere, meyrinho (do rey) de Çofala pera seu vestir por ser servidor desta fortaleza e trazer sempre novas ao capitam das cousas que se sabe da terra.» (Livro da Ementa de Pedro Lopes, escrivão da feitoria de Sofala [Sofala, 1515, Janeiro 1], *DPAMC*, vol. IV (1965), p. 176); «...huma espada que ho capitam deu a

aux réseaux commerciaux locaux, d'ivoire ou autres. On observe ici une tentative de rapprochement entre les représentants du Portugal et le « roi de Sofala », en donnant au représentant de ce dernier une position privilégiée en tant qu'intermédiaire entre le comptoir portugais et les autorités africaines. Cette politique a été initiée en 1506 par le facteur Manuel Fernandes, dans le but de se faire des alliés parmi la population locale, en particulier parmi ceux que les Portugais appelaient les *cafres mouros* (cafres maures), c'est-à-dire les Africains noirs islamisés[100]. Elle s'est prolongée durant quelques décennies. Beaucoup d'entre eux deviendront des alliés des Portugais et seront désignés comme *mouros servidores de-rei* (*maures serviteurs du roi*)[101].

Pour la même année, nous avons les premières informations sur l'achat d'ivoire hors du comptoir dans le cadre des déplacements réguliers effectués aux alentours de la factorerie de Sofala pour l'achat de produits alimentaires, et la confirmation de l'envoi d'ivoire de l'Afrique orientale directement en Inde.

En 1515, le voyage de João Leal au Bangoe, un territoire au nord de Sofala à l'embouchure de la rivière Buzi, est probablement le premier témoignage de l'achat d'ivoire par les Portugais hors du comptoir[102]. Leal, parti de Sofala au Bangoe pour acheter de la nourriture pour la forteresse et la factorerie de Sofala, y est resté trois mois (février-avril), pendant lesquels il a aussi acheté de l'ivoire. En l'absence de documents montrant qu'il avait aussi des indications pour acheter de l'ivoire, et parce que cette situation ne s'est pas répétée lors d'autres voyages d'approvisionnement au Bangoe, nous pouvons supposer que ce fut une situation unique. Leal profita de l'occasion

---

Mombaquere meirinho del rey de Çofala por lhe fazer honra e por milhor servir esta fortalleza… » (Livro da Ementa *DPAMC*, vol. IV [1965], p. 204).

100. Voir note 47. En fait, cette dénomination semble s'appliquer surtout aux Swahilis, ce qui rend la traduction «Africains noirs islamisés» incorrecte, puisqu'elle exclut le métissage. Cependant, dans les sources documentaires portugaises de la période que nous étudions, cette dénomination est étendue aussi à ceux qui, sans être swahilis, avaient des contacts étroits avec eux, tandis qu'il existe d'autres expressions, telles que «*mouros ruivos*» (maures roux) (Anónimo (1497-98) 1898, p. 18), dont le contexte se réfère sans équivoque aux Swahilis. Ainsi, il semble que la question de savoir si le terme «cafres maures» identifie toujours les Swahilis ne peut être déterminée que par des recherches plus approfondies et une lecture critique des différents documents tenant compte du ou des contextes dans lesquels le terme est utilisé.

101. Roque 2012, p. 237-240.

102. Livro da Ementa de Pedro Lopes, escrivão da feitoria de Sofala [Sofala, 1515, Janeiro 1], *DPAMC*, vol. IV (1965), p. 70.

qui se présenta pour acheter 2 *arrobas* d'ivoire (29 300 kg)[103] – peut-être des petites défenses (le poids moyen d'une défense d'éléphant femelle est environ 10 kg[104]) obtenues soit par la mort naturelle d'un animal, soit par la chasse à des fins alimentaires. Ces hypothèses sont fondées sur le fait que Leal dit avoir rencontré des difficultés à acheter de la nourriture parce qu'il y en avait peu et que celle qui était disponible était très chère. Il se peut qu'il s'agisse d'une mauvaise année agricole couplée à une situation de famine, ce qui justifierait de tirer profit d'un animal mort ou de le chasser pour faire face aux pénuries alimentaires[105]. La viande était partagée entre les chasseurs et les autres membres de la communauté, à l'endroit même de la mort naturelle de l'animal ou de sa mise à mort intentionnelle[106], et les défenses utilisées pour être vendues. Des situations similaires sont aussi bien documentées dans la deuxième moitié du siècle dans les rapports des naufragés mentionnés ci-dessus et des études ont déjà souligné qu'il fallait prendre en compte l'utilisation commerciale des défenses d'éléphants obtenues d'animaux morts de causes naturelles[107], bien que dans ce cas l'ivoire soit de qualité inférieure[108].

Considérant que l'achat de nourriture était une priorité, car de celle-ci dépendait la vie des fonctionnaires et des habitants du comptoir, le choix fait par Leal aurait pu être considéré comme une faute en raison de l'utilisation inappropriée de biens. Cependant, à son retour, Leal a livré l'ivoire aux entrepôts de la factorerie, et comme il n'est nulle part mentionné que les autorités portugaises auraient été mécontentes que les textiles destinés à l'achat de nourriture aient été dépensés en ivoire, cela confirme que celui-ci était déjà considéré comme l'une des marchandises à prendre en compte dans le commerce local en raison de sa demande en Inde, et que toutes les occasions devaient être saisies pour l'acheter. Cette idée concorde avec les informations sur l'envoi d'ivoire en Inde via la factorerie de Mozambique, au moins depuis 1513, lesquelles sont confirmées en 1515 par la mention d'un paiement dû à des Noirs qui avaient transporté l'ivoire des entrepôts de la

---

103. « E mais despendeo ho dicto Joam Leall três reras de mitical. E mais três varas e meia de dote que deu em compra de duas arrovas de marfim que vay em receita ao feitor. » (Livro da Ementa de Pedro Lopes, escrivão da feitoria de Sofala [Sofala, 1515, Janeiro 1], *DPAMC*, vol. IV [1965], p. 70).

104. Forssman, Page et Selier 2014, p. 6.

105. Santos 1999, p. 282.

106. *Ibid.*

107. Parker 1979, p. 23.

108. Thorbahn 1979, p. 23.

factorerie de Sofala à la caravelle à destination de l'Île de Mozambique[109]. Ainsi, il est indéniable que dix ans après leur établissement en Afrique orientale, les Portugais achetaient de l'ivoire à la factorerie de Sofala, et que cet ivoire était à son tour expédié en Inde via Mozambique.

Sur la base des informations explicites sur l'ivoire (sans distinction) expédié de Sofala au cours de ces premières années, on estime qu'environ 18 tonnes ont été échangées au comptoir portugais. Si l'on ajoute à ces données celles concernant l'ivoire envoyé de Mozambique vers l'Inde pendant la même période, probablement aussi venu de Sofala, alors le nombre s'élève à environ 28 tonnes d'ivoire officiellement achetées et expédiées par le comptoir portugais (tableau 2). À ceci il faut ajouter les 52 défenses et les 6 «bozinas» (tableau 2). Pour les 52 défenses, considérant que le poids moyen de chaque défense peut varier entre 60 kg pour les mâles adultes et 10 kg pour les femelles[110] et que les documents ne rapportent qu'il s'agissait de grandes et de petites défenses, il est impossible d'en estimer le poids, et encore moins le poids moyen. Il en va de même pour les «bozinas». Aussi pouvons-nous conclure qu'au cours du premier quart du XVIe siècle, nous disposons d'informations sur 7 années, entre 1506 et 1515 : durant cette époque 27 900,564 kg d'ivoire (sans distinction) ont été commercialisés à Sofala, ce qui donne une moyenne annuelle d'environ 4 tonnes d'ivoire, à laquelle il faut encore ajouter 52 défenses de poids indéterminé. Il est vrai que pour ces 15 années, nous ne disposons pas d'un enregistrement systématique et continu et que les années suivantes indiquent une augmentation progressive de la quantité d'ivoire commercialisée par le comptoir, mais les chiffres qui peuvent être calculés ne concordent pas avec les 69 tonnes avancées par Spinage, pour l'ivoire exporté de Sofala en 1512-1515[111].

Cinquante-deux défenses signifient un nombre minimum de 26 éléphants. Toutefois, si l'on considère que tous les éléphants n'ont pas deux défenses[112], qu'il y a des différences entre les défenses des mâles et celles des femelles, que nous n'avons aucun moyen d'établir la proportion de femelles et de mâles au XVIe siècle et que l'ivoire d'autres animaux peut avoir été comptabilisé, il est pratiquement impossible de déterminer le nombre d'éléphants tués spécifiquement dans le but de retirer les défenses à des fins commerciales. De même pour les 699 défenses confisquées en 1506 dont il est question dans la lettre précitée du capitaine de Kilwa, Pedro Ferreira Fogaça, adressée au

109. Livro da Ementa de Pedro Lopes, escrivão da feitoria de Sofala [Sofala, 1515, Janeiro, 1], *DPAMC*, vol. IV (1965), p. 104.

110. Forssman, Page et Selier 2014, p. 6.

111. Spinage 1973, p. 281-289.

112. Pilgram et Western 1986, p. 518.

roi du Portugal en août de cette année : nous ne pouvons que spéculer sur le nombre d'animaux morts correspondant à ce nombre de défenses. De même, il n'est pas possible de faire une estimation crédible du poids moyen de chaque défense échangée[113]. Compte tenu des différences dans le temps, ces conclusions sont néanmoins cohérentes avec les résultats des études menées dans les années 1980 sur la relation entre le nombre d'éléphants tués et le commerce de l'ivoire en Afrique[114].

Néanmoins, il devient clair qu'à la fin du premier quart du XVIe siècle, l'ivoire d'Afrique orientale avait acquis un rôle important dans le commerce portugais dans l'océan Indien et que, depuis lors et jusqu'au XXe siècle, l'ivoire a pris de plus en plus d'importance en raison de la demande internationale croissante.

Remarques finales : comment aborder et penser la question de l'ivoire d'Afrique du Sud-Est ?

Nous avons déjà remarqué qu'au début du XVIe siècle, si l'on prend les documents portugais comme source d'information, il est très difficile de préciser à quoi correspond le terme « ivoire ». En effet, étant donné que, dans la plupart des cas, nous n'avons aucun moyen de savoir si ce terme fait seulement référence aux défenses d'éléphant, devons-nous penser qu'il s'agit toujours d'ivoire d'éléphant ? Dans le cas de la simple mention « ivoire », ne pourrait-il pas s'agir d'ivoire d'autres animaux tels que l'hippopotame, le phacochère ou même la baleine ? Comment interpréter l'expression « ivoire assorti » ? S'agit-il d'ivoire d'éléphants de différentes tailles, d'ivoire ayant différents degrés de dureté et de qualité – y compris ivoire de qualité inférieure[115] –, ou bien d'ivoire provenant d'animaux autres que les éléphants ? Comment établir un lien entre la quantité d'ivoire commercialisée et le nombre d'éléphants tués et, par conséquent, évaluer ou prédire l'impact sur les populations d'éléphants si nous ne connaissons pas la proportion de mâles et de femelles et la proportion éventuelle d'autres animaux ? Il s'agit de questions pour lesquelles il ne semble pas y avoir encore de réponse(s).

Par ailleurs, même en ne pensant qu'à l'ivoire d'éléphant, pouvons-nous identifier sans équivoque son origine ? Selon Thorbahn, sur la base

113. DE ROMANIS 2014.

114. PARKER et MARTIN 1982, p. 239.

115. Selon Sir Robert Cowan (1729-34), cité par P.H. Thorbahn (1979, p. 28), les dents d'éléphants en mauvais état étaient emballées et vendues séparément (« Tusks in poor condition were termed 'cracked' or 'dried-out' (*sere* in Portuguese) and were put in a separate category regardless of weight or sometimes classified by weight and discounted »).

d'informations fournies par Ian Parker, les marchands expérimentés prétendaient être capables d'identifier avec exactitude les zones d'origine des défenses d'éléphant par la couleur et la texture[116] – une tâche aujourd'hui facilitée par les méthodologies et les techniques d'analyse modernes appliquées à l'étude de l'ivoire archéologique et des spécimens de musée[117]. Cependant, sans accès aux objets et avec le seul appui des sources écrites, qui pour la plupart ne font référence qu'aux lieux d'achat ou d'exportation de l'ivoire, comment pouvons-nous déterminer les lieux d'origine de l'ivoire commercialisé ? Les mentions générales, telles que «ivoire de Sofala», font le plus souvent référence au lieu d'achat et/ou au port d'embarquement de l'ivoire, et ne permettent pas d'affirmer que les éléphants dont l'ivoire a été prélevé[118] vivaient ou étaient chassés à Sofala. Même en élargissant la désignation générale de Sofala – royaume, région, baie, ville...[119] – et pas spécifiquement le(s) port(s), ou la zone immédiatement adjacente à la factorerie de Sofala, la référence reste très vague.

Il en va de même pour les différents royaumes mentionnés, dont les limites géographiques n'étaient pas du tout connues, et pour lesquels il serait très difficile d'appliquer le concept de frontières. Le royaume de Mexandira (fig. 2), par exemple, situé immédiatement à l'ouest du territoire de l'établissement portugais, était réputé posséder de l'ivoire[120] et les marchands de ce pays étaient connus pour venir le vendre au comptoir de Sofala (tableau 1). Mais ces informations sont-elles suffisantes pour affirmer qu'il y avait des éléphants sur les terres du «roi» de Mexandira et que la chasse commerciale y était pratiquée ? Le royaume avait-il des chasseurs qui chassaient sur place ? Allaient-ils chasser les éléphants ailleurs pour obtenir de l'ivoire et le vendre ensuite ? Avons-nous affaire à un «royaume» aux frontières fluides, intégré dans une structure politique plus large, qui comprenait différentes régions et bénéficiait d'une complémentarité des ressources propres à chacune de ces régions ? Selon le cas, le royaume de Mexandira, du fait de conditions écologiques spécifiques, aurait abrité de nombreux éléphants ou, inversement, aurait joué le rôle d'intermédiaire dans le commerce de l'ivoire, entre le plateau intérieur et les ports côtiers ? Parmi les «royaumes» mentionnés, Mexandira était probablement le seul localisé au sud de la rivière Buzi, occupant un territoire peut-être un peu moins

116. Thorbahn 1979, p. 27.

117. Lane 2015, p. 322.

118. Lane 2015, p. 321.

119. Roque 2012, p. 35-52.

120. Apontamentos de Gaspar Veloso, escrivão da feitoria de Moçambique, enviados a el-rei [1512], *DPMAC*, vol. III (1964), p. 180.

humide à l'époque, mais on n'a pas d'informations suffisantes sur préciser sa localisation et en tirer des conclusions[121].

Par ailleurs, que sait-on de la qualité de cet ivoire ? De la relation entre origine et qualité, entre qualité et marché ? En essayant d'expliquer la relation entre les diverses colorations des défenses et leur origine, Thorbahn suggère que celles-ci pourraient dépendre de l'alimentation[122] – ce qu'avait déjà avancé Beachey, quelques années plus tôt, en parlant de la différence entre l'ivoire des éléphants de savane et celui des éléphants de forêt. En effet, d'après Beachey, l'ivoire de l'Afrique orientale présente des variations régionales selon que les éléphants habitent des régions plus humides ou plus arides, et il ajoute que l'ivoire de ces derniers est le meilleur et le plus doux à travailler[123]. Ce n'est donc pas une question mineure, car elle entraîne des répercussions sur les utilisations de l'ivoire et, par conséquent, sur les différents marchés où il était commercialisé. Selon Alpers[124], par exemple, la qualité de l'ivoire d'Afrique de l'Est était à l'origine de sa demande en Inde, où il était le seul à convenir à la fabrication des bracelets portées par les femmes indiennes, tant hindoues que musulmanes, lors des cérémonies de mariage. C'est donc précisément la qualité qui était essentielle. L'absence de réponses à ces questions montre, d'une part, à quel point nous sommes loin de connaître la géographie de la distribution des éléphants, les différents environnements dans lesquels ils vivaient en Afrique du Sud-Est, les implications de cette «géographie environnementale» dans la qualité de l'ivoire ainsi que de l'importance que les Africains donnaient à l'ivoire; d'autre part, elle souligne les limites mêmes des sources écrites lorsqu'on veut mieux comprendre la relation des différentes sociétés africaines avec les éléphants et l'ivoire, ou retracer les différents circuits et routes par lesquels l'ivoire circulait de l'intérieur vers les ports côtiers.

Dans ce contexte, les travaux de Forsmann, Page et Selier sur l'importance des éléphants dans le développement des sociétés africaines et l'émergence de l'État offrent des éléments de réflexion sur ces questions. En combinant les données archéologiques et les caractéristiques géo-climatiques avec une estimation de ce qu'auraient été les populations d'éléphants du bassin du Limpopo à l'époque moderne, ils ouvrent la voie à une nouvelle interprétation du complexe de Mapungubwe. Les auteurs concluent que, d'une part, l'occupation du *Greater Mapungubwe Landscape* au xe siècle était liée à la présence d'une importante population d'éléphants dont l'ivoire

121. Ntumi *et al.* 2009, p. 571.

122. Thorbahn 1979, p. 27.

123. Beachey 1967, p. 274.

124. Alpers 1975, p. 86.

était utilisé pour obtenir des perles de verre et des textiles en provenance d'Inde; d'autre part, si cette zone pouvait accueillir de grands troupeaux d'éléphants, elle offrait aussi des conditions très favorables à l'établissement de communautés agricoles et, par conséquent, au développement durable d'autres d'activités économiques[125]. Ainsi, l'abondance des éléphants et le commerce de l'ivoire ne seraient pas les seuls facteurs du développement et de la disparition de ce complexe.

La question de l'ivoire reste donc ouverte et elle devient beaucoup plus problématique en ce qui concerne les régions plus méridionales, pour lesquelles, à ce jour, il n'existe aucune trace écrite connue avant le XVIe siècle. Par conséquent, de nombreuses questions restent en discussion, notamment celles concernant la possibilité de connaître et de reconstituer les routes de l'ivoire qui menaient de l'intérieur à la côte, pas seulement celles qui aboutissaient au comptoir portugais de Sofala, mais, surtout, celles qui aboutissaient plus au sud, à la baie de Lourenço Marques et ses alentours.

Certes, les résultats des recherches récentes menées sur les sites archéologiques du KwaZulu-Natal[126] suggèrent qu'une partie de l'ivoire de ces sites était peut-être destinée au commerce transocéanique, et que l'approvisionnement en ivoire n'était pas simplement local, mais se faisait sur des distances considérables, avec un plus grand degré d'organisation que ce que l'on soupçonnait auparavant : l'exportation d'ivoire serait alors cohérente avec le nombre croissant de preuves d'importation de perles de verre et d'autres biens qui indiquent la croissance d'une activité commerciale au cours du premier millénaire de notre ère. Cependant, bien que les sites de KwaGandaganda, Wosi et Ndondondwane semblent conserver les plus anciennes traces de transformation de l'ivoire à grande échelle en Afrique australe (VIIe-Xe siècles), et qu'ils pourraient même avoir été les précurseurs d'un réseau commercial plus large qui couvrirait cette région dans les siècles à venir, nous manquons toujours d'informations qui nous permettraient de retracer les itinéraires et de conclure non seulement sur l'étendue de ces circuits, mais aussi sur qui y participait et comment.

Apparemment, l'ivoire qui est arrivé au comptoir portugais de Sofala en 1515 provenait de zones situées au nord de la rivière Buzi, ou a été apporté par le représentant du «roi de Sofala», sans qu'il soit possible dans ce cas d'identifier son origine. Ainsi, même au risque de spéculer, car il n'est pas possible de préciser l'origine de l'ivoire apporté par le *Meirinho* du «roi de

125. «... the landscape had a number of features and resources making it attractive for agriculturalist settlement and one of these was the large elephant population (...) we believe that the landscape was highly suited to agricultural settlement, with an elephant population that was likely large enough to support trade, and provide a stimulus for settlement», FORSSMAN, PAGE et SELIER 2014, p. 12.

126. COUTU *et al.* 2016a, p. 431.

Sofala», on peut considérer que le gros de l'ivoire provenait de la partie sud du bassin du Zambèze.

Une fois de plus, nous ne disposons d'aucune information permettant de savoir s'il s'agissait de routes préexistantes à l'arrivée des Portugais ou si elles correspondaient à de nouvelles routes en fonction de la factorerie créée à Sofala. Malheureusement, il n'existe pas encore d'études équivalentes à celles d'Edward Alpers[127] ou Ashley Coutu[128] pour esquisser une carte de ce qu'ont pu être les anciennes routes de l'ivoire dans les régions plus méridionales.

En outre, nous ne savons pas non plus s'il y avait une connexion entre les routes commerciales du bassin du Zambèze, du bassin du Limpopo et du bassin du Maputo (Lourenço Marques) : étaient-elles toutes reliées ou s'agissait-il de routes distinctes qui ne se sont jamais croisées ? Dans quelle mesure l'arrivée des Européens, notamment des Portugais, a-t-elle imposé une restructuration et/ou une interpénétration de tous ces circuits ? Marileen Wood, dans les études susmentionnées, attire l'attention sur l'existence éventuelle de routes commerciales dans l'océan Indien qui ne se croisaient pas et qui avaient des objectifs et des consommateurs différents. Dans ce contexte, elle envisage la possibilité que les perles de verre aient été la monnaie d'échange pour l'ivoire en Afrique australe, bien avant le XVIe siècle. Cette hypothèse semble être confirmée par des documents portugais de la seconde moitié du XVIe siècle, qui indiquent que, à la baie de Lourenço Marques, il était impossible d'acheter de l'ivoire autrement que contre des perles de verre et que, pour ces échanges, les Portugais avaient dû commencer à acheter des perles de verre en Inde[129].

L'hypothèse de l'existence d'un tel circuit et de son antériorité par rapport à la présence portugaise témoigne du peu de connaissances encore disponibles sur ce sujet. Mais, en même temps, elle souligne l'importance d'étudier ces questions dans le cadre général du système des échanges dans l'océan Indien et de son fonctionnement, à la fois pour mieux comprendre comment les différentes communautés africaines étaient ou non impliquées dans les dynamiques commerciales qui le caractérisaient, et interpréter les changements possibles résultant de la présence européenne depuis le XVIe siècle. Une recherche envisageant la possibilité d'une articulation entre ces aspects peut aider à répondre à certaines des questions soulevées ici.

---

127. ALPERS 1975.

128. COUTU 2016b.

129. *Relação sumária da viagem que fez Fernão d'Alvares Cabral*, LANCIANI 1997, p. 239.

On sait que le XVe siècle a été une période de profondes mutations pour les États africains du plateau intérieur[130]. Ces mutations ne sont pas sans rapport avec les changements climatiques[131] qui à l'époque se sont manifestés un peu partout dans le monde par une période de refroidissement marqué, connu sous le nom de Petit Âge Glaciaire[132]. En Afrique du Sud-Est, ce changement climatique a contribué à une réorganisation des routes commerciales qui reliaient les États de l'intérieur aux ports côtiers[133], ainsi qu'à d'éventuels déplacements d'animaux, à savoir des troupeaux d'éléphants qui ont pu se déplacer vers d'autres zones, plus ou moins éloignées de la côte et des secteurs où ils étaient traditionnellement chassés et, par conséquent, ayant un impact sur la restructuration des anciennes routes de l'ivoire. Cependant, jusqu'à présent, il n'y a pas assez d'informations pour définir quelles routes auraient résulté de cette restructuration et encore moins s'il y avait une relation entre ces routes et la présence portugaise. Le simple fait qu'il existe encore peu d'études d'objets en ivoire provenant du sud de l'Afrique de l'Est avant le XVIe siècle constitue en soi un obstacle au développement de recherches permettant d'évaluer la répartition géographique et les déplacements des troupeaux d'éléphants dans le sud de l'Afrique de l'Est avant et pendant cette période[134].

De nombreuses autres questions restent sans réponse, notamment, celles concernant l'évaluation de l'ivoire lui-même. Qu'il s'agisse d'ivoire d'éléphant ou d'ivoire d'un autre animal, comment était-elle faite : en fonction du poids ? De la taille ? De la qualité ? Y a-t-il eu une standardisation des critères ?

Le manque d'informations pour répondre à ces questions rend encore plus difficile la compréhension de la valeur de l'ivoire pour les sociétés africaines qui le vendaient et celles qui l'achetaient, qu'il s'agisse d'intermédiaires ou de consommateurs finals.

Voyons, par exemple, dans la documentation de 1515, ce qui était utilisé par les Portugais comme «monnaie d'échange» pour l'achat d'ivoire et, en particulier, l'achat d'ivoire en échange de tissu : que signifiait acheter deux *arrobas de marfim* pour deux *vespiças duplas* ? La *vespiça* était un tissu indien en coton grossier que les Portugais achetaient à Cambay pour le vendre en Afrique orientale. Il pouvait être simple ou plié, son prix variait entre 2 et 2,5 *meticais* la pièce et, au moins en 1515, il semble avoir été la principale monnaie d'échange (tableau 1). Même si, au début du XVIe siècle, toutes les

130. MUDENGE 1988.

131. PIKIKIRAYI 2006, p. 31-49.

132. TYSON et LINDESAY 1992; HANNAFORD et NASH 2016.

133. PIKIRAYI 2006.

134. COUTU *et al.* 2019 b.

marchandises avaient un prix de référence par rapport au *metical d'or*, les prix de vente là où elles étaient commercialisées variaient non seulement selon le rapport offre / demande et la qualité des différentes marchandises, mais aussi en fonction des enjeux politiques qui déterminaient les alliés occasionnels et / ou les ennemis. Dans ces conditions, il devient difficile d'établir un référentiel valable pour toutes les transactions – ce problème se pose tout au long du XVIe siècle, mais aussi au cours des siècles suivants[135]. Ces variations avaient toujours un effet sur le prix de l'achat de l'ivoire et, par conséquence sur sa valeur.

Si on prend, par exemple, les revenus et les dépenses du comptoir de Sofala à l'époque de Pedro Lopes (janvier – septembre 1515) on trouve plusieurs fois deux *vespiças* doubles évaluées à 4 et 5 *meticais*, respectivement, mais nous avons aussi des situations où 2 *vespiças* doubles, vieilles et déchirées, sont évaluées par les mêmes 4 *meticais*. Or ce même document renseigne sur d'autres textiles qui ont servi de « monnaie d'échange » pour l'achat d'ivoire. On se rend alors compte qu'il y avait tout un système difficile à comprendre si on ne dispose pas d'informations sur la valeur de chacun des tissus utilisés comme « monnaie d'échange », d'autant plus qu'on n'échangeait pas seulement des tissus indiens, mais aussi des tissus d'Europe. L'analyse des différents achats (*Tableau 1*) montre que l'ivoire était échangé contre des étoffes indiennes, ou des étoffes européennes, ou un lot d'étoffes indiennes et européennes, voire contre du poivre ou de gros bracelets de bras. On ne peut savoir si ces différences de paiement sont liées à la qualité de l'ivoire acheté, au vendeur ou à son représentant, à la quantité d'ivoire disponible sur le marché ou au stock d'étoffes du comptoir. Ces questions trouvent des réponses pour la côte swahilie, où abondent les récits de voyageurs et d'explorateurs des XVIIIe et XIXe siècles[136], mais cette littérature et les témoignages archéologiques manquent pour les régions plus au sud, notamment pour les régions plus méridionales de l'Afrique australe.

En 1515, l'ivoire arrive à Sofala au rythme des moussons : les commerçants profitent de la période entre la fin de la saison des pluies et le début de la saison sèche pour le transporter de l'intérieur vers la côte (*Tableau 1*). Cette année-là, le stock de la factorerie a été transporté à la mi-juin à la caravelle qui devait s'en aller à Mozambique[137] et la même caravelle a probablement reçu l'ivoire qui est arrivée au comptoir au mois de juillet. Si tel est le cas, il est légitime de conclure que la caravelle, qui a quitté Sofala lors de la mousson de juillet, a transporté

---

135. Alpers 2017, p. 45.

136. Beachey 1967, p. 271-277.

137. Livro da Ementa de Pedro Lopes, escrivão da feitoria de Sofala [Sofala, 1515, Janeiro, 1], *DPAMC*, vol. IV (1965), p. 104.

plus d'une tonne et demie d'ivoire. Cependant, le manque d'informations sur la régularité de l'arrivée des marchands locaux sur la côte et sur les moments de chargement des navires ne permet pas de généraliser cette situation. De même, le fait que le représentant du roi de Sofala se soit présenté au comptoir en juillet pour vendre 470,016 kg ne permet de tirer de conclusions ni sur l'origine et la qualité de l'ivoire, ni sur les prix pratiqués, ni sur l'éventualité de pratiques commerciales de chasse dans le « Royaume de Sofala »[138].

Reprenant à son compte les idées d'Alpers[139], Beaujard[140] suggère que la croissance du commerce de l'ivoire, comme celui des esclaves, s'explique par la nécessité d'approvisionner le marché international en produits permettant aux élites africaines de continuer à recevoir les biens qu'elles considèrent comme essentiels pour maintenir leur statut tandis que Lane[141] souligne le poids de l'accroissement de la pression internationale à partir du milieu du premier millénaire, notamment de la part des réseaux commerciaux de l'océan Indien.

Mais peut-il y avoir d'autres facteurs ? Il faut se rappeler que l'éléphant est un animal dont peut dépendre la survie de toute une communauté en situation de pénurie de ressources alimentaires, et que les bénéfices de cette chasse sont partagés par toute la communauté[142]. Au début du XVIIe siècle, Fr. João dos Santos précise même que les Africains tuaient les éléphants pour la viande, l'ivoire étant un sous-produit dont ils profitaient pour faire

138. Malgré le travail déjà effectué sur Sofala, on n'en sait pas assez sur la structure du « royaume de Sofala » pour expliquer comment le roi, par l'intermédiaire de son représentant, a pu envoyer une telle quantité d'ivoire au comptoir portugais ce mois-là (voir ROQUE 2012, p. 112-124.*)*. Toutefois, en l'absence d'informations précises, il convient d'être prudent dans l'interprétation des chiffres concernant la quantité d'ivoire apportée au comptoir pour être vendue, car cette augmentation peut correspondre à des situations ponctuelles comme celles mentionnées pour le XVIIIe siècle, qui ont été causées par la mort de nombreux animaux en raison d'épidémies inconnues. J. JULIÃO DA SILVA, *Vários apontamentos e factos acontecidos naquelas épocas, que copiei de huns fragmentos quazi corrutptos e roídos de bixos, que encontrei em hum chamado arquivo deste governo e feitoria no anno de 1790, sendo então escrivão interino da mesma, os quais ao presente, a maior parte não existe* (1837) (FELICIANO et NICOLAU 1998, p. 225).

139. ALPERS 1975, p. 264-267.

140. BEAUJARD 2009, p. 31.

141. LANE 2015, p. 322.

142. ROQUE 2012, p. 392-393.

du commerce et non la raison principale de leur abattage[143], ce qui souligne qu'il faut examiner la relation entre les éléphants et ces sociétés avant même d'envisager leur participation au commerce de l'ivoire.

Bien que nous puissions considérer qu'une relecture des sources portugaises permet d'augmenter considérablement les informations sur l'ivoire et son commerce au début du XVIe siècle, il est difficile de faire plus que des conjectures sur les changements qui ont pu se produire immédiatement après l'arrivée des Portugais sur la côte est de l'Afrique. Cependant, ces documents montrent, à tout le moins, que l'on ne peut plus répéter des affirmations infondées sur les quantités d'ivoire quittant les comptoirs portugais de la côte est-africaine, ni sur l'organisation locale de ce commerce ou une supposée uniformité du commerce de l'ivoire.

L'ensemble de ces questions met en évidence la nécessité d'un travail transdisciplinaire pour obtenir progressivement des informations qui pourront pallier le manque de données sur l'Afrique méridionale et son ivoire, sur la relation entre les communautés humaines et les communautés animales et, d'une manière générale, sur l'environnement.

Ana Cristina ROQUE
Centro de História da Universidade de Lisboa
anaroque1@campus.ul.pt

Tableau 1 – Ivoire vendu par les marchands du pays au comptoir de Sofala (1515)
Source : Livro da Ementa de Pedro Lopes, escrivão da feitoria de Sofala [Sofala, 1515, Janeiro 1] *DPMAC*, vol. IV (1965), p. 24-209.

Marchands venus à Sofala	**Ivoire apporté /vendu**		**Période de l'année**	**Monnaie d'échange**	
	Quantité	**Équivalence**		**Textiles**	**Autre**
Cacis / Caciz [Marchand maure]	2,5 *arrobas*	36,720 kg	Février	5 *vespiças simples* [a]	
	2 *arrobas*	29,376 kg	Juillet	2 *vespiças dobradas* [b]	
Caxena / Quaxena [Marchand maure]	6 *arrobas*	88,128 kg	Janvier	32 varas 1/4 de *Bretanha branca* [c]	
Cafre de Mexandira [Marchand noir du pays]	1 *quintal*	58,752 kg	Mars	2 *vespiças*, 1 *tafecira*, 1 *bertangil* [d]	
Cafres du Muconde [Marchands noirs du pays / ambassadeurs]	1,5 *arroba*	22,032 kg	Mars		Bracelets de bras [e]

143. SANTOS 199, p. 282.

Marchands venus à Sofala	Ivoire apporté /vendu		Période de l'année	Monnaie d'échange	
	Quantité	**Équivalence**		**Textiles**	**Autre**
Cafres de Querengue [Marchands noirs du pays / ambassadeurs]	1,5 *arrobas*	22,032 kg	Mars	2 *reras* [f]	
	2 *quintais*	117,504 kg	Mai	1 *bertangil*, 1 *fanbule pequeno*, 1 *vespiça dobrada*, 1 *zandim*, 1 *tafecira*, 1 vara de *Bretanha*, 3 varas de *pano da terra estreito* 2 varas de *dote* [g]	
Jumar [Marchand maure]	1 *arroba*	14,688 kg	Septembre	1 *vespiça dobrada* [h]	
Macameu Pando [Marchand maure]	7,5 *arrobas*	110,160 kg	Février	6 *bertangis* [i]	
Mombaquere [*Meirinho* du Roi de Sofala]	3,5 *arrobas*	51,408 kg	Avril	1 *vespiça simples* 11 varas de *Bretanha* e *Naval* [j]	
	1 *arroba*	14,688 kg	Mai	5,5 varas de *dote* [k]	
	6,5 *arrobas*	95,472 kg	Mai	6 *vespiças dobradas* [l]	2 *arráteis* de poivre
	6 *quintais* et 1 *arroba*	367 200 kg	Juillet	20 *vespiças dobradas* 10 *sabones* [m]	
	7 *arrobas*	102,816 kg	Juillet	1*Tafecira* 1 *zandim* 2 *vespiças dobradas* 1 *macacere* 4 *sabones* [n]	
Mostafa [Marchand maure]	1,5 *arrobas*	22,032 kg	Avril	4 varas de *Naval* 1 *vespiça simples* [o]	
	3 *arrobas*	44 100 kg	Avril	3 *vespiças dobradas* [p]	
	1 *arroba*	14,688 kg	Juin	4 varas de *Bretanha branca* [q]	
Tibo [Marchand maure]	2 *arrobas*	29,376 kg	Mars	2 *vespiças* dobradas [r]	
	2,5 *arrobas*	36.720 kg	Mai	5 vespiças *simples* [s]	
	2,5 *arrobas*	36,720 kg	Mai	9 varas e ¼ *Bretanha branca* [t]	
	1,5 *quintais*	88,128 kg	Juin	4 *macaceres* 3 *vespiças dobradas* [u]	
		1 527,542 kg			

Notes du tableau

a. «…cinquo vespiças cingellas…em conpra de duas arrovas e meya de marfim…», *op. cit.*, p. 44

b. «…duas vespiças dobradas…em compra de duas arrovas de marfim…», *op. cit.*, p. 162.

c. «... 22 varas e uma quarta de Bretanha branca em compra de seis arrobas de marfim que comprou a Mofomede Caxena...», *op. cit.*, p. 28.
d. «...duas vespiças dobradas...huma tafecira de mitical e meio...hum bertangil de dous meticais e meio...em compra de hum quyntall de marfim...», *op. cit.*, p. 46.
e. «...treze manilhas de latam...em compra de huma arrova e meia de marfim...», *op. cit.*, p. 50.
f. «...duas reras de miticall cada huma...em compra de huma arrova e meia de marfim ...», *op. cit.*, p. 52.
g. «... hum bertangil... e maiss hum fambule pequeno...huma vespiça dobrada...huma tafecira d'algodam com listras de seda branqua E mais huma vara de Bretanha E mais três varas de pano estreyto da terra E mais duas varas de dote...em compra de dois quyntaes marfim...», *op. cit.*, p. 86.
h. «... huma vespiça dobrada...em compra dhuma arrova de marfim...», *op. cit.*, p. 194.
i. «... seis bertangis...em compra de sete arrovas e meia de marfim...», *op. cit.*, p. 40.
j. «...hum (sic) vespiça singela. E mais onze varas de Bretanha e navall...em compra de tres arrovas e meia de marfim...», *op. cit.*, p. 64.
k. «...cinquo varas e meia de dote...em compra de huma arrova de marfim...», *op. cit.*, p. 81.
l. «...seis vespiças dobradas. E mais dous arrates de pimenta...em compra de seis arrovas e meia de marfim...», *op. cit.*, p. 92.
m. «...vinte vespiças dobradas. E dez sabones de miticall cada hum...em compra de seis quyntais e huma arrova de marfim...», *op. cit.*, p. 150.
n. «...hum (*sic* !) tafecira d'algodam com listras de seda branqua. E mais um zandim de dous miticais e meio. E mais duas vespiças dobradas. E mais um macacere de miticall e meio. E mais quatro sabones de meio miticall...em compra de sete arrovas de marfim...», *op. cit.*, p. 160.
o. «...quatros varas de naval. E mais huma vespiça singella...em compra de huma arrova e meya de marfim...», *op. cit.*, p. 46.
p. «...três vespiças dobradas...em compra de três arrovas de marfim...», *op. cit.*, p. 74.
q. «...quatro varas de Bretanha branqua ...em compra de huma arroba de marfim...», *op. cit.*, p. 126.
r. «...duas vespiças dobradas... em compra de duas arravas de marfim...», *op. cit.*, p. 54.
s. «...cinquo vespiças sengellas...em compra de duas arrovas e meia de marfim...», *op. cit.*, p. 88.
t. «...nove varas e uma quarta de Bretanha branqua...em compra de duas arrovas e meia de marfim...», *op. cit.*, p. 94.
u. «...quatro macaceres de miticall e meio. E mais três vespiças dobradas...em compra de hum quyntall e meio de marfim...», *op. cit.*, p. 114.

Tableau 2 – Ivoire inventorié dans les factoreries portugaises de l'Afrique orientale (1506-1515). Source : *DPMAC*, vol. I-IV.

	Kilwa (ivoire confisqué)		**Sofala**		**Mozambique**		
	Défenses	**Indifférencié**	**Défenses**	**Indifférencié**	**Défenses**	**Indifférencié**	**Objets**
1506	699		2 (petites) 48 (grands et petites)	558 000 kg			
1507	264	2 morceaux					
1509				5 581,440 kg			
1512				3 084,480 kg			

	Kilwa (ivoire confisqué)		Sofala		Mozambique		
	Défenses	**Indifférencié**	**Défenses**	**Indifférencié**	**Défenses**	**Indifférencié**	**Objets**
1513				2 350,080 kg	2	5 280,380 kg	6 *Bozinas*
1514				4 789,206 kg		4 700,160 kg	
1515				1 556,918 kg			
	963	**2 morceaux**	**50 défenses**	**17 920,124 kg**	**2**	**9 980,540 kg**	**6** *Bozinas*
TOTAL	1015 défenses d'éléphant dont 963 ont été confisquées 2 morceaux d'ivoire indifférencié 6 «bozinas» 27 900,664 kg						

Bibliographie

ALPERS E.A. 1975, *Ivory and slaves: Changing Patterns of International Trade in East Central Africa to the Later Nineteenth Century*, Berkeley.

ALPERS E.A. 1976, «Gujarat and the Trade of East Africa c.1500-1800», *The International Journal of African Historical Studies* 9/1, p. 22-44.

ALPERS E.A. 2017, «Indian Textiles at Mozambique Island in the Mid-Eighteenth Century», *Textile History* 48/1, p. 31-48.

ANÓNIMO 1497-98, *Relação da 1ª viagem de Vasco da Gama (1497/98)*, Lisbonne, 1989.

BEACH D. 1980, *The Shona and the Zimbabwe 900-1850*, Londres.

BEACHEY R.W. 1967, «The East African Ivory Trace in the Nineteenth Century», *Journal of African History* 8/2, p. 269-290.

BEAUJARD Ph. 2005, «The Indian Ocean in Eurasian and African World-Systems before the Sixteenth Century», *Journal of World History* 16/4 p. 411-465.

BEAUJARD Ph. 2007, «East Africa, the Comoro Islands and Madagascar Before the Sixteenth Century. On a Neglected Part of the World System», *Azania: Journal of the British institute in Eastern Africa* 42/1, p. 15-35.

BEAUJARD Ph. 2019, *The Worlds of the Indian Ocean. A Global History*. Vol. 2: *From the seventh century to the fifteenth century CE*, Cambridge.

BHILA H.H.K. 1968, «Manyika relations with the Monomotapa, Changamire and the Portuguese from the 16th century to the end of the 19th century», *African History Seminar (paper for discussion)* 20 th Nov., Londres.

CHIRIKURE S. 2014, «Land and Sea Links: 1500 Years of Connectivity Between Southern Africa and the Indian Ocean Rim Regions, AD 700 to 1700», *African Archaeology Review* 31 p. 705-724.

Chirikure S. 2017, «Documenting Precolonial trade in Africa», *Oxford Research Encyclopedia*, Oxford, DOI.org/10.1093/acrefore/9780190277734.013.68. https://oxfordre.com/africanhistory/view/10.1093/acrefore/9780190277734.001.0001/acrefore-9780190277734-e-68.

Coutu A.N., G. Whitelaw, P. Le Roux et J. Sealy 2016a, «Earliest Evidence for the Ivory Trade in Southern Africa: Isotopic and ZooMS Analysis of Seventh–Tenth Century AD Ivory from KwaZulu-Natal», *African Archaeology Review* 33, p. 411-435.

Coutu A.N., J. Lee-Thorp, G. Whitelaw, M.J. Collins et P. Lane 2016b, «Mapping the Elephants of the 19th Century East-Africa Ivory Trade with a Multi-Isotope Approach», *PLoS ONE* 11/10:e0163606.

Disney A.R. 2009, *A History of Portugal and the Portuguese Empire from Beginnings to 1807*, Vol. 2: *The Portuguese Empire*, Cambridge.

DPMAC - *Documentos sobre os Portugueses em Moçambique e na África Central (1497-1840)*, 9 vol., Lisbonne (1962-1975).

Feliciano F. et V.H. Nicolau 1998, *Memórias de Sofala,* Cadernos África, Comissão Nacional para a Comemoração dos Descobrimentos Portugueses, Lisbonne.

Forssman T., B. Page et J. Selier 2014, «How Important was the Presence of Elephants as a Determinant of the Zhizo Settlement of the Greater Mapungubwe Landscape?» *Journal of African Archaeology* 12/1, p. 75-87.

Freeman-Grenville G.S.P. 1975, *The East African Coast. Select Documents from the first to the earlier nineteenth century*, Londres.

Guérin S.M. 2010, «Avorio d'ogni ragione: The Supply of Elephant Ivory to Northern Europe in the Gothic era», *Journal of Medieval History* 36, p. 156-174.

Hannaford M.J. et Nash D.J. 2016, Climate, History, Society over the Last Millennium in Southeast Africa, WIREs *Clim Change*, DOI: 10.1002/wcc.389.

Heintze B. et A. Jones (éds) 1987, *European sources for Sub-Saharan Africa before 1900: Use and abuse*, Stuttgart, Paideuma. Mitteilungen zur Kulturkund 33.

Kelly A.C. 2021, *Consuming Ivory: Mercantile Legacies of East Africa and New England*, Seattle.

Koleini F., P. Colomban, I. Pikirayi et L.C. Prinsloo 2019, «Glass Beads, Markers of Ancient Trade in Sub-Saharan Africa: Methodology, State of the Art and Perspectives», *Heritage* 2, p. 2343-2369.

Lanciani G. 1997, *Sucessos e Naufrágios das Naus Portuguesas*, Lisbonne.

Lane P. 2015, «Introduction: Archaeological Ivories in Global Perspective», *World Archaeology* 47/3, p. 317-332.

Leitão H. et J.V. Lopes 1974, *Dicionário da Linguagem da Marinha Antiga e Actual*, Lisbonne.

Machado P. 2008, «Awash in a Sea of Cloth: Gujarat, Africa, and the Western Indian Ocean, 1300-1800», dans G. Riello et P. Parthasarathi (éds), *Spinning World: A Global History of Cotton Textiles, 1200-1850*, Oxford, p. 161-179.

Machado P., S. Fee et G. Campbell (éds) 2018, *An Ocean of Cloth: Textile Trades, Consumer Cultures and the Textile Worlds of the Indian Ocean*, New York-Londres.

Mathew K.S. 1986, «Trade in the Indian Ocean and the Portuguese system of cartazes», dans C.D.H. Jones (éd.), *The First Portuguese Colonial Empire*, Exeter, p. 69-84.

Moffett A.J. et S. Chirikure 2016, «Exotica in context: reconfiguring prestige, power and wealth in the Southern African Iron Age», *Journal of World Prehistory* 29, p. 337-382.

Mtetwa A.H. 1984, *A History of Uteve under the Mwene Mutapa Rulers, 1480-1834: a Re-Evaluation*, Northwestern University (IL), thèse de doctorat.

Mudenge S.I.G. 1988, *A Political History of Munhumutapa c. 1400-1902*, Harare.

Murtala W. 2021, «The Problems Confronting Historians in the Reconstruction of the History of Non-Literate Societies in Africa», *Academia Letters*, Article 1426, https://doi.org/10.20935/AL1426.

Newitt M. 1997, *História de Moçambique,* Lisbonne.

Newitt M. 1973, *Portuguese settlements on the Zambezi. Exploration, Land Tenure and Colonial Rule in East Africa*, Londres.

Ntumi C., S. Ferreira et R. van Aarde 2009, «A Review of Historical Trends in The Distribution and Abundance of Elephants *Loxodonta africana* in Mozambique», *Orix* 43, p. 568-579.

Parker I.S.C. 1979, *The Ivory Trade* (vol. 1), Report, June 1979. Ian Parker Collection of East African Wildlife Conservation, Nairobi https://ufdc.ufl.edu/AA00020117/00004/allvolumes.

Parker J. et E. Martin 1982, «How Many Elephants are Killed for the Ivory Trade?», *Orix* 16/3, p. 235-239.

Pilgram T. et D. Western 1986, «Managing African Elephants for Ivory Production Through Ivory Trade Regulations», *Journal of Applied Ecology* 23/2 p. 515-529.

Pikirayi I. 2006, «The Demise of Great Zimbabwe, AD 1420-1550: An Environmental Re-Appraisal», dans A. Green et R. Leech (éds), *Cities in the World, 1500-2000*, Londres-New York.

Roque A.C. 2012, *Terras de Sofala: Persistências e Mudança. Contribuições para a História da Costa Sul Oriental de África nos séculos XVI-XVIII*, Lisbonne.

Saitowitz S.J. 1996, *Glass Beads as Indicators of Contact and Trade in Southern Africa ca. AD 900-AD 1250*, University of Cape Town, thèse de doctorat, https://open.uct.ac.za/handle/11427/19418.

Santos Fr. J. dos 1999, *Etiópia Oriental e Vária História de Cousas Notáveis do Oriente*, Comissão Nacional para a Comemoração dos Descobrimentos Portugueses, Lisbonne.

Sicard H.V. 1968, «The Ancient Sabi-Zimbabwe trade route», *Monumenta* 4, p. 56-62.

Sinclair P. 1982, «Chibuene: An Early Trading Site in Southern Mozambique», *Paideuma: Mitteilungen zur Kulturkunde* vol. 28. Special issue *From Zinj to Zanzibar: Studies in History, Trade and Society on the Eastern Coast of Africa*, p. 49-16.

SINCLAIR P. 1987, *Space, Time and Social formation: A territory approach and anthropology of Zimbabwe and Mozambique c. 0-1700*, Uppsala.

SINCLAIR P., A. EKBLOM et M. WOOD 2012, «Trade and Society on the Southeast African Coast in the Later First Millennium AD: The Case of Chibuene», *Antiquity* 86, p. 723-737.

SMITH A.K. 1983, «The Indian Ocean zone», dans D. BIRMINGHAM et P.M. MARTIN (éd.), *History of Central Africa*, vol. I, Londres-New York, p. 205-234.

SPINAGE C.A. 1973, «A Review of Ivory Exploitation and Elephant Population Trends in Africa», *Journal of African Ecology* 11, p. 281-289.

THOMAZ L.F. 2018, *O Tesouro do Bom Jesus*, Lisbonne.

THORBAHN, P.F. 1979, *The Precolonial Ivory Trade of East Africa: Reconstruction of a Human-Elephant Ecosystem*, University of Massachusetts, thèse de doctorat.

TYSON P.D. et J.A. LINDESAY 1992, «The Climate of the Last 2000 Years in Southern Africa», *The Holocene* 2/3, p. 271-278.

TRIPATI S et I. GODFREY 2007, «Studies on Elephant Tusks and Hippopotamus Teeth Collected from the Early 17th Century Portuguese Shipwreck Off Goa, West Coast Of India: Evidence of Maritime Trade between Goa, Portugal and African Countries», *Current Science* 92/3, p. 332-339.

Voyage à Mozambique & Goa : la relation de Jean Mocquet (1607-1610), texte établi et annoté par Xavier de Castro et préface de Dejanirah Couto, Paris, Collection magellane.

WILSON T. et A.L. OMAR 1996, «Preservation of Cultural Heritage on the East African Coast», dans P.R. SCHMIDT et R.J. MCINTOSH (éds) *Plundering Africa's Past,* Bloomington, p. 225-249.

WOOD M. 2000, «Making connections: Relationships between International Trade and Glass Beads from the Sashe-Limpopo Area», *South African Archaeological Society. Goodwin Series* 8, p. 78-90.

WOOD M. 2005, *Glass Beads and Pre-European Trade in Shashe-Limpopo Region*, University of Witwatersrand, Johannesburg, thèse de master of science.

WOOD M. 2012, «Interconnections Glass Beads and Trade in Southern and Eastern Africa and the Indian Ocean – 7th to 16th Centuries AD.», *Studies in Global Archaeology* 17, p. 1-62.

WOOD M. 2015, «Divergent Patterns in Indian Ocean Trade to East Africa and Southern Africa between the 7th and the 17th Centuries CE: The Glass Beads Evidence», *L'Afrique orientale et l'océan Indien : connexions, réseaux d'échanges et globalisation (Ier millénaire-XIXe siècle), Afriques* 6, mis en ligne le 21 décembre 2015, consulté le 3 septembre 2021

WOOD M., L. DUSSUBIEUX et P. ROBERTSHAW 2012, «The glass of Chibuene, Mozambique: New Insights into Early Indian Ocean Trade», *South African Archaeological Bulletin* 67/195, p. 59-74.

«NON MOINS IMPORTANT QUE LES ÉPICES» : L'IVOIRE ET SON COMMERCE DANS L'EMPIRE PORTUGAIS ASIATIQUE AUX XVIe-XVIIe SIÈCLES

Introduction

Produit de luxe par excellence, souvent allié à l'or et aux pierres précieuses, associé, par sa blancheur, à la pureté et par sa dureté, à l'incorruptibilité (et à la vérité)[1], l'ivoire fit, de tous temps, l'objet d'un commerce global. L'on peut dire que le goût de l'ivoire transcenda frontières et cultures. En Europe, le monde gréco-romain en fut un grand consommateur : la civilisation minoenne produisit des statuettes en ivoire de provenance africaine ou indienne[2], et les auteurs classiques – Strabon (*Géogr.* XVI, 4, 19), Arrien (*L'Inde,* XVI, 11)[3], Cosmas Indicopleustès (*Top. Chrét.* XI, 23)[4], ou l'auteur anonyme du *Périple de la mer Érythrée* (3, 4, 10, 16, 17) – mentionnent l'ivoire à plusieurs reprises. Le *Périple* signale ainsi le commerce des ports de la mer Rouge (Adoulis et la région de Berbera) et de la région d'Azanie (correspondant aux actuelles Somalie, Kenya et Tanzanie). Dans les collections des diptyques consulaires, celui

---

1. Voir *Odyssée*, XIX, 386 («Deux portes vont s'ouvrant à ces spectres légers /L'une est faite de corne, et l'autre est en ivoire/ Ceux que l'ivoire opaque envoie en messagers/ Sont trompeurs, et jamais ils ne se réalisent./ Mais ceux qu'a dépêchés le portail transparent/ Au mortel qui les voit la vérité prédisent») et Chevalier 1969, p. 524.

2. Boardman et Vickers 2105.

3. Voir Gil 1995, p. 334.

4. Voir Gil 1995, p. 382. Sa description serait la première à mentionner les importations indiennes.

Topoi Suppl. 18 (2022)
p. 261-287

d'Anicius Petronius Probus (consul d'Occident en 406)[5] ou le «diptyque de l'Empereur triomphant» dit «Ivoire Barberini» (VIe siècle)[6] attestent d'un goût qui s'épanouit notamment à Byzance et qui se poursuit pendant toute l'époque médiévale[7].

Répandues à travers l'Europe, un très large éventail de magnifiques pièces dévotionnelles, généralement de petite taille, furent conservées dans les musées et trésors des cathédrales. Sont à signaler, parmi les exemples remarquables, les plats de reliure du VIIIe siècle de l'Église Saint-Martin de Genoels-Elderen, en Belgique[8], la plaquette de «Saint Grégoire avec trois copistes» destinée à décorer la couverture d'un sacramentaire saxon perdu[9], les statuettes de «Vierges»[10], rassemblées parfois dans de notables ensembles, comme celui de la «Descente de croix» du Musée du Louvre[11]. Toutes ces pièces, et beaucoup d'autres, attestent le goût transversal pour cette matière organique rare et son statut symbolique, riche de référents bibliques et liturgiques. Selon la tradition, le trône de Salomon fut fabriqué avec de l'ivoire[12]. Peut-être sculpté à Constantinople, haut d'un mètre et plaqué d'ivoire, le siège épiscopal de l'évêque Maximien de Ravenne (VIe siècle), qui suit le modèle des sièges de l'Église primitive, demeure un exemple exceptionnel de l'usage symbolique de l'ivoire. Ce siège épiscopal tisse également un lien métaphorique avec la référence biblique, car il fait allusion «à la fonction d'enseignement assumée à la place du Divin Maître»[13].

---

5. Conservé à la cathédrale d'Aoste.

6. Musée du Louvre, 0A 9063, 34,2 × 26,8 cm. Se reporter également à Rochette 2017, annexes 12 et 14.

7. Voir le dyptique provenant de l'Empire romain d'Occident (seconde moitié du Ve siècle), Kunsthistorisches Museum, Vienne.

8. Musées royaux d'Art et d'Histoire, Bruxelles, 30 × 18 cm, inv. 1414 (Webster et Backhouse 1991, p. 180-183, fig. 141-142).

9. Période carolingienne (vers 875), 20,5 × 112,5 cm, Kunsthistorisches Museum, Vienne. La pièce a appartenu à la collection de l'archiduc Léopold - Guillaume (1647).

10. Se reporter par exemple à la «Vierge à l'enfant trônant» (Liège, vers 1240-1250), 30 × 11 × 10,5 cm, conservée au musée de Cluny, Paris, CI 398.

11. Musée du Louvre, 0A 3935 (vers 1270-1280).

12. Chardin 1855, p. 292-300.

13. Musée archiépiscopal de Ravenne. Se reporter à Bovini 1971, p. 199-206 (planches p. 201-206).

L'essor artistique de l'époque médiévale s'accompagne de notations littéraires. Marco Polo, par exemple, signala Madagascar comme un entrepôt de l'ivoire, confondant d'ailleurs l'île de Madagascar avec Zanzibar ou avec Mogadiscio, qui pouvaient être en effet, à l'époque, des entrepôts de la précieuse substance[14].

Les Portugais et le commerce de l'ivoire : le circuit de l'Afrique occidentale

Les Portugais s'inscrivirent naturellement dans ces traditions. Leur arrivée en Afrique subsaharienne dans les décennies 1450-1460, et dans le golfe de Guinée en particulier, leur donna accès direct aux lieux de production d'un ivoire de grande qualité, l'éléphant africain ayant des défenses plus souples à sculpter que son congénère indien. De plus, cet ivoire africain se scindait encore en deux catégories distinctes : l'ivoire «dur» et l'ivoire «mou». L'ivoire «dur» provenait d'animaux vivant dans des zones forestières humides, ombragées et marécageuses (Guinée, Kongo) ; de couleur blanche rosâtre, la substance lourde, dense et sans veinures, blanchissait en vieillissant. L'ivoire «mou» provenait d'animaux vivant dans des climats secs de savane (Égypte, Éthiopie, Zanzibar). Souples et peu denses, ces défenses se craquelaient facilement aux extrémités[15]. Les défenses de l'éléphant africain atteignaient 20 kg en moyenne, celles de l'éléphant d'Asie entre 5 et 10 kg[16].

À l'exemple du cuivre fin, l'ivoire d'éléphant fit partie des premiers produits africains troqués contre des aunes de drap, des foulards, des bassins en laiton, des verroteries et des perles de verre. Le troc contre des anneaux de laiton portés au bras et au poignet (*manilhas*)[17] est mentionné par l'*Esmeraldo de Situ Orbis* (1506), le traité de cosmographie et routier nautique de Duarte Pacheco Pereira[18].

L'ivoire d'éléphant commence à être mentionné dans la documentation portugaise à partir de 1470. Adressée aux officiers royaux de Madère, une lettre de cette année du roi D. Afonso V mentionne en effet la nomination d'un facteur (*feitor*) à part entière pour gérer le commerce des défenses d'éléphant

14. Keppler *et al.* 2004, p. 199 (chap. 192).

15. *Varii auctores* 1991, p. 17.

16. *Varii auctores* 2021, p. 24. En réalité, certaines défenses pouvaient atteindre exceptionnellement le poids de 100 kg.

17. Escudier 1992, p. 29.

18. Pereira 1892, p. 72 : «(...) nesta terra ha muitos elefantes dos quaes os dentes a que chamamos marfim muitas vezes compramos (...)».

(*para tratarem dentes de alifante*)[19], signe de l'importance accordée d'emblée à l'importation de cette substance osseuse. Dans les décennies suivantes, les importations guinéennes connurent une progression : entre 1460 et 1481, l'agent chargé du recouvrement des taxes du commerce de Guinée (*recebedor dos oitavos do trato da Guiné*) enregistra 8 quintaux, 3 arrobes et 15 *arratéis* (soit 520,956 kg), pour un total de 4167,684 kg d'importation de la côte occidentale africaine[20]. Entre 1491 et 1493, l'entrepôt (*almoxarifado)* de l'île de Santiago du Cap-Vert enregistra une moyenne annuelle de 642,753 kg[21].

L'accroissement de la production atlantique se poursuivit dans les premières décennies du XVIe siècle. Entre 1506 et 1508, la taxe de 5 % appliquée aux biens importés d'outre-mer aurait apporté à la Couronne 224,91 kg d'ivoire ; 4498 kg furent importés durant cette période, la moyenne annuelle de ces trois années étant de 1499 kg[22]. Par ailleurs, la documentation enregistra 8300 kg d'ivoire entreposés en 1506 en Afrique orientale, à Sofala[23].

À partir de 1508, les chiffres annuels dont nous disposons sur Sofala (située au sud de l'actuelle ville de Beira, au Mozambique) signalent la progression des importations, mais posent divers problèmes d'interprétation. Les registres des factoreries n'ayant pas été tous bien conservés, les données

19. *« Carta de Portalegre », Arquivo Distrital do Funchal, Caixa* I, doc. 9, et *Registo Geral da Câmara Municipal do Funchal, vol.* I, fols. 146-146v, [25.VI.1470] (*PMA* 1991, doc. 65, p. 159).

20. THOMAZ 2022, p. 8 (pagination de la version manuscrite). Nous remercions l'auteur de nous avoir facilité l'accès à la communication au séminaire. Se reporter également à Archives nationales de la *Torre du Tombo*, Lisbonne (dorénavant AN/TT) *Chancelaria de D. Manuel I, Carta de quitação de João de Aguiar* [Lisbonne, 18.II.1498], Liv. 31, fols 94-94v (*PMA* 1965, doc. 200, p. 342-343).

21. THOMAZ 2022, p. 8 ; AN/TT, *Chancelaria de D. Manuel, Carta de quitação* de l'écuyer Afonso Eanes do Campo [Montemor-o-Novo, 19.II.1496], Liv. 26, fol. 57v (*PMA* 1965, doc. 133, p. 237-238).

22. THOMAZ 2022, p. 8 ; AN/TT, *Carta de quitação de Gonçalo Lopes, almoxarife da Casa da Vintena* [Santarém, 12.III.1510], Liv. 13 da Estremadura, fols 22 – 22v (*PMA* 2002, doc. 191, p. 651-652).

23. THOMAZ 2022, p. 16 ; voir également la lettre de Pêro F. Fogaça (*DPMAC* 1962, doc. 85, p. 616-618 ; FREIRE 1914, p. 465-466). Rien ne permet d'établir une relation entre les recherches pour atteindre le royaume africain du Prêtre Jean (que l'on situait en Éthiopie) et ses éventuelles ressources en ivoire. Le royaume était censé regorger d'or, un appât pour les Portugais, mais ceux-là ne semblent pas avoir porté d'intérêt à son ivoire. Sur le Prêtre Jean, voir THOMAZ 2002, p. 117-142 et p. 269-279 (notes).

demeurent éparses et, pour certaines années, incomplètes[24]. Les lacunes sont parfois compensées par les mentions dans les « lettres-rapports » adressées par les facteurs au monarque ou aux agents de la haute administration impériale, mais une bonne partie des chiffres du commerce royal nous échappe.

Pour rendre l'évaluation encore plus complexe, la terminologie employée par la documentation prête à confusion : dans certains cas, il n'est pas aisé de déterminer si l'ivoire mentionné par les sources était bien celui des défenses d'éléphant africain ou bien d'hippopotame ou de phacochère (*Phacochoerus africanus*) : certains documents signalent bien l'ivoire « d'éléphant », d'autres non. En dépit de ces limitations, les données du tableau esquissé par Luís Filipe Thomaz montrent une augmentation en 1508-1509 (2701 kg), une légère baisse en 1513-1514 (2389 kg) et une baisse encore plus significative en 1515-1516 (1776 kg)[25].

Les importations d'ivoire auraient repris leur croissance dans les années 1540. Dans une lettre au roi (de 1544 ?), l'ex-facteur João Velho signale 39 698 kg d'ivoire (160 *bares*) enregistrés par la factorerie de Sofala pendant son mandat de trois ans, mais n'en précise pas la répartition annuelle. Il ne fournit pas non plus des informations supplémentaires sur cet ivoire : fut-il acheminé ou vendu immédiatement ? Est-il resté entreposé dans la factorerie et pour combien de temps ? Etc.[26]. En contrepartie, nous sommes mieux lotis pour les trois années suivantes, car nous disposons de chiffres pour 1545 (13 880 kg), 1546 (17 598 kg), et 1547 (7188 kg). La moyenne annuelle de 9207 kg pour la décennie de 1540 fut donc calculée par Thomaz en attribuant les 39 658 kg mentionnés par João Velho à la seule année de 1544, mais cette attribution demeure, bien entendu, aléatoire[27]. Le prix d'acquisition de l'ivoire tournait autour de 2 *meticais*[28] l'arrobe, soit 8 *meticais* de Sofala. Le *metical* de Sofala valant 467 *réis,* les 8 *meticais* équivalaient à 3736 *réis ;* le prix du quintal était donc de 3736 *réis*. À la même époque, le prix de Kilwa semble avoir été d'environ 6000 *réis* le quintal[29].

---

24. Cependant, les calculs des factoreries qui nous sont parvenus sont généralement remarquables d'exactitude.

25. Données recueillies par Thomaz 2022, p. 8 (tableau), citant Freire 1914, p. 465-466; 1907, p. 238-239; 1914, p. 457.

26. AN/TT, *Cartas dos Vice-Reis*, nº 163, Carta de João Velho, s/d (*DPMAC*1971, doc. 11, p. 168 sq.) et Thomaz 2022, p. 8-9.

27. Thomaz 2022, p. 9.

28. Le *metical* était la monnaie du Mozambique (de l'arabe *mithqal).* Nous préférons employer le vocable portugais dans cet article, bien que le terme puisse être francisé en « métical ».

29. Se reporter à Thomaz 2022 et, pour les prix, à Lobato 1960, p. 185-187.

En dépit des imprécisions, ces données attestent néanmoins une exportation des ivoires africains passant par deux circuits commerciaux successifs, qui se superposèrent à certains moments du XVIe siècle[30]. En schématisant, à celui du golfe de Guinée, dit Atlantique, en direction du Portugal et de l'Europe occidentale, succéda celui de l'Afrique orientale vers les Indes (qui incorporait occasionnellement de l'ivoire du versant atlantique, dont la production subsista). Nous aborderons plus loin leur fonctionnement.

Le goût pour l'ivoire au Portugal et la provenance des objets

Dans le second XVe siècle et pendant le premier XVIe siècle, les catégories urbaines et aisées de la société portugaise métropolitaine s'adonnent au goût de l'ivoire. Il convient alors de s'interroger sur les raisons d'un tel engouement à cette époque (qui coïncide avec les trois règnes prestigieux de D. João II, de D. Manuel et de D. João III). Tout en se situant dans la tradition médiévale et de la Renaissance européenne, ce goût fut-il lié à la présence accrue d'Africains dans les cercles aristocratiques et à la cour en particulier ? En visite à Lisbonne, le géographe et humaniste germano-autrichien Hieronymus Münzer (1447-1508) rapporte la présence de plusieurs Africains à la cour de D. Manuel. Le monarque accueillit un groupe de nobles congolais, formé par D. Francisco, fils de D. Afonso, roi du Kongo, et trois de ses cousins, D. João, D. Afonso et D. Rodrigo[31]. D. Pedro, oncle du roi D. Afonso, avait vécu au Portugal en 1493, comme d'ailleurs d'autres Africains avant lui – la reine D. Leonor et D. João II firent venir de jeunes Africains au Portugal dans le but de les convertir au christianisme[32]. L'origine africaine des deux prestigieux cartographes Pedro Reinel (1462-1542) et son fils Jorge Reinel (1502-c.1572) fut d'ailleurs suggérée par l'historien de l'art Rafael Moreira[33].

Sans qu'on puisse les dater avec précision, mais sachant que leur fabrication remonte au premier XVIe siècle, on constate alors la circulation, au Portugal et en Europe, d'un certain nombre d'ivoires sculptés partageant des caractéristiques techniques, esthétiques et iconographiques. À en croire

30. Horta 2016, p. 679-682.

31. Couto 2019, p. 86. Se reporter également à De Sá 2011, p. 208-209.

32. Couto 2019, p. 86, et De Sá 2011, p. 207-208.

33. L'hypothèse est mise en doute par Couto 2019, p. 85-88.

le chroniqueur Rui de Pina, en 1489, les ambassadeurs africains à la cour de D. João II offrirent au souverain des sculptures en ivoire[34].

On peut regrouper ces pièces en deux types distincts, dits Sapi-portugais et Bini-portugais (cette terminologie rappelant, de façon très large, les deux grandes régions africaines productrices, la Sierra Leone et le Bénin)[35]. La typologie des pièces est néanmoins réduite : on y dénombre des trompes de chasse (*olifantes*), cuillères, salières et quelques ciboires (*pyx*). Ces artefacts sculptés sont à mettre en rapport avec des statuettes masculines portables en pierre (*nomoli*) sculptées en Sierra Leone, dans le Sud-Ouest du Nigeria et dans le Bas-Kongo notamment[36].

La production des ivoires de la Sierra Leone fut rattachée aux peuples Mende, Temnés, Sherbro et Kissi habitant la côte ou l'arrière-pays et celle du Bénin aux Yoruba et Beni. Ces pièces présentent des arrière-plans lisses, d'où se détachent des entrelacs avec des motifs autochtones africains, végétalistes ou animaliers, accompagnés de motifs européens stylisés de type héraldique (blasons, insignes, initiales, sphères armillaires, *mottos*, croix de l'Ordre du Christ), caractéristiques des ivoires Sapi-portugais[37]. Ainsi, le *motto* de D. Manuel *Espero in Deo,* apparaît dans un ciboire Sapi-portugais entièrement décoré, avec des pieds en forme d'animaux soutenant des blasons lusitaniens[38]. Les pièces Bini-portugaises exhibent une ornementation plus chargée avec des représentations de sujets bibliques (arbres de Jessé notamment), des navigateurs, marins et chevaliers portugais[39]. Certains thèmes sont toutefois communs aux pièces des deux zones. Les *olifantes,* qui donnent à voir des scènes de chasse[40], furent rattachés à une troisième aire de production (la congolaise) mais, d'après la recherche récente, ces attributions

34. Afonso et Horta 2013, p. 23.

35. Le classement fut introduit par Fagg et Enzio Bassani.

36. Se reporter à Massing 2008, p. 65.

37. Voir, par exemple, « Oliphant, Sapi-portugais », xve siècle, 64,2 × 16,4 × 9 cm (A.5), Smithsonian National Museum of African Art, Washington, dans Levenson 2007, p. 152 ; Massing 2008, p. 72-73.

38. Se reporter à la salière Sapi-portugais, Sierra Leone (21 cm), Staatliche Museen zu Berlin, Ethnologisches Museum, et au ciboire (18x12 cm), collection privée, dans Levenson 2007, p. 157-158 (A.12 et 13). Sur la sculpture en ivoire en style Bini-portugais, voir Mark 2008, p. 83-84, qui attire aussi l'attention sur le fait que certaines pièces, classées traditionnellement comme Bini-portugais, seraient plutôt d'origine Sapi-portugaise (voir p. 84).

39. Voir Mark 2008, p. 80-84.

40. Afonso et Horta 2014, p. 79 -97.

sont discutables. Il faut aussi garder à l'esprit que les *olifantes* ne se limitaient pas à l'Afrique atlantique. En 1498, le sultan de Malindi fit allégeance à Vasco da Gama en lui offrant un *siwa* (*olifante*); une pièce de ce type, en ivoire, fut découverte dans les ruines du fort portugais de Sofala[41]. Quoi qu'il en soit, ces pièces eurent une diffusion européenne. Perçus comme des *exotica*, elles se retrouvèrent dès la première moitié du XVIe siècle dans les *Kunstkammer* européennes.D'après une relation de 1553, deux de ces *olifantes* firent partie de la collection du grand-duc de Toscane Côme Ier de Médicis[42].

La récente réévaluation sur les origines de ces ivoires attire l'attention sur le rôle de passeurs des marchands nouveaux-chrétiens en Guinée et au Cap-Vert à une époque plus tardive, autrement dit, pendant le premier XVIIe siècle[43]. Dans la mesure où ils étaient en contact étroit avec les populations africaines, ils ont pu, très logiquement, être les commanditaires des pièces et/ou les transporteurs. Que certains aient pu déjà jouer ce rôle au XVIe siècle n'est pas à exclure. D'autre part, on peut admettre l'existence d'un atelier de fabrication de ce genre d'artefacts dans le palais royal de la Ribeira, à Lisbonne, où des Africains auraient pu également travailler en tant qu'auxiliaires dans l'exécution des cartes marines, mais la documentation n'en donne aucune preuve tangible[44].

Quoi qu'il en soit, le *Códice Valentim Fernandes* (1507) localise géographiquement en Afrique la fabrication des pièces en ivoire. Selon les spécialistes, la fourchette chronologique de l'essor de la production se situa entre 1490 et 1540[45], mais, contrairement à l'opinion répandue, cette dernière ne disparut pas à la fin du XVIe siècle. Au contraire, comme indiqué plus haut, elle se poursuivit au XVIIe siècle. Ces ivoires étaient destinés prioritairement aux services de table des puissants européens[46], à l'exemple des salières et

41. PRADINES 2018, p. 158.

42. Voir la pièce Sapi-portugais du Musée national d'art Ancien (MNAA, Lisbonne), 265 mm, dans *VARII AUCTORES* 1991, p. 25-26, fig. 2 et 3.

43. MARK 2008, p. 81-84.

44. COUTO 2019, p. 86-88. Notre hypothèse est reprise dans *VARII AUCTORES* 2021, p. 40, fig. 1.

45. Les scènes de chasse, très semblables à celles déroulées dans le *Livro das Horas de Nossa Senhora* (imprimé à Paris en 1501, traduit par Frei João Claro et Luís Fernandes), dont le frontispice présente le blason de D. Manuel, permettent de dater le début de la production autour de 1500 : *VARII AUCTORES* 2021, p. 149.

46. Les déjà mentionnées *Cartas de Quitação de D. Manuel* (1504-1505) [Lettres de décharge de D. Manuel] mentionnent salières et cuillères entre autres artefacts (*buzinas, olifantes*) : *VARII AUCTORES* 2021, p. 148.

cuillères déjà mentionnées[47]. Elles étaient, selon Fernandes, « merveilleuses à voir »[48]. Et il ajoutait qu'il suffisait de montrer une esquisse à ces ivoiriers pour qu'ils la taillent dans de l'ivoire[49].

En Afrique encore, la forteresse portugaise de Saint Jorge da Mina (dans l'actuel Ghana) importa, outre l'or, beaucoup d'ivoire. Celui-ci était acheté à un prix très bas à l'un des principaux clients des Portugais, le peuple des Alandes (probablement les Alladian de l'actuelle Côte d'Ivoire), qui habitaient la région entre le Cap des Palmes et Axim. L'anonyme *Informação da Mina* de 1572, qui donne ces informations, indique que ce peuple procurait aussi des esclaves aux Portugais en échange de manilles, de perles et de porcelaines[50]. De son côté, la *Suma Oriental* de Tomé Pires (1515) s'intéresse, quoique brièvement, au commerce de l'ivoire entre Aden et les ports somaliens de Berbera et Zeilah, situés dans le golfe d'Aden[51].

Les importations indiennes : Gujarat et l'Inde du Sud

Obnubilés par les épices, les navigateurs des premiers voyages en Inde ne semblent pas avoir accordé beaucoup d'attention à l'ivoire indien, ni à la consommation interne des Indes, ni à l'énorme marché que le sous-continent représentait. D'ailleurs, les marchands des Républiques italiennes, dont le rôle dans les découvertes portugaises fut considérable, ne semblent pas s'y être intéressés non plus. Relatant le succès du premier voyage de Vasco da Gama, la première lettre du Florentin Girolamo Sernigi (1499), ne mentionne qu'une fois l'abondance de défenses d'éléphant à Calicut, sans davantage de précisions[52].

Cependant, ce désintérêt fut de courte durée. La connaissance du monde asiatique et de la valeur marchande des produits en circulation s'accrut

---

47. Voir la belle collection de cuillères dont les manches se terminent par des animaux sculptés, Museum für Völkerkunde, Dresden, LEVENSON 2007, p. 170-171, A-23 à A-27 ; MASSING 2008, p. 72.

48. FERNANDES 1997, p. 111. Se reporter également à PEREIRA 2010, p. 306-320.

49. FERNANDES 1997, p. 98-115 ; *VARII AUCTORES* 2021, p. 149. MARK 2008, p. 77-79 souligne non seulement le rôle des nouveaux chrétiens comme acheteurs, mais aussi celui de certains luso-africains et des seigneurs africains, comme le roi de Bussis, qui négociait l'ivoire et possédait des meubles et tapis portugais.

50. MEWUDA 1993, p. 384.

51. PIRES 2017, p. 65.

52. RADULET et THOMAZ 2002, p. 58 (fol. 64) « (…) *Nella detta città vi sonno molti denti d'alifanti e dèvi di molto cotone e zuccheri e confezioni* (…) ».

progressivement au fil des contacts et l'ivoire en vint à en faire partie. On ne tarda pas à découvrir, par exemple, que les exportations de Ceylan (où les éléphants étaient à la fois un symbole de pouvoir politique et un enjeu économique)[53], vers l'Inde, n'étaient pas très significatives en volume. Cependant, il y existait une tradition de travail artistique des défenses d'éléphant et les Portugais se familiarisèrent assez rapidement avec cette production[54]. Destiné à transporter l'effigie de son petit-fils Dharmapala, appelé à devenir *cakravarti* de Ceylan, le magnifique coffret sculpté offert par le roi de Kotte Bhuvanekabahu VII (r.1521-1551) à D. João III du Portugal, lors de l'ambassade envoyée à Lisbonne en 1541-1543, offre un bon exemple de ces pièces. Sa femme Catherine d'Autriche, sœur de Charles Quint, en vint à posséder une collection de ces coffrets, offerts en tant que présents diplomatiques[55]. Par ailleurs, les Portugais comprirent rapidement que la circulation de l'ivoire à l'échelle des marchés régionaux du Siam[56] et de l'Insulinde (Banda et Ternate aux Moluques) était plutôt réduite[57]. En revanche, ils s'aperçurent que le sous-continent indien importait beaucoup d'ivoire, et surtout, que ces importations provenaient de l'Afrique orientale. Le Gujarat était l'un des marchés importateurs privilégiés.

L'idée de devenir le fournisseur principal (sinon exclusif) de cet ivoire fit donc son chemin dans les milieux marchands portugais, d'autant plus que la conjoncture leur était favorable. En effet, ils avaient réalisé que l'ivoire, contrairement au poivre ou à d'autres épices rares, comme la cannelle ou le clou de girofle[58], était une marchandise où ils n'avaient pas à déjouer les

---

53. Biedermann 2014, p. 149-172. Se reporter au chapitre 7, « Change and Resilience under Colonial Rule: The Hunting and Trading of Elephants in Sri Lanka, 1500-1800 ».

54. Référence dans Pires 2017, p. 124.

55. Biedermann 2014, p. 28 et n. 65. Sur le contexte politique autour de ce présent et des suivants, se reporter à Biedermann 2020, p. 90-102.

56. Le Siam (actuelle Thaïlande) était réputé par la qualité de son ivoire, d'une grande blancheur : *Varii Auctores* 2021, p. 24. Pires 2017, p. 141, indique que l'ivoire était exporté du Siam vers Malacca.

57. Pires 2017, p. 199, mentionne les palanquins utilisés par la noblesse javanaise, décorés avec des applications d'ivoire et signale le commerce de défenses d'éléphant à Banda. L'ivoire provenait des îles de l'archipel (Pires 2017, p. 224). Celui de Ternate n'était pas abondant (*Ibid.*, p. 228).

58. Celui-ci fut à l'origine de la rivalité luso-castillane à propos des Moluques. Sur le conflit, se reporter, entre autres, à Garcia 2002, p. 12-16 ; sur les origines et le développement du conflit voir encore Viaud 2001, p. 115-127 ; 154-162. Les Portugais se rendirent compte aussi, assez rapidement, de leur capacité à

manœuvres des rivaux occidentaux sur les marchés régionaux ou locaux : l'ivoire provenait de l'Afrique occidentale ou de l'Afrique orientale, deux régions considérées à l'époque comme leur chasse gardée. L'ingérence des marchands des États méditerranéens – les Vénitiens ou les Génois – était en effet très limitée. Il leur était donc aisé de garder la main sur leurs circuits d'approvisionnement et de commercialisation de l'ivoire africain.

Ainsi, dans les années 1525, l'exportation annuelle de l'ivoire africain (dit «portugais») en direction du Gujarat fut évaluée à environ 10160 kg (200 quintaux)[59]. Quarante ans plus tard, en 1565, le célèbre naturaliste Goanais Garcia de Orta donne, dans ses *Coloquios dos Simples e Drogas da Índia*, un chiffre bien supérieur pour les importations du Gujarat : 6000 quintaux, soit 304814 kg. Selon lui, la Chine importait également de l'ivoire, mais en moindre quantité. Toujours selon Orta, en Asie, que ce soit à Ceylan ou dans le golfe du Bengale, l'ivoire en circulation était travaillé pour produire de menus objets raffinés d'usage domestique : des peignes, des éventails, ou des coffrets à bijoux[60]. En 1506, un témoignage du capitaine de l'éphémère comptoir portugais de Kilwa, que nous examinerons plus loin, estimait le prix de l'ivoire au Gujarat entre 80 et 100 *meticais* le quintal, et le prix à l'achat à Sofala à 15 *meticais* le quintal, signifiant ainsi que l'ivoire se vendait en Inde entre 5,33 et 6,66 fois plus cher qu'en Afrique. Toutefois, vers 1514, l'ivoire s'achetait au Gujarat à 40 *cruzados* le quintal[61] ; en 1525 il avait encore baissé à 30,30 *cruzados* le quintal[62]. En dépit de ces variations conjoncturelles, difficiles à saisir en raison des lacunes de la documentation, il ressort que le prix d'achat au Gujarat était, en règle générale, plus élevé qu'en Afrique, au moins pendant le premier XVIe siècle.

Pour combler la forte demande indienne, les Portugais se mirent également à exporter de l'ivoire africain vers d'autres régions de l'Inde (la distinction n'étant pas aisée entre l'ivoire d'Afrique de l'Ouest et celui d'Afrique de l'Est). En 1521, 17 tonnes furent déchargées à Cochin[63]. Cochin

intervenir dans le commerce perlier : voir à ce sujet CHRISTENSEN, MACHADO et MULLINS 2019.

59. THOMAZ 2011, p. 41 [Carta a El-Rei, Cochim] ; DE ORTA 1891, colóquio 21°, *Do ebur ou marfim e do elefante*, p. 303-305. Les bracelets en ivoire étaient cassés par les veuves lors du décès de leur mari, ce qui obligeait à leur remplacement, un rituel confirmé (ASSAYAG 1987, p. 102).

60. DE ORTA 1891, p. 303-305.

61. *Carta de Cristóvão de Brito a El-Rei* [Chaul, 29.XI.1514], AN/TT, CC I-16-127.

62. THOMAZ 2022, p. 9.

63. *Carta a El-Rei,*Cochim [10.IX.1521], AN/TT, CC I-27-67.

avait reçu une moyenne annuelle de 3278 kg d'ivoire en 1506-1507, et de 1811 kg en 1507-1509[64].

L'archéologie apporte quelques bribes d'information sur le transport de l'ivoire africain de Lisbonne vers Goa par les navires de la Route des Indes (*Carreira da Índia*). La cargaison de la nef *Bom Jesus,* qui fit naufrage au large de la Namibie en 1533 lors de son voyage vers l'Inde, comprenait 676 kg de défenses d'éléphant non travaillées[65]. L'épave a livré 67 pièces en remarquable état de conservation[66]. Celles-ci ne pouvaient provenir que de Guinée, mais il n'est pas exclu qu'elles aient été d'abord acheminées vers Lisbonne et réembarquées ensuite sur la *Bom Jesus*[67]. Un document de 1519 signale le transport de 150 quintaux d'ivoire (entreposés au Mozambique), à destination du Cambaye. Une partie provenait du Portugal[68].

Le témoignage de Simão Botelho, intendant des finances (*vedor*) de l'*Estado da Índia* entre 1546-1551, nous vaut un chiffre relatif au commerce royal de l'ivoire africain pour cette courte période : selon lui étaient dépêchés annuellement en Inde 120 à 150 *bares* d'ivoire, mais la valeur du *bar* différait entre Sofala (247,86 kg), Cuama (293 kg) et Mozambique (229 kg). Selon le calcul de Luís Filipe Thomaz, une estimation moyenne à 250 kg donne 30 à 37,5 tonnes, beaucoup plus que dans les décennies précédentes. Cependant, l'estimation pour l'année 1552 est beaucoup plus basse : seulement 30 *bares,* soit 7,5 tonnes[69]. D'autres auteurs donnent des chiffres sensiblement variables :

64. *Carta de Quitação* [15.XII.1509], Freire, « Cartas de quitação », nº 455, *AHP* 1906, p. 288 et *Carta de Quitação* [20.XI.1510], Freire, « Cartas de quitação », nº 130, *AHP* 1903 p. 400.

65. Thomaz 2022, p. 9, donne le chiffre de 628,7 kg.

66. Knabe et Noli 2012 ; Alves 2011, p. 6. Selon Thomaz 2022 p. 13, le cuivre représentait environ 39 % de la valeur de la cargaison, le plomb 3,45 % et l'étain 0,45 %.

67. C'est ce qui semble suggérer la mention dans la lettre de Francisco de Brito, facteur de Sofala, adressée au roi [8.VIII.1519]. Il y signale l'envoi de 150 quintaux d'ivoire « avec un autre qu'il y a au Mozambique qui a été apporté du Portugal, ainsi que du cuivre » (« 150 quimtaes de marfym com outro que tem em Moçambique que trouxe de Portugal e cobre ») : *DPMAC* 1969, p. 18. Sur le commerce par la route du Cap, à une époque plus tardive, se reporter, entre autres, à Boyadjian 2008.

68. AN/TT, CC I-25-7, lettre de Francisco de Brito, facteur de Sofala, adressée au roi [8.VIII.1519], *DPMAC* 1969, p. 18. Cette cargaison comportait aussi du cuivre.

69. Thomaz 2022, p. 18. Les *bares* de Cochin et Quilon tournaient autour de 166 kg et celui de Cannanore autour de 205 kg.

23 000 kg (1520); 121 000 kg (1546); 39 000 (1552); 44 000 kg (1609)[70]. À la fin du XVIe siècle, dans son *Etiópia Oriental*, Frei João dos Santos estime à seulement 750 quintaux (environ 3000 arrobes) la quantité annuelle d'ivoire envoyée en Inde, un chiffre bien inférieur à celui de Garcia da Orta en 1565, mais qui aurait rapporté à l'État la coquette somme de 26 250 *cruzados*[71]. En conclusion, en dépit des fluctuations et imprécisions des données qui nous sont parvenues – qui entraînent de réelles difficultés à distinguer les bénéfices réels du monarque, ceux de ses personnels administratifs et ceux des particuliers – on peut admettre que le commerce de l'ivoire africain eut, de façon générale au XVIe siècle, un poids considérable dans la balance des échanges entre le Portugal et le sous-continent indien.

Le monopole incertain de la Couronne

Pour comprendre les ressorts du commerce qui se met en place dès le premier XVIe siècle, il est indispensable d'évoquer le statut de l'ivoire dans le dispositif du monopole royal relatif au commerce des produits exotiques de l'Outre-mer. À l'instar du poivre, il relevait du monopole de la Couronne au XVe siècle, lorsque l'ivoire était originaire de l'Afrique de l'Ouest. Ce monopole s'appliquait encore au XVIe siècle. La précieuse substance n'est pas mentionnée dans la liste des *Ordenações da Índia*, décrétées le 8 Septembre 1520, énumérant les produits protégés – épices, soie, cire à sceaux (*lacre*), borax (*tical)* –, mais son monopole est bel et bien mentionné dans les « Règlements de la forteresse de Sofala » (*Regimentos de Sofala*) du 20 mai 1530[72]. Les raisons de son maintien sont d'ailleurs bien précisées : l'ivoire était un produit à forte valeur ajoutée en Inde, et Sofala était au carrefour des grandes routes d'acheminement de l'intérieur vers la côte.

Toutefois, tout en gardant à l'esprit une possible surévaluation des données, le décalage entre les chiffres qui nous sont parvenus – par exemple, les 39 658 kg relatifs à l'exportation de Sofala (dont on ignore si le calcul se reporte à une moyenne annuelle ou au décompte de plusieurs années) – et ceux fournis par Garcia da Orta en 1565 laisse penser qu'une bonne partie

---

70. PEARSON 1998, p. 48, citant THORBAND 1979, p. 87.

71. DOS SANTOS 1999, liv. III, chap. XIII, p. 282; THOMAZ 2022, p. 13 : le quintal étant vendu à 35 *cruzados*.

72. *DPMAC* 1969, p. 388-389. Document original dans AN/TT, *Miscelâneas do Convento da Graça, caixa* 5 (*Peculio, Tomo* II) : « Instructions pour qu'il (le facteur) achète tout l'ivoire et que personne d'autre ne le fasse » (*capitulo que compre todo o marfym que poder e que outra pessoa o não compre).* L'ivoire devait être envoyé à la forteresse du Mozambique et de là, acheminé vers l'Inde.

du commerce de l'ivoire mozambicain passa très tôt entre les mains des marchands privés. Autrement dit, il échappa à la surveillance de la Couronne, qui n'aurait contrôlé que 2,5 % des exportations vers les Indes[73]. Cela suppose l'existence d'une « zone grise » du commerce, aux contours flous, où ne sévit pas la contrebande *stricto sensu*, mais dont certaines pratiques lui ressemblèrent ; celles-ci sont à mettre en rapport avec l'existence du monopole royal et les conditions très particulières du commerce des marchands privés et officiers de la Couronne qui va en se développant le long du XVIe siècle.

Quoi qu'il en soit, si les 6000 quintaux de Garcia de Orta en 1565 correspondent à un chiffre crédible, le commerce officiel de l'ivoire aurait tout de même rapporté 210 000 *cruzados* à la Couronne, équilibrant ainsi, au moins à ce moment-là, la balance commerciale entre l'Inde et le Portugal[74].

Le rôle de Sofala, le commerce des particuliers et des officiers de la Couronne

Au départ, ce fut donc aux deux forts de Sofala (1505) et de Mozambique (1507) qu'il échut de gérer le commerce officiel, entrepris dès 1508 sous les auspices de la Couronne[75]. Celle-ci ne disposait que de ces deux points-clés sur la côte mozambicaine : Sofala, où convergeaient les routes de l'or, et tout au nord du territoire, l'île du Mozambique, échelle de la *Carreira da Índia*[76]. Au nord de Sofala, la vallée du Zambèze servait de corridor d'accès à l'arrière-pays, par où transitait l'or en provenance des mines du Mwana Mutapa (Zimbabwe)[77]. Ces deux régions devinrent ainsi, relativement tôt, des lieux de présence portugaise et métisse vivant prioritairement du commerce de l'or[78]. Ceci explique donc la création, vers 1530, d'avant-postes luso-africains en amont de la vallée du Zambèze (régions de Sena et Tete), à environ 600 km de la mer. Il en fut de même vers 1544 à Quelimane, port situé au Nord de Sofala.

---

73. Selon l'estimation de THOMAZ 2022, p. 11 : d'ailleurs le chiffre de 39 659 kg ne correspondrait qu'à 11 % des importations totales du subcontinent indien.

74. En partant du principe que l'ivoire était vendu, comme indiqué précédemment, à 35 *cruzados* le quintal : THOMAZ 2022, p. 13.

75. La domination portugaise sur Kilwa fut éphémère, puisqu'elle s'acheva en 1513.

76. La capitainerie de Sofala prit ultérieurement (et cela jusqu'à la fin du XVIIe siècle), le nom de « Sofala et Mozambique ». NEWITT 1973 ; BALTASAR 2016, p. 30.

77. Se reporter à RANDLES 1974, p. 211-236 ; RANDLES 1975 ; TESSIER 2016.

78. LOBATO 1957, p. 22.

Établis dans de grandes concessions territoriales accordées par le Mwana Mutapa, connues sous le nom de *moganos* (transformées en 1618 en *prazos* de la Couronne)[79], les marchands privés s'adonnèrent non seulement au commerce de l'or, mais aussi à celui de l'ivoire. Jusqu'à quel degré étaient-ils libres de le faire ? D'une part, on l'a vu précédemment, le *regimento* de la forteresse de Sofala était bien clair sur le maintien du monopole royal. Cependant, comme souvent dans d'autres possessions portugaises d'outre-mer de l'époque, le décalage entre théorie et pratique demeura significatif : le monopole fut interprété selon une grande diversité de paramètres, liés aux fluctuations de la politique royale en métropole (et à Goa), aux contextes géographiques, aux capacités des structures de l'État – forteresses, factoreries – de le faire respecter et aux évolutions politiques sur le terrain[80].

Dans le cas du Mozambique, sa côte très étalée était dépourvue de douanes portugaises, le maillage administratif lâche, et les officiers de la Couronne incapables de surveiller et de contrôler les opérations commerciales qui s'y déroulaient. Comme souligné par Luís Filipe Thomaz, la Couronne n'imposait pas de tribut (*pareas)* aux chefferies locales ; elle envoyait même un présent institutionnalisé – la *curva* – au Mwana Mutapa pour que celui-ci autorise les Portugais à faire du commerce dans ses terres. Les capitaines de Sofala suivaient le même usage par rapport au royaume de Quiteve[81]. En pratique, les marchands privés pouvaient enfreindre le monopole sans grande difficulté, ou même l'ignorer, et s'adonner à leur négoce.

D'autre part, comme les revenus du monarque dépendaient fortement du commerce, les capitaines des factoreries étaient sommés d'intercepter les cargaisons des navires musulmans destinées à l'Inde. Ainsi, une lettre de Pero Ferreira Fogaça, capitaine de Kilwa en 1506 (dont malheureusement nous ne possédons que le sommaire), rapporte l'arraisonnement de 92 quintaux d'ivoire (160 quintaux d'ivoire étant déjà entreposés dans la factorerie[82]) à Sofala, à bord d'un *sambuk* et d'un brigantin. Le premier transportait

79. Sur l'évolution de ces grandes concessions territoriales, se reporter aux classiques études de Lobato 1962 ; Isaacman 1972 ; Capela 1995 ; voir, plus récemment, Rodrigues 2013 ; De Vilhena 2016 ; Serrão et Rodrigues 2017, p. 9-31.

80. Roque 2004.

81. Dos Santos 1999, I, XVIII. Les Portugais cessèrent de payer tribut en 1629 : Baltasar 2016, p. 16. Sur le Quiteve voir Pabiou-Duchamp 2005, p. 93-107.

82. Thomaz 2022, p. 16, citant AN/TT, *Gavetas,* 4-15, publié dans *DPMAC* 1962, doc. 85, p. 616 sq.

92 quintaux d'ivoire (c. 4784 kg) et le second un total de 129 défenses d'éléphant dont nous ne connaissons pas le poids exact (12900 kg[83] ?).

De telles quantités laissent imaginer la valeur des cargaisons d'ivoire en circulation sur la côte orientale africaine. Attirant l'attention sur les potentialités du commerce de l'ivoire tel qu'il était perçu par les agents royaux, Fogaça demandait au souverain de ne pas se laisser distancer par la concurrence, quelle qu'elle fût. L'or et l'ivoire apparaissant presque toujours ensemble, il est intéressant de noter les efforts (en 1512) du capitaine António de Saldanha pour lutter contre la contrebande : il s'opposa à l'achat d'or par les fonctionnaires (*per partes*), confisqua 2000 *meticais* de marchandises et dépêcha les coupables à Goa pour être déférés en justice[84].

Daté de décembre 1514, un autre document particulièrement intéressant porte sur les bénéfices, cette année-là, de la vente de l'ivoire pour le compte de la Couronne[85]. On avait rassemblé 385 défenses d'éléphant pesant un total de 82 quintaux et 24 *arráteis,* pour la valeur de 1068 *cruzados* et 175 *reais*. Le total s'élevait à 427375 *reais*[86]. La nécessité de protéger le commerce royal de Sofala – en arraisonnant toute embarcation non portugaise – est ainsi rappelée par António de Silveira par une lettre du 18 juillet 1518 adressée au roi[87].

Au XVIe siècle, dans les années 1550, la nef royale qui allait chaque année de Goa à destination de Sofala et des « Fleuves de Cuama » (*Rios de Cuama),* dans le delta du Zambèze, emportant 5000 à 7000 *pardaus* (soit 1 800 000 *reis et* 2 520 000 *reais*)[88] en cotonnades du Gujarat et des

---

83. THOMAZ 2022, p. 16, calcule le poids de 12900 kg, en partant du principe que le poids d'une défense d'éléphant africain adulte tournait autour de 100 kg. Comme indiqué précédemment, d'autres auteurs donnent un poids généralement inférieur.

84. LOBATO 1960, p. 23.

85. Lettres de Álvaro de Boiro et Cristovão de Faria adressées au secrétaire d'état, AN/TT, CCI-17-29 [Lisboa, 20-21 Décembre 1514], éditées dans *DPMAC* 1964, p. 578-580.

86. Le prix était de 13 *cruzados* le quintal, soit 13 × 82 = 1066 *cruzados*. Les chiffres donnés par la source sont corrects, car 1 *cruzado* valait entre 360 et 420 *reais*. Si l'on calcule la valeur moyenne à 400 *reais,* nous avons 1068 (selon la source) × 400 ÷1 = 427200 + 175 *reais* = 427375 *reais*. L'ivoire fut regroupée en séries de 54, 53, 38, 28, 26, 22, 21, 19, 17 défenses pesant chacune 6 quintaux (le quintal = 100 kg) à l'exception du groupe de 53 qui pesait 4 quintaux et 24 *arráteis* (1 *arrátel* = 400/459 gr.).

87. *DPMAC* 1966, p. 556.

88. Le *pardau,* monnaie en or circulant en Inde portugaise, valait 360 *reais*, et le *pardau* d'argent 300 *reais*. Le calcul a été fait par THOMAZ 2022 sur la base des 360 *reais* : se reporter à « pardau » dans DELGADO 1988, vol. II, p. 175.

verroteries diverses (*missangas*). Cette marchandise était destinée à l'achat de l'or et de l'ivoire pour le compte du souverain[89].

Le commerce des fonctionnaires

Cependant, en plus de la concurrence des marchands musulmans et des négociants privés portugais, la Couronne fut confrontée à celle de ses officiers. En effet, en dépit de son monopole, il semble que le souverain se soit plus ou moins résigné à les laisser faire négoce de l'or et de l'ivoire. Un encadrement étant néanmoins nécessaire, les privilèges commerciaux accordés à ces personnels ont dû s'inscrire naturellement dans la norme générale, qui était celle de la législation royale des importations de poivre, régies par le régime des *quintaladas* d'abord, et par celui des *caixas* et des *viagens* ensuite[90]. Ces avantages ont dû commencer assez tôt. À en croire l'information d'André Dias, le commerce de l'ivoire, particulièrement florissant à ce moment-là à Sofala, avait été adjugé aux particuliers au moment de son départ de la factorerie en août 1520. Il est possible que les dispositions royales se soient aussi appliquées dans ces années-là aux agents de la Couronne, mais la documentation n'est pas claire sur ce point[91]. Quoi qu'il en soit, s'il y eut des dispositions contraires à cette libéralisation, elles devinrent rapidement lettre morte, et la tendance fut en s'aggravant jusqu'à la fin du XVIe siècle, déjà sous la Monarchie catholique.

Les capitaines et autres fonctionnaires des places-fortes purent ainsi mener leurs affaires[92]. Les bénéfices dégagés compensaient, dans certains cas, les basses rémunérations payées par l'administration[93]. Par exemple, les salaires des capitaines de Sofala étaient inférieurs à ceux des prestigieuses forteresses d'Ormuz, Diu, Goa ou Malacca; mais vers la fin du XVIe siècle, la capitainerie de Sofala et Mozambique fut considérée comme étant la plus lucrative de l'*Estado da Índia*, grâce aux privilèges de commerce de l'or et

89. THOMAZ 2022, p. 18. Le capitaine du navire jouissait aussi de licences commerciales qui lui valaient des bénéfices de 4000 à 5000 *cruzados* (*ibid.*, p. 19)

90. COUTO 2022 (sous presse); THOMAZ 1998, p. 84-116.

91. «(...) était adjugé au moment de mon départ» *à minha partida se arrendava* (*DPMAC* 1969, p. 42).

92. Les *feitorias*, comme celle de Malindi, établie en territoire non portugais, ne survécurent pas à la concurrence du commerce musulman : se reporter à LOBATO 1954, p. 113.

93. *DPMAC* 1966, p. 489-520 (liste des salaires des 67 fonctionnaires de la forteresse de Sofala en 1518. Le montant des salaires s'élevait alors à un total de 642 024 *reais*).

de l'ivoire. Selon les calculs de Luís Filipe Thomaz, les capitaines arrivaient à faire des bénéfices atteignant la valeur de 22 à 27 fois leurs émoluments habituels. En matière de pouvoir économique, les capitaines arrivaient ainsi à rivaliser avec le Vice-roi[94]. Le capitaine de l'île du Mozambique pouvait envoyer annuellement 30 *bares* de marchandises aussi bien à Sena qu'à Inhambane et au cap des Courants (*Cabo das correntes*)[95]. Un document de 1547 permet de juger jusqu'où pouvait aller leur ambition lorsqu'il s'agissait de protéger leurs intérêts dans le trafic de l'ivoire : João Velho, l'ancien facteur (*feitor*) de Sofala, dénonçait ainsi au roi les agissements du capitaine D. Jorge, qui n'avait pas hésité à jeter à la mer une partie de la cargaison d'ivoire du monarque pour charger la sienne[96].

Les dispositions du monopole furent de plus en plus négligées, et la législation libérale de 1564 (promulguée par le Vice-roi D. Antão de Noronha à l'intention de toutes les forteresses impériales) favorisa particulièrement celle du Mozambique. Si les capitaines étaient tenus de rassembler une certaine quantité d'ivoire pour le roi pendant la période de la mousson d'octobre/novembre en envoyant un navire au Cap des Courants et deux autres embarcations à Inhambane[97], ils bénéficiaient de plusieurs facilités de chargement de l'ivoire, selon les catégories sociales et professionnelles embarquées dans les navires (capitaine, pilotes, contremaîtres etc.), et les catégories des fonctionnaires de la factorerie. Le procédé, on l'a vu, était inspiré de la législation sur les importations du poivre[98]. L'affirmation consignée dans le registre des dépenses

---

94. Thomaz 2022, p. 19.

95. Le cap des Courants comme zone d'acquisition de l'ivoire commence à apparaître dans la documentation vers 1560. Décrivant l'expédition de Francisco Barreto au Mwana Mutapa, Diogo do Couto, *Década 9 da Asia,* chap. XX-XXV, dans *DPMAC* 1975, p. 266, souligne l'abondance d'ivoire dans la région du Cap des Courants (*Cabo das correntes).* Ce cap, nommé également *Cap Correntes*, à l'entrée du canal de Mozambique, au sud d'Inhambane, à 23° 55' sud et 35° 31' est, était connu pour ses forts courants qui constituaient un danger pour la navigation.

96. Lettre s/d, AN/TT, *Cartas dos Vice-Reis,* no 163, publiée dans *DPMAC* 1971, p. 168 sq. Le navire chargeait entre 111 et 123 tonnes d'ivoire (450 à 500 *bares*) ; la part du roi était de 17,5 tonnes (71 *bares*). Furent jetés à la mer 7 ou 8 *bares* du roi. Environ 20 à 30 *bares* (c. 5 à 7 tonnes) n'avaient pas pu être chargés. Le *bar* de Sofala valait 247,86 kg.

97. Thomaz 2022, p. 19. Les capitaines devaient encore envoyer une fuste aux *Rios de Cuama*. Les achats portaient sur l'or et certainement sur l'ivoire.

98. Le capitaine du Mozambique pouvait charger, à l'intention des *Rios de Cuama*, 10 *bares* (environ 2 tonnes et demi); le facteur de la forteresse 4, l'écrivain 2, l'officier de justice (*meirinho*) 1 ; le capitaine du navire 6 *bares*, l'écrivain et

des forteresses de Sofala et de Mozambique (comptes du 7 novembre 1574), déclarant que cette dernière ne recevait que peu d'ivoire, et que les revenus engendrés par son commerce disparaissaient dans les travaux d'entretien de la place-forte, reflètent probablement non seulement l'essor du commerce privé, mais aussi celui des agents de la Couronne[99].

En 1593, déjà pendant la période philippine, la libéralisation englobait le commerce de l'or de Sofala, rendu accessible aux agents royaux moyennant l'acquittement d'une somme de 40000 *xerafins* en guise de licence[100]. Au début du XVIIe siècle, Frei João dos Santos vit charger à Sofala, pour le compte du capitaine de la forteresse Garcia de Melo, 100 *bares* (24700 kg) d'ivoire, destiné à son beau-frère, le capitaine du Mozambique[101]. Les capitaines mobilisaient non seulement leur parenté, mais aussi leur clientèle, autrement dit les agents et officiers à leur service : un document particulièrement informatif, la copie du routier nautique réalisée par Manuel de Mesquita Perestrelo (après le 3 mars 1576) détaillant la géographie de la côte entre le Cap de Bonne Espérance et le Cap des Courants (actuelle côte de la province du Natal) rapporte que des Portugais allaient y acheter de l'ivoire pour le compte du capitaine du Mozambique[102]. Incidemment, une plainte adressée en 1589 au roi D. Filipe II d'Espagne et du Portugal permet d'avoir une idée des quantités d'ivoire réunies par les fonctionnaires à ce moment-là. Le 7 janvier 1589, l'ancien capitaine de Sofala Nuno Velho Pereira porta plainte à Goa contre le Juge (*ouvidor*) D. Jorge de Meneses. D. Jorge, nommé pour aller remplacer Nuno Pereira à Sofala, à la fin du mandat de celui-ci, profita de sa récente nomination pour saisir les riches vêtements de ce dernier, d'une valeur de 4000 *cruzados*. Souhaitant vexer davantage son prédécesseur, il fit également confisquer 80000 *bares* d'ivoire chez l'un de ses facteurs[103].

---

le maître d'équipage (*comitre*) 2, et le reste des marins (incluant le pilote), 4 : THOMAZ 2022, p. 20.

99. *DPMAC* 1975, p. 434. On prend en considération, bien entendu, une éventuelle fluctuation de l'approvisionnement.

100. Se reporter à THOMAZ 2022, p. 22.

101. THOMAZ 2022, p. 22, et DOS SANTOS 1999, Liv. III, chap. XIII, p. 282. La traduction française de Fl. Pabiou-Duchamp présente une coquille (DOS SANTOS 2011, p. 296 : 1 *bar*, quand il s'agit de 100 *bares*).

102. *DPMAC* 1975, p. 502. Le manuscrit du routier se trouve dans la Bibliothèque du palais national d'Ajuda, Lisbonne, BA-51-VI-54, fols. 103-116. D'autres copies sont conservées dans la bibliothèque publique d'Évora (CXV/1-23) dans le British Museum (Add.16 : 932) et dans la bibliothèque municipale de Porto (cod. 149).

103. *DPMAC* 1975, p. 540. Le nombre de *bares* donné par la source semble excessivement élevé, mais la quantité d'ivoire était certainement significative.

Mécanismes d'acquisition de l'ivoire : ambitions portugaises

Les expéditions portugaises vers l'hinterland africain donnèrent l'occasion de répertorier les ressources régionales en matière d'ivoire. Dans une lettre à D. Filipe II d'Espagne et du Portugal, le capitaine du Mozambique détaillait ainsi en 1585 les potentialités du bassin du Zambèze, la région dite des « Fleuves de Cuama » (*Rios de Cuama*)[104]. Par ailleurs, les présents offerts lors des ambassades et traités entre Portugais et Africains comportaient des informations indirectes sur l'ivoire, laissant entrevoir les possibilités d'accéder aux sources d'approvisionnement local. On a déjà mentionné le *siwa (olifante)* offert à Vasco da Gama par le sultan de Malindi. Quelques décennies plus tard, rédigée par les Jésuites qui accompagnèrent Francisco Barreto lors de son expédition dans les terres du Mwana Mutapa en 1569, la relation d'ambassade signale l'offre, parmi d'autres présents, de deux grandes défenses d'éléphant à l'occasion de la paix établie avec les *Mongazes* de la région de Sena[105].

À l'arrivée des Portugais, la communauté musulmane – évaluée à 10 000 personnes – résidait surtout dans la région de Sofala[106]. Ses marchands (certains venant des Comores) contrôlaient le commerce non seulement de Sofala, mais aussi du Mozambique. Leurs rapports avec les ports swahilis et les villes côtières du quart sud-ouest de l'océan Indien sont bien connus[107]. Ils servaient d'intermédiaires entre les Portugais et les Africains lors des achats d'ivoire : ils les vendaient soit aux particuliers qui parcouraient le *sertão,* soit aux agents des capitaines des forteresses mentionnées, soit aux capitaines eux-mêmes[108], remontant la vallée du Zambèze et le fleuve Cuama pour rencontrer les chasseurs indigènes[109]. La documentation de l'année 1515 mentionne plusieurs de ces marchands musulmans : Mafome de Caxena (6 arrobes d'ivoire), Mostafa (1,5 arrobe), Tibo (2 arrobes), Mombaquere

104. *DPMAC* 1975, p. 528. Cependant, le Jésuite Pe Monclaro, qui faisait partie de l'expédition de Francisco Barreto au Mwana Mutapa (1569) déclare que l'ivoire n'était pas abondant dans les *Rios de Cuama* (*DPMAC* 1975, p. 364). La région devint un enjeu important au XVIIe siècle (Ames 1998, p. 91-110).

105. *DPMAC* 1975, p. 410.

106. Lobato 2013, p. 3.

107. Sur le commerce traditionnel de Kilwa et Sofala (or, ivoire), se reporter à Pradines 2018, p. 157-160.

108. *DPMAC* 1975, p. 344 et p. 358 (mention des Portugais qui achetaient de l'ivoire). Se reporter à la contribution d'Ana Roque dans ce volume.

109. *DPMAC* 1975, p. 374.

(6 arrobes et ½) et même un imam (*caciz)* (2 arrobes)[110]. Certains fournisseurs sont aussi des Africains : un *cafeles* du Maconde (1 arrobe et ½) et le *cafeles* de Maxindira (1 quintal)[111]. L'ivoire apparaît, dans ces années-là, échangé contre du poivre ou des verroteries[112]. La rivalité existait entre les Portugais et ces musulmans, car les circuits de ces derniers pénalisaient les aspirations des Portugais à devenir les distributeurs principaux de l'ivoire dans certaines régions de l'océan Indien. En 1518, une lettre de Diogo Lopes de Sequeira à D. Manuel consigne l'arraisonnement, aux abords de l'île de Soqotra, d'une nef gujarati en provenance de Malindi avec une grande cargaison d'ivoire à la destination du Cambaye. Au lieu de ramener la marchandise confisquée à Goa, le capitaine, Fernando Dias, s'en alla à Chaul et à Diu, où il vendit la cargaison[113]. Dans les années 1570, les Portugais amenaient de l'ivoire à Mombasa[114].

En guise de conclusion : l'essor des ivoires en Asie portugaise aux XVIIe-XVIIIe siècles

Du Brésil jusqu'en Inde, l'église catholique des XVIIe et XVIIIe siècles fit également une grande consommation d'artefacts liturgiques en ivoire. Toutes les représentations envisageables de l'histoire Sainte – « Vierge à l'enfant »,

110. *Livro da Ementa de Pedro Lopes*, écrivain de la factorerie de Sofala [Sofala, 1.I.1515], AN/TT, *Nucleo Antigo* 167, doc. 803, *DPMAC* 1965, p. 28 (janvier 1515), p. 58 (avril 1515); p. 54 (mars 1515); p. 92 (mai 1515), p. 162 (juillet 1515) respectivement. Certains revenaient plusieurs fois : ainsi Mostafa est aussi signalé en juin 1515 (1 arrobe; p. 126) et Mombaquere en juillet 1515 (6 quintaux et 1 arrobe; p. 150).

111. *DPMAC* 1965 : *cafele* de Maxindira (mars 1515), p. 46; *cafeles* du Maconde (mars 1515), p. 50.

112. Se reporter également à *Livro incompleto da Receita e Despesa de Cristóvão Salema, feitor de Sofala* [26.VIII.1516], AN/TT, *Nucleo Antigo* 167, doc. 806, *DPMAC* 1965, p. 95 à 98 (ivoire) et p. 452 et 456 (décembre 1516 et décembre 1517 : ivoire en échange de poivre; ivoire en échange de verroterie); p. 480 (décembre 1517).

113. Lettre de Cochin [23.XII. 1518] dans *DPMAC* 1971, p. 596. La valeur de la cargaison (qui comportait aussi du cuivre, du *cairo* et d'autres marchandises) fut évaluée entre 12 000 et 15 000 *pardaus*, 79 *meticais* d'or et 150 d'argent. Vers 1530 Chaul importait également de l'ivoire en provenance de Sofala, à destination des marchés du Deccan. Échangée contre des textiles du Cambay, ce produit était transporté par le *navio do trato* de Chaul : se reporter à SUBRAHMANYAM 2019, p. 806 et 812.

114. Selon le Pe Monclaro également (*DPMAC* 1971, p. 346).

«Christ crucifié» «Christ Bon Pasteur», «Enfant Jésus» – trouvèrent leur expression plastique sous les outils des ivoiriers. Au XVIIe siècle, l'association de la commande ecclésiastique – des Jésuites notamment, fortement impliqués dans l'enseignement de l'Évangile dans toutes les zones de l'Empire portugais – et des artisans asiatiques, indiens et sri lankais, produisit des pièces emblématiques de l'art indo-portugais[115]. Ce véritable engouement conduisit certains auteurs à parler de «catéchismes sur ivoire». Le jeu de l'offre et de la demande explique ainsi en partie l'essor du commerce de l'ivoire africain au XVIIIe siècle. Développé dans la région de la vallée du Zambèze, qui subit une pénétration militaire portugaise plus importante autour de 1572[116], ce commerce, qui aurait représenté 70 % du total des transactions au début du XVIIe siècle, entraîna l'occupation permanente de la région d'Inhambane et de la baie de Lourenço Marques. En réalité, le commerce de l'ivoire du Mozambique – exporté vers Goa et d'autres territoires portugais en Inde –, aurait dépassé celui de l'or. Selon Luís Frederico Antunes et Manuel Lobato, en 1753, le capitaine Francisco de Mello et Castro évaluait à 600 000 cruzados la valeur totale des importations mozambicaines et à 2 000 000 de cruzados celle des exportations en ivoire, or et esclaves. En 1793, l'île du Mozambique exportait 31 000 défenses d'éléphant et 100 kg d'or[117]. Ce nouveau chapitre de la mondialisation de l'ivoire africain par la main des Portugais sort néanmoins du cadre du présent article.

Dejanirah COUTO
École pratique des Hautes Études
Section des sciences historiques et philologiques
dejanirahcouto@noos.fr

115. Se reporter notamment aux pièces du musée historique national de Rio de Janeiro (col. José Luiz de Souza Lima) : *VARII AUCTORES* 1998, p. 62-63 (sur les Christ Bon Pasteur), fig. 113-116.

116. Ce cycle militaire se termine avec la soumission du souverain du Mwana Mutapa, Gatse Rutsere, à la Couronne Portugaise en 1609 (DOS SANTOS 1999, p. 17).

117. BALTASAR 2016, p. 93; ANTUNES 2006, p. 142; ANTUNES et LOBATO 2006, p. 302.

Bibliographie

Ouvrages à caractère de source

DE ORTA G. 1891, *Coloquios dos Simples e Drogas da Índia (...),* éd. par C. DE FICALHO, Lisbonne, vol. I.

DOS SANTOS FREI J. 1999, *Etiópia Oriental e Vária História de Cousas Notáveis do Oriente,* éd. par M. LOBATO, Lisbonne.

DOS SANTOS J. 2011, *Ethiopia orientale : l'Afrique de l'Est & l'océan Indien au* XVIe *siècle. La relation de João dos Santos, 1609*, éd. par Fl. PABIOU-DUCHAMP, Paris.

DPMAC = Documentos sobre os Portugueses em Moçambique e na África Central, 1497-1840 / Documents on the Portuguese in Mozambique and Central Africa, 1497-1840, Lisbonne (1962-1989) : vol. I (1962); vol. II (1963); vol. III (1964); vol. IV (1965); vol. V (1966); vol. VI (1969); vol. VII (1971); vol. VIII (1975); vol. IX (1989).

ESCUDIER D. (éd.) 1992, *Voyage d'Eustache Delafosse sur la côte de Guinée, au Portugal & en Espagne (1479-1481),* Paris.

FERNANDES V. 1997, *Códice Valentim Fernandes*, éd. par J.P. COSTA, Lisbonne.

FREIRE A.B. 1903, «Cartas de quitação del-Rey D. Manuel», *Arquivo Historico Português 1903-1916* (*AHP*), vol. I, 398/408.

FREIRE A.B. 1906, «Cartas de quitação del-Rey D. Manuel», *Arquivo Historico Português 1903-1916* (*AHP*), vol. IV, 282/288.

FREIRE A.B. 1907, «Cartas de quitação del-Rey D. Manuel», *Arquivo Historico Português 1903-1916* (*AHP*), vol. V, 49/50.

FREIRE A.B. 1914, «Cartas de quitação del-Rey D. Manuel», *Arquivo Historico Português 1903-1916* (*AHP),* vol. IX, 97/108.

FREIRE A.B. 1916, «Cartas de quitação del-Rey D. Manuel», *Arquivo Historico Português 1903-1916* (*AHP),* vol. X, 109/120.

PEREIRA D.P. 1982, *Esmeraldo de Situ Orbis,* éd. par R.E.A. BASTO, Lisbonne.

PIRES T. 2017, *Suma Oriental*, éd. par R. Loureiro, Lisbonne.

PMA = Portugaliae Monumenta Africana, Lisbonne : vol. I (1991); vol. II (1965); vol. V (2002).

RADULET C.M. et L.F.F.R. THOMAZ (éds) 2002, *Viagens Portuguesas à Índia (1497-1513). Fontes italianas para a sua história. O Códice Riccardiano 1910 de Florença,* Lisbonne.

VIAUD A. 2001, *Correspondance d'un ambassadeur castillan au Portugal dans les années 1530. Lope Hurtado de Mendoza*, Paris-Lisbonne.

Études et articles

AFONSO L.U. et J. DA SILVA HORTA 2013, «Olifantes afro-portugueses com cenas de caça, c.1490-c.1540», *Artis. Revista de História da Arte e Ciências do Património* 1, p. 20-29.

AFONSO L.U. et J. DA SILVA HORTA 2014, «Afro-Portuguese Olifants with Hunting Scenes (c. 1490-c. 1540)», *Mande Studies* 15, p. 79-97.

ALVES F.J.S. 2011, *The Sixteenth Century Shipwreck of Oranjemund, Namibia. Report of the Missions carried out by the Portuguese Team in 2008 and 2009,* Lisbonne, p. 1-77.

AMES G. 1988, «An African Eldorado? The Portuguese Quest for Wealth and Power in Mozambique and the Rios de Cuama c. 1661-1683», *The International Journal of African Historical Studies* 31/1, p. 91-110.

ANTUNES L.F.D. 2006, «A Influência africana e indiana no Brasil, na virada do séc. XVII : escravos e têxteis», dans J. FRAGOSO, M. FLORENTINO, A.C.J. DE SAMPAIO (éds), *Nas Rotas do Império: Eixos mercantis, tráfico e relações sociais no mundo português*, Lisbonne, p. 127-151.

ANTUNES L.F.D. et M. LOBATO 2006, «Moçambique e a presença portuguesa na costa oriental africana (1660-1820)», dans J. SERRÃO, A.H.O. MARQUES et M.J.M. LOPES (éds), *O Império Oriental (1660-1820). Nova História da Expansão* Portuguesa, vol. VI, t. 2, Lisbonne, p. 265-332.

ASSAYAG J. 1987, «Le cadavre divin. Célébration de la mort chez les Liṇgāyat-Vīraśaiva (Inde du Sud)», *L'Homme* 103/27-3, p. 93-112.

BALTASAR J.A. DOS SANTOS 2016, *Rumo ao hinterland : A evolução social dos Prazos do vale do Zambeze (séculos XVII e XVIII)*, Lisbonne, mémoire de master 2.

BIEDERMANN Z. 2014, *The Portuguese in Sri Lanka and South India. Studies in the History of Diplomacy, Empire and Trade, 1500-1650,* Wiesbaden.

BIEDERMANN Z. 2020, «Sri Lankan Caskets and the Portuguese-Asian Exchange in the Sixteenth Century», dans Z. BIEDERMANN, A. GERRITSEN et G. RIELLO (éds), *Global Gifts. The Material Culture of Diplomacy in Early Modern Eurasia*, Londres, p. 88-117.

BOARDMAN J. et M. VICKERS 2015 [1996], «Ivory», dans S. HORNBLOWER et A. SPAWFORTH (éd.), *The Oxford Classical Dictionary*, Oxford-New York, (3e éd.), https://oxfordre.com/classics/view/10.1093/acrefore/9780199381135.001.0001/acrefore-9780199381135-e-3478

BOYAJIAN J. 2008, *Portuguese Trade in Asia under the Habsburgs, 1580-1640*, Baltimore.

BOVINI G. 1971, *Ravenne*, Paris.

CAPELA J. 1995, *Donas, senhores e escravos*, Porto.

CHARDIN F. 1855, «Le trône de Salomon représenté sur le grand portail de la cathédrale de Strasbourg», *Revue Archéologique* 12/1, p. 292-300.

CHEVALIER J. (éd.) 1969, *Dictionnaire des symboles : mythes, rêves, coutumes, gestes, formes, figures, couleurs, nombres*, Paris.

CHRISTENSEN J., V.M.P. MACHADO et S. MULLINS (éds) 2020, *Pearls, People and Power: Pearling and Indian Ocean Worlds*, Athens, OH.

COUTO D. 2019, «Les cartographes Reinel et les cartes de l'expédition de Fernão de Magalhães», *Anais de História de Além-Mar* XX, p. 81-114.

COUTO D. 2022, «Les Portugais, le commerce et la contrebande du poivre dans l'océan Indien dans la première moitié du XVIe siècle», dans J. TRINQUIER et P. SCHNEIDER, *Le poivre, fragments d'histoire globale. Circulations et consommations, de l'Antiquité à l'époque moderne*, Paris p. 159-183.

DE SÁ I.G. 2011, *De princesa a rainha-velha. Leonor de Lencastre*, Lisbonne.

DE VILHENA E.J. 2016, *Regime dos Prazos da Zambézia,* Lisbonne.

DELGADO S.R. 1988, *Glossário Luso-Asiático*,vol. II, New Delhi-Madras.

GARCIA J.M. 2002, *A viagem de Fernão de Magalhães e os Portugueses*, Lisbonne.

GIL J. 1995, *La India y el Catay. Textos de la Antiguidad clasica y del Medievo occidental*, Madrid.

KEPPLER R., R. MICHAUD et S. MICHAUD 2004, *Marco Polo. Le dévissement du monde*, Paris.

KNABE W. et D. NOLI 2012, *Die versunken Schätze der Bom Jesus: Sensationsfund eines Indienseglers aus der Frühzeit des Welthandels*, Berlin.

HORTA J.S. 2016, «Marfim», dans F.C. DOMINGUES (éd.), *Dicionário da Expansão Portuguesa, 1415-1600*, vol. 2, Lisbonne.

ISAACMAN A.F. 1972, *Mozambique. Africanization of a European Institution: The Zambezi Prazos, 1750-1902*, Madison.

LEVENSON J.A. (éd.) 2007, *Encompassing the Globe. Portugal and the World in the 16th and 17th Centuries*, vol. 1, Washington.

LEVENSON J.A. (éd.) 2008, *Encompassing the Globe. Portugal and the World in the 16th and 17th Centuries. Essays*, vol. 3, Washington.

LOBATO A. 1957, *Evolução administrativa e económica de Moçambique (1752-1763): parte 1. Fundamentos da criação do Governo-Geral em 1572*, Lisbonne.

LOBATO A. 1960, *A expansão portuguesa em Moçambique de 1498 a 1530. Aspectos e problemas da vida económica de 1505 a 1530*, vol. III, Lisbonne.

LOBATO A. 1962, *A Colonização senhorial da Zambézia e outros estudos,* Lisbonne.

LOBATO M. 2002, *Épices, conflit et religion. Les Moluques et les Portugais dans la seconde moitié du XVIe siècle*, Lisbonne.

LOBATO M. 2013, «Entre Cafres e Muzungos/Missionação, islamização e mudança de paradigma religioso no Norte de Moçambique nos séculos XV a XIX», *Actas do Congresso Internacional Saber Tropical em Moçambique : História, Memória e Ciência,* Lisbonne, p. 1-14.

MARK P. 2008, «Portugal in West Africa. The Afro-Portuguese Ivories», dans J.A. LEVENSON (éd.) 2008, p. 77-85 et 271-273 (notes).

MASSING J.-M. 2008, «Stone Carving and Ivory Sculpture in Sierra Leone», dans J.A. LEVENSON (éd.) 2008, p. 65-75 ; p. 266-271 (notes).

MEWUDA J.B.B.-WEN 1993, *S. Jorge da Mina (1482-1637). La vie d'un comptoir portugais en Afrique occidentale,* Paris, t. 1.

NEWITT M. 1973, *Portuguese Settlements on the Zambezi. Exploration, Land Tenure and Colonial Rule in East Africa*, Harlow.

PABIOU-DUCHAMP Fl. 2005, «Être femme de rois Karanga à la fin du XVIe siècle et au début du XVIIe», *Lusotopie* XII-1-2, p. 93-107, https://journals.openedition.org/lusotopie/1185.

Pearson M.N. 1998, *Port Cities and Intruders. The Swahili Coast, India, and Portugal in the Early Modern Era*, Baltimore.

Pereira M. 2010, *African Art at the Portuguese Court – c.1450-1521*, Brown University, thèse de doctorat.

Pradines St. 2018, «Du nouveau à l'ouest de l'océan Indien : le cristal de roche et l'ivoire swahilis», dans C. Hardy-Guibert, H. Renel, A. Rougeulle et E. Vallet (éds), *Sur les chemins d'Onagre. Histoire et archéologie orientales. Hommage à Monik Kervran,* Oxford, p. 153-167.

Randles W.G.L. 1974, «La fondation de l'Empire du Monomotapa», *Cahiers d'études africaines* 14/54, p. 211-236.

Randles W.G.L. 1975, *L'Empire du Monomotapa du xve au xixe siècle,* Paris.

Rochette M. 2017, *L'ivoire comme patrimoine naturel et artistique. Une matière animale rare : les enjeux pour le marché de l'art*, Grenoble, mémoire de master 2.

Rodrigues M.E.A. 2013, *Portugueses e africanos nos Rios de Sena - Os Prazos da Coroa nos séculos XVII e XVIII*, Lisbonne.

Roque A. 2004, *Terras de Sofala: Persistências e mudança. Contribuições para a história da costa sul oriental de África (sécs. XVI-XVIII)*, Universidade Nova, Lisbonne, thèse de doctorat.

Serrão J.V. et E. Rodrigues 2017, «Migration and Accommodation of Property Rights in the Portuguese Eastern Empire, Sixteenth-Nineteenth Centuries», dans R. Congost, J. Gelman et R. Santos (éds), *Property Rights in Land. Issues in Social, Economic and Global History*, Londres-New York, p. 9-31.

Subrahmanyam S. 2019, «Between Eastern Africa and Western India, 1500–1650: Slavery, Commerce, and Elite Formation», *Comparative Studies in Society and History*, 61/4, p. 805-834.

Tessier A. 2016, *Le Monomotapa au xvie siècle : une société sans État,* Paris, mémoire de master 2.

Thomaz L.F.F.R. 1998, «A questão da pimenta nos meados do século XVI», dans A.T. De Matos et L.F.F.R. Thomaz (éds), *A Carreira da Índia e as rotas dos Estreitos*, Angra do Heroísmo, p. 84-116.

Thomaz L.F.F.R. 2002, «Entre l'histoire et l'utopie : le mythe du prêtre Jean», *Les civilisations dans le regard de l'Autre*, Paris, p. 117-142 et p. 269-279 (notes).

Thomaz L.F.F.R. 2011, «A Forgotten Portuguese Document of the Economic History of Gujarat», dans L. Varadarajan (éd.), *Gujarat and the Sea,* Ahmedabad.

Thomaz L.F.F.R. 2022, «A propósito do comércio de marfim africano no Ocean Índico e mares adjacentes», *Actas do XV International Seminar on Indo-Portuguese History*, Lisbonne (sous presse).

Thorband P.F. 1979, *The Precolonial Ivory Trade of East Africa. Reconstruction of a Human-Elephant Ecosystem*, University of Massachusetts, thèse de doctorat.

Varii auctores 1991, *A expansão portuguesa e a arte do marfim*, Comissão Nacional para as Comemorações dos Descobrimentos Portugueses, Fundação Calouste Gulbenkian, Lisbonne (catalogue de l'exposition).

Varii auctores 1998, *Arte do marfim, Catálogo da exposição*, Lisbonne (Comissão Nacional para as Comemorações dos Descobrimentos Portugueses) et Rio de Janeiro (Museu histórico nacional) (catalogue de l'exposition).

Varii auctores 2021, *Vi o Reino renovar. Arte no Tempo de D. Manuel I*, Lisbonne (catalogue de l'exposition).

Webster L. et J. Backhouse (éds) 1991, *The Making of England. Anglo-Saxon Art and Culture (AD 600-900)*, Londres.

Achevé d'imprimer
en novembre 2022
par l'imprimerie Sepec numérique
à Péronnas (France)

Dépôt légal : quatrième trimestre 2022
Imprimé en France